AF092804

ROBERT 1984

I. 45
.11

L. 1264.
4.6.34.

COLLECTION
DES CHRONIQUES
NATIONALES FRANÇAISES.

COLLECTION DES CHRONIQUES

NATIONALES FRANÇAISES,

ÉCRITES EN LANGUE VULGAIRE

DU TREIZIÈME AU SEIZIÈME SIÈCLE,

AVEC NOTES ET ÉCLAIRCISSEMENTS,

PAR J. A. BUCHON.

XVe SIÈCLE.

PARIS.

VERDIÈRE LIBRAIRE, QUAI DES AUGUSTINS, N° 25.
J. CAREZ, RUE DE SEINE, N° 25.

M DCCC XXVII.

CHRONIQUES

D'ENGUERRAND

DE MONSTRELET.

IMPRIMERIE D'HIPPOLYTE TILLIARD,

RUE DE LA HARPE, N° 78.

CHRONIQUES

D'ENGUERRAND

DE MONSTRELET,

NOUVELLE ÉDITION,

ENTIÈREMENT REFONDUE SUR LES MANUSCRITS,
AVEC NOTES ET ÉCLAIRCISSEMENTS,

PAR J. A. BUCHON.

TOME IX.

PARIS.
VERDIÈRE, LIBRAIRE, QUAI DES AUGUSTINS, N° 25.
J. CAREZ, RUE DE SEINE, N° 25.

M DCCC XXVII.

PRÉFACE.

Il n'est pas un seul épisode de nos annales qui excite autant d'admiration et d'intérêt que la courte histoire de l'arrivée de Jeanne d'Arc au camp français, de ses exploits, de ses vertus et de son supplice. Un événement aussi extraordinaire a donné lieu aux conjectures les plus opposées, et souvent les plus étranges : les uns, partageant les idées du temps, l'ont crue véritablement inspirée de lumières surnaturelles, et ont vu en elle un instrument des desseins secrets de la Providence ; d'autres, moins disposés à croire à l'intervention directe de la Divinité dans les choses humaines, n'ont regardé son enthousiasme que comme l'effet d'une exaltation de sentiments patriotiques et religieux qui se confondaient dans cet esprit aussi simple que pur et élevé ; ceux-ci, toujours empressés à supposer de profondes combinaisons dans les événements les plus spontanés, en font l'agent ou la dupe d'une vaste et profonde intrigue ourdie par les hommes d'état de la cour de Charles VII, pour agir plus efficacement sur l'esprit des peuples ; un dernier, enfin, bâtit sur cette sublime histoire un doucereux roman d'amour, transforme la paysanne lorraine en une sœur de Charles VII, et, tout satisfait de cette ingénieuse découverte, en déduit à son aise l'explication des faits qui avaient offert les difficultés les plus insurmontables aux historiens moins hardis que lui.

De tous ceux qui ont parlé avec quelques détails de l'apparition de la bergère de Greux à la tête des hommes de cour et des guerriers de la France, apparition qui, sous quelque point de vue qu'on la considère, n'en a pas moins eu sur l'avenir du pays les conséquences les plus vastes et les plus importantes, Voltaire et Hume ont été, il faut l'avouer, ceux qui ont mis le plus de légèreté dans l'étude des faits, et le moins d'esprit de critique dans leur discussion : leur profond dédain pour toutes les superstitions humaines, et leur horreur pour tous les fléaux que l'ambition et la cupidité d'un côté, et l'ignorance de l'autre, avaient accumulés sur les peuples pendant les âges précédents, les a rendus quelquefois injustes envers les hommes comme envers les choses, et trop souvent ils se sont refusés à reconnaître la vertu, parce qu'elle se trouvait associée à un peu de déraison partielle, le bien parce qu'il était mêlé à un peu de mal. Nés à une époque où la raison humaine commençait à ressaisir son empire, ils ont voulu profiter de ce moment de succès pour lui assurer un triomphe durable, en anéantissant d'un coup, et sans retour, toutes les erreurs et les folies humaines. Ce qu'ils ont fait ne pouvait être fait peut-être que par eux, de cette manière, et à ce temps. Nous, qui sommes arrivés après la victoire, nous sommes obligés aujourd'hui à plus d'impartialité, et le triomphe certain de la philosophie est la meilleure garantie de la modération et de l'esprit de justice des écrivains. Nous n'allons donc plus scruter les événements pour les combattre, mais bien pour les connaître. Nous voulons qu'on nous reproduise les faits tels qu'ils ont agi sur les hommes à chaque époque, et nous aimons à nous identifier pour quelques instants avec les erreurs et les préjugés que nous combattrions le plus vivement si, à travers la poussière des tombeaux, ils venaient à se faire jour pour arriver jusqu'à nous.

Cet esprit de recherche, si avide et si indépendant, est ce qui convient particulièrement à l'époque dont je vais donner la chronique; le sublime s'y trouve à chaque instant mêlé au ridicule : l'ignorance, la superstition, l'héroïsme, l'amour de la patrie, s'y présentent tour-à-tour et souvent confondus; et, comme dans un drame bien composé, il faut ne pas faire de retour sur le temps où on vit, pour ne rien perdre de l'intérêt que l'on prend à des temps si différents des nôtres.

Voulant compléter, autant qu'il m'est possible, l'histoire des trois siècles reproduits dans ma collection, j'ai cru ne devoir rien négliger pour une époque aussi curieuse que celle de Jeanne d'Arc, et j'ai réuni dans ce volume tout ce que j'ai pu retrouver de plus authentique et de plus intéressant; mais, avant de parler des chroniques qui contiennent les deux événements de sa vie, son arrivée devant Orléans, et son jugement à Rouen, il m'a paru convenable de faire connaître l'ensemble de sa vie, d'après les témoignages contemporains. M. Walckenaer a publié sur ce sujet un excellent article dans la Biographie universelle. Je prends la liberté d'en élaguer quelques morceaux non moins curieux sans doute, mais moins utiles à l'objet que je me propose, et je me félicite de pouvoir citer un travail aussi consciencieusement fait.

» Jeanne d'Arc était une simple paysanne de Domremy, hameau situé dans un riant vallon, arrosé par la Meuse, entre Neufchâteau et Vaucouleurs. Son père se nommait Jacques d'Arc; sa mère Isabelle Romée : c'étaient de bons cultivateurs, vivant d'un peu de labourage, du produit de quelque bétail; pieux, hospitaliers, d'une probité sévère, jouissant d'une réputation sans tache, mais dans une situation voisine de la pauvreté. Cinq enfants, trois fils et deux filles, furent les fruits de leur union. Une de ces filles était cette célèbre Jeanne dont nous retraçons l'histoire. On la connaissait dans son village sous le nom de Romée, d'après l'usage du pays, qui était de donner aux filles le nom de leur mère. Son éducation fut conforme à son état; jamais elle ne sut lire ni écrire : coudre, filer, soigner les bestiaux, aider aux travaux des champs et à ceux du ménage furent les occupations de son jeune âge. Elle était laborieuse, douce, simple, bonne, et tellement timide, qu'il suffisait de lui adresser la parole pour la déconcerter. Sa mère lui avait donné les premiers principes de la religion; et, dès ses plus jeunes années, un penchant extrême à la dévotion se manifesta en elle, et lui attira les railleries de ses compagnes. Jeanne fuyait les jeux et les danses pour se retirer à l'église, et n'aimait à parler que de Dieu et de la sainte Vierge, objet de ses plus tendres amours. Elle était si charitable, qu'elle distribuait aux pauvres tout ce qu'elle possédait, si hospitalière, qu'elle voulut plusieurs fois céder son propre lit à des malheureux sans asile........

« Le pays où le ciel l'avait fait naître était aussi, par sa nature, propre à augmenter cette ferveur de dévotion qui avait dominé tous ses facultés dès sa plus tendre enfance. Ce canton de la France est plein de grands bois et de sombres forêts. A une demi-lieue de Domremy était le bois Chenu, que les simples habitants de ces campagnes croyaient hanté par les fées, et qu'on apercevait de la maison de Jeanne d'Arc. Près de ce bois, non loin d'une source pure et limpide, et sur le grand chemin qui conduit de Domremy à Neufchâteau, s'élevait un hêtre antique et majestueux, qu'on désignait sous le nom d'arbre des fées. On disait avoir vu ces êtres mystérieux se rassembler dans ces lieux, et danser autour de l'arbre; on les avait entendus s'accompagner de leurs chants. Dès que les convalescents pouvaient se lever, ils allaient se promener sous l'arbre des fées, et les personnes malades de la fièvre venaient boire de l'eau de la source pour recouvrer la santé. Le seigneur du lieu, avec toute sa suite, les jeunes filles, les jeunes garçons et les enfants de Domremy, se rendaient en pompe au mois de mai sous cet arbre, dont Edmond Richer admirait encore, plus de deux cents ans après, la grande ombre et les antiques rameaux; on y suspendait alors des bouquets, des guirlandes et des couronnes de fleurs. Jeanne d'Arc visitait souvent l'arbre des fées avec les jeunes filles de son âge ; mais les fleurs qu'elle y tressait étaient presque toujours réservées pour orner l'image de Notre-Dame de Domremy : rarement elle se joignait aux danses de ses compagnes, mais elle aimait à chanter avec elles, dans ce lieu, de pieux cantiques.

» Ce fut à l'âge de treize ans que l'exaltation de son imagination se manifesta par des effets d'une nature extraordinaire, qui influèrent sur le reste de sa vie, et qui furent le soutien et le mobile de toutes ses actions. Elle eut des extases. Vers l'heure de midi, dans le jardin de son père, une voix inconnue vint retentir à son oreille ; la voix était à droite, du côté de l'église, et accompagnée d'une grande clarté. Cette voix lui parla plusieurs fois. Elle apprit bientôt que c'était celle de l'archange Michel ; il était accompagné d'un grand nombre d'anges ; elle vit aussi l'ange Gabriel ; puis enfin, et beaucoup plus fréquemment, sainte Catherine et sainte Marguerite. Propices à ses prières, ces dernières saintes, dont elle ornait sans cesse de fleurs les images, la guidaient dans toutes ses actions, et l'avaient souvent entretenue près de la source voisine de l'arbre des fées. Il est remarquable que jamais Jeanne d'Arc n'a varié sur la réalité de ces apparitions : les rigueurs de sa prison, l'espoir d'adoucir ses bourreaux, les menaces d'être livrée aux bûchers, rien ne put lui arracher un désaveu. Toujours elle soutint que les saintes lui avaient fréquemment apparu et lui apparaissaient encore : qu'elles lui parlaient, qu'elle les voyait enfin, non des yeux de l'imagination, mais de ses yeux corporels; qu'elle n'avait agi que par leurs conseils; que jamais elle n'avait rien dit, rien entrepris d'important sans leurs ordres.

» L'âge ne développa point dans Jeanne les infirmités périodiques qui caractérisent la faiblesse de son sexe; elle ne les connut jamais, et cette disposition de ses organes mérite d'être remarquée. *Ses voix* (c'est ainsi qu'elle s'exprimait) lui ordonnèrent d'aller en France, de faire lever le siége d'Orléans, et, pour cet effet, de se rendre d'abord à Vaucouleurs, auprès du capitaine Baudricourt. Quoique Jeanne n'eût parlé à personne du secret de ses révélations, et de ce qui lui était commandé, il paraît que, pour modérer l'excès de son zèle religieux, et faire disparaître les singularités qu'on découvrait en elle, et qui inquiétaient sa famille, on résolut de la marier. Un jeune homme de Toul, charmé de sa beauté, demanda sa main et fut refusé par elle. Pour l'amener à ses fins, il imagina de soutenir qu'elle lui avait fait une promesse de mariage, et il la cita devant l'officier de Toul. Les parents de Jeanne, probablement d'accord avec le jeune homme, désiraient qu'elle ne se défendît point; mais Jeanne, toujours résolue d'obéir aux commandements des saintes, se rendit à Toul, et gagna sa cause : elle se vit ainsi libre de retourner à l'exécution de son projet. Elle n'espérait pas pouvoir le faire approuver par son père et par sa mère; et afin d'échapper à leur surveillance, elle obtint d'eux la permission d'aller demeurer pendant quelque temps chez un de ses oncles, nommé Durand Laxart. Ce fut à lui qu'elle confia son secret; elle le persuada tellement de la vérité de sa mission, qu'il se rendit d'abord seul à Vaucouleurs, auprès du capitaine Baudricourt, pour lui faire connaître le désir et les promesses de la jeune inspirée. Celui-ci le reçut fort mal, et lui conseilla de la souffleter et de la ramener chez son père. Jeanne d'Arc partit alors elle-même pour Vaucouleurs, fut admise auprès du capitaine Baudricourt, le reconnut au milieu de plusieurs gentilshommes qui l'entouraient, et lui dit: « qu'elle avait reçu ordre de son Seigneur de délivrer » Orléans, et de faire le dauphin roi, en le menant sacrer » à Reims. » Baudricourt lui demanda qui était son seigneur. — « C'est le roi du ciel », répondit-elle. Un gentilhomme, nommé Guillaume Poulengy, présent à cette première entrevue de Jeanne d'Arc avec Baudricourt, en a raconté tous les détails. Le gouverneur de Vaucouleurs, quoique ébranlé par la fermeté des réponses de Jeanne, ne crut pas cependant devoir consentir à la demande qu'elle lui faisait d'être conduite au roi. Ce refus ne la rebuta pas: *ses voix* lui avaient annoncé qu'elle serait refusée trois fois. Elle redoublait ses prières; elle parlait sans cesse de sa mission; chaque jour augmentait son impatience. « Il faut absolument, » disait-elle, que j'aille vers le noble dauphin, parce » que mon Seigneur le veut ainsi; et quand je devrais » y aller sur les genoux, j'irai. » Un gentilhomme très estimé dans ce canton, nommé Jean de Metz, frappé de ses paroles, de son assurance pleine de candeur, lui promit *par sa foi, sa main dans la sienne, que, sous la conduite de Dieu, il la mènerait au roi*. Bertrand de Poulengy, dont nous avons parlé plus haut, voulut se joindre à lui. Jeanne se fit couper sa longue chevelure, prit des habits d'homme, obtint l'assentiment et la recommandation de Baudricourt, fit écrire à son père et à sa mère pour leur demander pardon de sa désobéissance envers eux, et, ayant reçu ce pardon, elle fixa le jour de son départ. Les deux gentilhommes qui devaient l'accompagner, persuadés de la vérité de sa mission, fournirent à toute la dépense de son modeste équipement. Baudricourt refusa d'y contribuer, il lui donna seulement une épée : toutefois, il fit prêter serment à ceux qui devaient la conduire, qu'ils la mèneraient saine et sauve au roi. L'escorte qui accompagnait Jeanne d'Arc était composée de sept personnes : son troisième frère, Pierre d'Arc, les deux gentilshommes qui se dévouaient en quelque sorte pour elle, leurs deux serviteurs, un archer nommé Richard, et un nommé Collet de Vienne, qui prenait le titre de messager du roi. Ce fut vers la fin de février 1429, qu'elle prit congé des habitants de Vaucouleurs, qui déploraient devant elle les dangers auxquels elle s'exposait, lorsqu'une foule d'ennemis battaient la campagne : « S'il y a des hommes d'armes sur la route, » dit-elle, j'ai Dieu qui me fera mon chemin jusqu'à » monseigneur le dauphin ; c'est pour cela que je suis » née. — Va, lui dit Baudricourt moins confiant, et » advienne ce qu'il pourra. » Tous ceux qui composaient l'escorte de Jeanne n'étaient pas également convaincus de la réalité de sa mission. Collet de Vienne et l'archer Richard ont avancé depuis, que sa beauté avait fait naître en eux des desseins criminels : qu'ils l'avaient soupçonnée d'être folle ou sorcière, et qu'effrayés des périls auxquels elle les exposait, ils avaient formé le projet de la jeter dans une fosse; mais qu'au bout de quelque temps elle prit un tel ascendant sur eux, qu'ils étaient toujours disposés à se soumettre à sa volonté, et qu'ils désiraient vivement qu'elle fût présentée au roi. Jean de Metz a déposé qu'elle lui inspirait une telle crainte, qu'il n'eût jamais osé lui demander rien de déshonnête, et que la pensée ne lui en vint seulement pas. Bertrand de Poulengy, qui était alors un jeune homme, n'en eut également ni la volonté, ni même le désir, « à » cause, disait-il, de la grande bonté qu'il voyait en elle. » Cependant, afin qu'on ne soupçonnât point son sexe, elle couchait chaque nuit entre ces deux gentilshommes, mais enveloppée de son manteau de voyage, les aiguillettes de ses chausses et de son *gippon*, fortement attachées. Enfin, après avoir parcouru en pays ennemi, vers la fin de l'hiver, une route de cent cinquante lieues, coupée par une infinité de rivières profondes, et au milieu de tous les périls et de tous les obstacles, Jeanne arriva à Fier-Bois, village de Touraine, qui n'était qu'à six lieues de Chinon, où le roi Charles tenait sa cour; et Fier-Bois était une église dédiée à sainte Catherine, célèbre par les pélerinages dont elle était l'objet. La vue d'un temple consacré à l'une de ses protectrices, fit la plus grande impression sur l'esprit de Jeanne; elle s'arrêta dans ce lieu, y entendit fréquemment la messe ; elle fit écrire au roi, pour lui annoncer son arrivée; et peu de jours après, le 24 février 1429, elle entra dans Chinon, où le bruit de son voyage s'était déjà répandu. Alors,

Orléans était sur le point de se rendre. Le roi, sans armée, sans argent, même pour les dépenses de sa propre maison, se disposait à fuir; tout était désespéré. L'arrivée de Jeanne d'Arc à Chinon, ne fit cependant à la cour de Charles que très peu de sensation. Les principaux seigneurs étaient d'avis qu'on la renvoyât sans l'entendre. Ce ne fut qu'après deux jours de délibération, et lorsqu'elle eut été examinée et interrogée, qu'on l'introduisit auprès du roi. Quand elle entra, il se cacha dans la foule de ses courtisans, dont plusieurs étaient vêtus avec plus de magnificence que lui. Jeanne le reconnut et s'agenouilla devant lui. « Je ne suis pas
» le roi, lui dit Charles VII; le voici, ajouta-t-il, en
» lui montrant un des seigneurs de sa suite. — Mon
» Dieu, gentil prince, dit la jeune vierge, c'est vous
» et non un autre; je suis envoyée de la part de
» Dieu pour prêter secours à vous et à votre royaume;
» et vous mande le roi des cieux par moi, que vous
» serez sacré et couronné en la ville de Reims, et serez
» lieutenant du roi des cieux, qui est roi de France. »
Charles VII fut surpris, et se retira à l'écart pour l'interroger, et après cet entretien, il déclara que Jeanne lui avait dit certaines choses secrètes, que nul ne savait, ni ne pouvait savoir, que Dieu et lui, et que pour cette raison il avait pris grande confiance en elle. Cette confiance fut aussitôt partagée par toute la cour. Jeanne inspirait à tous l'attachement et le respect. On admirait ses grâces naturelles, la franchise de son âme, le feu de ses regards, la naïveté de ses réponses, simples, mais précises, souvent sublimes. Tous ceux qui l'en-

tendirent devinrent ses admirateurs et ses partisans; elle leur communiquait son zèle ardent pour son prince et pour sa nation. Villars et Jamet de Tilloy retournèrent à Orléans, pleins d'enthousiasme pour la jeune prophétesse. Dunois assembla le peuple pour qu'ils racontassent ce qu'ils avaient vu et entendu; et bientôt l'espoir du succès, le désir de combattre, succédèrent à la crainte et au découragement. Cependant un doute affreux, terrible, restait à éclaircir. Jeanne était inspirée, telle était la persuasion générale; mais était-elle inspirée par Dieu ou par le prince des ténèbres? Voilà ce qui, à cette époque, devait surtout occuper le roi et ses ministres. Dans les idées de ce temps, on attribuait souvent les prospérités de la terre dont la cause n'était pas bien connue, à l'alliance avec le Démon; ce qui supposait un culte affreux envers l'ennemi de Dieu et des hommes. Le soupçon seul de ce crime faisait alors frissonner: et cependant, soit que les secours surnaturels vinssent du ciel ou de l'enfer, les effets étaient les mêmes; mais il y avait cette différence entre le vulgaire et les gens éclairés, que ces derniers croyaient pouvoir distinguer par des signes certains ceux qui se trouvaient sous l'influence de l'ange des ténèbres; les ecclésiastiques, surtout, décidaient en dernier ressort, sur ces questions: le Saint-Esprit, qu'ils pouvaient appeler à leur secours, leur donnait la faculté de conjurer les démons, et de délivrer celui qui se trouvait sous leur puissance abhorrée. Jeanne fut donc examinée par plusieurs évêques qui se trouvaient alors à la cour de Charles, et en présence du duc d'Alençon. Ces examens n'ayant pas

encore paru suffisants pour une chose aussi importante, il fut décidé qu'elle irait à Poitiers, où se trouvait le parlement, et qu'elle y serait interrogée par les plus fameux théologiens de l'université. Le roi s'y rendit aussi en personne, pour donner plus de solennité à cette enquête ; et pour en connaître plus promptement les résultats, il nomma une commission de théologiens, afin d'examiner s'il pouvait ajouter foi aux paroles de Jeanne d'Arc, et accepter *licitement* ses services. Jeanne répéta devant cette assemblée tout ce qu'elle avait dit jusqu'alors sur *les voix* qui lui étaient *apparues*, et qui lui avaient ordonné, au nom de Dieu, de délivrer Orléans, et de mener sacrer le roi à Reims. Elle demandait, pour accomplir cet ordre, qu'il lui fût donné sous son commandement, des cavaliers et des gens d'armes. Alors maître Guillaume Eymeri, professeur en théologie, lui dit : « Si Dieu veut délivrer le royaume de
» France, il n'est pas besoin de gens d'armes. — Les
» gens d'armes batailleront, répondit Jeanne, et Dieu
» donnera la victoire. — Mais nous ne pouvons, lui
» dirent les examinateurs, conseiller au roi, sur votre
» simple assertion, de vous donner des gens d'armes,
» pour que vous les mettiez inutilement en péril; faites-
» nous voir un signe par lequel il demeure évident
» qu'il faut vous croire. — En mon Dieu, répondit
» Jeanne, je ne suis pas venue à Poitiers pour faire
» signes; mais le signe qui m'a été donné, pour mon-
» trer que je suis envoyée de Dieu, c'est de faire lever
» le siége d'Orléans. Qu'on me donne des gens d'ar-
» mes, en telle et si petite quantité qu'on voudra, et

» j'irai. » On lui demanda pourquoi elle ne prenait pas les habits de son sexe? Elle répondit : « Pour m'ar-
» mer et servir le gentil dauphin, il faut que je prenne
» les habillements propices et nécessaires à cela; et aussi
» j'ai pensé que quand je serais entre les hommes,
» étant en habit d'homme, ils n'auront pas concu-
» piscence de moy; et me semble qu'en cet estat je
» conserverai mieux ma virginité de pensée et de fait. »
Enfin, après des examens répétés, après qu'on eut fait surveiller Jeanne à toutes les heures du jour et de la nuit, et qu'on eut envoyé à Domremy des religieux pour s'enquérir de sa conduite passée, et pour connaître si ses réponses, ainsi que les déclarations de Jean de Metz et de Bertrand Poulengy étaient conformes en tout à la vérité, les théologiens déclarèrent qu'ils ne trouvaient en elle, ni en ses paroles, rien de mal ni de contraire à la foi catholique, et qu'attendu sa sainte vie et sa louable réputation, ils étaient d'avis que le roi pouvait accepter les secours de cette jeune fille. Charles VII ne parut pas encore rassuré par cette décision. Plusieurs membres du parlement, et entre autres Regnault de Chartres, archevêque de Reims, chancelier de France, se montraient contraire à Jeanne, et ne voulaient point qu'on ajoutât foi à ses discours. Le roi résolut alors de la soumettre à une dernière et décisive épreuve. Dans l'opinion de ce temps, le Démon ne pouvait contracter un pacte avec une vierge; si donc Jeanne était trouvée telle, tout soupçon de magie et de sortilége s'évanouissait; aucun scrupule ne devait plus empêcher le roi de l'employer. Charles VII la remit entre

les mains de la reine de Sicile, sa belle-mère, qui, assistée des dames de Gaucourt et de Vienne, fut chargée de la visiter et de vérifier sa virginité. Ces sortes d'examens, ainsi que nous l'apprend Froissart, n'avaient alors rien d'étrange, et l'on y soumettait toutes les jeunes filles, même celles du plus haut rang, qu'on destinait au mariage, afin de constater si elles étaient nubiles et suffisamment formées. La reine de Sicile, Yollande d'Arragon, et les deux dames qui l'assistaient, déclarèrent au roi, « que Jeanne était une vraie et entière » pucelle, en laquelle n'apparaissait aucune corruption » ou violence ». Alors toutes les incertitudes cessèrent; le roi et son conseil décidèrent qu'on préparerait un convoi pour secourir Orléans, et qu'on tenterait de l'y introduire sous la conduite de *Jeanne la Pucelle.* On lui donna ce qu'on appelait alors un *état,* c'est-à-dire des gens pour sa garde et pour son service. Le chevalier Jean d'Aulon fut nommé son écuyer et le chef de sa maison; Raymond et Louis de Contes, furent ses deux pages; on mit sous ses ordres deux hérauts d'armes, dont l'un se nommait Guyenne, l'autre Ambleville. Elle demanda un aumônier; frère Jean Pasquerel, lecteur du couvent des Augustins de Tours, s'offrit, fut accepté, et ne la quitta plus. Le roi fit faire à Jeanne une armure complète. Elle voulut un étendard, et désigna la manière dont il devait être peint. D'après la description qu'elle en a donnée dans son interrogatoire, cet étendard était d'une toile blanche, appelée alors boucassin, et frangée en soie; sur un champ blanc, semé de fleurs de lis, était figuré le Sauveur des hommes, assis sur son tribunal, dans les nuées du ciel, et tenant un globe dans ses mains; à droite et à gauche étaient représentés deux anges en adoration; l'un d'eux tenait une fleur de lis, sur laquelle Dieu semblait répandre ses bénédictions; les mots *Jhésus*, *Maria* étaient écrits à côté. L'épée seule manquait à son équipement; Jeanne dit qu'il lui fallait celle qui se trouvait ensevelie derrière l'autel de l'église de Sainte-Catherine à Fier-Bois, et qui était marquée de cinq croix le long de la lame. Elle fit écrire en conséquence aux prêtres qui desservaient cette église, pour qu'ils lui accordassent cette épée; on la trouva dans l'endroit qu'elle avait désigné, et elle lui fut remise. Enfin, arriva le moment si ardemment désiré pour Jeanne, où il lui fut permis de combattre et de vaincre les ennemis de son roi et de son pays. Les habitants d'Orléans, réduits aux dernières extrémités, attendaient avec la plus grande impatience l'effet de ses prédictions et de ses promesses, dont ils avaient entendu le récit, et dont depuis deux mois ils ne cessaient de s'entretenir; mais il fallait encore remplir une formalité. Dans les instructions que Jeanne avait reçu de ses saintes, il lui était prescrit de sommer les anglais d'abandonner le siége d'Orléans, avant de rien entreprendre contre eux. Elle dicta en conséquence une lettre qui fut envoyée aux généraux anglais, rassemblés devant Orléans, « pour, de par Dieu, le roi du ciel, » qu'ils eussent à rendre les clefs de toutes les bonnes » villes qu'ils avaient prises en France. » Enfin, les préparatifs du convoi sont achevés, et le jour du départ de l'armée est fixé. Jeanne, avant de quitter Blois, rassemble tous les prêtres qui se trouvaient dans la ville ; elle les réunit sous une bannière distincte, portée par son aumônier, sur laquelle on avait, selon ses ordres, peint l'image du Sauveur, sur l'arbre de la croix. Aucun guerrier ne pouvait se joindre à cette troupe sainte, s'il n'avait fait, le jour même, l'humble aveu de ses fautes devant le tribunal de la pénitence. Jeanne exhortait les soldats à remplir régulièrement ce devoir, pour devenir dignes de se réunir au bataillon sacré rassemblé autour d'elle. A la tête de ce bataillon, elle s'avance, et déploie son propre étendard; tous les soldats la suivent, animés du même enthousiasme. Ne soyons pas étonnés des prodiges qui vont s'opérer par cette jeune fille : son éloquence naturelle, sa piété si sincère et si vive, ce mélange de pudeur et d'audace martiale, sa beauté, sa jeunesse, tout en elle excitait l'admiration. L'armée, assurée de vaincre, se croyait sous la protection de Dieu, ainsi que l'héroïne qui la conduisait. Le 29 avril 1429, après avoir traversé les lignes des ennemis, et à la vue de leurs forts, Jeanne d'Arc entra dans Orléans, armée de toutes pièces, montée sur un cheval blanc, précédée de son étendard, ayant à ses côtés le brave Dunois, escortée des principaux seigneurs de la cour, suivie d'une troupe de guerriers pleins d'ardeur, et conduisant avec elle un convoi qui ramenait l'abondance dans la ville. Dès ce moment, les habitants d'Orléans se crurent invincibles, et le furent en effet. Jeanne, avant d'attaquer les Anglais, crut devoir renouveler la sommation qu'elle leur avait faite, et leur envoya une nouvelle lettre par ses deux hérauts d'armes. Les Anglais commencèrent avec elle par violer le droit des gens : ils retinrent un de ses hérauts, et ils l'auraient brûlé vif, si Dunois n'avait pareillement fait retenir prisonniers des hérauts anglais. Cependant Orléans reçut de nouveaux renforts de troupes. La Pucelle commandait toutes ces expéditions, et se tenait entre la ville et les ennemis, qui voyaient opérer tous ces mouvements sans s'ébranler; ils semblaient stupéfaits et frappés d'une terreur secrète. Les jours suivants, la Pucelle conduit successivement les Français à l'attaque de plusieurs forts; tous sont emportés : un grand nombre d'Anglais périssent, un très grand nombre sont faits prisonniers, et plusieurs aussi, par l'intercession de la Pucelle, sont sauvés de la fureur des soldats. Ce qu'il y avait d'admirable dans ces combats, c'était le sang-froid de la jeune héroïne : elle se présentait toujours la première à l'attaque, son étendard à la main, et restait la dernière sur le champ de bataille pour protéger la rentrée des troupes : elle abhorrait l'effusion du sang, et ne se servait de son épée qu'à la dernière extrémité; le plus souvent, lorsqu'elle se trouvait engagée dans la mêlée, elle se contentait de repousser ses adversaires à coups de lance, ou de les écarter avec une petite hache, qu'elle portait suspendue à ses côtés. Après ces différents succès, elle envoya redemander son héraut, qui lui fut rendu. Le jour suivant, la Pucelle reconduit aux combats ses troupes, comme elle infatigables, et d'autres forts sont encore emportés; il ne restait plus aux Anglais que le boulevard et le fort des Tourelles, qui formait l'entrée du pont du côté de la Sologne; de ce poste, le mieux fortifié de tous, dépendait le succès de la levée du siége. Les généraux français ouvrirent en conseil l'avis que, pour cette attaque importante, il fallait attendre de nouveaux secours. La Pucelle fit changer cette résolution, et décida qu'on attaquerait ce fort dès le lendemain. L'élite des troupes anglaises défendait ce poste. La Pucelle dirigea l'attaque avec une habileté qui étonna les capitaines les plus expérimentés; on l'apercevait exhortant les uns à tenir ferme, ramenant les autres au combat, faisant retentir, au milieu du bruit de la guerre, le nom du Dieu des armées, le cri de la valeur, et les promesses de la victoire. Cependant les Français sont repoussés sur tous les points : Jeanne, qui s'en aperçoit, se précipite dans le fossé, est la première à saisir une échelle, l'élève avec force, et l'applique contre le boulevard; à l'instant même, un trait lancé par l'ennemi la frappe au-dessus du sein, entre le cou et l'épaule; elle tombe renversée et presque sans connaissance. Investie aussitôt par une troupe d'Anglais qu'enhardit sa chute, l'héroïne se relève à demi, et se défend avec autant d'adresse que de courage. Jean de Gamache survient, et la sauve de leurs mains; on éloigne alors Jeanne d'Arc du champ de bataille, on la désarme, on l'étend sur l'herbe. Dunois et plusieurs autres chefs de guerre l'environnent, on lui prodigue les secours; sa blessure était profonde, elle s'en effraie d'abord, et ne peut retenir ses larmes; mais bientôt, inspirée par un courage surnaturel, elle arrache elle-même le trait : le sang coule en abondance ; on l'arrête, on bouche la plaie ; la Pucelle demande à se confesser ; la foule s'écarte et la laisse seule avec son aumônier. Dès qu'on ne la vit plus à la tête de l'armée, le découragement se mit parmi les soldats et les capitaines ; l'attaque durait depuis dix heures du matin, et la nuit s'approchait. Dunois fit sonner la retraite, et les troupes abandonnèrent le pied du boulevard. Quand Jeanne d'Arc l'apprit, elle en fut vivement affligée ; et malgré ses souffrances, elle alla trouver les commandants, et leur dit : « Eh mon » Dieu! vous entrerez bien brief dedans, n'ayez doubte ; » quand vous verrez flotter mon étendard vers la bas- » tille, reprenez vos armes elle sera vôtre. Pour quoi, » reposez-vous ung peu, buvez et mangez. Ce qu'ils fi- » rent, car à merveille ils lui obéissaient. » (*Journal du siége d'Orléans*, p. 87.) Bientôt elle demanda son cheval, s'élança légèrement dessus, comme si elle eût perdu le sentiment de ses fatigues et de ses maux, se retira seule à l'écart dans une vigne, y resta un quart-d'heure en prière, et reparut au milieu des troupes. Arrivée près du boulevard, elle saisit son étendard, et s'avance au bord du fossé. A cette vue, les Anglais frémissent et sont frappés d'épouvante ; les Français, au contraire, reviennent à l'assaut, et escaladent de nouveau le boulevard. Les habitants d'Orléans, voyant ce qui se passe, dirigent sur la bastille leurs canons et leurs arbalêtes, et envoient de nouveaux combattants pour prendre part à la gloire de leurs compagnons d'armes. Les Anglais se défendent avec acharnement ; mais la Pucelle crie à ses troupes : « Tout est vôtre, entrez. » En un instant le boulevard est emporté, les Anglais se réfugient en hâte dans le fort; mais le plus grand nombre périt par la chute du pont-levis, qui s'abîme dans la Loire. Les Français réparent le pont, traversent le fleuve, et aussitôt le fort est en leur pouvoir. La Pucelle, ainsi qu'elle l'avait prédit le matin, avant de partir pour le combat, ramena ses troupes dans Orléans par ce même pont-levis, qui naguère était occupé par les ennemis. Sa rentrée fut un triomphe : toutes les cloches de la ville en mouvement, proclamèrent au loin dans les airs la victoire que les armes du roi venaient de remporter; le peuple se pressait autour de l'héroïne ; des cris de joie, accompagnés de marques de vénération et d'amour, éclataient partout sur son passage. Jeanne, après la victoire, s'occupa de faire rendre les derniers devoirs à ceux qui avaient péri. Elle fit retirer de la Loire, et remettre aux Anglais le corps de Glacidas : ce chef avait surpassé tous ceux de sa nation, dans les injures dont il avait accablé la Pucelle. Le lendemain du jour de cette action mémorable, les généraux anglais, après avoir délibéré toute la nuit, résolurent de lever le siége; et avant que le jour parût, ils firent sortir les troupes de leurs tentes et des forts qui leur restaient sur la rive droite de la Loire ; ils se rangèrent en bataille et se disposèrent à la retraite. Les Français, quoiqu'inférieurs en nombre, voulaient les poursuivre; mais Jeanne modéra leur emportement, et, toujours avare de l'effusion du sang, elle leur dit : « Laissez aller les Anglais, et ne les tuez pas ; il

» me suffit de leur départ. » Il y avait sept mois que le comte de Salisbury était venu, le 12 octobre 1428, mettre le siége devant Orléans, et tous les efforts des plus valeureux chevaliers français, pendant un si long temps, n'avaient pu triompher du courage des assiégeants, ni lasser leur constance. Huit jours s'étaient écoulés depuis l'arrivée de Jeanne d'Arc dans la ville; trois seulement avaient été employés à combattre, et le 8 mai 1429, l'armée ennemie, naguère si superbe et si menaçante, s'éloignait avec précipitation des remparts de la ville, qu'une procession solennelle parcourait en faisant retentir les airs d'hymnes sacrées, et de cantiques d'action de grâce. L'usage de cette cérémonie religieuse et touchante s'est renouvelé depuis tous les ans, à pareil jour, en commémoration de ce grand événement, et il n'a été interrompu que pendant quelques années de trouble et d'anarchie. Jeanne d'Arc, quoique souffrante encore de ses blessures, se rendit à Loches, pour annoncer au roi l'heureuse délivrance d'Orléans. Cette nouvelle fut connue le surlendemain dans Paris, où elle répandit la terreur et le découragement parmi les Anglais et le parti Bourguignon. Jeanne voulait que l'on marchât droit sur Reims, pour y faire sacrer le roi; mais l'exécution d'un projet ausssi hardi épouvantait Charles et son conseil; il fallait, avec une armée peu nombreuse, sans vivres, sans espoir de s'en procurer que les armes à la main, traverser près de quatre-vingts lieues d'un pays occupé par des ennemis; enfin il était nécessaire de s'emparer de plusieurs villes considérables qui se trouvaient sur la route, et dont une seule pouvait arrêter la marche du roi. Le moindre échec, dans une situation aussi périlleuse, le perdait à jamais; il paraissait plus prudent de commencer par la conquête de la Normandie; et le duc d'Alençon, qui était personnellement intéressé à ce que l'on prît ce parti, l'appuyait de tout son pouvoir. Cependant, les instances persuasives de Jeanne triomphèrent de toutes les craintes et de tous les intérêts, et il fut décidé qu'on marcherait incessamment vers la Champagne, et qu'avant le départ on reprendrait les villes conquises par les Anglais, aux environs d'Orléans. On mit d'abord le siége devant Jargeau, défendu par le brave Suffolk, qui était résolu de s'ensevelir sous les ruines de la ville. La Pucelle dispose l'artillerie avec tant de justesse, qu'en peu de jours les remparts sont endommagés, et que l'assaut est décidé. En approchant du rempart, la Pucelle crie au duc d'Alençon : « En avant, gentil duc. » Elle combattit toute cette journée sous les yeux de ce prince; il assura depuis qu'au plus fort de l'action, elle lui disait : « N'ayez doute; ne savez vous pas que j'ai promis à vo- » tre épouse de vous ramener sain et sauf? » Apercevant un endroit où les assiégés opposaient une résistance opiniâtre, elle descend dans le fossé, et monte à l'échelle, son étendard à la main. Un Anglais saisit alors une pierre d'une poids énorme, et la lance sur elle avec rage; elle en est frappée, et tombe agenouillée au pied du rempart : sur les murs, un cri de triomphe, au pied des murs, des cris d'épouvante, proclament au même instant la chute de l'héroïne; mais, se relevant

soudain, plus fière et plus terrible : « Amis ! amis ! s'é-
» crie-t-elle, ayez bon courage, Notre-Seigneur a con-
» damné les Anglais ; à cette heure ils sont tous nôtres. »
Les Français, ranimés par ces paroles, gagnent la brèche, précipitent les ennemis dans la ville, les pour-
suivent de rue en rue, en massacrent onze cents, et
forcent Suffolk, Guillaume Pole, et autres capitaines
anglais à se rendre prisonniers. La prise de Meung, celle
du pont et du château de Baugenci, quoique défendus
par le brave Talbot, suivirent de près celle de Jargeau.
Cependant le duc de Bedfort envoya un secours de six
mille hommes à Talbot, qui se retirait vers la gauche,
par le chemin de Janville ; et l'armée anglaise, fortifiée par toutes les garnisons des places qu'elle avait aban-
données, était encore supérieure en nombre à l'armée
française, quoique le connétable de Richemont fût venu
joindre cette dernière. L'avant-garde de l'armée française près de Patay, n'était qu'à une demi-lieue de l'ennemi. Le duc d'Alençon, Dunois et le maréchal de
Rieux, qui commandaient en chef, hésitaient à livrer
bataille ; l'idée de combattre les Anglais en rase campagne effrayait des esprits encore pleins des souvenirs
d'Azincourt, de Crevant, de Verneuil et de Rouvray-
Saint-Denis. La Pucelle est consultée : elle promet la victoire ; les Français alors se précipitent avant le jour sur
l'armée anglaise ; une partie, conduite par Fastolf, le
vainqueur de Rouvray, prend la fuite, le reste est mis
en déroute ; deux mille cinq cents Anglais sont tués sur
le champ de bataille, douze cents sont faits prisonniers,
et dans ce nombre se trouvait Talbot, le général en chef.

» La Pucelle, escortée de tous les généraux français, se rendit auprès du roi, pour lui annoncer la nouvelle de la victoire de Patay; elle parvint en particulier, dans cette entrevue, à réconcilier le monarque avec le connétable de Richemont, que le favori La Tremouille desservait dans l'esprit de Charles VII, et éloignait de tout son pouvoir.

» Cependant la renommée de Jeanne d'Arc et de ses étonnants exploits s'était répandue rapidement dans toute la France, et de là dans le reste de l'Europe. L'opinion était fixée sur son compte; tous les Français, partisans de Charles VII, ne doutaient point qu'elle ne fût inspirée de Dieu; les Anglais, au contraire, la croyaient magicienne et sorcière, et la terreur dont elle les avait frappés paralysait les forces de leurs armées de France, habituées à la victoire; les guerriers qui étaient en Angleterre n'osaient traverser la mer, et aborder sur le sol fatal protégé par la puissance surnaturelle de la magicienne d'Orléans. Son ascendant sur les soldats et sur le peuple était sans bornes : mais il n'en était pas de même des généraux et des courtisans. Plusieurs étaient jaloux de sa gloire et de ses hauts faits, et humiliés de la supériorité qu'une fille sans naissance avait usurpée sur tant d'illustres capitaines, et tant de nobles chevaliers. Elle eut, avec quelques-uns, des altercations assez vives; mais, occupée d'accomplir sa mission, pour faire tout concourir à ses vues, et assurer le succès de ses armes, elle ne craignit pas de prendre le ton du commandement, et même de la menace. Animée d'une horreur invincible pour les femmes de mauvaise vie et les concubines, la Pucelle leur avait formellement défendu son approche, et prenait de grandes précautions pour qu'elles ne pussent s'introduire dans l'armée. Dans tout le reste, Jeanne d'Arc se montrait simple, pleine d'humilité, de douceur, recherchant avec soin la retraite et la solitude, et passant une grande partie de son temps dans les exercices de la piété. Elle éprouvait une grande joie à s'aller mêler et à communier avec les jeunes personnes; elle ne se confessait jamais, sans que le repentir de ses fautes ne lui fît mouiller de ses pleurs le tribunal de la pénitence. On la vit souvent se lever la nuit, se prosterner dans l'ombre, croyant n'être pas vue, et prier Dieu pour la prospérité du roi et du royaume. Elle se plaisait dans la compagnie des personnes de son sexe, et partageait sa couche avec une ou plusieurs femmes, parmi les plus considérées de l'endroit, préférant de jeunes vierges, et refusant les femmes âgées. Quand on ne pouvait trouver des personnes convenables de son sexe, pour partager sa couche, elle reposait tout habillée. Sa sobriété était si grande, qu'on s'étonnait qu'elle pût soutenir ses forces avec aussi peu d'aliments. Elle aimait mieux s'abstenir de toute nourriture, que de toucher aux vivres qu'elle savait ou qu'elle soupçonnait avoir été enlevés par violence. Elle ne tolérait aucun pillage, ni aucune vengeance après le combat. Aussi ses vertus la protégèrent contre les accusations et les calomnies des Anglais, et plusieurs docteurs étrangers, et par conséquent impartiaux, écrivirent dès lors des traités pour la défendre. Après la victoire de Patay, les garnisons anglaises, frappées de terreur, abandonnèrent les villes qu'elles étaient chargées de garder : Montpipeau, Saint-Sigismond et Sully, rentrèrent ainsi sans combat au pouvoir du roi. L'armée française se réunit à Gien; et après avoir reçu toutes les munitions et les renforts qui lui étaient nécessaires, elle se disposait à marcher enfin sur Reims. Le conseil du roi opinait pour soumettre d'abord Cône et la Charité. La Pucelle obtint, quoiqu'avec peine, qu'on ne s'occuperait de ces objets qu'après le retour du roi. L'armée royale se mit en marche : Auxerre ayant consenti à fournir des vivres, on n'assiégea point cette ville, qui refusa d'ouvrir ses portes. L'exemple d'Auxerre engagea Troyes à faire un pareil refus. L'armée campa cinq jours devant cette place, qui résistait toujours ; les assiégeants commençaient à souffrir beaucoup de la disette, et le conseil du roi était d'avis qu'il fallait passer outre. La Pucelle s'y opposa, et fit décider l'assaut pour le lendemain; elle s'occupa toute la nuit à faire apporter des fascines, et dès que le jour parut, elle fit sonner les trompettes, ordonna qu'on comblât les fossés avec les fascines qu'on avait préparées, et s'avança son étendard à la main. Alors les assiégés se troublèrent, l'effroi s'empara d'eux, ils capitulèrent, et le roi entra dans la ville, ayant à son côté Jeanne d'Arc. Elle pressa Charles VII de repartir, et il se dirigea avec toute son armée sur Châlons, qui se rendit. La Pucelle marchait toujours en avant, armée de toutes pièces. A son approche, la garnison de Reims, qui n'était que de six cents hommes, commandés par le seigneur de Châtillon-sur-Marne, et celui de Saveuse, sortit de la ville : les habitants ouvrirent leurs portes au roi, qui y fit son entrée solennelle, le lendemain 17 juillet 1429 : il fut sacré dans la cathédrale de Reims. Jeanne d'Arc était présente à cette cérémonie, tenant son étendard à peu de distance du roi et du maître-autel. Elle avait, le matin même, fait écrire au duc de Bourgogne, pour l'engager à faire sa paix avec Charles VII. Après la célébration du couronnement, Jeanne d'Arc se jeta aux genoux de son souverain, et le supplia, en versant des larmes, de lui permettre de se retirer, puisque sa mission était accomplie. Son père, Jacques d'Arc, son oncle Durand Laxard, ainsi que ses frères, s'étaient rendus à Reims pour la voir, et les embrassements de sa famille, après une si longue absence, lui faisaient désirer vivement de rentrer dans l'humble condition dont elle n'était sortie qu'à regret. « Et plût à Dieu, » mon créateur, dit-elle à l'archevêque de Reims, que je » pusse maintenant partir ; abandonnant les armes, et » aller servir mon père et ma mère, en gardant leurs » brebis, avec ma sœur et mes frères, qui moult se ré- » jouiraient à me voir! » Les ordres qu'elle pensait avoir reçus de Dieu même se trouvant exécutés, elle croyait désormais sa présence inutile à l'armée ; mais on avait trop bien éprouvé combien cette seule présence encourageait les soldats. Forcée de céder aux volontés de son roi, l'on vit Jeanne d'Arc, depuis ce moment, s'abstenir d'opposer son avis à celui des ministres ou des généraux; et ayant rempli ses promesses et accompli ses prédictions, elle n'agissait plus comme quelqu'un qui se rend responsable des événements; elle se contentait de partager les travaux des plus dangereuses expéditions, et de s'exposer la première. Charles VII, après son sacre, ne resta que trois jours à Reims, et se dirigea sur Château-Thierry. Ce fut dans cette ville que la Pucelle, qui conservait un vif attachement pour le pays qui l'avait vu naître, demanda au roi que les habitants de Greux et de Domremi (ces deux hameaux ne formaient qu'une seule paroisse) fussent exemptés de toutes tailles, aides et subventions. Charles VII y consentit, et fit en conséquence expédier ses lettres-patentes, datées de Château-Thierry, le dernier jour de juillet 1429; elles portent expressément que cette exemption est accordée à ces deux villages, *en faveur de la Pucelle*. Ces lettres ont été renouvelées en 1449, et confirmées depuis par Louis XIII, en juin 1610. Les habitants de Greux et de Domremi n'ont cessé de jouir de cette concession jusqu'à l'époque de la révolution. Après le couronnement, les villes de Laon, de Neufchâtel, de Soissons, de Crespi, de Compiégne, de La Ferté-Milon, de Château-Thierry, de Creil, de Coulommiers, et une infinité d'autres places, tant de la Brie que de la Champagne, se rendirent au roi ou à ses généraux. Beauvais chassa son évêque, parce qu'il était dévoué aux Anglais; c'était Pierre Cauchon, auquel le procès de la Pucelle a donné une si funeste célébrité. La terreur régnait dans Paris, où les Anglais employaient mille moyens pour tromper les habitants et pour les contenir. Cependant le duc de Bedford vint présenter la bataille aux Français, à trois lieues de Senlis, près du Mont-Piloer : on combattit avec un succès égal. Charles VII s'approcha de Paris avec son armée. Saint-Denis, qui était alors fortifié, s'empressa d'ouvrir ses portes, et le roi en prit possession, le 25 août 1429. Il paraît, d'après la déposition du duc d'Alençon, que ce fut à Saint-Denis que Jeanne d'Arc rompit sa célèbre épée de Fier-Bois, en frappant une femme de mauvaise vie, qui se trouvait parmi les soldats. Le roi se montra sensible à cette perte, qui, considérée comme un présage d'un funeste augure, pouvait exercer la plus fâcheuse influence sur l'esprit de la multitude. Jeanne d'Arc sembla elle-même penser que cet accident était un avertissement du ciel, que sa carrière militaire était finie, et son pouvoir détruit. Le 7 septembre, les troupes du roi occupèrent le village de La Chapelle, qui alors était à mi-chemin de Paris à Saint-Denis ; et l'armée, composée de douze mille hommes, vint au couchant se ranger en bataille dans un vaste espace, appelé le marché aux Pourceaux, qui s'étendait entre la butte Saint-Roch ou des Moulins, et la porte Saint-Honoré, alors située à l'endroit où la rue Traversière se joint à la rue Saint-Honoré. On commença l'attaque par emporter un petit boulevard qui était de ce côté ; mais les assaillants, qui s'étaient flattés en vain que, dans le moment de l'assaut, les partisans du roi sou-

lèveraient le peuple, furent désabusés, et songèrent
à se retirer. Jeanne d'Arc, accoutumée à ne jamais
reculer, voulut s'obstiner à combler le fossé ; elle
criait aux Parisiens de rendre la ville au roi, lorsqu'un trait d'arbalète la blessa à la cuisse. Obligée, par
la douleur de sa blessure et par la quantité de sang
qu'elle perdait, de se coucher derrière une petite
éminence, elle y resta jusqu'au soir, où Richard de
Thiembronne, et d'autres guerriers, vinrent la trouver.
Soit chagrin d'un premier échec, soit dégoût causé
par l'ingratitude de ses compagnons d'armes, elle parut
lasse de la vie, et ne voulut pas quitter sa place. Il
fallut que le duc d'Alençon vînt lui-même la chercher,
et la ramenât à Saint-Denis ; mais elle persista dans la
résolution de finir ses jours dans l'obscurité et la retraite. Suivie du roi et des princes, elle alla dans la
basilique royale de Saint-Denis, se prosterner devant
l'autel des martyrs protecteurs de la France. Elle
rendit grâces à Dieu, à la vierge et aux saints, des
faveurs qu'ils avaient répandues sur elle, et sus-
pendit ses armes à l'une des colonnes du temple,
devant la châsse révérée de l'apôtre de la France. Les
instances du roi et des principaux capitaines parvin-
rent encore à triompher de sa résolution. On est vivement ému, lorsqu'on songe au sort cruel qui attendait
cette infortunée, en la voyant tenter deux fois, en vain,
de rentrer sous le toit paternel. L'armée française
après cette attaque infructueuse sur Paris, repassa la
Loire. Lorsque le roi fut arrivé à Meun-sur-Yèvre, il
accorda, en décembre 1429, à Jeanne d'Arc, et à

toute sa famille, des lettres de noblesse, avec tous les priviléges et les honneurs alors attachés à cette haute faveur : ces lettres comprenaient également, par une exception remarquable, les mâles et les femelles à perpétuité; « afin, dit le roi, de rendre » gloire à la haute et divine sagesse, des grâces nom- » breuses et éclatantes dont il lui a plu nous combler, » par le célèbre ministère de notre chère et bien-aimée » la Pucelle Jeanne d'Arc, de Domremy, et que, par le » secours de la Providence, nous avons espérance à voir » s'accroître encore. » Le roi voulait reprendre successivement Cône, La Charité, et Saint-Pierre-le-Moutiers. On commença par l'attaque de cette dernière ville. Lorsque la brèche fut praticable, on monta à l'assaut; mais les assiégés se défendirent si vigoureusement, qu'après un long et sanglant combat, ils forcèrent les troupes du roi à la retraite. Jeanne d'Arc, seule, environnée de cinq ou six soldats, refusa de se retirer, malgré les exhortations que lui firent faire les généraux de revenir au camp. Sa fermeté rendit le courage aux soldats; on revint à la charge avec une nouvelle furie : les ennemis ne purent soutenir un second assaut auquel ils ne s'attendaient pas, et les Français, après une faible résistance, se rendirent maîtres de la place. Tandis que l'armée royale poursuivait ses opérations dans le midi, Jeanne d'Arc fut envoyée au nord, dans l'Ile-de-France, avec un petit corps d'armée et plusieurs chefs de guerre; elle avait avec elle ses deux frères, et menait douze chevaux à sa suite : ses montures, ses armes, ses équipages, s'élevaient ensemble à la valeur de douze mille écus de ce temps, dont la plus grande partie lui avait été confiée pour payer les troupes qu'elle commandait. A Lagni, elle apprit que Franquet d'Arras, célèbre par sa vaillance et ses cruautés, ravageait les campagnes environnantes, avec un corps d'environ quatre cents hommes : elle sortit de la ville, ayant un nombre à peu près égal de soldats, accompagnée de Jean de Foucault, de Geoffroi de Saint-Aubin, et d'autres seigneurs. Elle ne tarda pas à rencontrer Franquet d'Arras, dont les troupes, composées d'excellents archers, firent sur les Français une décharge terrible qui en mit un grand nombre hors de combat. Deux fois les troupes royales reculèrent; deux fois la Pucelle les ramena à la charge, « moult courageu- » sement et vigoureusement, » dit un historien du parti bourguignon. Enfin, la victoire se déclara pour elle, et Franquet d'Arras fut fait prisonnier. Les juges de Lagni et le bailli de Senlis réclamèrent un homme qui s'était souillé de tant de forfaits, et fut exécuté quelques jours après, malgré les efforts que fit la Pucelle pour lui sauver le vie. Cette exécution, injuste ou légitime, mais dont il est démontré que Jeanne était innocente, forma dans la suite un chef d'accusation contre elle. Cependant le duc de Bourgogne s'avançant avec une assez forte armée, mit le siége devant Compiégne, dégarnie alors de troupes. Jeanne d'Arc n'hésite pas un instant à s'y rendre ; et Jacques de Chabanne, Theaulde de Valpergue, Regnault de Fontaine, Poton de Xaintrailles, et plusieurs autres chevaliers célèbres, suivent l'exemple de la jeune héroïne, et se renferment dans cette ville. Ce renfort, et surtout la présence de la Pucelle y répandent une grande joie; on veut profiter de ce premier mouvement d'enthousiasme pour tenter une sortie. Le 24 mai 1430, la Pucelle, acompagnée de Poton le Bourguignon, du sire de Créqui et de plusieurs autres capitaines, tombe à l'improviste sur le quartier de Baudon de la Noyelle, près de Marigni, commandé par Jean de Luxembourg. Les ennemis se reploient sur Marigni; mais, au premier cri d'alarme, les Anglais, conduits par le sire de Montgommery, sortent à la hâte de leur logis de la Venette; les troupes de Jean de Luxembourg, cantonnées à Clairay, se précipitent hors de leurs quartiers, et accourent aussi au secours de leur général; les Français, s'apercevant qu'ils allaient avoir à combattre toute l'armée ennemie, se retirent vers la ville; la Pucelle marche la dernière, se retournant sans cesse et faisant face à l'ennemi, afin de couvrir la retraite des siens et de les ramener sans perte dans la place. Les Anglais s'avancent alors à grands pas pour couper le chemin à sa troupe, qui, effrayée par ce mouvement, se précipite en tumulte vers la barrière du boulevart du pont. En ce moment, les Bourguignons, sûrs d'être soutenues de toutes parts, font une décharge terrible sur la queue des escadrons français, et y jettent un grand désordre; ceux-ci, saisis d'épouvante, se précipitent tout armés dans la rivière, et plusieurs se rendent prisonniers. La Pucelle seule continue à se défendre; son habillement de couleur de pourpre et l'étendard qu'elle tient à la main la font aisément distinguer; aussitôt une foule de guerriers l'entourent, et se disputent l'honneur de s'emparer de sa personne; elle les repousse avec son épée et parvient à gagner le pied du boulevard du pont : mais la barrière se trouve fermée. Abandonnée de tous ses compagnons d'armes, entourée d'assaillants, Jeanne fait des prodiges de valeur, et cherche alors à prendre la fuite pour éviter la captivité; un archer picard la saisit par son habit et la fait tomber de son cheval; elle est aussitôt désarmée, et le bâtard de Vendôme l'emmène à Marigni, où on la confie à une garde nombreuse. Guillaume de Flavi, alors gouverneur de Compiégne, guerrier intrépide et royaliste zélé, mais fameux par ses débauches, son avarice et sa cruauté, fut soupçonné d'avoir fait fermer la barrière, dans l'intention de livrer aux ennemis l'héroïne d'Orléans. Quoi qu'il en soit, jamais les victoires de Crécy, de Poitiers ou d'Azincourt, n'excitèrent parmi les Anglais des transports de joie pareils à ceux que fit éclater la prise de la Pucelle par les Bourguignons. Les soldats anglais accouraient en foule pour considérer cette fille de dix-neuf ans, dont le nom seul, depuis plus d'une année, portait la terreur jusque dans Londres. On envoya partout des courriers pour répandre cette nouvelle; et l'on fit des réjouissances publiques à cette occasion, dans le petit nombre de villes restées soumises au parti anglais. L'horrible tragédie méditée par la haine et la vengeance des Anglais, fut quatre mois à se préparer, durant ce temps, Jeanne d'Arc d'abord prisonnière au château de Beaulieu, fit une première tentative pour s'évader; et ensuite, transportée dans le château de Baurevoir, à quatre lieues au sud de Cambrai, elle y fut d'abord traitée avec égard par la femme et la sœur de Jean de Luxembourg. Quoique sensible à l'affection qu'on lui témoignait, la crainte qu'avait la Pucelle d'être livrée aux Anglais, lui fit tenter une seconde fois de s'échapper : elle sauta par une fenêtre, et tomba sans connaissance au pied de la tour où elle était renfermée. Dès qu'elle fut rétablie, on la transporta à Arras, et ensuite au Crotoi, citadelle très forte à l'embouchure de la Somme. Le duc de Bedford, pour relever son parti abattu, en sacrifiant Jeanne à sa vengeance, voulait d'abord établir, par une procédure solennelle, qu'elle avait employé le sortilége et la magie; par là il parvenait à la faire condamner comme hérétique, il détruisait l'ascendant qu'aurait exercé sur tous les esprits le souvenir de ses vertus, il sauvait l'honneur de ses armes, flétri par tant de défaites; et, pour nous servir de l'énergique langage de ce siècle, *il infâmait* le roi de France. Déjà un frère Martin, vicaire-général de l'inquisition, avait prétendu évoquer le jugement de la Pucelle à son tribunal; Pierre Cauchon, cet évêque de Beauvais expulsé de son siége, la réclamait aussi, comme ayant été prise dans son diocèse, ce qui était une fausseté, car elle avait été faite prisonnière au-delà du pont de Compiégne, et sur le territoire du diocèse de Noyon; enfin l'université de Paris écrivit au duc de Bourgogne, pour qu'elle fût traduite devant un tribunal ecclésiastique, comme suspecte de magie et de sortilége. Ce concours de làcheté et de férocité prouvait au duc de Bedford la facilité qu'il aurait pour accomplir ses projets ; mais il fallait tirer la prisonnière des mains de Jean de Luxembourg, comte de Ligny, qui ne paraissait pas d'abord disposé à la céder. Son épouse, lorsqu'elle le voyait ébranlé par les offres qu'on lui faisait, le suppliait à genoux de ne pas livrer à une mort certaine une captive si intéressante par son courage et son innocence, et que d'ailleurs les lois de la guerre obligeaient de respecter. Enfin, on fit valoir le droit qu'avaient les souverains de s'emparer des prisonniers, de quelque condition qu'ils fussent, en payant une somme de dix mille livres à ceux auxquels ils appartenaient. Au moyen de cet argent, qui fut remis à Jean de Luxembourg, et d'une pension de trois cents livres pour le bâtard de Vendôme, l'héroïne d'Orléans fut livrée à un détachement de troupes anglaises, qui la conduisirent à Rouen. Là, on la chargea de chaînes, on la jeta dans un cachot, on l'accabla d'outrages, et l'on commença cet affreux procès, dont l'original, encore existant aujourd'hui à la bibliothèque du roi, dépose, comme par l'effet d'une justice divine, des vertus et de l'innocence de cette auguste victime, et porte au plus haut degré d'évidence historique, les faits les plus surprenants de sa merveilleuse histoire, puisque les preuves qui les constatent s'y trouvent rassemblées et vérifiées par ceux-là mêmes qui voulaient ternir sa chaste gloire, et qui étaient acharnés à sa perte. Pierre Cauchon et un inquisiteur nommé Lemaire, assistés de soixante assesseurs qui n'avaient que voix consultative, furent les juges de l'infortunée Jeanne. Son procès s'instruisit selon les formes mystérieuses et barbares des l'inquisition. Mais après plusieurs interrogatoires, on s'aperçut combien il serait difficile de parvenir au but qu'on se proposait. Jeanne, dans l'infortune et dans les fers, et en présence du tribunal qui avait juré sa perte, se montrait peut-être plus étonnante que sur le champ de bataille et à la tête des armées : elle joignait un courage inébranlable à la plus touchante douleur; elle pleurait comme une jeune fille, et se conduisait comme un héros. Ses juges perfides accumulaient en vain les questions insidieuses, les réticences, les menaces, les violences, les impostures, les faux matériels pour la faire tomber dans le piége; rien ne leur réussissait, et ils se trouvaient eux-mêmes réduits au silence de la honte, par la justesse, la dignité et l'énergie de ses réponses. Telle était la crainte qu'elle inspirait encore aux Anglais, quoique captive, que des lettres écrites au nom du roi d'Angleterre, datées du 12 décembre 1430, ordonnent de faire arrêter et traduire devant des conseils de guerre, tous ceux à qui la peur de la Pucelle ferait abandonner leurs drapeaux : *Quos terriculamenta Puellæ exanimaverint.* L'impulsion qu'elle avait donnée à la valeur française enfantait d'ailleurs chaque jour de nouveaux succès. Les Anglais étaient partout défaits, et les revers multipliés qu'ils essuyaient les irritaient encore plus contre celle qui en était la cause primitive; ils pressaient les juges, et prodiguaient, pour hâter le moment de son supplice, et l'argent et les menaces; mais ils trouvaient un puissant obstacle dans l'intérêt qu'elle inspirait, même aux assesseurs choisis à dessein pour la condamner. La duchesse de Bedford s'intéressait aussi vivement à son sort. Jeanne d'Arc s'étant déclarée vierge dans ses interrogatoire, et ayant offert de se soumettre à l'examen de femmes recommandables par leurs mœurs, la duchesse de Bedford nomma les matrones qui devaient la visiter. Quelques témoins ont assuré, dans le procès de révision, que le duc de Bedford, sans doute à l'insu de sa vertueuse épouse, se cacha pendant cet examen dans une chambre voisine, d'où, à l'aide d'une ouverture pratiquée dans le mur de séparation, il osa promener ses regards indiscrets sur l'infortunée qu'il destinait au dernier supplice. Le rapport des matrones s'étant trouvé à l'avantage de Jeanne, on eut bien soin de n'en faire aucune mention au procès, parce qu'il eût anéanti le principal chef d'accusation, celui de magie et de sorcellerie. On l'interrogea plusieurs fois sur sa première entrevue avec Charles VII; mais elle ne voulut jamais s'expliquer clairement sur le secret qu'elle lui avait révélé pour lui faire connaître la vérité de sa mission, ou, lorsqu'elle y fut contrainte, elle le fit d'une manière allégorique ou inintelligible. Sur tout ce qui concernait ses apparitions ou les voix qui la conseillaient, elle entra dans les plus grands détails, et raconta ingénument tout ce qu'elle avait vu ou entendu, et tout ce qu'elle avait dit dans ses entretiens secrets avec les saintes, qui chaque jour lui apparaissaient, et lui disaient de répondre hardiment. Bien loin de nier les prédictions qu'elle avait faites dans ses lettres, elle dit à ses juges qu'avant

sept ans les Anglais abandonneraient un plus grand gage qu'ils n'avaient fait devant Orléans, et qu'ils perdraient tout en France. Il est assez remarquable que Paris fut repris par les Français le 13 avril 1446, c'est-à-dire six ans après que l'on eut consigné cette prédiction dans le procès de Jeanne, dont nous possédons la grosse authentique. Jeanne répéta encore depuis cette prédiction en d'autres termes, dans les interrogatoires suivants, particulièrement lorsqu'on lui demanda si Dieu haïssait les Anglais. « De l'amour ou hayne que
» Dieu a aux Angloys, ou que Dieu leur faict à leurs âmes,
» ne sçay rien; mais je sçay bien que ils seront boutés hors
» de France, exceptez ceux qui y mourront; et que Dieu
» envoyera victoire aux François, et contre les Angloys. »
On lui demanda si elle ne disait pas aux guerriers qui portaient des étendards semblables au sien, qu'ils seraient heureux à la guerre. « Non, répondit-elle, je
» disois : Entrez hardiment parmi les Anglois, et j'y en-
» trois moi-même. » Interrogée sur ce que lui avaient dit ses saintes sur l'issue de son procès, elle répondit :
« Mes voix me dient que je serai délivrée par grante
» victoire; et après me dient mes voix : pren tout en gré;
» ne chaille (soucie) de ton martyre : tu t'en venras
» (viendras) enfin au royaume du paradis ; et ce me
» dient mes voix, c'est à savoir sans faillir; et appelle ce
» (cela) martyre pour la peine et adversité que souffre en
» la prison: et ne sçay si plus grant souffrirai, mais m'en
» acte (rapporte) à Nostre-Seigneur. » On lui demanda quelle était la distinction entre l'Église triomphante et l'Église militante. Isambart, un des juges assesseurs,

touché de compassion, après lui avoir expliqué cette question, lui conseilla de s'en rapporter au jugement du pape et du concile de Bâle sur le fait de ses apparitions; ce qu'elle fit à l'instant même. Cet appel allait l'arracher à la fureur de ses ennemis; aussi, l'évêque de Beauvais dit à Isambart d'une voix menaçante : « Taisez-vous, de par le Diable, » et il défendit au greffier de faire mention de cet appel, que le procès en révision a fait connaître. Cependant les interrogatoires se multipliaient, et le procès n'avançait pas. Les réponses de l'accusée, ces visites auxquelles on l'avait soumise, les informations prises dans le pays de sa naissance, les dépositions des témoins, tout tendait à sa décharge. Pour la perdre, l'évêque de Beauvais eut recours à une ruse odieuse. Jeanne avait plusieurs fois demandé les secours de la religion : on introduisit dans sa prison un prêtre hypocrite, nommé Loyseleur, qui feignit d'être, ainsi qu'elle, retenu dans les fers. Elle ne fit pas difficulté de se confesser à lui. Il gagna sa confiance : il lui donna des conseils pour la faire tomber dans le piége; et quand il recevait sa confession, deux hommes, cachés derrière une fenêtre couverte d'une simple serge, écrivaient ce qu'elle disait. Ces lâches artifices ne purent encore fournir la preuve des crimes dont on la chargeait. Plusieurs des assesseurs, indignés des iniquités qu'on employait envers elle, se retirèrent et cessèrent d'assister aux séances. L'évêque de Beauvais ne savait plus qu'imaginer. Ce fut alors qu'elle tomba malade, et qu'on la soupçonna d'avoir voulu s'empoisonner : mais le projet du duc de Bedford échouait, si Jeanne mourait de sa mort naturelle ; aussi les Anglais eurent-ils grand soin d'elle tout le temps que dura sa maladie. On résolut enfin de réduire à douze chefs d'accusation ce qui résultait des interrogatoires ; et l'on écrivit à l'université de Paris pour prononcer sur des questions générales, qu'on avait posées, sans spécifier ni accusés, ni juges, ni procès. L'université rendit une décision conforme aux vues du tribunal de Rouen, et l'on continua avec activité les procédures, qui ne furent pas même interrompues pendant la quinzaine de Pâques. Les Anglais menaçaient les juges et l'évêque de Beauvais lui-même, s'ils ne terminaient pas promptement ; et il fallut enfin se résoudre, pour commettre cette grande iniquité, à violer toutes les lois divines et humaines. Jeanne, trompée par les funestes conseils de Loyseleur, était persuadée qu'elle n'aurait pas plus tôt reconnu l'autorité de l'Église terrestre ou militante, que ses juges, se prétendant revêtus de tous les pouvoirs de cette Église, l'enverraient aux bourreaux. Lors donc qu'on l'interrogea sur cet article, elle refusa de répondre, ou répondit : « Je crois bien que l'église militante ne » peut errer ou faillir ; mais quant à mes dis ou mes » faits, je les meets et m'en rapporte de tout à Dieu, qui » me a faict faire ce que je ai faict. » Alors on lui dit que si elle ne se soumettait pas à l'Église, elle s'exposerait aux peines du feu éternel quant à l'âme, et au feu corporel quant au corps. « Vous ne ferez jà ce que » vous dictes contre moy, qu'il ne vous en prenne mal » au corps et à l'âme, répondit-elle. » Le jour d'ensuite, l'évêque de Beauvais se transporta dans sa prison avec les bourreaux et les instruments de torture, et il la menaça de la soumettre à d'affreuses épreuves. Cet aspect ne la fit point chanceler dans ses réponses; elle protesta avec courage contre tous les aveux qui pourraient lui être arrachés par la violence. L'évêque de Beauvais voulait la faire appliquer à la question; et la seule crainte qu'elle ne mourût par suite des tourments obligea le barbare prélat de se désister de son projet. Cependant le 24 mai 1431, Jeanne d'Arc fut conduite sur la place du cimetière de Saint-Ouen, pour y entendre sa sentence. Là, on avait dressé deux échafauds : sur l'un étaient l'évêque de Beauvais, le vice-inquisiteur, le cardinal d'Angleterre, l'évêque de Noyon, l'évêque de Boulogne et trente-trois assesseurs; sur l'autre, paraissaient Jeanne d'Arc et Guillaume Erard, chargé de la prêcher. Le bourreau, avec un chariot attelé de quatre chevaux, était prêt à enlever au besoin la victime, et à la transporter à la place du Vieux-Marché, où le bûcher avait été préparé. Une foule de peuple remplissait la place. Erard prononça un discours rempli des invectives les plus grossières contre l'accusée, contre les Français restés fidèles au roi Charles, et contre le roi Charles lui-même. « C'est à » toi, Jeanne, s'écriait-il, que je parle, et te dis que ton » roi est hérétique et schismatique. » Jeanne d'Arc eut encore le courage d'interrompre l'orateur. « Par ma » foi, sire, révérence gardée, s'écria-t-elle, je vous ose » bien dire et bien jurer, sur la peine de ma vie, que » c'est le plus noble crestien de tous les crestiens, et qui

» mieux aime la foi et l'église, et n'est point tel que vous
» le dictes. » Le prédicateur et l'évêque de Beauvais crièrent en même temps à l'appariteur Massieu : « Faictes-la
» taire. » Après ce sermon, qualifié dans le procès de *prédication charitable*, Massieu fut chargé de lire une cédule d'abjuration, et, après la lecture, on somma Jeanne d'abjurer. Elle dit qu'elle n'entendait pas ce mot, et demanda qu'on la conseillât. On chargea de ce soin l'appariteur Massieu : cet homme, dont le métier était de conduire les criminels en prison, au tribunal et à l'échafaud, était touché de compassion pour Jeanne. Il lui expliqua ce qu'on voulait d'elle, et il l'engagea de s'en rapporter à l'Eglise universelle. « Je m'en rap-
» porte, dit alors Jeanne, à l'Eglise universelle, si je
» dois abjurer ou non. — Tu abjureras présentement,
» s'écria l'impitoyable Erard, ou tu seras arse (brûlée). »
Elle affirma de nouveau qu'elle se soumettait à la décision du pape, assurant cependant qu'elle n'avait rien fait que par les ordres de Dieu ; que son roi ne lui avait rien fait faire ; et que s'il y avait eu quelque mal dans ses actions ou dans ses discours, il provenait d'elle seule, et non d'autre. Alors l'évêque de Beauvais se leva, et lut la sentence préparée la veille, dans laquelle il eut l'audace de dire que l'accusée refusait de se soumettre au pape, quoiqu'elle vînt précisément d'articuler le contraire. Le défaut de témoins, la récusation faite par Jeanne de plusieurs chefs d'accusation, frappaient la procédure de nullité. Les juges, inquiets de la responsabilité qu'on pouvait faire peser sur eux par la suite, désiraient surtout que l'accusée

abjurât. On employait à cet égard, et les menaces et les prières. L'évêque de Beauvais, pour atteindre ce but, ne craignit pas de s'exposer à la colère des Anglais, qui l'injurièrent lorsqu'ils le virent suspendre la lecture de l'acte de condamnation. Enfin, vaincue par tant d'instances, Jeanne déclara qu'elle s'en rapportait sur le tout à sa mère sainte Église et à ses juges. Alors Guillaume Erard lui dit : « Signe maintenant, autrement tu finiras » aujourd'hui tes jours par le feu. » La cédule qui lui avait été lue contenait simplement la promesse de ne plus porter les armes, de laisser croître ses cheveux, et de quitter l'habit d'homme. Entendue par une foule de témoins, il fut affirmé que cette pièce n'avait que huit lignes ; mais celle qu'elle signa, et qui lui fut présentée, non par le greffier du tribunal, mais par Laurent Callot, secrétaire du roi d'Angleterre, renfermait plusieurs pages ; et elle s'y reconnaissait dissolue, hérétique, séditieuse, invocatrice des démons, coupable enfin des forfaits les plus contraires et les plus abominables. Cette infidélité a été prouvée de la manière la plus évidente, par les déclarations du greffier qui avait fait lecture de la première cédule, et par les dépositions de l'appariteur Massieu, et de plusieurs autres témoins. Alors l'évêque de Beauvais lut la sentence qui condamnait Jeanne d'Arc, pour réparation de ses fautes, à passer le reste de ses jours *au pain de douleur*, et à *l'eau d'angoisse*, suivant le style de l'inquisition. Jeanne alors dit que, puisque l'église la condamnait, elle devait être remise entre les mains de l'église. « Menez-moi en vos prisons, et que je ne sois plus en

» la main de ces Anglais. » Mais il n'était pas au pouvoir de l'évêque de Beauvais de satisfaire à cette demande d'une justice si évidente; et l'infortunée fut reconduite au château de Rouen. Cependant les chefs des Anglais étaient furieux que la victime leur eût échappé; plusieurs levèrent leurs glaives sur l'évêque et sur les juges pour les frapper. Enfin le comte de Warwick leur déclara que les intérêts du roi d'Angleterre souffraient un dommage manifeste de ce qu'ils permettaient que Jeanne ne fût pas livrée au supplice. « N'ayez cure, dit l'un d'eux, nous la retrouve» rons bien. » En attendant, les Anglais se vengeaient sur elle en augmentant les rigueurs de sa prison. Elle était gardée par cinq soldats, dont trois ne quittaient pas son cachot, et dont deux veillaient sans cesse à la porte. Elle était attachée, pendant la nuit, par deux chaînes de fer, fixées au pied de son lit, et pendant le jour, à un poteau, au moyen d'une autre chaîne qui la tenait par le milieu du corps. Cependant elle avait repris les habits de femme, et s'était soumise à son acte de condamnation. On ne trouvait aucun prétexte pour sévir contre elle : il fallut donc en faire naître un. Pendant qu'elle dormait, on lui enleva ses habits, et l'on y substitua des habits d'homme. Elle redemanda avec instance à ses gardes qu'on lui rendît les vêtements de son sexe; on les lui refusa, et elle se vit enfin forcée de se vêtir en homme. Aussitôt plusieurs témoins apostés exprès paraissent pour prendre acte de cette prétendue transgression. L'évêque de Beauvais et quelques-uns des juges se rendent dans la prison :

on dresse procès-verbal, et l'évêque dit en sortant, au comte de Warwick, à haute voix et en riant : « *Fare well, fare well*, faites bonne chère, il en est faict. » Le lendemain, le tribunal interroge et délibère pour la forme ; et la sentence qui condamne Jeanne d'Arc comme « relapse, excommuniée, rejetée du sein de » l'église, et jugée digne par ses forfaits d'être aban- » donnée à la justice séculière », est prononcée. »

M. Walckenaër termine son curieux article en racontant la mort de Jeanne d'Arc, et en mentionnant les divers auteurs qui ont traité ce sujet. J'extrairai de la Notice des manuscrits de M. de Laverdy, et des dépositions des témoins cités au procès de révision, ce qui concerne ses derniers moments.

Dans la matinée du 31 mai 1431, Martin Ladvenu, frère prêcheur, fut chargé par l'évêque de Beauvais de préparer Jeanne à la mort, et de lui annoncer le supplice dont elle devait périr dans la journée. Avant de l'en instruire, il crut devoir l'entendre en confession. Jeanne lui témoigna alors un si grand désir de communier, qu'il crut devoir en instruire l'évêque de Beauvais ; et, chose étrange ! cette femme qu'on venait de prononcer hérétique et relapse, et qu'on avait rejetée hors du sein de l'Eglise, reçut du prélat et des assesseurs réunis en conseil, la permission de communier. Martin Ladvenu assure, dans sa déposition, qu'elle communia très dévotement, et avec une si grande humilité et tant de larmes avant de connaître sa condamnation, qu'il ne saurait l'exprimer lui-même. Sans rendre compte de ce qui se passa entre elle et lui dans la se-

conde confession qui précéda la communion, il a cru cependant devoir à l'honneur de la vérité, de déclarer ce qu'elle lui révéla au sujet du viol dont on avait voulu la souiller depuis son abjuration. « Elle me déclara,
» dit-il, qu'après son abjuration, on l'avoit tourmen-
» tée violemment en la prison, molestée, battue et des-
» chevelée; que c'estoit par un milourd d'Angleterre
» qui avoit voulu la forcer; et elle disoit publiquement
» que c'estoit la cause d'avoir repris l'habit d'homme. »

La Pierre, un des assesseurs, déposa aussi « qu'il la
» vit epplourée, son visage plein de larmes, défigurée
» et oultragée en telle sorte par les Anglois qui la vou-
» loient violer dans sa prison, que lui, qui en parle, en
» eut pitié et compassion. »

Le greffier Manchou déposa qu'ayant été le lundi à la prison, avec l'évêque de Beauvais, pour procéder, Jeanne leur dit qu'elle avait repris l'habit d'homme pour la défense de son honneur, attendu qu'on avait voulu attenter à sa pudeur, et qu'elle n'était pas en sûreté avec ses gardes en habit de femme.

Elle dit elle-même au comte de Warwick, qu'elle n'osait pas quitter l'habit d'homme, parce que ses gardes, ainsi qu'il le savait, avaient tenté plusieurs fois de la violer. Le témoin qui dépose de ce fait ajoute qu'il se rappelle qu'en effet elle jeta un jour de grands cris, et qu'elle aurait été violée si le comte de Warwick ne fût pas accouru à son secours.

Aussi, lorsque la sentence lui fut annoncée par les bourreaux, elle leur répondit : « Si j'eusse esté en la
» prison ecclésiastique à laquelle je m'estois submise,

» et que j'eusse esté gardée par gens d'Église, non pas
» par mes adversaires, je ne me fusse pas si misérable-
» ment mescheue comme il est. (Le *crime* qu'on lui re-
» prochait était d'avoir pris des habits d'homme.)
» J'en appelle devant Dieu, le grand juge, des torts et
» ingravances qu'on me fait. » Et s'adressant particulièrement à l'évêque de Beauvais, qui lui reprochait
d'être retournée à son *premier maléfice*, elle lui dit :
« Si vous m'eussiez rendue entre les mains des con-
» cierges ecclésiastiques compétents et convenables,
» ceci ne me fust pas advenu; par quoi je appelle de
» vous devant Dieu. »

Cette admirable patience et cette présence d'esprit, si courageuse dans une jeune fille si simple et si modeste, touchèrent profondément tous ceux qui s'approchèrent d'elle. Après sa confession, Martin Ladvenu ne la quitta plus jusqu'à sa mort. Le saint sacrement lui fut d'abord apporté sur une patène couverte d'un voile, sans lumières, étole ni surplis, et on prononça pendant sa communion les litanies des agonisants : *Orate pro eâ*, priez pour elle.

Le prêtre Loyseleur, cet infâme agent de l'évêque de Beauvais, qui s'était insinué dans sa prison, sous prétexte de lui donner les secours de la confession, et qui, par ses trahisons et ses affreux conseils, l'avait conduite à sa perte, à la nouvelle que la charrette fatale se rendait à la prison pour la conduire au supplice, dompté enfin par ses remords, accourut et voulut monter sur la charrette avec elle, pour lui révéler les crimes qu'il avait commis contre elle, et tâcher d'en obtenir son pardon ; mais les gardes le repoussèrent, et, hors de lui-même, il se hâta de fuir de Rouen, pour ne pas s'y trouver le jour du sacrifice de sa victime.

On revêtait pendant ce temps Jeanne des habits de son sexe; on lui mit ensuite sur la tête la mître de l'inquisition, sur laquelle étaient écrits ses prétendus délits de sorcellerie, transcrits aussi plus en détail sur un tableau auprès du bûcher. Elle fut conduite dans la charrette au Vieux-Marché de Rouen, accompagnée de sept à huit cents Anglais armés. Trois échafauds avaient été dressés sur la place : sur l'un étaient les juges et les assesseurs; Jeanne monta sur l'autre avec les prélats; le troisième, qui était très élevé, était celui du supplice. Le prêtre Midi prononça alors contre elle un sermon des plus violents et des plus grossiers, que Jeanne écouta avec beaucoup de patience. Sitôt que le prédicateur furibond eut dit à Jeanne : « *Vade* » *in pace*, allez en paix, l'Église ne peut plus vous dé- » fendre, et vous remet dans les mains séculières; » l'évêque de Beauvais, Cauchon, lut tout haut le jugement définitif de condamnation.

« Dès que Jeanne l'eut entendu prononcer, elle se » jeta à genoux et adressa à Dieu, nostre rédempteur, » les plus dévotes prières, demandant à toutes maniè- » res de gens, de quelque condition ou estat qu'ils fus- » sent, tant de son parti que d'autre, mercy très hum- » blement, et requérant qu'ils voulsissent prier pour » elle; ès quelles dévotions, disent les témoins, elle » persévéra et continua très long espace de temps.

» comme une demi-heure, jusqu'à la fin, tellement
» que les juges, prélats et autres assistants, furent pro-
» voqués à grands pleurs et larmes; et plusieurs même
» des Anglais recognurent et confessèrent le nom de
» Dieu, voyant si notable fin. »

Le notaire greffier Manchou a déclaré que « jamais
» il ne pleura tant pour chose qui lui advint, et que par
» ung mois après ne s'en povoit bonnement appaiser;
» par quoi, d'une partie de l'argent qu'il avoit eu au
» procès, il acheta un petit missel, qu'il a encore,
» afin qu'il eust cause de prier pour elle. »

Aussitôt que Jeanne eut été abandonnée à la justice
séculière, elle fut mise sans intervalle dans les mains
du bailli de Rouen, et des officiers de la justice royale.
Il fallait donc, pour procéder à l'exécution, un jugement et un arrêt de la justice séculière; mais l'inquisition s'arrogeait, comme on sait, un privilége aussi
absurde, qu'inique en vertu duquel les juges ecclésiastiques prétendaient que le juge laïque ne pouvait pas
se défendre d'envoyer à la mort, sans examen et sans
jugement, la personne que l'Église avait condamnée.
Conformément à cette doctrine de l'inquisition, le
bailli ordonna donc au bourreau de s'emparer d'elle
et de la mener au bûcher.

« Tandis que le bailli donnait ses ordres, dit Mas-
» sieu, son confesseur, et qu'elle faisait lesdites dévo-
» tions, elle fut fort précipitée par les Anglais, et
» même par plusieurs autres capitaines de la laisser en
» leurs mains pour plus tôt la faire mourir, disant à
» icelui qui parle (Massieu), qui, à son entendement, la

« réconfortait en l'échafaud : Comment, prêtre, nous
» ferez-vous dîner ici ? »

Enfin ils se saisirent d'elle; elle salua tous les assistants; elle pria tous les prêtres de dire une messe pour elle; elle descendit de l'échafaud accompagnée de La Pierre, de Massieu et de Ladvenu, en présence d'un peuple immense, et les gardes la livrèrent au bourreau, en lui disant : *Fais ton office* : « et ainsi, disent
» les témoins, fut amenée et attachée. » Les Anglais avaient fait construire un très haut échafaud de plâtre au-dessus du bûcher, de sorte que, ainsi que le rapporte l'exécuteur, « Il ne pouvait bonnement et fa-
» cilement expédier ou atteindre à elle; de quoi il
» estoit fort marry; et avoit grand' compassion de la
» forme et cruelle manière par laquelle on la faisoit
» mourir. »

Tandis que La Pierre et Massieu étaient en bas de l'échafaud à la regarder, Martin Ladvenu était monté sur le bûcher, à l'endroit où elle était liée, avec le visage découvert. Il y resta jusqu'au dernier moment, et il était si occupé à la bien préparer à la mort, qu'il ne s'aperçut pas de l'instant où on commença à mettre le feu au bûcher. Jeanne, reconnaissante de sa charité, y veillait pour lui. Dès qu'elle s'en aperçut elle eut la présence d'esprit et le courage de l'en avertir, de lui dire de se retirer, et de le prier de tenir la croix élevée devant elle, afin qu'elle eût la consolation de la voir jusqu'à son dernier soupir; ce qui fut exécuté, ainsi qu'il le déposa lui-même. « Elle estant
» dans les flammes, oncques ne cessa de résonner jus-

» qu'à la fin, et confesser à haute voix le nom de Jésus,
» en implorant et invoquant sans cesse l'aide des saints
» et saintes du paradis ; et en rendant son esprit et
» inclinant sa tête, elle proféra le nom de Jésus, en
» signe qu'elle était fervente en la foi de Dieu. »

Incontinent après l'exécution, le bourreau vint à lui et à son compagnon Ladvenu, « frappé et esmeu d'une » merveilleuse repentance et sensible contrition, comme » tout désesperé, craignant de non savoir jamais im- » pétrer pardon et indulgence envers Dieu, de ce qu'il » avoit fait à cette femme ; et disoit et affirmoit ledit » bourreau, que, nonobstant l'huile, le soufre et le » charbon qu'il avoit appliqués contre les entrailles et » le cœur de ladite Jeanne, toutefois il n'avoit pu bon- » nement consommer, ni rendre en cendre les brueilles » ni le cœur ; de quoi estoit autant estonné comme d'un » miracle tout évident. »

Massieu, après avoir rendu compte de toutes les circonstances qui prouvent l'identité de Jeanne et de sa personne brûlée, dit que Jean Fleury, clerc du bailli, et greffier du bailliage, a assuré que le corps de Jeanne étant réduit en cendres, son cœur était resté entier et plein de sang.

Tout ce qui s'est passé sur le premier échafaud, avait été si touchant, qu'une partie des assesseurs n'eut pas le courage d'assister à l'exécution : Houppeville, Miget, Fabry, Riquier, Manchou, et plusieurs autres dont nous n'avons pas le nom, se retirèrent en pleurant ; d'autres d'entre eux y restèrent jusqu'à la fin, tels que Jean de l'Epée, chanoine de Rouen, qui disait, en versant des flots de larmes amères, qu'il voudrait bien que son âme fût à la mort dans le même lieu où il croyait qu'était celle de Jeanne.

Dès que Jeanne fut morte, les Anglais craignant toujours les erreurs populaires, ordonnèrent au bourreau d'écarter le feu pendant quelque temps, afin que tous les assistants fussent bien convaincus qu'elle était véritablement morte.

Une fin si pieuse fit, de l'aveu des témoins, une profonde impression dans les cœurs des assistants; presque tous pleuraient et se lamentaient, parce qu'ils la croyaient injustement condamnée; tous faisaient son éloge; ils disaient qu'elle était bonne chrétienne, qu'elle s'était soumise à l'Église; qu'on lui avait fait une grande injustice; ses juges encoururent une note ineffaçable d'infamie dans l'esprit des peuples; on les montrait et on les abhorrait après sa mort.

Un des assesseurs nous apprend qu'il a vu Jean Frapart, secrétaire du roi d'Angleterre, revenir de l'exécution; il était triste et il pleurait d'une façon lamentable : « Nous sommes tous perdus, disait-il, parce » qu'on a brûlé une sainte personne, dont l'âme est » dans la main de Dieu ».

Un Anglais, qui la haïssait au-delà de ce qu'on peut imaginer, avait juré de placer lui-même un fagot pour la brûler; il tint son serment, mais voyant la façon dont elle mourait, il fut d'abord étonné, et se vit ensuite au moment de perdre connaissance, si on ne fût pas venu à son secours; et il avoua l'après-midi, devant La Pierre, qu'il avait eu tort, qu'il se repentait de ce qu'il avait fait contre elle, et enfin qu'il croyait que c'était une bonne femme, parce qu'au moment de sa mort, il avoit vu une colombe blanche qui sortait de la flamme, *exeuntem de flammâ*.

On peut joindre à cette circonstance de la colombe blanche, émanée d'une imagination frappée, ce que rapporte un autre témoin, qui prétend que plusieurs des spectateurs lui ont dit qu'ils avaient vu le nom de Jésus écrit dans les flammes.

Le même jour, le cardinal d'Angleterre ordonna de rassembler les restes du corps de Jeanne, et de les jeter dans la Seine; ce qui fut exécuté par le bourreau, au rapport d'un grand nombre de témoins.

On n'avait publié jusqu'ici en entier, que la chronique connue sous le nom de *Chronique de la Pucelle*, dans le recueil de Godefroy; on la retrouvera à la fin de ce volume. Elle ne fait mention que des événements qui ont précédé sa prise à Compiègne; mais la narration en est vive et animée, et les faits en sont exacts et bien distribués. On n'avait tiré de ses interrogatoires que quelques fragments épars çà et là; j'ai cru nécessaire, dans une collection telle que celle que je publie, de la donner d'une manière aussi complète que possible. En recherchant dans la bibliothèque d'Orléans tout ce qui pouvait avoir quelque rapport avec l'héroïne, libératrice de cette ville, je trouvai sous le n° 411, un manuscrit, grand in-4°, sous le titre (écrit d'une main très moderne) de *Compilation abrégée des Grandes et Générales Chroniques*, et qui renfermait, en effet, un historique de la vie de Jeanne d'Arc et de son procès. Ce manuscrit n'est nullement compilé sur les Grandes Chroniques, comme le porte le titre, puisque les Grandes Chroniques ne contiennent que quelques mots sur Jeanne d'Arc, et que ce volume tout entier est consacré à ce seul sujet. Ce manuscrit est écrit sur papier, d'une écriture du 16e siècle, relié en veau fauve, avec filet; la tranche en est dorée et dentelée, et il porte le nom de son possesseur, *Triballier*. Il renferme :

1º Une histoire abrégée de la Pucelle, jusqu'au sacre de Charles VII, à Reims;

2º Les préliminaires de son procès;

3º La minute française jusqu'à la sentence de condamnation inclusivement;

4º L'information faite après la mort de la Pucelle, par Cauchon, pour chercher à justifier sa condamnation;

5º Un abrégé du procès de révision, dans lequel il est dit que c'est à la requête de la mère [1] et des frères de Jeanne d'Arc, que le cardinal d'Estouteville fit une information, pour réhabiliter la mémoire de la Pucelle; qu'il nomma M. Prévosteau pour son pro-

---

[1]. On trouve ce qui suit dans un extrait du compte rendu par Jean de Troyes, receveur des deniers communaux de la ville d'Orléans, pour sa recette et mise, commençant le 23 mars 1450, et finissant le 22 mars 1452. « Donné à Isabeau, mère de Jeanne la Pucelle, pour dot que la ville lui fait pour lui aider à vivre, en chaque mois trois francs. Pour ce, pour le mois d'avril, quarante-huit sous parisis. » On voit que, même après vingt ans, la reconnaissance de celui que Jeanne avait replacé sur son trône, perdu par ses premiers désordres, s'était encore fait peu sentir.

moteur, et pour notaires, Denis-le-Comte, et François Fobonne, notaires apostoliques. On trouve dans cette partie du manuscrit les onze articles, sur lesquels les témoins furent interrogés. Le cardinal d'Estouteville, ayant été obligé de se rendre à Rome, nomma Philippe de la Rose pour le remplacer, et il lui donna plusieurs assesseurs. On dressa vingt-sept nouveaux articles, sur lesquels plusieurs témoins furent assignés. Ces vingt-sept articles se trouvent aussi dans le manuscrit, avec un extrait des principales dépositions. Ils sont suivis de la minute française; de la sentence de réhabilitation de la Pucelle, de la liste des témoins qui ont été interrogés par ordre des commissaires nommés par le pape, et d'un extrait des dépositions les plus remarquables.

Ce manuscrit est terminé par un morceau tout-à-fait étranger à la Pucelle. Ce sont des vers français, en forme de dialogue, composés par ordre de madame la duchesse de Nevers, sur la mort de mademoiselle Hélène d'Albret, sa sœur. Les interlocuteurs sont : La défunte, sa sœur, et la Fortune. Ce dernier ouvrage a été composé entre 1505 et 1514.

Les quinze premières pages ont été imprimées à la tête de l'*Histoire et Discours du siége qui fut mis devant la ville d'Orléans*, par Tripaut, édition de 1621; à la page 279, commencent les vers français étrangers à la Pucelle.

L'abbé Dubois, théologal de l'église d'Orléans, a légué à la bibliothèque publique d'Orléans, par son testament du 1er février 1824, des remarques sur ce manuscrit, et la copie d'une partie de ce qu'il contient. Sa copie commence au dernier mot de l'avant-dernière ligne, de la page 28 du manuscrit, ou à la 12ᵉ ligne, de la page 38 de l'imprimé de 1621, et elle s'arrête à la page 204 du manuscrit, aux mots : *de laquelle la teneur s'ensuit. Le jeudi, 7ᵉ jour de juin l'an mil* IIIIe XXXI.

M. Sémonville, bibliothécaire de la ville d'Orléans, homme rempli d'instruction et de politesse, et qui, depuis qu'il est à la tête de la bibliothèque, a rendu les plus grands services, en l'enrichissant et en la mettant en ordre, m'a permis, avec une obligeance toute parfaite, de demander communication de ce manuscrit à M. le comte de Rocheplatte, maire d'Orléans, qui a bien voulu me confier à Paris, le manuscrit de l'abbé Dubois. On trouvera la dissertation de l'abbé Dubois sur le manuscrit nº. 411, à la suite du procès publié dans ce volume. Il suffira de parcourir quelques lignes de ce procès, pour comprendre tout l'intérêt que doit offrir l'ensemble. Tout le courage, le jugement et la présence d'esprit de Jeanne s'y manifestent par ses propres paroles : je me contenterai de quelques traits pour faire apprécier à la fois, et l'esprit de Jeanne d'Arc et le charme de quelques détails de cette vie merveilleuse.

Page 52. Jehanne se plaignit qu'on lui avait mis les fers aux jambes. — L'évêque répondit que c'était pour l'empêcher de chercher à se sauver encore. — A quoi Jehanne répondit qu'il étoit vrai que autrefois elle avoit bien voulu s'échapper de sa prison, ainsi qu'il est licite à chacun prisonnier, et; disoit-elle, que quand elle pourroit échapper, on ne la pourroit reprendre qu'elle eust faussé ou violé sa foi à aucun, car elle ne l'avoit jamais baillé à personne.

58. Interrogée si elle avoit appris aucun art ou métier ; dit que oui, et que sa mère lui avoit appris à coudre ; et qu'elle ne cuidoit point qu'il y eust femme dedans Rouen, qui lui en sçust apprendre aucune chose.

59. Dit que la première fois qu'elle ouït la voix, ce fut à midi, en temps d'été, un jour de jeûne, au jardin de son père, du côté de l'Église, et accompagnée de clarté.

63. Dit à l'évêque de Beauvais : « Advisez bien de » ce que dictes être mon juge ; car vous prenez une » grande charge, et me chargez trop. »

69. Interrogée si elle est en la grâce de Dieu. Répond : « Si je n'y suis, Dieu m'y veuille mettre; et si » j'y suis, Dieu m'y veuille tenir. »

68. Dit qu'elle était à l'âge de treize ans, quand les voix lui apparurent pour la première fois.

69. Interrogée si dès son jeune âge elle avait grande intention de persécuter les Bourguignons. Répond : « qu'elle avait bonne volonté que le roi eût son » royaume. »

69. Elle ne sait si, dès son jeune âge, elle n'a pas mené les bestes, mais depuis qu'elle a entendement, elle ne les gardoit pas, mais aidoit à les conduire, par doubte des gens d'armes.

69. Près de Domremy est un arbre qui s'appelle l'Arbre des dames, et les autres l'appellent l'Arbre des fées : a auprès une fontaine d'eau vive, que les gens ma-

lades de fièvre boivent pour guérir, mais ne sait s'ils guérissent.

70. Dit qu'elle y allait avec de jeunes filles faire des guirlandes pour Notre-Dame.

On lui a dit que les fées s'y rendaient; mais elle n'en a jamais vu.

Elle peut y avoir dansé avec les enfants; mais elle y a plus chanté que dansé.

76. Interrogée si elle se croit en péché mortel, répond : « N'en cuide pas avoir fait les œuvres; et jà ne plaise » à Dieu que j'en fasse les œuvres, par quoi mon âme » soit chargée. »

Interrogée sur ce qu'elle a dit au roi, dit : « Allez le » lui demander. »

79. Interrogée si elle avait vu ou su par révélations qu'elle échapperait; elle répond : « Cela ne touche à » votre procès; voulez-vous que je parle contre moi ? »

82. Si elle avait dit que les étendards faits à la ressemblance des siens étaient heureux. Répond qu'elle » disait aucunes fois : « Entrez hardiment parmi les » Anglois, et elle-même y entroit. »

83. Interrogée si elle sait point si ceux de son parti ont fait service, messe ou oraison pour elle. Répond : « Si » ils ont prié pour elle, ils n'ont pas fait de mal. »

84. Dit que les pauvres gens venaient volontiers à elle, parce qu'elle ne leur faisait point de déplaisir, mais les supportait et gardait de son pouvoir.

101. Interrogée si en prenant habit d'homme elle pensait mal faire, répond que non; et encore de présent, si elle était en l'autre parti et en cet habit d'homme, lui semble que ce serait un des grands biens de

France, de faire comme elle faisait au-devant de sa prise.

101. Interrogée comme elle eût délivré le duc d'Orléans; répond qu'elle eût assez pris de sa prise des Anglois pour le savoir; et si elle n'eût pris assez de sa prise deçà, elle eût passé la mer pour le aller quérir à puissance en Angleterre.

126. Interrogée si sa marraine qui croit aux fées, est réputée sage femme. Répond : « Qu'elle est réputée » bonne prude femme, non pas devine ni sorcière. »

127. Si sainte Catherine et sainte Marguerite aiment les Anglais. « Elles aiment ce que Dieu aime, et haïssent » ce que Dieu hait. »

127. Si Dieu hait les Anglais. — « De l'amour ou » haine que Dieu a aux Anglais ou que Dieu fait à leurs » âmes, ne sais rien, mais sais qu'ils seront mis hors du » pays, excepté ceux qui y mourront. »

129. Si l'espoir d'avoir victoire était fondé en son étendard ou en elle? — « Il était fondé en Notre-Sei- » gneur et non ailleurs. »

133. Pourquoi on porta son étendard à Reims. — « Il avait été à la peine, c'étoit bien raison qu'il fût » à l'honneur. »

Ce volume est terminé par les lettres d'annoblissement de la famille de Jeanne d'Arc, sous le nom de Du Lys, en 1429; la sentence de révocation de la condamnation de la Pucelle en 1436; trois lettres de Jeanne d'Arc, et quelques autres fragments relatifs à cette héroïne, à laquelle ses concitoyens sont loin d'avoir rendu les honneurs qu'elle mérite.

J. A. BUCHON.

CHRONIQUE ET PROCÈS

DE

LA PUCELLE

D'ORLÉANS.

CHRONIQUE
ET
PROCÈS DE LA PUCELLE
D'ORLÉANS.

Après que j'ai veu et leu toutes les croniques qu'on appelle les Croniques de France, de Froissart, de Monstrelet, de Guagin, et autres croniques escriptes par plusieurs personnes, et j'ai regardé et bien considéré tous les merveilleux cas advenus audit royaume, depuis le temps Marcomire et Pharaon, fils du premier roy de France, jusques à présent, je n'ai point trouvé de si singulier et merveilleux cas, ni plus digne d'estre mis en écrit pour demourer en mémoire perpétuelle des François, afin que les rois de France, les princes et les seigneurs, les nobles, et tout le peuple dudit pays, puissent entendre et recognoistre la singulière grâce que Dieu leur fist, de les préserver de choir et tomber en la subjection et servitude des anciens ennemis de France, les Anglois.

Ou temps du roy Charles septiesme, en l'an de

grâce, mil quatre cent vingt-neuf, auquel temps, après que lesdits Anglois eussent obtenu plusieurs victoires, perdu et mis en leur obéissance et subjection, toutes les villes de Normandie, de Picardie, de Champagne, du Mans, d'Anjou, de Touraine, de Beaulce, et généralement tout le pays jusques à la rivière de Loire, les comtes de Salbry, et de Suffort, les sires de Talbot, de la Poulle, et autres seigneurs et capitaines Anglois, accompagnés de grand nombre de gens d'armes, allèrent mettre le siége devant la ville d'Orléans, tendant à fin de la prendre pour avoir passage sur ladite rivière pour marcher au pays de Berry, d'Auvergne, et autres pays voisins, pour aller jusques à Lion. Et pour plus seurement y tenir ledit siége, y édifièrent quatre grosses bastilles, deux du côté de la Beauce, et deux du côté de la Solongne, lesquelles ils fortifièrent de fossez, d'artillerie, et autres choses nécessaires. Au moyen desquelles ils tenoient ladite ville en si grande subjection, et grevoient si merveilleusement ceux de dedans, qu'ils ne pouvoient avoir vivres ne secours, qu'à bien grant peine et danger. Auquel siége ils demeurèrent si longuement, que quelques diligences que le roy sceust faire pour les sécourir et de gens et de vivres, si furent-ils en si merveilleuse nécessité, que ils n'avoient que très peu d'espérance de pouvoir résister aux ennemis.

Les cappitaines et gens d'armes qui estoient dedans, voyants qu'ils ne pouvoient avoir des vivres qu'à bien grand peine et danger, et qu'ils avoient très peu d'espérance que le roy les peust secourir, congnoissants que ceux de la ville ne vouloient aucunement cheoir en l'obéissance ne subjection des Anglois, appellèrent les principaux bourgeois et marchands de ladicte ville auxquels ils remontrèrent comment ils ne pooient avoir vivres que à bien grande difficulté, et qu'ils ne voyoient point le moyen comment ils pourroient longuement tenir ladite ville contre lesdits ennemis; attendu qu'ils n'avoient que très petite ou point d'espérance que le roy leur peust donner secours; et leur prièrent qu'ils leur déclarassent ce qu'ils vouloient faire. A quoi tous ensemble respondirent que, pour mourir, ils ne se rendroient à la subjection des Anglois. Et quelques remontrances que lesdits cappitaines sceussent faire du danger ouquel ils estoient, ils demeurèrent en leur opinion de ne rendre point laditte ville. Après laquelle déclaration furent faites plusieurs ouvertures sur ce qui estoit à faire pour trouver quelque expédient pour le bien d'icelle ville; et finablement fust advisé et conclud entre eux de envoyer devers le duc de Bourgongne, qui alors tenoit le parti des Anglois, tendant à fin qu'il voulsist prendre ladite ville, et qu'ils seroient contents de eux rendre à lui; et estoient meus à ce faire pour ce que le duc estoit à la maison de France; et pensoient bien que l'alliance de lui et des Anglois ne dureroit pas toujours. Et pour ce faire envoyèrent un cappitaine,

1.

nommé Poton de Saintraille, devers ledit duc, pour lui faire ledit offre; lequel il accepta volontiers, pourveu que le duc de Bethfort, qui estoit pour lors chef des Anglois audit siége, le voulsist consentir. Lequel duc de Bethfort y estoit venu après la mort du comte de Salbery, qui avoit esté tué d'une pièce d'artillerie, ne tenant le siége du costé de la Sologne, par ung cas fortuit, ainsi qu'on dict, car on n'a point sceu qui mette le feu en la dicte pièce d'artillerie, ainsi qu'il est escript bien au long ès chroniques.

Ledit Pothon, venu devers le duc de Bethfort, après qu'il eust ouï l'offre faicte audit duc de Bourgogne, respondit qu'il n'entendoit point avoir battu les buissons, et un autre en eust les oiseaux; et lui dit absolument qu'il n'en feroit rien: mais si ceux de la ville se vouloient rendre à lui et le rembourser de tous ses frais qui avoient esté faicts en l'armée dudit siége, il les prendroit à merci et non autrement. De laquelle response ceux de la ville furent fort esbahis, et mesme le roi, et ceux de son conseil, qui ne voyoient point d'expédient à sauver ladite ville.

Or en ce temps avoit une jeune fille au pays de Lorraine, aagée de dix-huict ans ou environ, nommée Jeanne, natifve d'une paroisse nommée Dompremy, fille d'un laboureur nommé Jacques d'Arc, qui jamais n'avoit fait autre chose que garder les bestes aux champs; à laquelle, ainsi qu'elle disoit, avoit esté révélé que Dieu vouloit qu'elle allast devers le roy Charles septiesme, pour

lui aider et le conseiller à recouvrer son royaume,
et les villes et places que les Anglois avoient conquises en ses pays. Laquelle révélation elle n'osa
dire à ses père et mère, pour ce qu'elle savoit bien
que jamais n'eussent consenti qu'elle y fust allée ;
et pour ce s'alla adresser à un sien oncle, auquel
elle desclara sesdites révélations, et le persuada
tant, qu'il la mena devers un gentilhomme nommé
Robert de Baudricourt, qui pour lors estoit cappitaine de la ville ou chasteau de Vaucouleur, qui
est assez prochain de là : auquel elle pria très instamment qu'il la fist mener devers le roy de France,
en leur disant qu'il estoit très nécessaire qu'elle
parlast à lui pour le bien de son royaume, et que
elle lui feroit grand secours et aide à recouvrer son-
dit royaume ; et que Dieu le vouloit ainsi, et que
il lui avoit esté révélé par plusieurs fois. Desquelles
parolles il ne faisoit que rire et se moquer, et la
réputoit insensée. Toutesfois, elle persévéra tant
et si longuement, qu'il lui bailla un gentilhomme
nommé Ville-Robert, et quelque nombre de gens,
lesquels la menèrent devers le roy, qui pour lors estoit à Chinon ; auquel lieu elle fut présentée audit
seigneur ; et sitost qu'elle fut entrée en la chambre
où il estoit, elle fit les inclinations et révérences
accoustumées à faire aux roys, comme si toute sa
vie eust esté nourrie en cour. Après lesquelles inclinations et révérences, elle adressa sa parole au
roy, lequel elle n'avoit jamais veu, et lui dist:
« Dieu vous donne bonne vie, très noble roy ! » Et pour

ce que en la compaignie y avoit plusieurs seigneurs vestus aussi richement ou plus que lui, dist : « Se ne » sais-je pas que suis roy, Jeanne. » Et en lui montrant quelqu'un des seigneurs qui estoient là présents, lui dist : « Voilà qui est roy » ; elle respondit : «C'est vous qui estes roy, et non autre, je vous cong-»nois bien.» Après lesquelles paroles le roy lui fit demander qui la mouvoit de venir devers lui ; à quoi elle respondit qu'elle venoit pour lever le siége d'Orléans, et pour lui aider à recouvrer son royaume, et que Dieu le vouloit ainsi ; et si lui dist que après qu'elle auroit levé ledit siége, qu'elle le mèneroit oindre et sacrer à Reims, et qu'il ne se souciast des Anglois; et qu'elle les combattroit en quelque lieu qu'elle les trouveroit ; et qu'il lui baillast telle puissance de gens d'armes qu'il pourroit finer, et qu'elle ne faisoit doubte de faire toutes les choses dessusdictes, ne mesme de chasser lesdits Anglois hors du pays du roy. Après lesquelles paroles, le roy la fit interroger de la foi, et lui fit demander plusieurs questions tant de choses divines, de la guerre, que autres questions curieuses; de toutes lesquelles elle respondit si sagement, que le roy, les prélats et autres gens clercs qui estoient présents, en furent si esmerveillés, et non sans cause, attendu la simplicité et la qualité de la personne, qui n'avoit jamais fait autre chose que garder les bestes aux champs.

Après lesquelles interrogations et responces dessusdites, le roy assembla son conseil, auquel fut advisé que on lui demanderoit qu'elle vouloit faire ; à quoi elle respondit qu'elle vouloit lever le siége qui estoit devant Orléans et combattre les Anglois ; et supplia au roy qu'il envoyast un de ses armuriers ou autre à Sainte-Catherine de Fierbois, et qu'il lui apportast une espée qu'il trouveroit en l'église ou lieu qu'elle lui diroit, en laquelle espée, en chascun des costés, y a cinq fleurs de lys empraintes. Et sur ce lui fut demandé si autrefois elle avoit esté audit lieu de Sainte-Catherine, dist que non, mais qu'elle le sçavoit par revelation, divine que ceste espée estoit en la dicte église, entre aucunes vielles ferrailles estants en icelle ; et si dist au roy, que avec ladite espée et l'aide de Dieu, et de ses bons cappitaines et gens d'armes, elle lèveroit le siége d'Orléans, et le mèneroit sacrer et couronner à Reims, ainsi que ses prédécesseurs rois de France, ont esté par ci-devant. Après lesquelles paroles il lui fut conseillé envoyer audit lieu de Sainte-Catherine, un de ses armuriers, lequel véritablement trouva ladite espée, et l'apporta audit seigneur, laquelle il donna à ladite Jeanne la Pucelle. Laquelle très humblement lui en rendit grâces, et lui pria lui donner un cheval, un harnois, une lance, et autres choses nécessaires pour la guerre Toutes lesquelles choses incontinent lui furent baillées et délivrées ; et sitost qu'elles les eust receues, elle se fit armer et monta à cheval, et courut la lance, et fist tous actes de gens d'armes comme un homme qui auroit esté toute sa vie nourri en la guerre ; et avec ce, quand elle fut appellée au conseil pour adviser et délibérer de ce qui estoit à faire, tant pour lever ledit siége d'Orléans, ou recouvrer villes et places, et faire entreprinses contre les ennemis, elle en parloit et délibéroit si sagement, et fondoit son opinion en si bonnes raisons, que très souvent contre l'oppinion de tous les cappitaines, on usoit de son conseil ès choses qu'on vouloit faire ; et qui est plus grand merveille, quand le roy et ses cappitaines tenoient quelque conseil en son absence, elle sçavoit tout ce qui avoit esté dit et conclud comme s'elle y eust esté présente; dont ledit seigneur et ceux de sa compaignie estoient moult esbahis et non sans cause.

Et combien que ès croniques que j'ai veues, ne soit fait mention d'une chose que, long-temps a, j'oys dire et révéler, non pas en une fois seulement, mais plusieurs, à grands personnages de France, qui disoient l'avoir veu en cronique bien autentique, laquelle chose rédigée par escript, dès lors tant pour l'autorité et réputation de celui qui la disoit que pour ce qu'il me sembla que chose estoit digne de mémoire, je l'ai bien voulu ici mettre par escript.

C'est que après que le roy eust oy ladite Pucelle, il fut conseillé par son confesseur, ou autres, de parler en secret, et lui demander en secret, s'il pourroit croire certainement que Dieu l'avoit envoyée devers lui, affin qu'il se peust mieux fier à elle, et adjouster foy en ses paroles ; ce que ledit

seigneur fit, à quoi elle respondit : « Sire, si je vous
» dis des choses si secrettes, qu'il n'y a que Dieu
» et vous qui les sachés, croirez-vous bien que je
» suis envoyée de par Dieu? » Le roy respond que
la Pucelle lui demande : « Sire n'avez-vous pas
» bien mémoire que le jour de la Toussaint dernière,
» vous estant en la chapelle du chasteau de Loches,
» en vostre oratoire, tout seul, vous feistes trois re-
» questes à Dieu? » Le roy respondit, qu'il estoit bien
mémoratif de lui avoir fait aucunes requestes; et
alors la Pucelle lui demanda se jamais il avoit dit
et révélé lesdites requestes à son confesseur ne à
autres. Le roy dist que non. « Et se je vous dits les
» trois requestes que lui feistes, croirez-vous bien
» en mes paroles? » Le roy respondit que ouy. Adonc
la Pucelle lui dist : « Sire, la première requeste
» que vous feistes à Dieu, fut que vous priastes,
» que si vous n'estiez vrai héritier de France, que
» ce fust son plaisir vous oster le courage de le
» poursuivre, affin que vous ne fussiez plus cause de
» faire et soutenir la guerre, dont procède tant de
» maux, pour recouvrer ledit royaume. La seconde
» fut que vous lui priastes, que si les grandes ad-
» versités et tribulations que le pauvre peuple de
» France souffroit et avoit souffert si long-temps,
» procédoient de vostre péché et que vous en fus-
» siez cause, que ce fust son plaisir en relever le
» peuple, et que vous seul en fussiez puni et por-
» tassiez la pénitence, soit par mort ou autre telle
» peine qu'il lui plairoit. La tierce fut que si le pé-

» ché du peuple estoit cause desdites adversités, que
» ce fust son plaisir pardonner audit peuple et ap-
» paiser son ire et mettre le royaume hors des tri-
» bulations ès quelles il estoit, que jà avoit douze
» ans et plus. » Le roy cognoissant qu'elle disoit vérité, adjousta foy en ses paroles, et creut qu'elle
estoit venue de par Dieu, et eut grand espérance
qu'elle lui aideroit à recouvrer son royaume; et
se délibéra soi aider d'elle et croire son conseil en
toutes ses affaires.

Or faut retourner à mon propos. Le roy voyant
qu'il estoit très nécessaire de promptement secourir iceux qui estoient assiégés dans la ville d'Orléans, il assembla son conseil, à quoi il feist appeller
ladite Jeanne, pour adviser comment on pourroit
scavoir et advitailler les assiégés; laquelle chose
elle entreprint si on lui vouloit bailler des gens
d'armes. Le roy considérant la grand nécessité en
quoi estoient les assiégés, la grande prospérité
des Anglois, qui tousjours estoient venus à chef de
toutes leurs entreprises, et l'extremité en laquelle
estoient venues les affaires du roy et du royaume,
ils furent d'oppinion que le roy debvoit faire par
le conseil de ladite Pucelle; et fut conclud ainsi
faire. Et pour la conduire et accompagner les furent baillés les sires de Rays et de Loire, lesquels
la menèrent à Blois où estoient messire Régnaut
de Chartres, archevêque de Reims, chancelier de
France, le bastard d'Orléans, le sire Pothon et
autres capitaines, par lesquels ladite Jeanne et sa

compaignie furent reçues honnorablement, et ce fait, adviser de pourveoir à toute diligence de ce qui estoit nécessaire pour advitailler ladite ville d'Orléans ; c'est assavoir de vivres, de chariots, charrettes, chevaux et autres choses requises en tel cas. Et cependant que on faisoit la provision des choses dessusdites, ladite Pucelle escrivit une lettre au roy d'Angleterre, au duc de Bethfort, et autres sires et capitaines du pays, dont la teneur ensuit :

« Jésus, Maria.

» Roy d'Angleterre, et vous, duc de Bethfort, qui vous dictes régent du royaume de France ; vous, Guillaume de la Poulle ; vous, de Suffort ; Jean, sire de Tallebot ; et vous, Thomas, seigneur d'Escalles, qui vous dictes lieutenants dudit Bethfort : faictes raison au roy du ciel, rendez à la Pucelle, qui est envoyée de par Dieu, le roy du ciel, les clefs de toutes les villes que vous avez prises et violées en France. Elle est icy venue de par Dieu, pour réclamer le sang royal ; elle est toute preste de faire paix, si vous lui voulez faire raison, par ainsi que voulez vuider de France, et qu'amendez les dommages que y avez faits, et rendez les deniers qu'avez receus de tout le temps que l'avez tenu. Et entre vous, archers, compagnons de guerre, gentilshommes et autres, qui estes devaut la ville d'Orléans, allez vous-en, de par Dieu, en vostre pays; et se ainsi ne le faictes, attendez les nouvelles de la Pucelle, qui vous ira veoir brefvement à vos bien grands dommages.

» Roy d'Angleterre, se ainsi ne le faictes, je suis chef de la guerre, et vous asseure qu'en quelque lieu que je trouverai vos gens en France, je les combattrai et les chasserai, et ferai aller hors, veullent ou non; et s'ils ne veullent obéir, je les ferai tous occire. Je suis ici envoyée de par Dieu, le roy du ciel, pour les combattre et pour les mettre hors de toute France; et s'ils veullent obéir, je les prendrai à mercy. Et n'ayez point opinion d'y demeurer plus; car vous ne tiendrez poinct le royaume de France, de Dieu, le roy du ciel, fils de la Vierge Marie. Ains le tiendra Charles, le vrai héritier; car Dieu, le roy du ciel, le veut, et lui est révélé par la Pucelle, que bien brief il entrera à Paris en bonne et belle compaignie. Et si vous ne voulez croire les nouvelles de par Dieu et de par la Pucelle, je vous advise qu'en quelque lieu que nous vous trouverons, nous vous férirons et frapperons dedans, et y ferons ung si grand hay-hay, que depuis mille ans en France n'y en eust ung si grand; et croyez fermement que le roy du ciel envoyera tant de forces à la Pucelle, que vous ne vos gens d'armes ne lui scauriez nuire, ne aux gens de sa compaignie; et aux horions voira-t-on qui aura le meilleur droict. Et vous, duc de Bethfort, qui tenez le siége devant Orléans, la Pucelle vous prie que ne vous faciez poinct destruire; et se vous lui faictes la raison, encore pourrez-vous venir veoir que les François feront le plus beau faict que oncques fut fait pour la chrestienté; et vous prie me faire responce, si vous voulez faire paix en la cité d'Orléans, où nous espérons estre bien brief. Et si ainsi ne le faictes, de vos gros dommaiges vous souvienne.

» Escript, ce mardy de la sepmaine Saincte. »

Les préparatifs faits pour aller advitailler ladicte ville d'Orléans, ladicte Jeanne la Pucelle, accompaignée du bastard d'Orléans, des seigneurs de Rays et de Loire, de messire Robert de Beaudricourt, qui estoit nouvellement venu de Vaucouleurs, et autres capitaines, avecques quelque nombre de gens d'armes, se partist de Blois pour mener les vivres qui estoient prêts; et prist son chemin du costé de la Sollongne, et atoute diligence fist marcher toute sa compaignie.

Quand les Anglois, qui estoient en ung fort bouvert qu'ils avoient faict à Sainct-Jean-le-Blanc, furent advertis de la venue des François, ils habandonnèrent ledit boulevert, et se retirèrent dedans les Augustins, qu'ils avoient très bien fortifiés. Ladicte Pucelle voyant que ses ennemis s'estoient retirés, fist passer tous les vivres par-devant eux, et atoute diligence les fist passer en bateaux et passer la rivière; et ce faict, passa elle et sa compaignie; et avecques leurs vivres entrèrent en la ville, et y feurent bien venus.

Le lendemain que ladite Jeanne et lesdits seigneurs et capitaines eurent regardé que les vivres qu'ils avoient admenés ne leur povoient durer que bien peu de temps, ils advisèrent de renvoyer à Blois, devers mondit seigneur le chancelier, pour faire provision d'autres vivres pour advitailler de nouveau ladicte ville; et à celle fin renvoyèrent le bastard d'Orléans et les seigneurs de Rays et de Loire avecques leurs gens d'armes, pour remonstrer la nécessité de ceux de ladicte ville, et dire que si elle n'estoit secourue en brief, qu'il estoit force de la rendre aux ennemis; et demoura ladicte Jeanne la Pucelle dedans avecques autres capitaines et gens d'armes, pour donner courage à ceux d'icelle ville, et pour leur aider à la deffendre, si les ennemis se vouloient efforcer de la prendre d'assaut.

Or, après lesdictes remonstrances faictes par ledict bastard, de Rays et de Loire, à mondict seigneur le chancelier et autres du conseil du roy estant audit lieu, fut ordonné qu'on assembleroit grande quantité de vivres; ce qui fut faict à toute diligence; et fut advisé qu'on les mèneroit de par le costé de la Beaulce; et incontinent les choses prestes, ledit bastard et seigneurs de Rays et de Loire, avecques autant de gens d'armes qu'ils en purent assembler, partirent de Blois et prindrent le chemin du costé de la Beaulce, ainsi qu'il avoit esté conclud ; et avecques leurs vivres allèrent loger à la moitié du chemin, entre Bloiz et Orléans, et le lendemain bien matin se deslogèrent et marchèrent jusqu'à une petite lieue, près dudit Orléans. La Pucelle, advertie de leur venue, fit préparer tous les capitaines et gens d'armes qui estoient dedans la ville ; et incontinent se partist, et mist ses gens en si bonne ordonnance, qu'elle et sa compaignie passèrent par-devant leurs ennemis, qui ne saillirent point de leurs forts; et par ce passerent sans empeschement, et se vindrent joindre avec ceux qui amenoient lesdits vivres. Et quant ils furent assemblés, et qu'il leur fut advis qu'il estoient assez forts, ils marchèrent vers la ville avecques leurs vivres, et passèrent par-devant lesdits forts, et entrèrent dedans la ville, sans contredit.

Or, faut ici entendre que du costé de la Beaulce, les Anglois avoient fait faire deux fortes bastilles, l'une desquelles ils avoient nommée Londres, pour ce qu'elle estoit la plus grande et la plus forte, et l'autre estoit moindre, qu'ils nommoient la bastille Sainct-Leu ; et du costé de la Sollongne, en avoient fait deux autres, l'une au bout du pont, et l'autre aux Augustins, avec ung boulevert qu'ils avoient faict à Sainct-Jean-le-Blanc.

Et le lendemain au matin, Jehanne la Pucelle prinst les armes et fist armer les seigneurs, cappitaines et gens d'armes ; et ce fait, saillit la première de la ville, et s'en va la première assaillir ladicte bastille Sainct-Leu ; et quand les Anglois qui estoient dedans la grande bastille, virent le dur assaut qu'on faisoit à leurs gens, saillirent de leur fort pour venir les secourir ; lesquels furent si vertueusement repoussés, qu'ils furent contraints de eux retirer en leurdict fort; et ce faict, les François recommencèrent l'assaut si fièrement, que ladicte bastille fut assez tost prise d'assaut, et tous ceux qui estoient dedans tués ; et incontinent ladicte Pucelle fist desmolir ladicte bastille, et s'en retourna avec sa compaignie dedans la ville.

Le jour ensuivant, et autres jours après, les seigneurs et capitaines s'assemblèrent par plusieurs fois, et eurent plusieurs parlements secrets, pour ce que ils devoient assaillir l'autre bastille, nommée Londres ; èsquels conseils, la Pucelle n'estoit point appelée. Et finalement fut délibéré entre eux qu'on feroit assaillir ladicte bastille, estimants que ceux du costé de Sollongne passeroient la rivière, et qu'ils laisseroient leurs bastilles et leurs forts desgarnis, et qu'aucun petit nombre de gens pourroient facilement prendre lesdictes bastilles dudit costé de la Sollongne. Après lequel advis fut délibéré de parler à ladicte Pucelle pour savoir se il lui sembleroit bon d'assaillir ladicte bastille. A quoi elle répondit : « Il semble à vous, messei-
» gneurs les capitaines, pour ce que je suis femme,
» que je ne saurois céler une chose secrète : je
» vous dis que je sçai tout ce qu'avez délibéré. Mais
» je vous assure que je ne révèlerai jamais les

» choses qui sont à céler. » Ceste response oye, il fut advisé que le bastard d'Orléans, qui estoit plus privé d'elle, lui diroit ce qui avoit esté advisé entre eux, ce qu'il fist. Laquelle délibération oye, par la Pucelle fust respondu, qu'elle louoit ladicte délibération, s'il advenoit ainsi qu'ils l'avoient pensé; mais pour ce qu'elle pensoit que non, elle ne fut pas de ceste opinion. Pourquoi lesdits seigneurs et capitaines n'osèrent entreprendre à exécuter leur délibération contre son vouloir, considérant qu'elle estoit venue à bonne fin de toutes les entreprinses qu'elle avoit faictes : et pour ce lui firent demander qu'ils devoient faire. A quoi elle respondit qu'il lui sembloit advis qu'on devoit assaillir les forts qui estoient de l'austre costé de la rivière, ès fauxbourg Sainct-Laurens; ce qui fust conclud faire. Or y avoit, joignant les murs de la ville, grand nombre de basteaux, èsquels elle fist charger tous les gens d'armes qu'elle vouloit mener, et les fist passer de l'autre costé de la rivière, et elle avecques eux; et en grande diligence les meist en ordre pour assaillir l'un desdits forts; et les feist marcher vers celui qui estoit au bout dudit pont, lequel elle, se confiant en Dieu, le fit assaillir vertueusement; et aussi fut par les ennemis très bien deffendu; et dura ledit assaut jusques à environ une heure devant le soleil couchant. La Pucelle voyant la grande résistance que faisoient les ennemis, elle fit signe de retraite à ses gens, et les fit retirer vers les basteaux sur lesquels ils estoient passés. Les Anglois voyant la retraicte des François, saillirent de leur fort pour venir frapper sur les François qui se vouloient retirer, comme dit est. Ce voyant, la Pucelle mist ses gens en ordre pour résister, et leur donna si bon couraige, qu'ils contraignirent les ennemis de reculer et eux retirer en la bastille des Augustins, laquelle elle fist si roidement assaillir, que combien que elle fust très forte et bien garnie d'artillerie et de gens, toutefois elle la prinst d'assaut; et furent contraints lesdits ennemis s'enfuir en ladicte bastille qui estoit au bout du pont, en laquelle avoit une très forte tour de pierre; et ce fait, elle ordonna le guet pour la nuit; et demoura elle et sa compagnie audit lieu des Augustins, et ès faux-bourgs d'environ.

Le lendemain au matin, elle mist ses gens en ordre et leur dist qu'il estoit temps d'assaillir les ennemis; et leur promist que, sans difficulté, le temps étoit venu que lesdits ennemis devoient estre vaincus et chassés du royaume de France. Laquelle promesse donna grand courage aux François; et en ce courage assaillirent ladicte bastille, qui fut très bien deffendue par les ennemis. Nonobstant laquelle deffense les François ne laissèrent l'assaut, mais résistèrent, eux confiants ès paroles de ladicte Pucelle, laquelle estoit toujours devant. Et combien qu'elle fust blessée d'un traict d'arbalestre en une jambe, ou comme aucuns disent en l'espaule, toutefois elle n'en fist semblant, ne ne se

retira dudict assault. Mais donna si bon courage
à ses gens, qu'ils se jettèrent tous après elle ès fossés
dudit fort, et avecques eschelles montèrent dessus les
murs et entrèrent dedans; et fust prins d'assaut,
auquel furent tués de quatre à cinq cents Anglois.
Entre lesquels furent morts trois capitaines, c'est
assavoir les seigneurs de Moulins, Jehan de Pommais, et Guillaume Glassidas, principaux gouverneurs du siége de ce costé, et tous les autres prins.
Les Anglois qui estoient de l'autre costé de la rivière, virent bien l'assaut et la prinse, mais ne
la povoient secourir. Ladicte prinse faicte, la
Pucelle et sa compaignie retournèrent dans la
ville par-dessus le pont, ce qu'elle avoit dit le
jour de devant, au partir de ladicte ville. Les habitants de la ville, après ladicte victoire, commencèrent à chanter le *Te Deum laudamus*, et sonnèrent toutes les cloches des églises, et firent toute
la nuict grant joie et grand bruit; et les ennemis,
voyant le danger auquel ils estoient, le lendemain,
bien matin, se deslogèrent de l'austre bastille et
s'en allèrent à grant diligence à Meung; et par ce
fut délivrée la ville dudict siége, à la grant honte,
perte et confusion desdicts Anglois, au grant honneur et grant gloire du roy et de ses amis.

Le siége levé, comme dict est, la Pucelle sollicita fort le roy de assembler le plus de gens
d'armes qu'il pourroit, afin qu'il peust recouvrer
les villes et places que les ennemis tenoient à l'entour d'Orléans : par quoi ledict sire manda au duc

d'Alençon venir devers lui avec ce qu'il pourroit trouver de gens d'armes ; ce que ledict duc fit à toute diligence ; et lui venu avec grand nombre de seigneurs et gens d'armes, lesquels, combien qu'ils n'eussent aucuns gages du roy, toutefois grand partie d'eux vindrent pour voir ladicte Pucelle, que on disoit estre venue de par Dieu, et pour faire la guerre avec elle contre les ennemis.

La compagnie assemblée, ils marchèrent tout droit à Jargeau et mirent le siége devant, laquelle ville, dedans huict jours après, par le conseil et industrie de ladicte Pucelle, fut prinse d'assaut ; et furent prins le comte de Suffort, le seigneur de la Poulle, et son frère tué avec grand nombre d'Anglois.

Quatre ou cinq jours après, les seigneurs et toute la seigneurie se partirent dudict Jargeau, et s'en allèrent à Meung, où ils prindrent d'assaut le pont et la tour du bout d'icelui, en laquelle tour ils mirent garde, et à grand diligence ils marchèrent droit à Baugency ; et quand les Anglois furent advertis de la venue des François, ils abandonnèrent la ville et se retirèrent au chasteau, lequel deux jours après ils rendirent par composition. Assés tost après la prise dudit chasteau, il fut bruit en l'ost des François que le sieur de Tallebot et Jean d'Escalles, accompagnés de cinq mille Anglois, estoient arrivés à Jenville en Beaulce, qui pour lors estoit en l'obéissance des Anglois ; et fut dict à nos gens que ledict Tallebot et toute sa compaignie marchoient vers Meung, cuidant que ladicte ville fust assiégée des François. Ces nouvelles oyes, les capitaines envoyèrent des chevaucheurs pour savoir la vérité du cas; lesquels rapportèrent que ledit Tallebot venoit avec une grande compaignie, sur quoi les seigneurs et capitaines prindrent conseil avec ladicte Pucelle, qui fut d'opinion que toute la compaignie devoit marcher à l'encontre dudit Tallebot, ce qui fut conclud faire. Et furent envoyés gens de notre part pour voir la contenance des ennemis, par lesquels les nostres furent advertis que lesdits ennemis marchoient en bonne ordonnance, pourquoi fut advisé mettre nostre armée en ordre. Et ce faict, l'avant-garde alla loger en un village nommé Patay, auquel lieu avoit une forte tour en l'église; et furent envoyés les sieurs de Beaumanoir, messire Ambroise de Lore, La Hire et Pothon, avec quelque nombre de gens d'armes pour les chevaucher; et le duc d'Alençon et le connestable, le comte de Vendosme, le bastard d'Orléans et Jehanne la Pucelle, marchoient après les Anglois, qui marchoient en bon ordre. Quant ils apperceurent les François, et veirent leur contenance, ils tournèrent leur chemin vers un bois qui estoit prochain, pour trouver place convenable pour combattre; et quand ceux qui les chevauchoient virent qu'ils vouloient gaigner ledit bois, ils frappèrent sur eux si rudement, qu'ils mirent en désordre et en fuite tous ceux à cheval desdits ennemis. Les gens de pied voyant la fuite de leurs gens de cheval, se retirèrent audit bois, et en un petit villaige qui estoit joignant, pour eux sauver: mais le duc d'Alençon et sa compaignie se hastèrent, et vinrent frapper sur eux et les défirent; et là furent occis trois mille hommes et plus de la part desdits Anglois, et plusieurs capitaines prins, entre lesquels estoit Tallebot. Après laquelle défaite, ladicte ville de Janville et plusieurs autres places voisines se rendirent en l'obéissance du roi.

Les victoires dessusdites et lesdictes villes et places prinses, par le conseil et industrie de ladicte Pucelle comme dit est, elle s'en alla devers le roy et lui dit: «Très cher sire, vous voyez comme
» à l'aide de Dieu et de vos bons serviteurs, vos af-
» faires ont été bien conduites jusques ici, dont lui
» en devez bien rendre grâce: or faut maintenant que
» vous vous prépariez pour faire vostre voyage à
» Rains, pour vous estre oing et sacré ainsi que par ci-
» devant ont esté vos prédécesseurs roys de France,
» car le temps en est venu, et plaît à Dieu qu'ainsi
» soit fait. Laquelle chose sera grand avantage pour
» vous: car après vostre consécration vostre nom sera
» en plus grand vénération et honneur envers le peu-
» ple de France; et en auront les ennemis plus grand
» crainte et formidation. N'ayez point de peur pour
» ce que vos ennemis tiennent les villes, chasteaux
» et places du pays de Champagne, par lequel il
» vous faut passer: car à l'aide de Dieu, et de vos
» bons capitaines et gens d'armes, nous vous ferons
» voir en manière que vous passerez seurement. As-

» semblez vos gens d'armes, afin que nous exécu-
» tions le vouloir de Dieu. » Après lesquelles paroles,
combien que cette entreprinse semblast estre difficile au roy et à toute sa compagnie, pour ce que
comme dit est, le pays de Champagne estoit tout
entièrement occupé et possédé par les Anglois,
toutefois la confiance qu'ils avoient en ladicte Pucelle leur donna grande espérance de parvenir à
ce qu'elle avoit dit, tant pour ce qu'elle estoit
venue à chef de toutes ses entreprises, que pour
la sainte et honneste vie qu'elle menoit. Ils
voyoient qu'elle se confessoit très souvent, et recevoit le corps de Nostre-Seigneur toutes les sepmaines; et, d'autre part, ils ne lui voyoient faire
aucune œuvre de femme. Après les remonstrances
faites par ladicte Pucelle, ainsi que dit est, le roy
s'en alla à Gien-sur-Loire, et manda ceux qui lui
pourroient aider en son voyage. Auquel lieu s'assemblèrent bon nombre de gens pour l'accompagner à aller à Reims. Et incontinent les choses
préparées, il ordonna qu'aucuns capitaines, avec
les gens d'armes, marcheroient devant avec la Pucelle, pour voir si les ennemis feroient quelque
entreprinse pour lui venir à l'encontre; ce qui fut
fait. Et prindrent lesdits capitaines et leurs compa-
gnies, le chemin tout droict à Auxerre, lesquels
le roy et sa compagnie suivit. Quand ceux de la
ville d'Auxerre sceurent la venue dudit seigneur,
ils firent tant, par le moyen d'aucuns qui estoient
près de lui, que lui ne aucun de sa compaignie

n'entrèrent dedans ladicte ville, mais saillirent et baillèrent des vivres aux gens d'armes en les payant. Le roy passa outre et s'en alla à Saint-Florentin, où il fut receu bénignement; et lui firent les habitants le serment de fidélité. Cela fait, toute la compagnie partit dudict lieu, et s'en alla à Troyes, laquelle ils assiégèrent; et après que le roi et ses gens eurent demouré six jours devant, les vivres faillirent en l'ost, et n'en pouvoit-on recouvrer. Pourquoi ils se trouvèrent en si grande nécessité de vivres, que la plus grande partie des gens d'armes n'avoient à manger que des febves et des espics de blé. Le roy voyant la famine qui estoit en son ost, assembla les seigneurs et capitaines, sans y assembler la Pucelle, pour sçavoir qu'il devoit faire. Tous lesquels furent d'opinion qu'il s'en devoit retourner et remener son ost, tant pour ce qu'il n'avoit point de vivres, que pour ce que ledit seigneur n'avoit que très peu d'argent pour soudoyer ses gens. Et de tous ceux qui furent appelés à ce conseil, il n'y en eut pas un qui ne fust de cet advis, fors un nommé Robert Machon, qui dist que l'opinion de ceux qui en avoient parlé lui sembloit assez bonne, mais qu'il voudroit bien ouyr parler la Pucelle, qui avoit esté cause de ceste entreprinse. Laquelle le roy fit présentement venir, et lui fit remonstrer la nécessité de vivres qui estoit en son ost, et qu'on n'en povoit recouvrer, la nécessité en quoi estoient ses gens, et mesme la force de la ville, et lui pria qu'elle le conseillast ce qu'il avoit à faire. A quoi elle respondit : « Sire, si je vous dis chose que je sçai de certain, le croirez-vous ? » Et pour ce que le seigneur ne lui respondit pas promptement, elle lui demanda encore une autre fois. A quoi répondit le roy : « Jehanne, si vous me dites choses qui me soient profitables, je vous croirai volontiers ». — « Et je vous assure, disoit-elle, sire, que devant qu'il soit deux jours, ceux de Troyes se rendront à vous, et vous rendront la ville. » Lesquelles paroles ouyes, le roy fut conseillé attendre encore deux jours; et commanda que homme du monde ne partist du siége. Et incontinent après ledit commandement, ladicte Pucelle print ses armes, et monta à cheval, et fit crier partout l'ost, que tous les gens d'armes et autres, apportassent eschelles, fagots, bourrées, et autres choses nécessaires pour assaillir ladicte ville; et fit le tout mettre dedans les fossés, et dresser lesdictes eschelles le long de la muraille. Laquelle chose voyant ceux de la ville, incontinent envoyèrent leur évesque, et aucun nombre des citoyens et gens d'armes qui estoient dedans, devers le roy, auquel ils offrirent rendre ladicte ville, s'il vouloit promettre que les Anglois qui estoient dedans s'en allassent leurs bagues sauves; ce que le roy leur accorda. Et fut appointé que le lendemain au matin il entreroit dedans ladicte ville.

Le lendemain matin, les Anglois partirent de la ville, avecq leurs bagues sauves, avecq lesquels ils emmenoient des François, qu'ils tenoient prisonniers ; laquelle chose la Pucelle ne voulust souffrir et les leur osta. Mais pource que les Anglois se plaignirent qu'on leur faisoit tort, et que c'estoit contre la composition qui avoit esté faicte, fust appointé que lesdits prisonniers demeureroient, mais que le roy payeroit quelque somme d'argent pour leur rançon. Et ce faict, le roy entra dans ladicte ville ; et le receurent les habitants très joyeusement, et lui firent le serment de fidélité ; et y ordonna des officiers, tant pour la justice que pour la police, et y laissa gens pour le garder. Et ce faict, deslogea et fist marcher son ost vers Chaalon, où il fust receu en grand joie de tous les habitants, qui lui firent le serment de fidélité ; et institua des officiers nécessaires pour la chose publique dudict Chaalon. Il s'en alla tout droict à Reims ; auquel lieu, combien que ladicte ville fust en l'obéissance des Anglois, toutes fois les habitants d'icelle le receurent très joyeusement, en le recognoissant leur roy et souverain seigneur.

En ce lieu vinrent les ducs de Bar et de Lorraine, et le seigneur de Commercy, avecques grand nombre de gens d'armes, eux offrir au service du roy, lesquels ledit seigneur receust très bénignement et les remercia grandement de leur bon vouloir.

Deux jours après, il fut oingt et sacré par monseigneur Regnault de Chartres, archevesque de Reims, la Pucelle présente, tenant l'estandart du roy en ses mains ; laquelle, très joyeuse de ce qu'à son exhortation, par son conseil et diligence, avoit emmené oindre et sacrer ledit seigneur, lequel admonestoit de rendre grâce à Dieu du bien et honneur qu'il avoit receu en sa coronation, et des belles victoires qu'il lui avoit données.

La solennité dessusdicte parfaite, et le serment de fidélité faict par les habitants dudit lieu, le roy, par le conseil de ladicte Pucelle se deslogea, et print son chemin à Velly, auquel il fut bien volontiers receu et obéi, et pareillement à Soissons; et de là s'en alla par le pays de Brie, où il recouvra aucunes places qui estoient ès mains de ses ennemis; et eut toujours bonne issue de toutes les entreprises qu'il fit par le conseil de la Pucelle. Desquelles entreprises et faits d'icelle, je me passerai d'en écrire plus avant, pour ce que tout est escritpt bien en long ès cronique dont j'ai parlé; et ce que j'en ai récité n'est que pour donner à congnoistre les grands biens qu'elle a faits en France, qui est admirable et digne de mémoire.

Et combien qu'on ne sauroit assez manifester et célébrer les faits, toutefois n'a esté ne est mon intention de les réciter au long, ne par le menu, mais veux seulement escrire comment elle fut prinse devant Compiégne, et depuis menée à Rouen; auquel lieu, à la grande poursuite des Anglois, ses ennemis mortels, son procès fut faict, par lequel elle fut faulcement et iniquement condamnée à estre bruslée, ainsi qu'il a esté trouvé depuis par le procès de son absolution, par lequel elle a esté déclarée innocente de tous ces cas desquels elle estoit accusée, nonobstant la détermination faicte par messieurs de l'Université de Paris, lesquels, par flatterie, et pour complaire au roy d'Angleterre, la déclarèrent hérétique, contre l'opinion de deffunct nostre maistre Jean Gerson, chancelier de Nostre-Dame de Paris, si savant et si sage, comme ses œuvres le montrent et en font le jugement. Laquelle opinion, avecques les raisons qui le meurent à estre contre l'opinion de ladicte Université, sont escriptes ci-après, par lesquelles on pourra voir où il y a plus d'apparence de vérité et de bon jugement.

Et pour retourner à mon propos, à parler de ladicte Pucelle, de laquelle la renommée croissoit tous les jours, pour ce que les affaires du royaume venoient toutes à bonne fin, et ne failloit ledit seigneur de venir à chef de toutes les entreprinses qu'il faisoit par le conseil de ladicte Pucelle, et aussi elle avoit l'honneur et la grâce de tout ce qui se faisoit. Et dont aucuns seigneurs et capitaines, ainsi que je trouve par escript, conceurent grand haine et envie contre elle; qui est chose vraisemblable, et assez facile à croire, attendu ce qui advint assez tost après; car, elle estant à Laigny-sur-Marne, fust advertie que le duc de Bourgoingne et grand nombre d'Anglois avoient mis le siége devant la ville de Compiégne, qui avoit, n'a pas long-temps, esté reducte en l'obéissance du roy, se partist avecques quelque nombre de gens d'armes qu'elle avoit avecques elle, pour aller secourir les assiégés dudit lieu de Compiégne ; la venue de laquelle donna grand couraige à ceux de ladicte ville.

Un jour ou deux après sa venue, fust faicte une entreprinse par aucuns de ceux qui estoient dedans de faire une saillie sur les ennemis. Et combien qu'elle ne fust d'opinion de faire ladicte saillie, ainsi que j'ai veu en quelques croniques, toutefois, afin qu'elle ne fust notée de lascheté, elle voulust bien aller en la compaignie ; dont il lui print mal ; car, ainsi que elle se combattoit vertueusement contre les ennemis, quelqu'un des François fit signe de retraicte ; par quoi chascun se hasta de soi retirer. Et elle, qui vouloit soustenir l'effort des ennemis, cependant que nos gens se retiroient, quand elle vint à la barrière, elle trouva si grande presse qu'elle ne pust entrer dedans de ladicte barrière ; et là fust prinse par les gens de monseigneur Jehan de Luxembourg, qui estoit audit siége, avec mondit seigneur le duc de Bourgoingne. Aucuns veulent dire que quelqu'un des François fust cause de l'empeschement qu'elle ne se peust retirer ; qui est chose facile à croire, car on ne trouve point qu'il y eust aucuns François, au moins homme de nom, prins ne blecé en ladicte barrière. Je ne veux pas dire qu'il soit vrai ; mais, quoi qu'il en soit, ce fust grand dommaige pour le roy et le royaume, ainsi qu'on peust juger par les grandes victoires et conquestes qui furent en si peu de temps qu'elle fust avecques le roy.

Ladicte Pucelle prinse par les gens dudit Luxembourg, en la manière que dit est, icellui de Luxembourg la feist mener au chasteau de Beauvois, auquel lieu la fist garder bien soigneusement de jour et de nuict, pource qu'il doubtoit qu'elle eschapast par art magique, ou par quelque autre manière subtile. Après ladicte prinse, le roy d'Angleterre et son conseil, craignants que ladicte Pucelle eschapast en payant rançon ou autrement, fist toute diligence de la recouvrer; et à ceste fin envoya plusieurs fois vers ledict duc de Bourgoingne et ledict Jean de Luxembourg; à quoi icellui de Luxembourg ne voulloit entendre; et ne la doubtoit bailler à nulle fin; dont ledict roy d'Angleterre estoit bien mal content. Pourquoi assembla son conseil par plusieurs fois, pour adviser qu'il pourroit faire pour la recouvrer; et en la fin fust conseillé mander l'évesque de Beauvois, auquel il fist remonstrer que ladicte Pucelle usoit d'art magique et diabolique, et qu'elle estoit héréticque; qu'elle avoit esté prinse en son diocèse, et qu'elle y estoit prisonnière; que c'estoit à lui à en avoir cognoissance et en faire la justice, et qu'il devoit sommer et admonester ledict duc de Bourgoingne, et ledict de Luxembourg, de lui rendre ladicte Pucelle, pour faire son procès, ainsi qu'il est ordonné par disposition de droit aux prélats, faire le procès contre les hérétiques, en lui offrant payer telle somme raisonnable qu'il sera treuvé qu'elle devra payer pour sa rançon. Laquelle chose, après plusieurs remontrances, ledict évesque accorda faire par conseil, s'il trouvoit qu'il le deust et peust faire; et pour se conseiller à messieurs de l'Université de Paris, qui furent d'oppinion qu'il le pouvoit et debvoit faire; et pour complaire au roy d'Angleterre, accordèrent audict évesque qu'ils escriroient de par l'Université de Paris à monseigneur Jehan de Luxembourg, qui tenoit la Pucelle prisonnière, qu'il la debvoit rendre pour faire son procès, et que s'il faisoit autrement, il ne se monstreroit pas bon catholique; et plusieurs autres remonstrances contenues èsdictes lettres, ainsi qu'il sera veu par le double d'icelles, qui est escript ci-après. Quand ledict évesque eust ouï le conseil et l'offre de ladicte Université, il accorda faire ladicte sommation, qui fust mise par escript, de laquelle la teneur ensuit.

Double de la cédulle de la sommation faicte par l'évesque de Beauvois au duc de Bourgoingne et monseigneur Jehan de Luxembourg, pour rendre la Pucelle.

« C'est ce que requiert l'évesque de Beauvois à monseigneur le duc de Bourgoingne, à monseigneur Jean de Luxembourg et au bastard de Vendôme, de par le roy nostre seigneur, et de par lui, comme évesque de Beauvois, que icelle femme nommée Jehanne la Pucelle, prisonnière, soit envoyée au roy pour la délivrer à l'Église pour lui faire son procès, pour ce qu'elle est suppessonnée et diffamée d'avoir commis plusieurs crimes, comme sortilèges, idolatries, invocations d'ennemis et autres plusieurs cas touchant nostre foi, et contre icelle. Et combien qu'elle ne doit point estre prinse de guerre, comme il semble, considéré ce que dit est, néantmoins, pour la rémunération de ceux qui l'ont prinse et détenue, le roy veut libéralement leur bailler jusques à la somme de six mille livres, et pour ledit bastard qui l'a prinse, rente pour soutenir son estat jusqu'à deux ou trois cents livres.

» *Item*, ledit évesque requiert de par lui aux dessusdits et à chascun d'iceux, comme icelle femme ait été prinse en son diocèse et soubs sa jurisdiction spirituelle, qu'elle lui soit rendue pour lui faire son procès comme il appartient : à quoi il est tout prest de entendre, par l'assistance de l'inquisiteur de la foi, si besoing est, et par l'assistance des docteurs en théologie, en décrets et autres notables personnes experts en fait de judicature, ainsi que la matière requiert, afin qu'il soit duement et meurement faict à l'exaltation de la foi, et l'instruction de ceux qui ont été en ceste matière deceus et abusés à l'occasion d'icelle femme.

Item, et en la parfin, se par la manière avant dicte, les dessusdits ou aucun d'eux ne voulloient estre contents, ni obtempérer à ce que dessus est dict, combien que la prinse d'icelle femme ne soit pareille à la prinse de roy, prince ou autres personnes d'estat, fust le roy, le dauphin ou autre grand prince, le roy le pourroit avoir, s'il voulloit, en baillant au porteur dix mille francs selon le droit d'usage et coustume de France. Ledit évesque somme et requiert ces dessusdits, au nom comme dessus, que ladite Pucelle lui soit délivrée, en baillant sûreté de ladite somme de dix mille francs pour toutes choses quelconques ; et ledit évesque, de par lui, selon les formes et peines de droit, la requiert à lui estre baillée et délivrée comme dessus dit ».

Double des lettres de l'Université de Paris à messire Jehan de Luxembourg, pour la rendition de la Pucelle [1].

« Très noble, honoré et puissant seigneur, nous nous recommandons très affectueusement à vostre hauste noblesse. Vostre noble prudence sçait bien et congnoist que tous bons chevaliers catholiques doibvent leur force et puissance employer, premièrement au service de Dieu, en espécial le serment premier de l'ordre de chevalerie qui est gardé, et deffendre l'honneur de Dieu et la foi catholique et la sainte Église. De ce serment vous est bien souvenu quand vous avez vostre noble puissance et présence personnelle employée à appréhender telle femme qui se dit la Pucelle, au moyen de laquelle l'honneur de Dieu a esté sans mesure offensé, la foi excessivement blessée, et l'Église trop fort déshonorée ; car, par son occasion, ydo-

---

1. M. de l'Averdy, page 9, dit que la lettre de l'Université au duc de Luxembourg, est sans date ; on verra plus bas qu'elle est datée du 14 juillet 1430. Dubois.

lâtries, erreurs, mauvaises doctrines, et autres maux et inconvénients irréparables se sont ensuivis en ce royaume. Et en vérité tous loyaux chrestiens vous doibvent mercier grandement d'avoir fait si grand service à nostre saincte foi et à tout ce royaume, et quant à nous, nous en remercious Dieu de tous vos ouvrages et vostre noble prouesse tant comme le povons. Mais peu de chose seroit avoir fait; une telle prinse, s'il ne s'ensuivoit ce qu'il appartient pour satisfaire à l'offence par icelle femme perpétrée contre nostre très doux Créateur en sa foi et sa sainte église avecques ses autres inesets innumérables comme on dit; et seroit plus grand inconvénient que oncques mez. Et ce seroit intolérable offence contre la majesté, si cette femme demeure en ce point, et qu'il advint que cette femme fust délivrée ou perdue, comme ont dit aucuns adversaires soit vouloir efforcer de faire, et appliquer tous leurs entendements par toutes voies exquises, soit par argent ou rançon. Mais nous espérons que Dieu ne permettra pas advenir si grand mal sur son peuple, et que ainsi vostre bonne et noble prudence ne le souffrira pas, mais y saura bien pourvoir convenablement; car si ainsi estoit faicte délivrance d'icelle sans convenable réparation, ce seroit déshonneur irréparable à vostre grande noblesse, et à tous ceux qui de ce se seroient entremis. Mais à ce que tel esclandre cesse le plustost que faire se pourra, comme le besoing est, pour ce que en ceste matière le délai est trop périlleux et très préjudiciale en ce royaume, nous supplions très humblement et de cordiale affection à vostre puissante et honorée noblesse, que en faveur de l'honneur divin, à la conservation de la foi, au bien et exaltation de tout ce royaume, vous bailliez icelle femme à la mestre en justice, et envoyer par-deçà à l'inquisiteur de la foi, qui icelle a requise et requiert très instamment pour faire discussion de ses grandes charges, tellement que Dieu en puisse estre content, et le peuple édifié duement et en bonne et saincte doctrine; ou vous plaise icelle femme rendre et délivrer à révérend père en Dieu, et nostre très honoré seigneur, l'évesque de Beauvais, qui icelle a pareillement requise, à la juridiction duquel elle a esté appréhendée; et comme on dit, les prélast inquisiteurs sont juges d'icelle en la matière de la foi; et est tenu obéir tout chrétien, de quelque estat qu'il soit, à eux en ce cas présent, sur les peines de droit qui sont grandes. Et en ce fait, vous acquierrez la grace et amour de la haute Divinité, vous serez moyen de l'exaltation de la saincte foi, et aussi accroisserez la gloire de vostre haut et noble nom, et mesmement de très haut et très puissant prince nostre très redoubté et le vostre, monseigneur le duc de Bourgoingne, et sera chascun tenu à prier Dieu pour la prospérité de vostre très noble personne, laquelle Dieu nostre Sauveur veuille conduire par sa saincte grace en tous ses affaires, et finablement lui rétribuer joie sans fin.

Escript à Paris, le quatorsiesme jour de juillet mil quatre cent trente.

» Ladite sommation et lettres dessus escriptes et dépéchées, l'evesque de Beauvais, nommé messire Pierre Cauchon, accompagne d'ung homme qui portoit les lettres de l'Université de Paris et d'ung notaire apostolique, partit de Paris, et s'en alla à Compiègne [1], où le duc de Bourgongne et le duc de Luxembourg estoient au siége deuant ledit Compiégne; auquel dit duc, ledit évesque présenta la cédule de la sommation. Eequel duc, après qu'il l'eut receu, la bailla a monsieur Nicolle Raoullin,

---

[1]. M. de l'Averdy (page 11) prétend que l'évesque de Beauvais envoya, le 14 juillet 1430, une réquisition en son nom au duc de Bourgogne et à Jean de Luxembourg, qui leur fut notifiée en présence des nobles de la cour du duc, et dans son château, *in bastilliâ*, par des notaires apostoliques. Il y a dans ce récit plusieurs inexactitudes qui ont été copiées par M. Lebrun des Charmettes. 1° Pierre Cauchon n'a pas envoyé sa sommation au duc de Bourgogue; il l'a faite en personne, en présence d'un seul notaire nommé Triquelot. 1° Ce n'est pas dans le château du duc que cette sommation a été signifiée, mais dans son camp, devant Compiégne; Le mot *bastillia* ne désignait pas alors un château, mais une bastille. Voici ce qu'on entendoit par ce mot. Lorsqu'en assiégeant une ville on trouvait un bâtiment dans lequel on pouvait se loger et se fortifier, par exemple une église, un monastère, etc., ce fort se nommait une bastille. Ceux qui étaient construits en terre portaient le nom de Boulovert ou Boulevard. On trouvera la preuve de ce que je viens de dire dans l'histoire manuscrite du siége d'Orléans, dans laquelle j'ai réuni plusieurs faits curieux que j'ai puisés dans les anciens comptes de la ville d'Orléans. Dubois.

son chancelier, qui estoit présent ; et lui dit qu'il
la baillast à monseigueur Jehan de Luxembourg
et au seigneur de Beaurevoir ; ce qu'il feist présentement ; car tous deux survindrent là. Laquelle
cédule ledit de Luxembourg receut et leut ; et
après lui furent présentées les lettres de l'Université
qu'il leut pareillement, ainsi qu'il est contenu en
l'instrument d'un notaire appostolique nommé
Triquelot, auquel est seulement faict mention de
la cédule de la sommation ; lequel instrument j'ai
translaté de latin en françois ainsi qu'il ensuit. »

La teneur de l'instrument du notaire qui fust présent à la sommation
faicte pour rendre la Pucelle.

« En l'an de grâce mil quatre cent trente, le seiziesme jour de juillet, en l'indiction huitiesme, du
pape Martyn cinquiesme, l'an treiziesme de son pontificat, en la bastille de très illustre prince, monseigneur le duc de Bourgogne, establye au siége devant
Compieigne, ès présence de nobles hommes messieurs Nicolle de Mailly, bailli de Vermandois,
et Jehan de Pressy, chevalier, avecques plusieurs
autres nobles en grande multitude, fut présentée
par révérend père en Dieu, monseigneur Pierre,
évesque et comte de Beauvois, audit très illustre
prince, monseigneur le duc de Bourgoingne, une
cédule en papier, contenante de mot en mot cinq
articles escripts en double d'icelle ici devant escripte, laquelle cédulle mondit seigneur le duc
bailla réalment à noble homme Nicolle Raoullin,

son chancelier, qui estoit présent, et lui commanda la bailler à noble et puissant seigneur, monseigneur Jehan de Luxembourg, chevalier, et au seigneur de Beau-Revoir, laquelle cédulle, icelui chancelier réalment bailla audit de Luxembourg présent; laquelle il receut, ainsi qu'il me sembla. Ces choses dessus escriptes ont esté faictes en ma présence. Ainsi signé Triquelot, notaire et tabellion apostolique et impérial. »

Après ladite cédulle et lettres de l'Université; baillées et présentées, comme dit est, ledit évesque parla audit de Luxembourg; et après plusieurs paroles, il fut appoincté que en lui baillant une certaine somme d'argent, ladicte Pucelle lui seroit délivrée; ce qui fut fait trois ou quatre jours après [1]. Laquelle Pucelle, receue par ledict évesque, la mist entre les mains des Anglois, qui la menèrent

---

[1]. M. de l'Averdy (page 13) donne à entendre que la négociation qui avait pour objet la rançon de la Pucelle, a traîné en longueur; cependant elle a été terminée en peu de jours, parce que l'évêque de Beauvais traitait en personne avec le duc de Luxembourg, et que celui-ci ne pouvait retenir sa prisonnière malgré le roi d'Angleterre, qui s'était enfin déterminé à la réclamer comme conduisant les osts du dauphin, et à offrir la plus forte rançon qu'on pouvait exiger de lui. J'ai prouvé néanmoins que la Pucelle ne fut remise aux Anglais qu'au mois d'octobre, parce qu'ils ne purent payer sa rançon qu'à cette époque. Voyez ma Dissertation sur la minute française du procès de la Pucelle. Dubois.

à Rouen, et la mirent dedans le château dudit lieu, en une forte prison bien enferrée, bien enfermée et bien gardée.

Certain bien bref temps après, ledit évesque de Beauvais, sollicité par le roy d'Angleterre et les gens de son conseil, qui désiroient la mort de ladicte Pucelle, se transporta à Rouen; en quel lieu il feist appeler tous les plus grands personnages et les plus clercs et lettrés, les advocats et notaires, les noms desquels sont ici après escripts. Et quand ils furent assemblés, il leur dit et déclara comme le roy de France et d'Angleterre, leur souverain seigneur, avoit esté conseillé de par les seigneurs de son conseil et par l'Université de Paris, de faire faire le procès d'icelle femme, nommée Jehanne, vulgairement appelée la Pucelle, laquelle est accusée de hérésie et d'art diabolique et de plusieurs autres crimes, maléfices, et que pour ce que ladicte femme avoit été prinse et appréhendée en son diocèse, c'estoit à lui à faire son procès, auquel il vouloit besongner par leur conseil ; et leur pria assister avecques lui pour y faire ce que sera trouvé par raison. Tous lesquels respondirent qu'ils estoient prests à obéir au roy, et qu'ils assisteroient volontiers audit procès. [1]

Le lendemain, pour ce que alors le siège archié-

---

1. M. de l'Averdy ne parle pas de cet acte de procédure.

piscopal estoit vaccant, et que la jurisdiction estoit ès mains du chapitre de l'église de Rouen, ledit évesque se trouva audit chapitre, et dist au doyen et chanoines d'icelle église pareilles parolles qu'il avoit dictes le jour de devant. Mais, pour ce qu'il estoit hors de son diocèse, vouloit bien avoir congié et permission de besongner au territoire de l'archevesque de Rouen; et leur pria lui permettre besogner audit territoire, ce qui lui fust accordé; dont il demanda lettre, ce qui lui fust octroyé. Ces préparatifs faits pour commencer le procès, combien qu'on eust remonstré audit évesque, attendu que ledit procès se faisoit en matière de foi et par gens d'église, qu'on devoit mettre ladicte Jehanne Pucelle ès prisons de l'archevesque de Rouen, toutefois, ce bon seigneur, voullant complaire au roy d'Angleterre, et avoir la grace des Anglois, ne le voulut faire; mais la laissa aux prisons desdicts Anglois ses mortels ennemis : en quoi il commença à monstrer le vouloir qu'il avoit de faire bonne justice en ce procès, en quel lui et sa compagnie ne se monstrèrent pas moins affectés à faire mourir ladicte Pucelle, que Cayphe et Anne, et les scribes et pharisées se monstrèrent affectés à faire mourir Nostre-Seigneur, ainsi qu'on pourra clèrement veoir en la déduction dudict procès, auquel il y a plusieurs mensonges, ainsi que j'ai trouvé en deux livres ès quels est escript le procès de sa condempnation, où il y a plusieurs diversités, spécialement et interrogations, et en ses réponses; et aussi est bien prouvé par le procès de son absolution, que le procès de sa condempnation estoit falcifié en plusieurs lieux.

Ensuit la teneur des lettres envoyées par le roy d'Angleterre pour ordonner à ceux qui gardoient Jehanne, dicte la Pucelle, de la remettre à l'évesque de Beauvais, toutes les fois qu'il la requerroit [1].

« HENRY, par la grace de Dieu, roy de France et d'Angleterre, à tous ceux qui ces présentes lettres verront, salut.

» Il est assez notoire et congnu, comme depuis aucun temps en çà, une femme qui se faict appeler Jehanne la Pucelle, laissant l'habit et vesture de sexe féminin, s'est contre la loy divine, comme chose abominable à Dieu, répugnée et deffendue de toute loi, vestue, habillée et armée en estat et habit d'homme, a faits et exercé cruel faict et homicides, et comme l'on dit, a donné à entendre au simple peuple, pour le séduire et abuser, qu'elle estoit envoyée de par Dieu, et avoit connoissance de ses secrets divins, ensemble plusieurs autres dogmatisations très périculeuses, et à nostre foy catholique

---

[1]. M. de l'Averdy s'étonne de ce que le roi d'Angleterre n'a adressé à aucun tribunal l'ordre qu'il donna à ceux qui gardaient la Pucelle, de la remettre à l'évêque de Beauvois toutes les fois qu'il la requerrait ; mais ce qui me surprend, c'est que cet ordre se bornant à une simple permission, le roi l'ait fait expédier en forme de lettres-patentes adressée : A tous ceux qui ces présentes lettres verraient. DUBOIS.

très préjudiciables et scandaleuses. En poursuivant par elle lesquelles abusions, et exerçant l'hostilité à l'encontre de nous et nostre peuple, a esté prinse armée devant Compiégne par aucuns de nos loyaux subjets, et depuis emmenée prisonnière par devers nous. Et pour ce que de superstitions, fausses dogmatisations et autres crimes de lèze-majesté divine, comme l'on dit, a esté de plusieurs réputée suspecte, notée et diffamée, avons esté requis très instamment par révérend père en Dieu, nostre amé et féal conseiller l'évesque de Beauvais, juge ecclésiastique et ordinaire de ladicte Jehanne, pour ce qu'elle a esté prinse et appréhendée ès termes et limites de son diocèse, et pareillement exhortés de par nostre très chière et très amée fille l'université de Paris, que icelle Jehanne voulions faire rendre et bailler et deslivrer audit révérend père en Dieu, pour la interrogier et examiner sur lesdits cas, et procéder outre contre elle, selon les ordonnances et dispositions des droits divins canoniques, et appeler ceux qui y seront à appeler. Pour ce est-il que nous qui, pour révérence et honneur du nom de Dieu, deffence et exaltation de saincte église et foy catholique, voulons dévotement obtempérer, comme vrais et humbles enfants de saincte église, aux requestes et instances dudit révérend père en Dieu, et exhortations des docteurs et maistres de nostredite fille l'Université de Paris, ordonnons et consentons que, toutes et quantes fois que bon semblera audit révérend père en Dieu,

icelle Jehanne lui soit baillée et deslivrée réaulment
et de faict, par nos gens et officiers qui l'ont en
garde, pour icelle interrogier et examiner, et faire
son procès selon Dieu, raison et les droits divins et
saincts canons, par ledict révérend père en Dieu.
Sy donnons en mandement à nosdits gens et officiers
qui icelle Jeanne ont en garde, que audict révérend
père en Dieu la baillent et deslivrent réaulment
et de faict, sans refus ou contredict aucuns, toutes
et quantes fois que par lui en seront requis. Man-
dons outre à tous nos justiciers et officiers et subjets,
tant François comme Anglois, que audict révérend
père en Dieu, et à tous autres qui sont ou seront
ordonnés pour assister, vacquer et entendre audit
procès, ne donnent de faict ne autrement aucun
empeschement ou destourbier; mais, se requis en
sont par ledict révérend père en Dieu, leur donnent
garde, ayde et deffence, protection et confort, sur
peine de griefve pugnition. Toutefois, c'est nostre
intention de ravoir et reprendre par-devers nous
icelle Jehanne, s'ainsy estoit qu'elle ne fust convaincue ou actaincte des cas dessusdits ou d'aucuns
d'iceux, ou d'autres touchants et regardants de
nostre dicte foy. En tesmoing de ce, nous avons faict
mectre nostre scel ordinaire, en l'absence du grand,
à ces présentes données à Rouen, le tiers jour de
janvier, l'an de grâce mil quatre cent trente, et de
nostre règne le neufviesme. *Sic-signata* par le roy,
et à la relation de son grand conseil. »

« J. DE RIVES. »

PROCÈS
DE LA PUCELLE.

Cy commence la déduction du procès faict par monseigneur Pierre Cauchon, évesque et comte de Beauvais, en matière de la foy, contre une femme nommée Jehanne, vulgairement appelée la Pucelle, translatée de latin en françois, par le commandement du roy Louys, douziesme de ce nom, et à la prière de monseigneur l'admiral de France, seigneur de Graville.

Et premièrement, ledit évesque estant en la ville de Rouen, l'an mil quatre cent trente, après l'Epiphanie, qui fust le douziesme jour du mois de janvier, fist appeler devant lui révérends pères et maistres messeigneurs : Gille, abbé de Fescamp, docteur en théologie; Nicolle, abbé de Jumièges, docteur en décret; Pierre, prieur de Longueville; Guiffort, docteur en théologie; Nicolle des Vendères, archidiacre en l'église de Rouen, licencié en décret; Raoul Roussel, trésorier de l'église Nostre-Dame de Rouen, docteur en chascun droit; Robert Barbier, licencié en chascun droit; Nicolle Couppe-guême, bachelier en théologie; Nicolle Loyseleur, maistre ès arts, chanoine de Rouen ; tous lesquels se comparurent au mandement dudit évesque en la chambre du conseil près le chasteau de Rouen. Lequel évesque leur exposa comment une femme nommée Jehanne, vulgairement appelée la Pucelle, avoit naguères esté prinse et appréhendée en son diocèse; laquelle, tant à la requeste de ce faicte par le très chrestien et très illustre prince le roy de France et d'Angleterre, de nostre mère l'Université de Paris, à la sommation de lui et de vénérable homme frère Martin Billon, vicaire-général de l'inquisiteur de la foy en France, pource que ladite femme estoit véhémentement suspectée de crime d'hérésie, lui avoit esté baillée et délivrée pour enquérir et informer sur les cas, crimes et maléfices dont elle avoit esté accusée; et que lui désirant, à l'honneur et louange de Dieu et l'exaltation de la saincte foi catholique, procéder juridiquement en ceste matière, selon la disposition de droict, pour ce que le siége archiépiscopal de la saincte foy catholique estoit alors vaccant, avoit obtenu de messeigneurs du chappitre permission et congié de pouvoir procéder, au territoire de Rouen, aux inquisitions et informations qu'il estoit besoing faire sur lesdits crimes, ainsi qu'il estoit contenu ès lettres sur ce faictes, lesquelles il exiba avecques le double des lettres que ceux de ladite Université de Paris avoient escriptes à monseigneur Jehan de Luxembourg, qui tenoit ladite Pucelle prisonnière; ensemble la cédulle de la sommation qui lui avoit esté faicte, desquelles les coppies sont escriptes ci-devant [1].

---

1. Il paraît que dans la minute française, l'acte du 9 janvier.

LE PREMIER ACTE DU PROCÈS.

Le lundy, dix-neufviesme jour de febvrier, sont compareus devant l'évesque de Beauvais, en la maison de maistre Jehan Ruble, chanoine de Rouen, messeigneurs l'abbé de Fescamp, maistre Jehan Beau-Père, Guillaume Hecton, Jacques de Tourraine, Nicolle Mydy, Nicolle des Vendères, Pierre Maurice, Guerrart Feuillet, Thomas de Courcelles et Nicolle Loyseleur. Ledit évesque leur remonstra comment une femme nommée Jehanne,

---

vier 1431 est incomplet, puisqu'il n'y est point parlé de la nomination du promoteur, des deux notaires greffiers, et de Jean de Fonte, en qualité de conseiller et commissaire-examinateur; mais il est certain que Jehan Magistri n'y a pas assisté, et que l'évêque de Beauvais a présidé seul, quoique M^r. de l'Averdy avance le contraire (page 15). Jehan Magistri était convaincu que ses pouvoirs ne lui permettaient pas de prendre part au procès de Jehanne d'Arc. Il fallut le sommer, le 19 février, de se joindre à l'évêque de Beauvais, pour instruire ce procès conjointement avec lui; il est seulement dit, dans l'acte du 9 janvier, que la Pucelle a été remise à ce prélat, en vertu de sa sommation et de celle de frère Martin Billon, vicaire-général du grand inquisiteur de la foi, à la requête du roi d'Angleterre, et à la prière de l'université de Paris. La sommation de Martin Billon est celle qui avait été faite trois jours après la prise de la Pucelle. Les actes de procédure du 13 et du 23 janvier ne se trouvent pas dans la minute française. DUBOIS.

dicte la Pucelle, laquelle estoit accusée et diffamée de plusieurs invocations de dyables et autres maléfices, lui avoit esté baillée et délivrée de la part de l'illustre prince le roy de France et d'Angleterre ; et que depuis qu'elle lui avoit esté rendue, on avoit faict des articles sur les choses qui pouvoient concerner la foy catholique ; et sur iceux articles on avoit faict examiner plusieurs tesmoings, ainsi que on pourra veoir par la lecture des articles et dépositions des tesmoings examinés sur iceux ; lesquels articles et dépositions furent leus en présence des dessusdits. Après la lecture desquels, pour ce que l'inquisiteur général de la foy n'estoit point en la ville de Rouen, mais seulement y estoit son vicaire, fut ordonné et appoincté par ledit évesque que ledit vicaire seroit appelé, et en présence des notaires seroit sommé de oyr lire lesdits articles et informations qui avoient esté faictes sur les crimes et maléfices de ladicte Jehanne, et du scandale qui en estoit advenu ; et après, par le conseil de ceux qui estoient présents, icelui évesque appoincta que icelle femme seroit appelée pour estre interrogiée en matière de la foy ; et ce fait, tous les assistants jurèrent tenir ferme tout ce qui sera faict en ceste matière.

AUTRE ACTE.

Item, ce jour, après disner, environ quatre heures du soir, ledit évesque somma et requist vénérable homme frère Jehan Magistri, vicaire dudit inquisiteur de la foy, qui avoit esté appelé pour assister audit procès, fust, par ledit évesque, requis et sommé de se adjoindre à procéder avecques lui en la matière de ladicte Jehanne, en offrant lui communiquer tout ce qui avoit esté faict audit procès; lequel Magistri respondit que si sa commission et vicairerie estoit suffisante, que volontiers il feroit ce qu'il debvroit et pourroit faire pour ladite inquisition. Ce fut fait en l'hostel dudit évesque, en présence de Jehan Massieu, frère Symon de Parys, Bosc Guillaume et Manchou.

AUTRE ACTE.

Item, le mardy, vingtiesme jour de febvrier, comparant ledit évesque, lesdits Beau-Père, de Tourraine, Mydy, Vendères, Maurice Gérard et de Courcelles, maistre Jehan Magistri, Martin Ladvenu et Nicolle Loyseleur, icelui évesque desclara et dist qu'il avoit veu la commission et vicariat dudict Magistri, qui estoit bonne et suffisante, et qu'il avoit trouvé par conseil que icelui Magistri, vicaire, se povoit adjoindre avecques lui à faire ledict procès; et que ce néanmoins il avoit trouvé par conseil qu'il debvroit faire sommer l'inquisiteur en chef, se il estoit au pays de Normandie, de venir en ceste cité de Rouen pour assister audit procès, ou pourveoir en la matière dont estoit mention, ou commettre ung vicaire qui auroit pleine puissance pour y procéder ; lequel Magistri respondit qu'il ne voudroit se mettre de ladite matière, tant pour le scrupule de sa conscience que pour la seureté de la déduction du procès. Et outre, en tant que estoit l'inquisiteur général dont a esté parlé, il dist qu'il accordoit que ledit évesque peut commettre tel qu'il lui plairoit pour adsister au lieu dudict inquisiteur, jusqu'à ce qu'il se fust conseillé si le vicariat et commission qu'il avoit estoit suffisante pour soi adjoindre en la matière. Après lesquelles paroles, ledist évesque lui offrit le procès et tout ce qui avoit esté faict.

AUTRE ACTE.

Le lendemain, qui fut mercredy, vingt-uniesme jour de febvrier audit an, en la chappelle royale du chasteau de Rouen, ès présence dudit évesque, et de messeigneurs et maistres monseigneur Gilles, abbé de Fescamp, Jehan Beau-Père, Jean de Chastillon, Jacques le Tessier, Nicolle Mydy, Guérard Feuillet, Guillaume Hecton, Thomas de Courcelles et maistre Richard Prati, furent lues les lettres du roy d'Angleterre, par lesquelles il mandoit aux juges ordinaires de Rouen qu'ils baillassent et deslivrassent la Pucelle audit évesque, pour faire son procès ; les lettres du chappitre de Rouen, comment ils avoient permis audit évesque de besongner audit procès en territoire de Rouen ; la citation pour faire entrer ladicte Pucelle devant lui, avecques la citation de celui qui l'avoit citée ; lesquelles lues, maistre Jehan Estivet, ordonné promoteur en ce procès par ledit évesque, demanda et requist que ladite Pucelle fust admenée et interrogiée selon la voye de droit, ce qui lui fut accordé par ledit évesque. Et sur ce que ladite Jehanne avoit supplié et requis qu'il lui fust permis de oyr la messe, icelui évesque dist qu'il avoit eu conseil avecques aucuns saiges et notables personnages, par lesquels il avoit trouvé que, attendu les crimes dont elle estoit accusée et diffamée, et aussi qu'elle avoit porté l'habit d'homme, on lui debvoit différer ladite requeste ; et ainsi le desclara.

Assés tost après, ladite Jehanne fut admenée devant ledit évesque et les assistants dessus nommés. Laquelle venue, iceluy évesque lui dist et remonstra comment elle avoit esté prinse dedans les marches de son diocèse. Et pource qu'il estoit bruit et renommée de plusieurs de ses faits qui estoient contre nostre foy, non pas seulement en royaume de France, mais par touts les royaumes, ès quels ils estoient divulgués et publiés, et qu'elle estoit accusée d'hérésie, elle lui avoit esté bailliée et délivrée pour faire son procès en matière de la foy. Apprès lesquelles paroles, le promoteur dessusdit remonstra comment, à sa requeste, elle avoit esté citée et convenue, pour respondre en matière de la foy, ainsi qu'il apparoissoit par les lettres et actes qu'il exhiba présentement, suppliant qu'elle fust adjurée de dire vérité, et interroguée sur les parties qu'il bailleroit ; laquelle requeste lui fust accordée par ledit évesque et assistants.

INTERROGATOIRE.

La dessusdite requeste accordée, comme dist est, iceluy évesque fist venir ladite Jehanne, et l'admonesta caritativement, et lui pria qu'elle dist vérité des choses qui lui seroient demandées, tant pour l'abréviation de son procès que pour la descharge de sa conscience, sans querir subterfuges ne cautelles, et qu'elle jurast sur les saincts Évangiles de dire vérité de toutes les choses sur lesquelles elle seroit interroguée. Laquelle Jehanne respondit : « Je ne sçais sur quoi vous me voulez » interroguer, adventure me pourriez-vous de-» mander telles choses que je ne vous dirai point. » Sur quoi ledit évesque lui dist : « Vous jurerez de » dire vérité de ce qui vous sera demandé, qui con-» cerne la foy catholique, et de toutes autres choses » que saurez. » A quoi ladite Jehanne respondit : Que de ses père et mère, et de toutes les choses quelle avoit faites, depuis qu'elle avoit prins le chemin pour venir en Franche, volontiers en jureroit; mais de révélations à elle faictes de par Dieu, que jamais elle ne l'avoit dit, ne révélé fors à Charles que elle dit estre son roy; et se on lui debvroit copper la teste, elle ne les révèleroit, pour ce quelle savoit par ses visions, qu'elle devoit les tenir secrètes ; mais que dedans huit jours elle saura bien se elle les doibt révéler. Apprès lesquelles paroles, ledit évesque l'admonesta et pria que en ce qui toucheroit la foy, elle fist serment de dire vérité. Laquelle Jehanne se mist à genoux, les deux mains sur le livre, c'est assavoir ung missel, et jura qu'elle diroit vérité de toutes les choses qui lui seroient demandées, qui concernent la matière de la foy; mais que des révélations dessusdites, elle ne lesdiroit à personne [1].

Item, ce mesme jour, apprès aucuns interrogatoires faicts à ladite Jehanne, c'est assavoir du nom de ses père et mère, et du lieu où elle avoit esté née, et de son aage, ladite Jehanne soy plaignant des fers qu'elle avoit aux jambes : lui fust dit par ledit évesque, que par plusieurs fois elle se estoit efforcée de s'échapper des prisons; pourquoi, affin qu'elle fust gardée plus seurement, on avoit commandé qu'elle fust enferrée. A quoi ladite Jehanne respondit, qu'il estoit vrai que autresfois qu'elle avoit bien voulu s'eschapper de la prison, ainsi qu'il est licite à chascun prisonnier; et dit oultre, que quand elle pourroit eschapper, on ne la pourroit reprendre qu'elle eust faulcé ou viollé sa foy à aucun ; car elle ne l'avoit bailliée jamais à personne.

Pour laquelle response, ledit évesque commanda à Jehan Rys, Jehan Bernard et Guillaume Tallebot, commis à la garde de ladite Jehanne, qu'ils

---

1. Voyez ce que j'ai dit ci-dessus dans ma dissertation sur la minute française du procès de la Pucelle.   Dubois.

la gardassent seurement ¹, et qu'ils ne permissent aucunes personnes parler à elle, se ils ne avoient exprès congié de lui ; et fist auxdits gardes mettre les mains sur le missel dessusdit, sur lequel ils firent serment solempnel de faire tout ce qui leur avoit esté commandé. Ce jour mesme, ladite Jehanne interroguée de ses nom et surnom, respondit que : au lieu où elle avoit esté née, on l'appeloit Jehannette ; et en France, Jehanne ; et du surnom n'en sçait rien ².

Interroguée du lieu de sa naissance, respondit : qu'elle avoit esté née en ung village qu'on appeloit Domremy de Grue ³ ; auquel lieu de Grue (Greux) est la principale église.

---

1. L'évêque de Beauvais sachant que les Anglais ne voulaient pas se dessaisir de la Pucelle, et voulant faire croire que, pour rendre la procédure régulière, on l'avait remise entre ses mains, n'eut point d'autre parti à prendre que de nommer, pour garder la Pucelle, ceux auxquels les Anglais l'avaient confiée, et de leur faire prêter serment de la garder fidèlement. Ces personnes sont nommées : Jehan le Gas, Jehan Wervoie et Guillaume Talebot, dans les actes latins du procès ; et dans la minute française, Jehan Ris, Jehan Bernard et Guillaume Talebot.   DUBOIS.

2. Le surnom de Jeanne d'Arc était la Pucelle ; on voulait l'embarrasser en la forçant de s'expliquer sur ce surnom ; elle se contenta de répondre qu'elle ne connaissait pas ce surnom.   DUBOIS.

3. Pasquier, dans ses *Recherches*, et Rapin Thoyras, qui le copie dans sa *Dissertation* sur la Pucelle, supposent que

Interroguée du nom de ses père et mère, respondit : que son père estoit nommé Jacques Tarc [1], et sa mère Jasbeau.

Interroguée où elle fust baptisée, respondit : que ce fust en l'église de Domremy.

Interroguée qui fust ses parrains et marraines, respondit que une femme nommée Agnelz et ung autre nommée Jehanne, et ung nommé Jehan Barent [2] fust son parrain ; dist outre, qu'elle avoit bien ouy dire à sa mère, que elle avoit d'autres parrains et marraines que les dessusdits.

Interroguée qui fust le prestre qui la baptisa, respondit : que ce fust ung nommé Jehan Nynet [3], ainsi comme elle croit.

Interroguée si ledit Nynet vist encore, respondit : que ouy, ainsi comme elle croit.

Interroguée quel aage elle avoit, respondit :

Jeanne d'Arc est née à Dompré ; ils se sont trompés l'un et l'autre.   DUBOIS.

1. Il y a si peu de différence dans la prononciation des mots Tarc et d'Arc, qu'il n'est pas extraordinaire que le greffier ait pris l'un pour l'autre. Cette erreur est une nouvelle preuve que les actes que j'offre au public ont été rédigés en entendant parler la Pucelle, et non en traduisant la minute latine.   DUBOIS.

2. Il est nommé Barey, dans les actes latins du procès ; on y voit aussi une autre marraine appelée Sibille, et un autre parrain nommé Jean Lingue.   DUBOIS.

3. Il est nommé Minet dans les actes latins.   DUBOIS.

qu'elle avoit dix-neuf ans ou environ. Et outre dist que sa mère lui apprint le *Pater noster*, *Ave Maria* et *Credo*, et que autre personne que sadite mère ne lui apprint sa créance. Requise qu'elle dit *Pater noster* et *Ave Maria*, respondit qu'elle les dira volontiers, pourveu que mondit seigneur l'évesque de Beauvais, qui estoit présent, la vouldroit oyr de confession. Et combien qu'elle fust plusieurs fois requise de dire *Pater noster* et *Ave Maria*, elle respondit qu'elle ne le diroit point, se ledit évesque ne l'ouoyt de confession. Et adoncq ledit évesque dit : « Je vous ordonnerai un ou deux notables
» personnaiges de cette compagnie ¹, auquel vous
» direz *Pater noster* et *Ave Maria*. » A quoi elle respondit : « Je ne le dirai point, se ils ne me oyent
» de confession. »

---

1. M. de l'Averdy (page 27) rapporte, d'après la minute latine, que dans la séance du 21 février, la Pucelle ayant refusé à l'évesque de Beauvais de lui réciter le *Pater noster* et l'*Ave Maria*, à moins qu'il ne l'entendît en confession, ce prélat offrit de lui désigner deux personnes notables sachant la langue française, *de lingua gallicana*, auxquelles elle réciteroit le *Pater noster*, et qu'elle lui répondit qu'elle ne le ferait pas, à moins qu'il ne voulût la confesser luimême. M. Le Brun des Charmettes prétend que dans les actes latins on lit : «A moins que ceux qu'on lui désignerait ne voulussent l'entendre. » Dans cette diversité de sentiments, puis-je me dispenser de consulter les actes latins du procès de la Pucelle. Dans la minute française, il est dit que l'évêque de Beauvais proposa à la Pucelle de lui dé-

AUTRE ACTE.

L'an mil quatre cent trente, le vingt-deuxiesme jour de febvrier, en la salle du chasteau de Rouen, où estoient assemblés avecques ledit évesque, révérends pères seigneurs et maistres l'abbé de Fescamp, Jehan de Chastillon, Jehan Beau-Père, Guillaume le Boucher, prieur de Longueville, Maurice de Quesnoy, Jacques de Tourraine, Nicolas Midy, Jehan de Save, Denys de Sabreuvoys, Jehan Sévestre, Jehan Magistri, bachelier en théologie, maistre Raoul Roussel, Nicole de Venderez, l'abbé de Jumiège, Jehan Brulot, André Marguerie, Jehan Pinchon, Jehan Basset, les abbés de Saincte Catherine, de Corneilles et de Préaux, Denys Gastinet, Nicolle Coupeguerre, Gille Deschamps, Gieffroy du Crottoy.

En la présence desquels et de frère Jehan Magistri, vicaire de l'inquisiteur de la foi, ledit évesque

---

signer un ou deux notables personnages de cette compagnie, c'est-à-dire choisis parmi ses assistants. Cette proposition me paraît plus exacte que celle qu'on lit dans les actes latins. 1° Parce que tous ceux qui étaient présents comme assesseurs étaient Français, et 2° parce que l'on ne peut pas supposer qu'on ait entendu, par les mots de *lingua gallicana*, personne attachée au roi de France. Jamais l'évêque de Beauvais n'aurait voulu en proposer à la Pucelle, tant il redoutait les Anglais.   DUBOIS.

exposa comment il avoit sommé et requis ledit Magistri, comme l'inquisiteur de la foi général, de se adjoindre au procès de ladite Jehanne, en lui offrant communiquer tout ce qui avoit esté faict en ledit procès. A quoi ledit Magistri respondit qu'il estoit seulement commis en la cité et diocèse de Rouen; mais comme en territoire emprunté, il auroit doubté de se joindre audit procès. Mais tant affin que ledit procès ne demourast invaillable et nul, que pour la descharge de sa conscience, en attendant qu'il eust plus grand povoir de l'inquisiteur général, il estoit content de assister audit procès. Ladite offre ainsi faicte, ladite Jehanne premièrement fut admonestée et requise de faire le serment qu'elle avoit faict le jour précédent de dire vérité de tout ce qui lui seroit demandé sur les crimes et les maléfices de quoi elle estoit accusée et diffamée. A quoi ladite Jehanne respondit que desjà elle avoit faict ledit serment et qu'il devoit suffire. Et de rechef fut admonestée qu'elle jurast absolument de dire vérité de tout ce qui lui seroit demandé, en lui remonstrant qu'il n'y a prince qui pust ne deubt refuser à faire ledit serment de dire vérité en matière de foi. A quoi elle respondit; « Je le feis hier, « vous me chargez trop. » Finablement, elle fist le serment en la forme qu'elle l'avoit faict au jour de devant; après lequel serment faict, ledit évesque commanda à maistre Jehan Beau-Père que il l'interrogeast ainsi. En obéissant auquel commandement, ledit Beau-Père l'interrogeast ainsi qu'il s'ensuit.

Premièrement lui demanda si elle diroit vérité.

A quoi elle respondit : « Vous me pourrez bien de-
» mander telle chose de laquelle je vous respondrai
» le vrai, de l'autre non. » Dist outre : « Se vous
» estes bien informés de moi, vous vouldriez que
» je fusse hors de vos mains, je n'ai rien faict fors
» par révélation. «

Interrogée de quelle aage elle estoit quand elle
partist de la maison de son père, dist : qu'elle ne
sauroit déposer. Interrogée se elle avoit apprins
aucun art ou mestier, dist : que oui, et que sa mère
lui avoit apprins à coustre, et qu'elle ne cuidoit point
qu'il y eust femme dedans Rouen qui lui en sceust
apprendre aucune chose. Dit outre : qu'elle avoit
laissé la maison de son père en partie pour doubte
des Bourguignons, et qu'elle se estoit allée au Neuf-
Chastel avecques une femme nommée la Rousse, où
elle demeura par quinze jours, en laquelle maison
elle faisoit les négoces de ladite maison, et ne alloit
point aux champs garder les brebis ne autres bestes.

Interrogée si elle se confessoit tous les ans, dist :
que oui, à son propre curé ; et se il estoit empesché, elle se confessoit à ung autre prestre par le
congé dudit curé ; et se dist qu'elle s'est confessée
deux ou trois fois à des religieux mendiants, et
qu'elle recepvoit le corps de Nostre-Seigneur tous
les ans à Pasques.

Interroguée si elle recepvoit point le corps de
Nostre-Seigneur à autre feste qu'à Pasques, respondit: « Passez outre ». Et se dist que dès l'aage
de treize ans elle eust révélation de Nostre-Seigneur par une voix qui l'enseigna à soi gou-

verner ; et pour la première fois, qu'elle avoit eu grand paour. E tdist que ladite voix vint ainsi que à midi, en temps d'esté, elle estant au jardin de son père, en ung jour de jeusne. Et se dist que ladite voix vint au costé dextre vers l'église. Et dit que ladite voix n'est guère sans clarté, laquelle est toujours du costé de ladite voix. Dit outre, que ladite voix, après qu'elle l'eut ouïe par trois fois, elle congneust que c'estoit la voix d'ung ange. Dit aussi que ceste voix l'a toujours bien gardée.

Interroguée quel enseignement ceste voix lui disoit pour le salut de son ame, respondit : qu'elle lui apprint à se bien gouverner ; et lui disoit qu'elle debvoit fréquenter l'église ; et après, lui dist qu'il estoit nécessaire qu'elle vinst en France ; et lui disoit deux ou trois fois la sepmaine, qu'elle partist pour venir en France, et que son père ne sceut rien de son partement. Avecques ce lui dist qu'il falloit qu'elle se hastast de venir, et qu'elle lèveroit le siége devant Orléans ; et qu'elle allast à Robert de Beaudricourt, capitaine de Vaucouleurs, et que il lui bailleroit des gens pour la conduire. A quoi elle respondit qu'elle estoit une pouvre femme, qui ne sçauroit ni chevaucher, ne faire, ne démener la guerre. Et après ces paroles, elle s'en alla en la maison d'ung sien oncle, où elle demeura huict jours ; et que apprès, son oncle la mena audit Robert de Beaudricourt, lequel elle congneut bien, et se ne l'avoit jamais veu ; et dit qu'elle le cogneut par la voix qui lui avoit dit que c'estoit il.

Dit outre : que ledit de Beaudricourt la refusa par deux fois ; à la tierce la receut et lui bailla gens pour la mener en France, ainsi comme lui avoit dit la voix. Dist ainsi : que quand elle partist de Vaucouleurs, qu'elle print habit d'homme, et print une épée que lui bailla ledit de Beaudricourt sans autre armure : et se dist qu'elle estoit accompaigniée d'ung chevalier et de quatre autres hommes ; et que ce jour s'en allèrent coucher en la ville de Saint-Urbain, où elle coucha en l'abbaye.

Dist aussi que, au chemin, elle passa par Auxerre, où elle ouït la messe en la grande église, et qu'elle avoit souvent ses voix avecques elle. Interroguée qui lui conseilla de prendre habit d'homme, à laquelle interrogation j'ai trouvé en ung livre que ses voix lui avoient commandé qu'elle print habit d'homme, et en l'autre, j'ai trouvé que combien qu'elle en fust plusieurs fois interroguée, touttesfois elle n'en feist point de réponse, fors : » Je ne « charge homme ; » et ai trouvé audit livre que plusieurs fois varia à ceste interrogation. Dit outre : que ledit Robert de Beaudricourt feit jurer ceux qui la menoient, que ils la mèneroient bien et surement.

Item, dit : que quand ledit de Beaudricourt se départist d'elle, il lui dist : «Va-t-en, et en advieigne ce qu'il en porra advenir. »

Item, dit : qu'elle sçait bien que Dieu aime bien le duc d'Orléans, et qu'elle avoit eu plus de révélations de lui que d'homme de France, excepté de son roy.

Item, dit : qu'il falloit nécessairement qu'elle changeast son habit.

Interroguée quelles lectres elle envoya aux Anglois, et que elles contenoient ; dit : qu'elle envoya des lectres aux Anglois qui estoient devant Orléans, par lesquelles elle leur escripvoit qu'il falloit qu'ils se partissent de là : et dit que en ses lectres, ainsi qu'elle oït dire, on a changé deux ou trois mots, c'est assavoir : « Rendez à la Pu-
» celle » ; et il y doibt avoir : « Rendez au roy ». où il y a « corps pour corps » et « chef de guerre » cela n'estoit point èsdites lectres.

Item, dit : que sans empeschement elle vint jusques à son roy.

Item, dit : qu'elle trouva son roy à Chynon, où elle arriva environ midi, et se logea à une hostellerie ; et après disner elle alla devers le roy, qui estoit au chastel.

Item, dit : qu'elle entra avant en la chambre où estoit le roy, lequel elle congneut bien entre les autres, par le conseil de la voix.

Item, dit : qu'elle dist au roy qu'elle vouloit aller faire la guerre contre les Anglois.

Interroguée si quant la voix lui monstra le roy, se il y avoit point de lumière, respond : « Passez outre. »

Interroguée si elle vist point d'ange sur le roy, respond : « Pardonnez-moi. »

Item, dit que devant que le roy la mist en œuvre, il eust plusieurs apparitions et de belles révélations.

Interroguée quelle révélation, respondit : « Je ne les vous dirai point encore ; mais allez au roy, et il vous les dira. »

Item, dit : que la voix lui promist que bientost après qu'elle viendroit, le roy la recepvroit.

Item, dit : que ceux de son parti congneurent bien que la voix estoit de par Dieu, et que ils veirent et cogneurent la voix, et qu'elle le sçait bien.

Item, dit : que le roy et plusieurs autres de son conseil ouyrent et veirent les voix qui venoient à elle, et entre autres Charles, duc de Bourbon.

Item, dit : que jamais ne requist à la voix, fors, à la fin, la salvation de son ame.

Item, dit : que la voix lui avoit dit qu'elle demourast à Saint-Denys en France, et en quel lieu elle voulust demeurer ; mais les seigneurs ne lui voulurent point laisser, pour ce qu'elle estoit blécée ; et que autrement elle n'en fust point partie. Et se dit : qu'elle fut blécée dedans les fossés de Paris, de laquelle blessure elle fust guarye dedans cinq jours.

Item, dit : qu'elle fit faire une grosse escarmouche devant Paris. Interroguée s'il estoit feste le jour qu'elle fit faire ladite escarmouche, respondit, après plusieurs interrogatoires : qu'elle croyoit bien qu'il fust feste.

Interroguée si c'estoit bien faict de faire ung assaut à jour de feste, respond : « Passés outre. »

Lesquelles interrogatoires en responses ainsi faictes, ledit évesque de Beauvais continua la matière jusques au samedi ensuivant.

INTERROGATOIRE DU SAMEDI VINGT-QUATRE FÉVRIER.

Le samedi ensuivant, qui estoit vingt-quatriesme de febvrier, ceux qui y avoient esté le jour précédent, furent convoqués et appelés par le doyen de la chretienneté de Rouen. Ledit évesque de Beauvoys persuada et admonesta ladicte Jehanne, qu'elle jurast absolument et sans condition de dire vérité de ce faire ; et fut trois fois admonestée et requise. A quoi elle respondit : « donnez-moi congié de par» ler. » Et puis dist : « Par ma foi, vous me pourriez » demander telles choses que je ne vous dirois pas. »

Item, dist : « Peut-être que de beaucoup de » choses que vous me pourriez demander que je ne » vous dirois pas le vrai, spécialement de ce qui » touche les révélations ; car vous me pourriez con» traindre par adventure à dire telle chose que j'ai » juré ne dire point. Ainsi serois parjure ; que ne » deveriez pas vouloir. »

Item, en s'adressant à monseigneur de Beauvoys, lui dist : « Advisez bien de ce que dictes estre mon » juge ; car vous prenez une grande charge et me » chargez trop. »

Item, dist qu'il lui estoit advis que c'estoit assez d'avoir juré deux fois.

Interroguée de rechef si elle veult point jurer simplement et absolument, respond : « Vous vous » en pouvez bien passer ; j'ai assez juré de deux fois ;

» et crois que tout le clergé de Rouen et de Paris ne
» m'y sauroient contraindre, se ils ne avoient tort. »
Et se dit : qu'elle ne auroit pas tout dit en huit jours.

Item, dist : que de sa venue en France elle dira volontiers vérité ; mais non pas de tout.

Item, sur ce qu'il lui fust dist qu'elle eust advis aux assistens, si elle devoit jurer ou non, respondit : que de sa venue elle dira volontiers vérité et non autrement, et qu'il ne lui en falloit plus parler. Et sur ce qu'elle fust admonestée en lui remonstrant qu'elle se rendoit suspecte de ne vouloir jurer, respondit comme devant.

Item, sur ce que ledit évesque la somma et requist de jurer précisément et absolutement, respondit : « Je dirai volontiers ce que je saurai et non pas tout. »

Item, dit oultre : que elle estoit venue de par Dieu et qu'elle n'avoit ici que faire, et que on la renvoyast à Dieu, dont elle estoit venue.

Item, après que de rechef fut sommée et requise de jurer comme dessus et admonestée de ce faire sur peine de estre actainte et convaincue des cas à elle imposés, respondit : « J'ai assés juré ; passez
» oultre. »

Item, derechef et d'abondant fut admonestée de dire vérité de ce qui touchoit son procès, en lui remonstrant qu'elle se mettoit en danger, respondit : « Je suis preste de jurer et dire ce que je
» scaurai touchant mon procès ; mais je ne dirai
» point tout ce que je sçai. » Et après ces parolles, elle jura. Ces choses faictes fut interrogée par maistre Jehan Beau-Père.

Et premièrement lui demanda depuis quelle heure elle ne avoist beu ou mangé. Respondit : « Depuis hier après midi. »

Interroguée depuis quand elle ne ouyt sa voix. Respondit : « qu'elle l'avoist ouye hier et huy.»

Interroguée à quelle heure elle l'avoit hier ouye. Dist : que elle l'avoit ouye trois fois, l'une au matin, l'autre à heure de vespres, et l'autre à l'heure de l'Ave Maria : encoires l'oyoit-elle plus souvent qu'elle ne dit.

Interroguée que elle faisoit hier au matin quand elle ouyt ceste voix. Respond : qu'elle dormoit et que ladite voix l'esveilla.

Interroguée si ladite voix l'esveilla par voix ou par la toucher par le bras ou ailleurs. Respond : que par ladite voix elle se esveilla sans lui toucher.

Interroguée si ladite voix estoit encoire en sa chambre. Respond : que non, qu'elle saiche; mais qu'elle estoit au chastel.

Interroguée si elle mercia point ladite voix, et si elle se agenouilla. Respond : qu'elle la mercia elle estant assise en son lit; et dit qu'elle joignit les mains et lui requist et pria qu'elle lui aidast et la conseillast de ce que elle avoit à faire ; à quoi ladicte voix lui dist qu'elle respondist hardyment.

Interroguée que la voix lui dist quand elle fust esveillée. Respond : qu'elle lui dist qu'elle demandast conseil à Nostre-Seigneur.

Interroguée si au devant qu'elle la requist, se elle lui avoit dit aucunes paroles. Respond : que devant qu'elle fust éveillée, que la voix lui avoit dit aucunes paroles qu'elle n'entendoit pas ; mais depuis qu'elle fust esveillée, qu'elle entendit que la voix lui dist qu'elle respondist hardyment.

Item, dist de rechef audit évesque : « Vous dictes » que vous estes mon juge ; advisez bien que vous » ferés, car de vérité je suis envoyée de par Dieu, et » vous mectés en grand danger. »

Interrogée si celle voix avoit point mue aucune fois sa délibération. Respond : qu'elle ne l'avoit jamais trouvée en deux paroles contraires.

Interroguée si c'est un angel de Dieu, sans moyen, ou de sainct ou de saincte. Respond : qu'elle vient de par Dieu. « Et je crois que je ne vous dis » pas pleinement ce que je sçay ; et ay greigneur » paour de dire quelque chose qui leur deplaise, que » je n'ai de respondre à vous. » Et dit : « Quant à » ceste interrogation, je vous prie que je aie dilation. »

Interroguée si elle croit que Dieu soit desplaisant que on dise vérité. Respond à Monseigneur de Beauvois : que les voix lui ont dit qu'elle die aucuns choses au roy, et non pas à lui.

Item, dit que la voix lui a dict ceste nuict moult de choses pour le bien du roy, lesquelles elle voudroit que le roy les sceust ennuit, et qu'elle ne beust de vin jusques à Pasques, et il en seroit bien plus aise à disner.

Interroguée si elle pourroit tant faire devers ceste voix, qu'elle voulsist obéyr et porter messaige à son roy. Respond : qu'elle ne sçait si elle y voudrait obéyr, si ce n'estoit la volonté de Dieu, et que Nostre-Seigneur le consentist; et se il plaist à Dieu, il le pourra bien faire révéler au roy; et de ce seroit bien contente.

Interroguée pourquoi elle ne sçait maintenant parler avecque son roy, comme elle faisoit quand elle estoit en sa présence. Respond : qu'elle ne sçait si c'est la volonté de Dieu.

Item, dit : que si ce n'estoit la grâce de Dieu, elle ne pourroit riens faire.

Interroguée si son conseil lui a point révélé que elle eschaperoit. Respond : « Je ne vous ay à dire. »

Interroguée se ennuit celle voix lui a point donné d'advis et de conseil de ce qu'elle debvoit respondre. Respond : se elle lui en a révélé ou dit quelque chose, elle ne l'a pas bien entendu.

Interroguée se à ces deux jours, que dernièrement elle a ouy ses voix, se il y est venue la lumière. Respond : que au devant de la voix vient clarté.

Interroguée se avecque les voix elle voit quelque chose. Respond : « Je ne vous dis pas tout, car je » n'en ai congié; et aussi mon serment ne touche pas » cela; mais je vous dis qu'il y a voix belle, bonne et » digne, et n'en suis point tenue d'en respondre. »

Interroguée se la voix a veue, c'est assavoir si elle a des yeux, pour ce qu'elle demanda à veoir par escript les poins sur lesquels on la vouloit interroguer. A quoi elle respond : « Vous ne l'avez » pas encoire. »

Item, dit que le dict des petits enfants est que

on pend bien aucunesfois les gens pour dire vérité.

Interroguée si elle sçait qu'elle soit en la grâce de Dieu; respond : « Si je n'y y suis, Dieu m'y veuille » mettre; et se je y suis, Dieu m'y veuille tenir! »

Item, dit que se elle savoit qu'elle ne fust en la grâce de Dieu, qu'elle seroit la plus dolente du monde.

Item, dist outre : si elle estoit en péché, que la voix ne viendroit point à elle; et voudroit que chacun l'entendist aussi bien comment elle.

Item, dit qu'elle cuide qu'elle estoit en l'âge de treize ans, quand la voix lui vint la première fois.

Interroguée se en sa jeunesse, elle alloit se esbattre avec les autres aux champs. Dit : qu'elle y a bien esté aucunes fois, mais ne sçait en quel âge.

Interroguée si ceux de Dompremi tenoient le parti des Bourguignons ou Armignacs. Respond : qu'elle ne cognoissoit que ung Bourguignon, qu'elle eust bien voulu qu'eust la teste couppée, voire se il eust pleu à Dieu.

Interroguée si à Marey ils estoient Bourguignons ou Armignaz. Respond : qu'ils étoient Bourguignons.

Interroguée se la voix lui dit en sa jeunesse, qu'elle haist les Bourguignons. Respond : que depuis qu'elle entendist que les voix estoient pour le roy de France, elle n'a point aimé les Bourguignons.

Item, dit : que les Bourguignons auront la guerre, se ils ne font ce qu'ils doibvent; et le sçait par la voix.

Interroguée se en son jeune aage elle eust voix que les Angloys debvoient venir en France, respond : que ils estoient jà en France quant ses voix commencèrent à venir.

Interroguée se elle fust oncques avecq les petits enfants qui se combattoient pour le parti des Angloys et des François. Respond que non, dont elle ait mémoire; mais a bien veu que aucuns de ceux de leur ville s'estoient combattus contre ceux de Marey; et en revenoient aucunesfois bien blécés et seignants.

Interrroguée se en son jeune aage elle avoit grande intencion de persécuter les Bourguignons. Respond : qu'elle avoit bonne voulenté que le roy eust son royaume.

Interroguée se elle eust bien voulu estre homme quant elle sceut qu'elle debvoit venir. Dit : que autrefois y avoit respondu.

Interrogiée se elle menoit poinct les bestes aux champs. Dist : qu'elle a respondu ; et que depuis qu'elle a esté grande et qu'elle a eu entendement, ne les gardoit pas ; mais aidoit bien à les conduire ès près en ung chastel nommé l'Isle, pour doubte des gens d'armes ; mais de son jeune aage, se elle les gardoit ou non, n'en a pas la mémoire.

Item, interroguée de l'arbre. Respond : que assez près de Dompremy, a un arbre qui se appelle l'Arbre des Dames, et les autres l'appellent l'Arbre des Fées ; et auprès a une fontaine ; et a ouy dire que les gens malades de fièbvres en boivent ; et mesme en a veu aller quérir pour en guarir; mais ne sçait se ils en guarisoient ou non.

Item, dit : qu'elle a ouy dire que les malades, quant ils se peuvent lever, vont à l'arbre pour leur esbattre; et dist que c'est ung grand arbre nommé Fou, dont vient de beau may; et souloit estre à monseigneur Pierre de Bolemont.

Item, qu'elle alloit aucunes fois avecques les autres jeunes filles, en temps d'esté, et y faisoit des chappeaux pour Nostre-Dame de Dompremy.

Item, dit : qu'elle a ouy dire à plusieurs anciens, non pas de son lignaige, que les Fées y repairoient; et a ouy dire à une nommée Jehanne, femme du mari de la fille de sa marraine, qu'elle les avoit veues là. Se il estoit vrai, elle ne sçait.

Item, dit : qu'elle ne veit jamais Fée qu'elle saiche, à l'arbre ne ailleurs.

Item, dit : qu'elle avoit veu mectre ès branches dudit arbre des chappeaux par les jeunes filles; et elle mesme y en a mis avecques les autres filles; et aucunes fois les emportoient, et aucunes fois laissoient.

Item, dit : que depuis qu'elle sceut qu'elle debvoit venir en France, elle fit pou d'esbatements, et le moins qu'elle peut; et ne sçait point que depuis qu'elle eust entendement qu'elle ait dansé près dudit arbre ; mais aucunes fois y peut bien avoir dansé avecques les enfants ; mais y avoit plus chanté que dansé.

Item, dit bien : qu'il y a ung bosc que l'on appelle

le Bosc Chesnu, que on voit de l'huys de son père; et y a petite espace, non pas d'une lieue; mais qu'elle ne sçait, ne ouyst oncques dire, que les fées y repairassent.

Item, dit : qu'elle a ouy dire à son père que on disoit au pays qu'elle avoit prins ses révélations à l'Arbre et des Fées ; mais non avoit, et lui disoit bien le contraire. Et dit outre : quant elle vint devers le roy, que aucuns demandoient si en son pays avoit poinct de bois que on appelast le Bois Chenu ; car il y avoit prophéties qui disoient que de debvers le Bois Chesnu debvoit venir une pucelle qui venroit faire merveilles ; mais en ce n'a poinct adjousté de foy.

Interroguée se elle voudroit avoir habit de femme. Respond : « Si vous m'en voulez donner congié, » baillez m'en ung, et je le prendrai, et m'en irai, » et autrement non ; et suis contente de cestuy-ci, » puisqu'il plaist à Dieu que je le porte. »

Après les interrogations ainsi faictes, fut faicte assignation au mardy ensuivant, à heure de huict heures, demain ; et furent requis les assistants de eux y trouver ledit jour, à l'heure dicte, affin qu'ils ne fussent poinct interressés, le mardy ensuivant, qui fut le vingt-septiesme jour du mois de febvrier, après le dimanche *Reminiscere*, en l'an mil quatre cent trente, pour la quinte cession.

MARDI VINGT-SEPT FÉVRIER.

Premièrement, furent appelés tous les assistants; et en leur présence fut requise ladicte Jehanne, par monseigneur l'évesque de Beauvais, de jurer et faire serment de ce que touchoit son procès. A quoi elle respondit : que voluntiers elle jureroit de ce qui toucheroit son procès, mais non pas de tout ce qu'elle sauroit.

Item, de rechief fut requise par ledict évesque, de respondre vérité de tout ce qui lui seroit demandé. Respond comme devant : « Car il me sem- » ble que vous devez estre contents; car j'ai assez » juré. »

Item, par le commandement de monseigneur de Beauvais, maistre Jehan Beau-Père commença à interroguer ladite Jehanne, et lui demanda comment elle s'est portée depuis le sabmedy. Respond : « Vous voyez que je me suis portée le mieux que » j'ai peu. »

Interroguée si elle jeusnoit tous les jours de ce caresme. Respond : « Cela est-il de vostre procès? » A quoi ledict Beau-Père dist : « Oui, vrayement, il » sert au procès. » Respond : « Oui, vrayement, j'ai » toujours jeusné. »

Interroguée si depuis sabmedy elle a ouy sa voix. Respond : « Oui, vrayement, beaucoup de fois. »

Interroguée se sabmedy elle l'oyt en ceste salle. Respond : « Il n'est point en vostre procès. » Et » après dit que oui. »

Interroguée que sabmedy elle lui dist. Respond : « Je ne la entendois pas bien, et n'entendoye chose » que je vous puisse récorder jusques au retour à » ma chambre. »

Interroguée qu'elle dist quand elle fust retournée à sa chambre. Respond : « Que vous respondisse « hardiment. » Et dist qu'elle demandoit conseil des choses qu'on lui demandoit.

Item, dit : ce qu'elle aura congié de Nostre-Seigneur de révéler, elle le dira voluntiers; mais de ce qui touchera les révélations touchant le roy de France, elle ne le dira pas sans congié de sa voix.

Interroguée se la voix lui a deffendu qu'elle ne dye tout. Respond : qu'elle n'a pas encoires bien entendu.

Interroguée que la voix lui dist. Respond : qu'elle demandoit conseil d'aucunes choses que on lui avoit demandées.

Interroguée se elle lui donna conseil d'aucunes choses. Respond : que d'aucuns points elle a eu conseil.

Item, aussi que d'aucunes choses lui pourra l'en demander responce, dont elle ne respondra pas sans congié; et si elle respondoit sans congié par advanture, elle ne les auroit point en garant : « Et » quant je aurai congié de Nostre-Seigneur, je ne » doubterai point à respondre; car je aurai bon » garant. »

Interroguée se ce estoit voix d'angele, ou de sainct, ou de saincte, ou de Dieu, sans moyen. Respond : que c'est la voix de saincte Katherine et

Marguerite, et leurs figures sont couronnées de belles couronnes moult richement et moult précieusement. « Et de ce j'ai congié de Nostre-Sei-
» gneur. Se de ce vous faictes doubte, envoyez à
» Poitiers, où autrefois ait été interrogiée. »

Interroguée qu'elle sçait que ce sont ces deux sainctes, et se elle cognoist bien l'ung et l'autre. Respond : qu'elle sçait bien que ce sont elles, et que elle cognoist bien l'ung et l'autre.

Interroguée comme elle cognoist bien l'ung et l'autre. Respond : qu'elle les cognoist par le salut qu'ils lui font.

Item, dit : qu'il y a sept ans que la première fois lui ont apris à se gouverner.

Item, dit : qu'elle les congnoist mesme par ce que ils se nomment à elle.

Interroguée se ils estoient vestues d'ung mesme drap. Respond : « Je ne vous en dirai maintenant
» autre chose; » et qu'elle n'a pas congié de révéler. « Et se vous ne me croyez, allez à Poitiers. »

Item, dit : « Il y a des révélations qui vont au
» roy de France, et non pas à ceux qui l'interro-
» gent. »

Interroguée se ils sont de même aage. Respond :
» Je n'ai pas congié de vous le dire. »

Interroguée se ils parlent ensemble ou l'ung après l'autre. Respond : « Je n'ai pas congié de vous le
» dire, et toutesfois j'en ai tous les jours conseil de
» toutes les deux. »

Interroguée laquelle apparust la première. Respond : «Je ne les congneus pas si tost. Et l'a bien

» sceu aucunes fois, mais l'a oublié; et s'elle a
» conseil, le dira voluntiers; et ce est en registre
» de Poitiers. »

Item, dit aussi : qu'elle a eu le conseil de S. Michel.

Interroguée lequel vinst le premier. Respond : que ce fust sainct Michel.

Interroguée se il y a guère de temps. Respond : « Je ne vous nommes point de voix de sainct Michel, » mais de grand confort. »

Interroguée qui estoit la première voix qui vint à elle en l'aage de treize ans. Respond : que ce fust sainct Michel qu'elle veist devant ses yeux ; et n'estoit pas seul, mais estoit bien accompagné de angelz du ciel. Et dit outre : que elle ne vinst en France sinon du commandement de Dieu.

Interroguée si elle veit sainct Michel et les angelz corporellement et formement. Respond : « Je les veis de mes yeux corporels, aussi bien que » je vous vois. » Et quand ils se partirent de elle, elle plouroit; et eust bien voulu que ils l'eussent emportée.

Interroguée en quelle figure estoit sainct Michel : « Je ne vous en ai pas encoire respondu, et je n'ai » point encoire congié de le dire. »

Interroguée à celle première fois que sainct Michel lui dist. Respond : « Vous n'en aurez annuit » responce. »

Interroguée se il estoit nud : « Pensez-vous, respond, que Nostre-Seigneur n'ait de quoi les vestir?»

Interroguée se ledit sainct Michel avoit balance. Respond : « Je n'en sçais rien. »

Item, dit : qu'elle a grand joie quand elle le voit ; et dit qu'il lui est advis, quand elle le voit, qu'elle n'est pas en péché mortel.

Item, dit : que saincte Catherine et saincte Marguerite la font voluntiers confesser ; c'est assavoir de fois à autre.

Item, dit : que si elle en est péché mortel, elle ne sçait.

Interroguée, quand elle se confesse, si elle cuide estre en péché mortel aucunes fois. Respond : qu'elle ne sçait si elle y a esté, mais n'en cuide point avoir fait les œuvres. « Et jà ne plaise à Dieu
» que je y fusse oncques ; et jà ne plaise à Dieu que
» je face les œuvres, ou que je les ayes faictes, par
» quoi mon ame soit chargée de péché mortel ! »

Interroguée quel signe elle donna à son roy pour lui monstrer qu'elle venoit de par Dieu. Respond : « Je vous ai toujours respondu que vous ne me
» le tirerez jà de la bouche : allez lui demander. »

Interroguée se elle a juré non révéler ce qu'on lui demandera touchant le procès. Respond : « Je vous
» ai autrefois dit que ce qui touche le roy je ne le
» vous dirai pas ; mais ce qui touche le procès et la
» foy, je le vous le dirai. »

Interroguée si elle sçait point le signe. Respond : « Vous ne le saurez pas de par moi. »

Item, lui fust dit que ce touche le procès. Respond : « Je le dirois voluntiers ; mais de ce j'ai pro-
» mis tenir bien secret et je ne le vous dirai point ;
» je l'ai promis en tel lieu que je ne le vous puis
» dire sans moi parjurer. »

Interroguée à qui elle a promis. Respond : que à saincte Catherine et saincte Marguerite ; et ce fust monstré au roy.

Item, dit : qu'elle leur promist, sans qu'ils la requissent, et à la requeste d'elle qui parle. Et dit : que trop de gens lui eussent demandé, si elle ne l'eust promis.

Interroguée si en la compagnie où elle monstra le signe, se il y avoit autre personne que le roy. Respond : « Je pense, il n'y avoit autre personne que » lui, combien que assez près il y avoit assez de gens. »

Interroguée si elle veit point de couronne sur la teste du roy, quand elle monstra le signe. Respond : « Je ne le vous puis dire sans moi parjurer. »

Interroguée se il avoit couronne à Rains. Respond : que elle pense que celle qu'il trouva à Rains, il la print en gré ; mais une bien plus riche lui fust apportée après lui ; et le feist pour haster à la requeste de ceux de la ville, pour éviter la charge des gens d'armes. Et s'il eust attendu, il eust esté couronné en une plus riche mille fois.

Interroguée se elle a veue la couronne qui est plus riche. Respond : « Je ne le vous puis dire sans » moi parjurer ; et se je ne l'ai veue, je ai ouï dire » qu'elle estoit si riche. »

Et après les interrogations ainsi faictes, fust faicte assignation à tous les assistants, au sabmedi en suivant, heure de huit heures du matin, et furent requis lesdits assistans de eux y trouver au jour et à l'heure dessusdicte ; qu'ils ne fussent interressés, c'est-à-dire sur certaines peines.

SAMEDI TROIS MARS, SIXIÈME CESSION.

Le Sabmedi ensuivant, qui fust le troisième jour de mars, pour la sixiesme cession, comparut la dicte Jehanne, et fust requise et priée par les assistants de jurer simplement et absolument de dire vérité de tout ce qui lui sera demandé. Respond : « Je suis preste de jurer ainsi que autres fois j'ai » juré. Et puis jura sur les sainctes évangiles. »

Item, de rechef, par le commandement de monseigneur l'évesque de Beauvois, ledit maistre Jehan Beau-Père interrogua ladicte Jehanne, en lui récitant qu'elle avoit dit que sainct Michel avoit à elle, et avecques ce de saincte Catherine et Marguerite, qu'elle ne avoit point parlé de corps ou membre. Respond : « Je vous en ai dit ce que » je sçai, et ne vous en respondrai autre chose. »

Item, dit : qu'elle les a si bien veues, qu'elle sçait bien qu'ils sont saincts et sainctes en Paradis.

Interroguée si elle a veu autre chose que le visaige. Respond : « Je vous en ai dit ce que je sçais; » J'aimerois mieux que me feissez trancher le col. »

Item, dit : que tout ce qu'elle sçait touchant le procès, elle le dira volontiers.

Interroguée se sainct Michel et sainct Gabriel ont testes naturellement. Respond : « Oui, à mes » yeux, et crois que ce soyent-ils, aussi fermement » comme Dieu est. »

Interroguée se elle croist que Dieu les ait formés en ces testes ès quelles elle les a veus. Respond :

« Je les ai veues en mes yeux je ne vous en dirai autre chose. »

Interroguée se elle croit que Dieu les ait formés en ces testes ès quelles elle les a veus. Respond : que oui.

Interroguée se elle croit que en celle forme et manière Dieu les ait créés du commencement. Respond : « Vous ne aurez autre chose pour le pré-
» sent, fors ce que j'ai respondu. »

Interroguée se elle avoit veu ou sceu par révélations que elle eschapperoit. Respond : « Cela ne
» touche point vostre procès : voulez-vous que je
» parle contre moi ? »

Interroguée se les voix lui en ont rien dict. Respond : « Cela n'est point de vostre procès ; je me
» attends à Monseigneur, qui en fera son plaisir. »

Dit outre : « Par ma foi, je ne scay l'heure ne le
» jour. Le plaisir de Dieu soit faict ! »

Interroguée se ses voix lui ont rien dit en général. Respond : « Oui vraiement, ils m'ont dit que je
» serai délivrée, mais ne scais le jour ne l'heure ;
» et que je face bonne chère hardiment. »

Interroguée quand elle vint premièrement devers son roy, se il lui demanda si elle avoit révélation de mener son habit. Respond : « Je vous en ai
» respondu, et toutefois ne me souvient se il me fust
» demandé. » Dit que ce est en escript à Poitiers.

Interroguée se les maistres qui la examinèrent en l'autre obéissance, les ungs par ung mois, les autres par trois sepmaines, se ils la interroguèrent point de la mutacion de son habit. Respond : « Je ne m'en

» souviens. » Toutes fois elle dit qu'ils la interroguèrent où elle avoit prins tel habillement d'homme; et elle leur dit que avoit esté à Veaucouleurs.

Interroguée se ils lui demandèrent point qu'elle l'eut prins par ses voix. Respond : « Je ne m'en sou-
» viens. »

Interroguée quand elle alla premièrement visiter la royne, si elle lui demanda point de ses habits. Respond : « Je ne m'en souviens. »

Interroguée se le roy ou la royne, ou autres de son parti, requirent poinct de mectre son habit jus, et prendre habit de femme. Respond : « Cela
» n'est point de vostre procès. »

Interroguée se à Beaureveoir, elle en fust requise. Respond : « Ouy vraiment; et je respondis
» que je ne le muerois poinct sans le congié de
» Nostre-Seigneur. »

Item, dit que la demoiselle de Luxembourg requist à monseigneur de Luxembourg, qu'elle ne fust poinct livrée aux Anglois.

Item, dit que la demoiselle de Luxembourg et la dame de Beaurevoir lui offrirent habit de femme ou drap à le faire, et lui requirent qu'elle le portast; et elle respondit qu'elle n'en avoit pas le congé de Nostre-Seigneur; et qu'il n'estoit pas encoires temps.

Interroguée se monseigneur Jehan de Pressy et autres lui offrirent point habit de femme. Respond : « Lui et plusieurs autres, le m'ont plusieurs foys
» offert. »

Interroguée se elle croit qu'elle eust faict péché mortel de prendre habit de femme. Respond : qu'elle fait mieux d'obéyr à servir son Seigneur, c'est assavoir Dieu, que aux hommes.

Item, dit que si elle l'eust deu faire, elle l'eust plustost faict à la requeste de ces deux dames, que d'autres dames qui soient en France, excepté la royne.

Interroguée, quand Dieu lui révéla quelle muast son habit, se ce fust par la voix sainct Michel, de saincte Catherine ou saincte Marguerite. Respond : « Vous n'en aurez maintenant autre chose. »

Interroguée, quand son roy la mist en œuvre, et elle feist faire son estendard, se les gens d'armes et autres gens de guerre feirent faire pennonceaux en la manière du sien. Respond : « Il est bon » à sçavoir que les seigneurs maintenoient leurs ar- » mes, et non autres. »

Item, dit que les aucuns compaignons de guerre en feirent faire à leur plaisir, les autres non.

Interroguée de quelles matières ils les feirent faire, se ce fust de toile ou de drap. Respond : « C'es- » toit de blancs satin, et y en avoit eu aucuns de » fleur-de-lys. » Et se dit qu'elle n'avoit que deux ou trois lances de sa compaignie; mais les compaignons de guerre, aucunes fois, en faisoient faire à la semblance des siens, seulement pour congnoistre les siens des autres.

Interroguée s'ils estoient guères souvent renouvelés. Respond : « Je ne sçay; quand les lances es- » toient rompues on en faisoit de nouveaux. »

Interroguée se elle dist poinct que les pennonceaux qui estoient à la semblance des siens, estoient eureux. Respond : qu'elle leur disoit aucunes fois : Entrés hardiment parmi les Anglois, et elle-mesme y entroit.

Interroguée se elle leur dist que ils le portassent hardiment, et qu'ils auroient bonheur. Respond : que elle leur dist bien ce qui estoit venu, et viendroit encoires.

Interroguée se elle mectoit ou faisoit poinct mectre de l'eaue-benoiste sur les pennonceaux, quand on les prenoit de nouvel. Respond : « Je n'en » sçais riens, et se il a esté faict, ce n'a pas esté de » mon commandement. »

Interroguée se elle en y a poinct veu gecter. Respond. « Cela n'est poinct de vostre procès ; et se elle » y en a veu gecter, elle n'est poinct advisée, de » maintenant vous en répondre. »

Interroguée se les compaignons de guerre faisoient poinct mectre en leurs pennonceaux *Jésus Maria*. Respond : « Par ma foy, je n'en sçais » riens. »

Interroguée se elle n'a point tourny ou fait toiles par manière de procession en tout ung chastel ou église, pour faire des pennonceaux. Respond : que non, et n'en a riens veu faire.

Interroguée, quand elle fust devant Gergeau, que c'estoit que elle portoit derrière son heaulme, et s'il y avoit aucune chose. Respond : « Par ma » foy, il n'y avoit rien. »

Interroguée se elle congnust ung frère Richard.

Respond : « Je ne l'avois oncques veu quand je vins
» devant Troyes. »

Interroguée quelle chère frère Richard lui feist. Respond : que ceux de la ville de Troyes, comme elle pense, l'envoyèrent devers elle, doubtants et disants qu'ils doubtoient que ce ne fust pas chose de par Dieu; et quand il vint devers elle, en approchant, il faisoit le signe de la croix, et gectoit eaue-benoiste, et elle lui dit : « Approchez hardi-
» ment, je ne m'en volerai pas. »

Interroguée si elle avoit point veu ou faict faire aucunes imaiges ou painctures d'elle, et à sa semblance. Respond : qu'elle vist à Rains une paincture, en la main d'un Escossoys, et y avoit la semblance d'elle, toute armée, qui présentoit une lectre à son roy, et estoit agenouillée d'un genouil, et que oncques ne veist ou feist faire autre imaige ou paincture, en sa semblance.

Interroguée d'un tablel qui est ciex (chez) son hoste, où il y avoit justice, paix et union. Respond : qu'elle n'en sçait riens.

Interroguée se elle sçait point se ceux de son parti ayent faict service, messe ou oraison pour elle. Respond : qu'elle n'en sçais riens ; et se ils en ont fait service, ne l'ont poinct faict par son commandement ; et se ils ont prié pour elle, il lui est advis que ils n'ont poinct faict de mal.

Interroguée se ceux de son parti croyent fermement que elle soit envoyée de par Dieu. Respond : « Je ne sçay se ils croyent, et m'en attends à leur

6.

» couraige ; mais se ils ne croyent, je suis envoyée
» de par Dieu. »

Interroguée si elle cuide pas que en croyant qu'elle soit envoyée de par Dieu, qu'ils ayent bonne créance. Respond : « Se ils croyent que je suis en-
» voyée de par Dieu, ils ne sont poinct abusés. »

Interroguée se elle sçavoit poinct bien le couraige de ceux de son parti, quand ils lui baisoient les pieds et les mains, et les vestements. Respond : « Beaucoup de gens me voyent volontiers ; et qu'ils baisoient le moins ses vestements qu'elle povoit ; mais dit que les paouvres gens venoient volontiers à elle, pour ce que elle ne leur faisoit point de desplaisir, mais les supportoit et gardoit à son povoir.»

Interroguée quelle révérence lui feirent ceux de Troyes à l'entrée. Respond : « Ils ne m'en feirent
» poinct. » Et dist outre que, à son advis, frère Richard estoit quand eux à Troyes ; mais n'a poinct souvenance, si elle le vist à l'entrée.

Interroguée se il fist point de sermon à l'entrée de la venue d'elle. Respond : qu'elle n'y arresta guères et n'y fust oncques ; et quant au sermon, elle n'en sçait riens.

Interroguée si elle fust guères de jours à Rains ; Respond : « Je crois que nous y fusmes quatre ou
» cinq jours. »

Interroguée se elle y leva point d'enfant. Respond : que à Troyes en leva ung ; mais à Rains n'en a point de mémoire, ni du Chasteau-Thierry ; et aussi en leva deux à deux à Sainct-Denis ; et voluntiers mectoit nom aux fils, Charles, pour l'honneur de son roy, et aux filles, Jehanne ; et aucunes fois selon que les mères vouloient.

Interroguée si les bonnes femmes touchoient point leurs anneaux à l'annel qu'elle portoit. Respond : maintes femmes ont touché à ses mains et ses anneaux, mais ne sçait point leur couraige et intention.

Interroguée qui feurent ceux de sa compaignie qui prindrent papillons devant le Chasteau-Thierry en son estendart. Respond : qu'il n'en fust oncques faict ou dict de leur parti, mais ont esté ceux du parti de deçà qui l'ont controuvé.

Interroguée qu'elle fist à Rains de gans où son roy fust faire. Respond : « Il y eust une livrée de gans pour bailler aux chevaliers et nobles qui là estoient, et y en eust ung qui perdist ses gans : mais ne dist poinct quelle les feroit retrouver. »

Item, dist que son estandard fust en l'église de Rains, et lui semble qu'il fust assez près de l'aoustel, et elle-mesme lui tint ung ; peu et ne sçait point que frère Richard le tint.

Interroguée quand elle alloit par pays, si elle recepvoit souvent le sacrement de confession et de l'aoustel, quand elle venoit ès bonnes villes. Respond : que ouy, aucunes fois.

Interroguée si elle recepvoit lesdits sacrements en habit d'homme. Respond : que jamais n'a point de mémoire de l'avoir receue en armes.

Interroguée pourquoi elle print la haquenée de l'évesque de Senlis. Respond : « Elle fust achaptée

» deux cents salutz ; se il les eust ou non, ne scais, » mais en eust assignation ou en fust payé. » Et si lui rescript si que il la rauroit s'il vouloit, et que elle ne la vouloit point ; car elle ne valoit riens pour souffrir peine.

Interroguée quel aage avoit l'enfant à Laigny, que elle alla visiter. Respond : l'enfant avoit trois jours, et fust apporté à Laigny, à Nostre-Dame ; et lui fust dict que les pucelles de la ville estoient devant Nostre-Dame, et qu'elle y voulsist donner vie, et elle y alla, et pria Dieu avecques les autres ; et finablement y apparust vie, et bailla trois fois ; et puis fust baptisé ; et tantost mourut, et fust enterré en terre saincte ; et y avoit trois jours, comme l'en disoit que en l'enfant n'y avoit apparu vie, et estoit noir comme sa cotte ; mais quand il bailla, la couleur lui commença à revenir ; et estoit avecques les pucelles à genoux devant Nostre-Dame à faire sa prière.

Interroguée se il fust poinct dist par la ville, que ce avoit-elle faict, et que c'estoit à sa prière. Respond : « Je ne m'en enquérois poinct. »

Interroguée se elle congnut poinct Catherine de La Rochelle, ou si elle l'avoit veu. Respond : que ouy à Gergeau, et au Montfaulcon en Berry.

Interroguée si elle lui monstra point une femme vestue de blanc, qu'elle disoit qui lui apparoissoit aucunes fois. Respond : que non.

Interroguée qu'elle lui dit. Respond : que celle Catherine lui dist qu'il venoit une femme, une dame blanche, vestue de drap d'or, qui lui disoit qu'elle allast par les bonnes villes, et que le roy lui baillast des chevaux et trompettes, pour faire ouyr que quiconque auroit or, argent ou trésor, qu'il l'apportast tantost, et que ceux qui ne le feroient, et que ceux qui en auroient de caché, qu'elle les congnoistroist bien, et sçauroit trouver lesdits trésors ; et que ce seroit pour payer les gens d'armes d'icelle Jehanne. A laquelle elle respondit qu'elle retournast à son mari, faire son ménaige et nourrir ses enfants. Et pour en sçavoir la verité, elle en parla à saincte Catherine et saincte Marguerite, qui lui dirent que ces faits d'icelle Catherine, n'estoient que folie et toute menterie ; et escrivit à son roy qu'il lui diroit ce qu'elle en debvoit faire. Et quand elle vint, elle lui dist que du faict de ladite Catherine, n'estoit que folie et menteries. Toutesfois, frère Richard vouloit que on la mist en œuvre, ce que elle ne voulust souffrir ; dont ledit frère Richard et ladite Catherine ne feurent pas contents de elle.

Interroguée si elle parla poinct à ladite Catherine de La Rochelle, du fait de aller à la Charité. Respond : que, à ladite Catherine, ne lui conseilloit point qu'elle y allast, et que il faisoit trop froid, et qu'elle n'y debvoit point aller.

Item, dist à ladite Catherine, qui vouloit aller devers le duc de Bourgouingne pour faire paix, qu'il lui sembloit qu'on n'y trouveroit point de paix, si ce n'estoit par le bout de la lance.

Item, dist qu'elle demanda à saincte Catherine, se celle dame venoit toutes les nuicts, et pour ce qu'elle coucheroit avecq elle ; et y coucha et veilla jusques à minuict, et ne veist rien, et puis s'endormit ; et quand vint au matin, elle demanda se elle estoit venue ; et lui respondit qu'elle estoit venue alors qu'elle dormoit, et ne l'avoit peu éveiller ; et alors lui demanda selle viendroit poinct le lendemain, et ladite Catherine lui respondit que ouy. Pour laquelle chose voulut dormir icelle Jehanne de jour, affin qu'elle peust veiller la nuict ; et coucha ladite nuict ensuivant avecques ladite Catherine, et veilla toute la nuict : mais ne veist rien combien que souvent demandast : « Viendra-t-elle bientost ; » et ladite Catherine lui répondit : « Ouy tantost. »

Interroguée qu'elle fist sur les fossés de la Charité. Respond : qu'elle y fist faire un assault. Et dit qu'elle n'y jecta ne feist jecter d'eaue par manière de aspersion.

Interroguée pourquoi elle n'y entra, puisqu'elle avoit commandement de Dieu. Respond : « Qui vous « a dit que je avois commandement d'y entrer. »

Interroguée se elle en eust point de conseil de sa voix. Respond : qu'elle s'en vouloit venir en France ; mais les gens d'armes lui dirent que c'estoit le mieux d'aller devant la Charité premièrement.

Interroguée se elle fut longuement en celle tour de Beaurevoir. Respond : qu'elle y fust quatre mois ou environ. Et puis dist : quand elle sceut les Anglois venir, elle fut moult courroucée ; et toutesfois les voix lui deffendirent plusieurs fois qu'elle en saillist; et enfin pour la doubte des Anglois, saillit et se recommanda à Dieu et à Nostre-Dame; ce nonobstant, elle fut blessée. Et après qu'elle fut saillie, la voix sainte Catherine lui dist qu'elle fist bonne chère et qu'elle gariroit, et que ceux de Compieigne auroient secours.

Item, dit que elle prioit pour ceux de Compieigne, toujours, avecques son conseil,

Interroguée qu'il advint quand elle eut sailli et que elle dist. Respond : que aucuns disoient qu'elle estoit morte; et tantost que les Bourguignons veirent qu'elle estoit en vie, ils lui demandèrent pourquoi elle estoit saillie.

Interroguée si elle dist point qu'elle aimast mieux mourir que de estre en la main des Anglois. Respond : qu'elle aimeroit mieux rendre l'ame que de estre en la main des Anglois.

Interroguée si elle se courrouça point et si elle blasphéma point le nom de Dieu. Respond : qu'elle n'en blasphéma oncques ne sainct ne saincte, et qu'elle n'a point accoutumé à jurer.

Interroguée du fait de Souessons, pour ce que le cappitaine avoit rendu la ville, et si elle avoit poinct regnoyé Dieu, si elle tenoit qu'elle le feroit trancher en quastre pièces. Respond : qu'elle ne regnoya oncques sainct; ne saincte, et que ceux qui l'ont dit ou rapporté ont mal entendu, car oncques en sa vie ne jura, ne blasphéma le nom de Dieu ne de ses saincts. « Et pour ce, je vous sup-
» plie, passez oultre. »

SAMEDI DIX MARS.

Le samedi ensuivant, d'après le dimenche dorale, dixiesme jour de mars, ladicte Jehanne füst requise de dire vérité. Respondit : « je vous promets » que je dirai vérité de ce qui touchera vostre pro» cès. Je vous prie, ne me contraignez point à ju» rer; car plus me contraindrez à jurer et plus tard » vous dirai vérité. »

Interroguée en après par maistre Jehan de la Fontaine, par le commandement de monseigneur de Beauvois en ceste manière : « Par le serment que » vous avez faict, quand vous venistes dernière» ment à Compieigne, de quel lieu estiez-vous par» tie. » Respond : « De Crespy, en Valloys. »

Interroguée; quand elle fut venue en Compieigne, se elle fut plusieurs journées avant qu'elle feist aulcune saillie. Respond : qu'elle veint à heure secrète du mattin et entra en la ville sans que ses ennemis le sceussent, comme elle pense ; et ce jour mesme, sur le soir, feist la saillye où fust prinse.

Interroguée se en la saillye l'on sonna les cloches. Respond : se on les sonna, ce ne fut point à son commandement ou par son sceu, et n'y pensoit point; et se ne lui souvient se elle avoit dist que on les sonnast.

Interroguée se elle fist cette saillye du commandement de sa voix. Respond : que en la sepmaine de Pâques dernière passée, elle estant sur les fossés de Melun, lui fust dit par ses voix, c'est assavoir saincte Catherine et sainte Marguerite, qu'elle seroit prinse avant qu'il fust la Saint-Jehan; et que ainsi falloit qu'il fust faict, et qu'elle ne se esbahist, mais qu'elle prinst tout en gré et que Dieu lui aideroit.

Interroguée si depuis ce lieu de Melun lui fut point de rechef dit par lesdites voix qu'elle seroit prinse. Respond : que oui par plusieurs fois. Et comme tous les jours et à ses voix requéroit, quand elle seroit prinse; qu'elle fust morte tantost sans long travail de prison, et ils lui disrent qu'elle print en gré et que ainsi il falloit faire ; mais ne lui disrent point l'heure; et si elle l'eust sceu, elle n'y fust pas allée, et avoit plusieurs fois demandé sçavoir l'heure, mais ils ne lui voulurent pas dire; et pria passer oultre.

Interroguée se les voix lui eussent commandé qu'elle fust saillie et signifié qu'elle eust esté prinse se elle y fut allée. Respond : que se elle eust sçu l'heure que elle eust du estre prinse, elle n'y fust pas allé volontiers. Toutesfoys elle eust faict leur commandement en la fin, quelque chose que il luy en eust deu advenir.

Interroguée se quand elle feist ceste saillye, si elle avoit eu voix de partir et faire ceste saillye. Respond : que ce jour ne sceust point sa prinse et n'eust autre commandement de yssir; mais toujour lui avoit esté dit qu'il falloit qu'elle fust prisonnière.

Interroguée se à faire saillye elle passa par le pont. Respond qu'elle passa par le pont et boulevert, avec la compaignie des gens de son parti, sur les gens de monseigneur de Luxembourg et les reboutta par deux fois jusques au logis du Bourguignon; à la tierce fois jusques à my le chemin; et alors les Anglois qui là estoient couppèrent les chemins à elle; et ses gens entre elle et le boulevert; et pour ce se retrairent ses gens et elle; et elle en soy retirant ès champs en costé de Picardye, près du boulevert, fut prinse entre la rivière et Compieigne. Et n'y avoit seulement entre le lieu où elle fust prinse et Compieigne, que la rivière, le boullevert et le fossé d'icellui boullevert.

Interroguée se en icelui estendard, le monde et les deux angels y estoient painctes. Respond : que oui.

Interroguée qu'elle signifiance c'estoit que pindre en dict estendard Dieu tenant le monde et ses deux angels. Respond : que sainte Catherine et sainte Marguerite, lui disant qu'elle print en ceste façon et le portast hardiment, et qu'elle feist mettre en paincture le roy du ciel; et de la signifiance n'en sçait aultrement.

Interroguée si elle avoit point d'escu et d'armes. Respond : qu'elle n'en eut oncques point, mais son roi donna à ses frères armes, c'est assavoir ung escu d'azur, deux fleurs de lys d'or et une espée par my ; et a devisé à ung paintre celles armes, pour ce qu'on luy avoit demandé quelles armes elle avoit.

Item, dit que ce fut donné par son roy pour ses frères et à la plaisance d'eux, sans sa requeste et sans sa révélation.

Interroguée si elle avoit un cheval quand elle fut prinse, et s'il estoit coursier ou hacquenée. Respond que elle estoit à cheval sur un demi-coursier.

Interroguée qui lui avoit donné cellui cheval. Respond : que son roy et ses gens lui donnèrent, de l'argent du roy. Et se dist qu'elle avoit cinq coursiers, sans les trottiers ; où il y en avoit plus de sept.

Interroguée se elle eut oncques autres richesses de son roy que ses chevaux. Respond : qu'elle ne demandoit rien à son roy fors bonnes armes, bons chevaux et de l'argent à payer les gens de son hostel.

Interroguée si elle avoit point de trésor. Respond : que dix ou douze mille qu'elle avait vaillant n'est pas grand trésor à mener la guerre, et que c'est pou de chose ; et laquelle somme ses frères ont eu comme elle pense ; et dist que ce qu'elle en a c'est de l'argent propre de son roy.

Interroguée que est le signe qui vint à son roy. Respond : qu'il est bel, honorable, bon et le plus riche qui soit.

Interroguée pourquoi elle ne veust aussi bien dire et monstrer le signe dessus dit, comme elle voulut avoir le signe de Catherine de La Rochelle. Respond : que se le signe de Catherine eust esté aussi bien monstré devant notables yeux de l'église, c'est assavoir archevesques ou évesques, comme les archevêques de Reims et autres évesques dont elle ne sait les noms, et mesmes y estoit Charles de Bourbon, le sire de la Trémouille, le duc d'Alençon et plusieurs autres chevaliers qui le veirent et ouyrent, aussi bien comme elle voit ceux qui parloient à elle aujourd'hui, comme celui dessus dict estre monstré, elle n'eust point demandé sçavoir le signe de ladicte Catherine ; et toutesfois elle sçavoit au-devant par saincte Catherine et sainte Marguerite, que du faict de ladicte Catherine de La Rochelle c'estoit tout néant.

Interroguée si ledict signe dure encoires. Respond : « Il est bon asçavoir qu'il dure encoires, et » durera jusques à mille ans et outre. »

Item, dit que ledit signe est au trésor du roy.

Interroguée si c'est or ou argent ou pierre précieuse ou couronne. Respond : « Je ne vous en dyrai » autre chose et ne sçauroit homme déviser aussi » riche chose comme est le signe, et toutes voyes » le signe qui vous faut, c'est que Dieu me délivre de » vos mains ; et est le plus certain qu'il vous sache » envoyer. »

Item, dit que quand elle deust partir à aller à son roy, lui fut dit par ses voix : « Vas hardiment ; car

» quant tu seras devers le roy, il aura bon signe de
» te recepvoir et croire. »

Interroguée quant le signe vint à son roy, quelle révérence elle y fist, et se il y vint de par Dieu. Respond : qu'elle mercya Nostre-Seigneur de ce qu'il la deslivra de la peine des clercs de par là, qui arguoyent contre elle ; et se agenouilla plusieurs fois.

Item, dit que ung ange de Dieu et non de par autre, bailla le signe à son roy, et elle en mercya moult de fois Nostre-Seigneur.

Item, dit que les clercs de par de-là cessèrent à l'arguer quand ils eurent sceu ledit signe.

Interroguée se les gens de par de-là veirent le signe dessusdit. Respond que quand son roy et ceux qui estoient avecque lui eurent veu ledit signe et mesme l'ange qui le bailla, elle demanda à son roy se il estoit content, et il respondit que oui ; et lors il partist et s'en alla en une petite chappelle assez près. Et ouyt lors dire que, après son partement, plus de trois cents personnes veirent ledict signe. Dit outre que pour l'amour de elle et que ils la laissassent à interroguer, Dieu vouloit permettre que ceux de son parti qui veirent ledit signe le veissent.

Interroguée se son roy et elle feirent point de révérence à l'ange quant il apporta le signe. Respond : que ouy d'elle, elle se agenouilla et osta son chapperon.

LUNDI DOUZE MARS.

Le lundy après l'octave Hierusalem, douziesme jour de mars, ladicte Jehanne fut requise par monseigneur de Beauvais de dire vérité de ce qui lui seroit demandé. Respond : « De ce qui touchera » vostre procès, comme autrefois vous ai dict, je » dirai voluntiers vérité. » Et ainsi jura maistre Thomas Fresne, Nicolas de........., et Jehan Carbonnier.

Et après fut interroguée, par le commandement de mondit seigneur de Beauvois, par maistre Jehan de Fontaine.

Et premièrement, se l'ange qui apporta le signe parla point à elle. Respond : que oui, et qu'il dist à son roy que on la mist en besongne, et que après seroit tantost alégée.

Interroguée se l'ange qui apporta ledict signe fut l'ange qui premièrement apparut à elle, ou se ce fut ung autre : « C'est toujours tout ung; » et oncques ne lui faillist.

Interroguée se l'ange lui a point failly de ce qu'elle a esté prinse aux biens de fortune. Respond qu'elle croit, puisqu'il plaist à Nostre-Seigneur, c'est le mieux qu'elle soit prinse.

Interroguée se ès biens de grâce l'ange lui a poinct failly. Respond : « Et comme me faudroit-il quand il me conforte tous les jours. Et entend, ce confort que c'est de saincte Catherine et saincte Marguerite.

Interroguée se elle les appelle, ou se ils viennent sans appeler. Respond : « Ils viennent souvent sans » appeler ; » et autrefois, se ils ne venoient bien tost, elle requéroit Nostre-Seigneur qu'il les envoyast.

Interroguée se elle les a aucunes fois appelée, et ils ne estoient poinct venues. Respond : qu'elle n'eust oucques besoing que elle ne les ait.

Interroguée se sainct Denys apparut oncques à elle. Respond que non, qu'elle saiche.

Interroguée se quand elle promist à Nostre-Seigneur de garder sa virginité, s'elle parloit à lui Respond : « Il debvoit bien suffire de promettre à » ceux qui estoient envoyés de par lui ; c'est à sça- » voir, à saincte Catherine et à saincte Marguerite. »

Interroguée qui la meut de faire citer ung homme à Toul en cause de mariaige. Respond : « Je » ne le feis pas citer, mais ce fust lui qui me feist » citer. » Et là jura devant le juge dire vérité ; et enfin, qu'elle ne lui avoit faict promettre.

Item, dist que la première fois qu'elle ouyt sa voix, elle voua sa virginité tant qu'il plairoit à Dieu ; et estoit en l'aage de treize ans ou environ.

Item, dist que ses voix l'assurèrent de gaigner son procès.

Interroguée se de ses visions elle n'a point parlé à son curé ou autre homme d'église. Respond : que

non ; mais seulement à Robert de Baudricourt et à son oncle. Et dit outre qu'elle ne fut poinct contraincte de ses voix à le céler ; mais doubta moult le révéler pour doubte des Bourguignons, que ils ne l'empeschassent de son voyage ; et par espécial doubtoit moult son père, que il ne l'empeschast de faire son voyage.

Interroguée se elle cuidoit bien faire de partir sans le congié de père ou mère, comme il soit ainsi que on doibt honorer père et mère. Respond : que en toutes autres choses elle a bien obéi à eux, excepté de ce partement. Mais depuis leur a escript, et lui ont pardonné.

Interroguée se quand elle partist de ses père et mère elle cuidoit point péchier. Respond : puisque Dieu le commandoit, se elle eust eu cent pères et cent mères, et se elle eust esté fille du roy, elle fust partie.

Interroguée se elle demanda à ses voix qu'ils dyent à son père et sa mère son partement. Respond : que quant est de père et de mère, ils estoient assez contents qu'elle leur dist, se n'eust esté la peine qu'ils lui eussent fait, se elle leur eust dist ; et quant est de elle, elle ne leur eust dit pour chose quelconque.

Item, dist que ses voix se rapportèrent à elle de dire à père ou à mère, ou de s'en taire.

Interroguée se quand elle veist sainct Michel et les angels, se elle leur faisoit révérence. Respond : que oui, et baisoit la terre après leur partement où ils avoient reposé, en leur faisant révérence.

Interroguée se ils estoient longuement avecque elle : « Ils viennent beaucoup de fois entre les chres-» tiens que on ne les voit point. » Et les a beaucoup de fois veus entre les chrestiens.

Interroguée se de sainct Michel ou de ses voix elle a point eu de lettres. Respond : « Je n'en ai » point eu de congié de le vous dire ; et entre cy » et huict jours, je vous en respondrai voluntiers ce » que j'en sçauray. »

Interroguée se ses voix l'ont point appelée fille de Dieu, fille de l'église, la fille au grand cœur. Respond : que au-devant du siége d'Orléans levé, et depuis, tous les jours quand ils parlent à elle, l'ont plusieurs fois appelée Jehanne la Pucelle, fille de Dieu.

Interroguée, puisqu'elle se dist fille de Dieu, pourquoi elle ne dit voluntiers *Pater noster*. Respond : qu'elle le dit voluntiers ; et autrefois, quant elle récusa de le dire, c'estoit en intention que monseigneur de Beauvais la confessast.

Dudit jour de lundi, douzième de mars de relevée.

Interroguée des songes de son père, respond : que quand elle estoit encoires avecques son père et mère, lui fut dict par plusieurs fois par sa mère, que son père disoit qu'il avoit songé que avecques les gens d'armes s'en iroit ladite Jehanne sa fille ; et en avoient grand cure ses père et mère de la bien garder ; et la tenoient en grant subjection ; et elle obéissoit à tout, sinon au procès de Toul, au cas de mariaige.

Item, dit qu'elle a ouy dire à sa mère que son père disoit à ses frères. « Se je cuydoye que la chose » advinst que j'ai songé de elle ; je voudroye que la » noyssiez ; et si vous ne le faisiez, je la noiroye moi- » mesme. » Et à bien peu qu'ils ne perdirent le sens quand elle fut partie à aller à Veaucouleur.

Interroguée se ses pensées ou songes venoient à son père puis qu'eust ses visions. Respond : oui, plus de deux ans, puis qu'elle eust les premières voix.

Interroguée si ce fust à la requeste de Robert ou d'elle qu'elle print habit d'homme. Respond : que ce fust par elle, et non à la requeste de homme du monde.

Interroguée se la voix lui commanda qu'elle print habit d'homme. Respond : « Tout ce que j'ai » faict de bien, je l'ai faict par le commandement

» de la voix. » Et dit outre : quant à cest habit, en respondra aucunes fois ; que de présent n'en est advisée, mais demain en respondra.

Interroguée si en prenant habit d'homme, elle pensoit mal faire. Respond : que non ; et encoires de présent, si elle estoit en l'autre parti, et en cest habit d'homme, lui semble que ce seroit ung des grands biens de France, de faire comme elle faisoit au-devant de sa prinse.

Interroguée comme elle eust deslivré le duc d'Orléans. Respond : qu'elle eust assez prins de sa prinse des Anglois pour le ravoir ; et se elle n'eust prins assez de sa prinse deçà, elle eust passé la mer pour le aller quérir à puissance en Angleterre.

Interroguée se saincte Marguerite et saincte Catherine lui avoient dit sans condition et absolument qu'elle prendroit gens suffisants pour avoir le duc d'Orléans qui estoit en Angleterre, ou autrement, qu'elle passeroit la mer pour le aller quérir à puissance en Angleterre, et admener dedans trois ans. Elle respond : que oui, et qu'elle dist à son roy qu'il la laissast faire des prisonniers. Dist outre de elle : que se elle eust duré trois ans sans empeschement, elle l'eust deslivré.

Item, dit qu'il avoit plus bref terme que de trois ans, et plus long que d'ung an ; mais n'en a pas de présent mémoire.

Interroguée du signe baillé à son roy. Respond : qu'elle en aura conseil à saincte Catherine.

LE MARDI TREIZIÈME JOUR DE MARS
L'AN MIL QUATRE CENT TRENTE.

Interroguée premièrement du signe baillé à son roy, quel il fust. Respond : « Estes-vous content » que je me parjurasse ? »

Interroguée par monseigneur le vicaire de l'inquisiteur, si elle avoit juré et promis à saincte Catherine non dire ce signe. Respond : « J'ai juré et » promis non dire ce signe, et de moi-mesme pour » ce que on m'en chargeoit trop de le dire. » Et adoncq dist elle-mesme : « Je promects que je ne » parlerai plus à homme. »

Item, dit que le signe, ce fut que l'ange certifiait à son roy en lui apportant la couronne, et lui disant qu'il avoit tout le royaume de France entièrement à l'aide de Dieu, et moyennant son labeur, et qu'il la mist en besongne, c'est assavoir : que autrement qu'il lui baillast des gens, il ne seroit mie sitost couronné et sacré.

Interroguée si depuis hier ladite Jehanne a parlé à saincte Catherine. Respond : que depuis elle l'a ouïe ; et toutesfois lui a dict plusieurs fois qu'elle responde hardiment aux juges de ce que ils demanderoient à elle, touchant son procès.

Interroguée en quelle manière l'ange apporta la couronne, et se il la mist sur la teste de son roy.

Respond : elle fut baillée à ung archevesque, c'est assavoir à celui de Rheims, comme il lui semble, et ledit archevesque la receut, et la bailla au roy.

Interroguée du lieu où elle fut apportée. Respond : « Ce fut en la chambre du roy, en chastel de Chynon. »

Interroguée du jour et de l'heure : « Du jour, je » ne sçais ; de l'heure, il estoit haute heure ; au-» trement n'ai mémoire de l'heure et du mois, » au mois d'avril prochain ou en ce présent mois ; » a deux ans ; et estoit après Pasques. »

Interroguée se la première journée qu'elle vist le signe de son roy, le veist. Respond : que oui, et que il l'eust lui-mesme.

Interroguée de quelle matière estoit ladite couronne. Respond : « C'est bon assavoir qu'elle estoit » de fin or ; et estoit si riche, que je ne sçaurois » nombrer la richesse, et que la couronne signi-» fioit qu'il tiendroit le royaume de France. »

Interroguée se elle la mania ou baisa. Respond : que non.

Interroguée se l'ange qui l'apporta venoit de haut, ou si il venoit par terre. Respond : « Il » vint de haut. Et entend qu'il venoit par le com-» mandement de Nostre-Seigneur ; et entra par » l'huis de la chambre. »

Interroguée se l'ange venoit par terre, et erroit depuis l'huis de la chambre. Respond : quand il vint devant le roy, il feist révérence au roy en se inclinant devant lui, et prononçant les paroles qu'elle a dictes du signe; et avecques ce lui ramentevoit la belle patience qu'il avoit eue, selon les grandes tribulations qui lui estoient venues; et depuis l'huis il marchoit et erroit sur la terre en venant au roy.

Interroguée quelle espace il y avoit de l'huis jusques au roy. Respond : comme elle pense, il y avoit bien l'espace de la longueur d'une lance; et par où il estoit venu s'en retourna.

Item, dit que quand l'ange vint, elle l'accompaigna et alla avecques lui par les degrés à la chambre du roy; et entra l'ange le premier; et puis elle-mesme dist au roy : « Sire, vela vostre » signe, prenez-le. »

Interroguée en quel lieu il apparut à elle. Respond :« Je estois presque toujours en prière, affin » que Dieu envoyast le signe du roy, et estois-je à mon » logis qui est ciex (chez) une bonne femme, près du » Chasteau en Chynon, quand il vint; puis et nous » allasmes ensemble au roy; et estoit bien accom- » paigné d'autres angels avecques lui, que chascun » ne voyoit pas. » Et dit outre : Se n'est pour l'amour d'elle, et de la oster hors de peine des gens qui l'arguoyent, elle croit bien que plusieurs gens veirent l'ange dessusdit, qui ne le eussent pas veu.

Interroguée se tous ceux qui là estoient avecques le roy veirent l'ange. Respond : qu'elle pense que l'archevesque de Reims, les seigneurs d'Orléans et de la Trimouille, et Charles de Bourbon le veirent; et quant est de la couronne, plusieurs gens d'église et autres la veirent, qui ne veirent pas l'ange.

Interroguée de quelle figure et quel grand estoit ledit ange. Respond : qu'elle n'en a point congié, et que demain en respondra.

Interroguée se ceux qui estoient en la compaignie de l'ange estoient tous d'une mesme figure : ils se entre sembloient volontiers les aucuns, et les autres non, en la manière qu'elle les véoit, et les aucuns venoient à elle, et sy y en avoit de couronnés, et les autres non; et y estoient ni la compaignie sainctes Catherine et Marguerite; et furent avecques l'ange dessusdit, et les autres anges ainsi, jusques dedens la chambre du roy.

Interroguée comme cellui ange se partist d'elle. Respond : il départit d'elle en ceste petite chappelle; et fut bien courroucée de son partement; et plouroit; et s'en fût volontiers allée avecques lui, c'est assavoir, son ame.

Interroguée si au partement elle demoura joyeuse ou effrayée et en grand paour. Respond : » Il ne me laissa point en paour ne effrayée, mais es- » tois-je courroucée de son partement. »

Interroguée se ce fut par le mérite de elle que Dieu envoya son ange. Respond : « Il venoit pour » grand chose; et fut en espérance que le roy creust » le signe, et que on laissast à larguer; et pour don- » ner secours aux bonnes gens d'Orléans; et aussi » pour le mérite du roy et du bon duc d'Orléans. »

Interroguée pourquoi elle, plustost que ung au-

tre. Respond : « Il pleut à Dieu ainsi faire par une
» simple pucelle, pour rebouter les adversaires du
» roy. »

Interroguée se il a esté dit à elle ou à l'ange avoir prins celle couronne. Respond : qu'elle a esté apportée de par Dieu, et qu'il n'a orfebvre en monde qui la sceust faire si belle ou si riche; et où il la prinst, elle se rapporte à Dieu et ne sçait point autrement où elle fut prinse.

Interroguée se ceste couronne fleuroit point bon et avoit bon odeur, et se elle estoit point reluisant. Respond : n'a point de mémoire de ce; elle s'en advisera. Et aprèz dit : « Elle sent bon et » sentira, mais qu'elle soit bien gardée, ainsi qu'il » appartient; et estoit en manière de couronne. »

Interroguée se l'ange lui avoit apporté lectres. Respond : que non.

Interroguée quel signe eurent le roy, les gens qui estoient avecque lui, et elle, de croire que c'estoit ung ange. Respond : que le roy le creust par l'enseignement des gens d'église qui là estoient, et par le signe de la couronne.

Interroguée comme les gens d'église sceurent que c'estoit ung ange. Respond : par leur science, et parceque ils estoient clercs.

Interroguée d'ung prestre concubinaire et d'une tasse perdue. Respond : « De tout ce, je n'en sçais » rien, ne oncques n'en ouïs parler. »

Interroguée se quand elle alla devant Paris, se elle eust par révélation de ses voix de y aller. Respond que non ; mais à la requeste des gentilshommes qui voulloient faire une escarmouche ou une vaillance d'armes ; et avoit bien intention de aller outre et de passer les fossés.

Interroguée aussi d'aller devant la Charité se elle eust révélation. Respond : que non ; mais par la requeste des gens d'armes, ainsi comme autresfois elle a dit.

Interroguée du Pont-l'Evesque se elle eust point de révélation. Respond : que puis ce qu'elle olt révélation à Melun, qu'elle seroit prinse, elle se rapporta le plus du faict de la guerre à la volonté des cappitaines ; et toutesfois, ne leur disoit point qu'elle avoit révélation de estre prinse.

Interroguée se ce fut bien faict au jour de la Nativité Nostre-Dame, qu'il estoit feste, de aller assaillir pays. Respond : « C'est bien faict de gar-
» der les festes de Nostre-Dame, et en sa conscience
» lui semble que c'estoit, et seroit bien faict de gar-
» der les festes Nostre-Dame depuis ung jour jusques
» en l'autre.»

Interroguée se elle dist point devant la ville de
» Paris : « Rendez la ville de par Jésus. » Respond
non ; mais dist : « Rendez-la au roy de France. »

LE MERCREDI QUATORZIÈME JOUR DE MARS

Interroguée premièrement quelle fut la cause pourquoi elle saillit de la tour de Beaurevoir. Respond : qu'elle ouït dire que ceux de Compieigne, tous, jusques à l'aage de sept ans doibvent estre mis à feu et à sang, et qu'elle aimoit mieux mourir que vivre apprès une telle destruction de bonnes gens ; et fut l'une des causes ; l'autre, qu'elle sceut qu'elle estoit vendue aux Anglois, et eust eu plus cher mourir que d'estre en la main des Anglois ses adversaires.

Interroguée se sa saincte fust du conseil de ses voix. Respond : saincte Catherine lui disoit après que tous les jours qu'elle ne saillist point, et que Dieu lui aideroit, et mesme à ceux de Compieigne; et ladicte Jehanne dist à saincte Catherine puis que Dieu aideroit à ceux de Compieigne, elle y voulloit estre ; et saincte Catherine lui dist sans faute : « Il faut que prenez en gré, et ne serez point délivrée tant que ayez veu le roy des Anglois. » Et ladicte Jehanne respondit : « Vraiement je ne voulsisse
» point veoir ; je aimasse mieux mourir, que de estre
» mise en la main des Anglois. »

Interroguée se elle avoit dit à saincte Catherine et à saincte Margueritte : Plaira Dieu si maulvaisement mourir ces bonnes gens de Compieigne.

Respond : qu'elle n'a point dit si mauvaisement, mais leur dist en celle manière : « Comme layra Dieu » mourir ces bonnes gens de Compieigne, qui ont » esté et sont si loyaux à leur seigneur. »

Item, dit que puis qu'elle fut cheue, elle fut deux ou trois jours qu'elle ne voulloit manger ; et mesme aussi pour ce sault fust grevée tant qu'elle ne povoit boire ne manger ; et toutesvoies fust reconfortée par saincte Catherine, qui lui dist qu'elle se confessast ; et requist merci à Dieu de ce qu'elle avoit sailly ; et que sans faulte ceux de Compieigne auroient secours de dedans Saint-Martin d'yver ; et adonc se print revenir, et commença à menger et tantost fust guarie.

Interroguée quand elle saillist, se elle se cuidoit tuer. Respond : que non ; mais en saillant se recommanda à Dieu, et cuidoit par le moyen de ce sault eschapper et vader qu'elle ne fust livrée aux Anglois.

Interroguée se quand la parolle lui fust revenue, elle regnoya et maugréa Dieu et ses saincts pour ce qu'elle s'est trouvée par l'information, comme disoit l'interroguant. Respond : que elle n'a point de mémoire ou qu'elle soit souvenante ; elle ne regnoya ou maulgréa oncques Dieu ou ses saincts en ce lieu ou ailleurs ; et ne s'en est point confessée ; car elle n'a point de mémoire qu'elle l'ait dit ou faict.

Interroguée se ses voix lui demandent dilation de respondre. Respond : que saincte Catherine lui respond à la fois ; et aucunes fois fault ladicte Jehanne à entendre pour la turbation des personnes, et par les noises de ses gardes. Et quand elle fait requestes à saincte Catherine, tantost elle et saincte Marguerite font requeste à Nostre-Seigneur ; et puis du commandement de Nostre-Seigneur, donnent responce à ladicte Jehanne.

Interroguée, quand elles viennent, se il y a lumière avecque elles, et se elle voit point de lumière quand elle oyt au chastel la voix, et ne sçavoit se elle estoit en la chambre. Respond : qu'il n'est jour qu'il y ne viennent en ce chastel, et se ils ne viennent point sans lumière ; et de telle fois ont la voix, mais n'a point mémoire se elle veit lumière, et aussi se elle vist saincte Catherine.

Item, dit qu'elle a demandé à ses voix trois choses, l'une son expédicion, l'autre que Dieu aide aux François et garde bien les villes de leur obéissance, et l'autre le salut de son âme.

Item, requise se ainsi est qu'elle soit menée à Paris, qu'elle le doubte de ses interrogatoires. Respond : affin qu'elle baille à ceux de Paris et leur puisse dire : « Voici comme j'ai esté interroguée à » Rouen, et mes responces, et qu'elle ne soit plus » travaillée de tant de demandes. »

Interroguée pour ce qu'elle avoit dit que monseigneur de Beauvois se mettoit en danger de la metre en cause, car c'estoit en quel danger, tant de monseigneur de Beauvois que des autres. Respond : que c'estoit et qu'elle dist à monseigneur de Beauvois : « Vous dictes que estes mon juge ; je ne scay si » vous l'estes ; mais advisez bien que ne jugez mal

» que vous vous mettriez en grand danger ; et vous
» en advertis, affin que si Nostre-Seigneur vous en
» chastie, que je fais mon debvoir de le vous dire. »

Interroguée quel est ce péril ou danger, respond : que saincte Catherine lui a dit qu'elle auroit secours, et qu'elle ne sçait se ce sera à estre délivrée de prison ou quand elle seroit au jugement s'il y viendroit aucun trouble, par quel moyen elle porroit estre délivrée ; et pense que ce soit ou l'un ou l'autre ; et le plus lui dient les voix, qu'elle sera délivrée à grand victoire ; et après lui dirent ses voix : « Prends tout en gré ; ne te chaille
» de ton martyre, tu en viendras enfin en royaume
» de paradis. » Et ne lui dirent ses voix simplement et absolument, c'est assavoir sans faillir ; et appelle le martyre pour la peine et adversité qu'elle seuffre en la prison, et ne sçait plus quand souffrira, mais s'en attend à Nostre-Seigneur.

Interroguée se depuis que ses voix lui ont dit qu'elle ira en la fin en royaume de paradis, se elle se tient asseurée d'estre sauvée, et qu'elle ne sera point dampnée en enfer. Respond : qu'elle croit fermement ce que ses voix lui ont dit qu'elle sera sauvée, aussi fermement que se elle y fust jà. Et on lui disoit que ceste responce estoit de grand poix. Aussi respond : qu'elle le tient pour ung grand trésor.

Interroguée se après ceste révélation elle croit qu'elle ne puisse faire péché mortel. Respond :
« Je n'en sçais riens, mais m'en actends de tout à
» Nostre-Seigneur. »

Dudit jour de mercredi de relevée.

Et quant à cest article, par ainsi qu'elle tienr le serment et promesse qu'elle a faicte à Nostre Seigneur, qu'elle gardast bien sa virginité d corps et de ame.

Interroguée se il est besoin de se confesser, puis que elle croit à la révélation de ses voix, quelle e saincte. Respond : qu'elle ne scait point qu'elle a péché mortellement, mais se elle estoit en péch mortel, elle pense que saincte Catherine e saincte Margueritte la délaïsseroient tantost ; e croit en respondant à l'article précédent, on n sçait trop nétoyer sa conscience.

Interroguée se depuis qu'elle est en ceste prison a point regnoyé ou maugréé Dieu. Respond : qu non ; et que aucunes fois, quand elle dit bon gr Dieu ou sainct Jehan ou Nostre-Dame, ceux qu peuvent avoir rapporté ont mal entendu.

Interroguée se de prendre ung homme à rançon et le faire mourir prisonnier, se c'est péché mor tel. Respond : qu'elle ne l'a point faict.

Et pour ce que on lui parloit d'ung nomm Flancquet d'Arras, qu'on fist mourir à Laigny Respond : qu'elle fut consentante de lui, de le fair mourir se il l'avoit en gré pour ce qu'il confessas estre meurtrier, larron et traistre ; et dit que sor procès dura quinze jours ; en fut juge le bailly d Senlis et ceux de la justice de Laigny ; et dist qu'elle requéroit avoir Francquet pour ung homme de Paris, seigneur de Loire; et quand elle sceut et que le seigneur fust mort, et que le bailli lui dist qu'elle voulloit faire grand tort à la justice de le délivrer cellui Francquet, lors dit-elle au bailly : « Puisque mon homme est mort que je voulloye » avoir, faictes de lui ce que debvez faire par justice. »

Interroguée se elle baillia l'argent, ou feist bailler pour cellui qui avoit prins ledit Francquet. Respond : qu'elle n'est pas monnoyer ou trésorier de France, pour bailler argent.

Item, ledit jour de mercredi de relevée quatorzième jour de mars.

Et quand on lui a ramentu (rappelé) qu'elle avoit assailly Paris en jour de feste, qu'elle avoit eu le cheval de monseigneur de Senlis, qu'elle s'estoit laissée cheoir de la tour de Beaurevoir, qu'elle porte habit d'homme, qu'elle est consentante de la mort de Francquet d'Arras, s'elle cuide point avoir fait péché mortel. Respond au premier, de Paris : « Je n'en cuide poinct estre en péché mortel; et si » je l'ai fait, c'est à Dieu d'en congnoistre, et, en » confession, à Dieu et au prestre. »

Au second, du cheval de monseigneur de Senlis. Respond : qu'elle croit fermement qu'elle n'en a poinct de péché mortel envers Nostre-Dame, pour ce que il se estime à deux cents salus d'or, dont il en oult assignation; et toutesfois il fust renvoyé au seigneur de La Trimouille, pour le rendre à monseigneur de Senlis; et ne valoit rien ledit cheval à chevaucher pour elle ; et se dist que elle ne l'osta pas de l'évesque. Et se dist aussi qu'elle n'estoit point contente, d'autre parti, de le retenir, pour ce qu'elle oyt que l'évesque en estoit mal content que on avoit prins son cheval ; et aussi pour ce que il ne valloit riens pour gens d'armes, et en conclusion se il fust payé de l'assignation qui lui fust faicte ; ne aussi ne sçait se il eust restitution de son cheval, et pense que non.

Au tiers; de la tour de Beaurevoir. Respond : « Je » le faisois, non pas en espérance de moi désespérer, » mais en espérance de sauver mon corps, et de aller » secourir plusieurs bonnes gens qui estoient en né- » cessité. » Et apprès le sault s'en est confessé, et en a requis moyen à Nostre-Seigneur, et en a pardon de Nostre-Seigneur; et croit que ce n'estoit pas bien faict de faire ce sault, mais fust mal faict.

Item, dist qu'elle sçait qu'elle a pardon par la relation de saincte Catherine, apprès qu'elle en fust confessée ; et que du conseil de saincte Caterine, elle s'en confessa.

Interroguée se elle en eust grande pénitence. Respond : qu'elle en porta une grande partie du mal qu'elle se fist en chéant.

Interroguée se le mal faict qu'elle fist de saillir, s'elle croit que ce fust péché mortel. Respond : « Je n'en sçais riens, mais m'en actends à Nostre- » Seigneur. »

Au quart, elle porte habit d'homme. Respond :
« Puis que je le fais par le commandement de nostre
» sire et son service, je ne cuide poinct mal faire;
» et quand il lui plaira à commander, il sera tan-
» tost obéy. »

LE JEUDI MATIN, QUINZIEME JOUR DE MARS.

Apprès les monicions faictes à elle et réquisitions ont que se elle a fait quelque chose qui soit contre nostre foy, qu'elle s'en doibt rapporter à la déterminacion de l'Église. Respond : que ses responces soient veues par les clercs; et puis qu'on lui dise se il y a quelque chose qui soit contre la foy chrestienne; elle saura bien dire par son conseil qu'il en sera, et puis en dira ce qu'elle en aura trouvé par son conseil ; et toutesfois, se il y a riens de mal contre la foy chrestienne, que nostre syre a commandé, elle ne vouldroit le soustenir, et seroit bien courroucée d'aller contre.

Item, lui fust déclaré que c'estoit l'Eglise triumphante et l'Église militante, que c'estoit de l'une et de l'autre.

Item, requise que de présent elle se mist en la détermination de l'Église, de ce qu'elle a faict, soit bien ou mal. Respond : « Je ne vous en respondrai » autre chose pour le présent. »

Le jeudi, quinzième jour de mars l'an mil quatre cent trente.

Ladite Jehanne fust requise et interroguée sur les jurements devant dits.

Et premièrement, qu'elle dist la manière comme elle cuida eschapper du chastel de Beaulieu, entre deux pièces de bois. Respond : qu'elle ne fust oncques prisonnière, en lieu qu'elle ne se eschappast voluntiers; et elle estant en icelui chastel, eust enfermé ses gardes dedens la tour, n'eust esté le portier, qui l'advisa et la recouvra.

Item, dist, à ce qu'il lui semble, qu'il ne plaisoit pas à Dieu qu'elle eschappast pour celle fois, et qu'il falloit qu'elle veist le roy des Anglois, comme ses voix lui avoient dit, et comme dessus est escript.

Interroguée se elle a congié de Dieu ou de ses voix de partir de prison, toutesfois qu'il plaira à elle. Respond : « Je l'ai demandé plusieurs fois, mais » je ne l'ai pas encoires. »

Interroguée se de présent elle partiroit se elle véoit son point de partir. Respond : se elle véoit l'huis ouvert, elle s'en iroit, et ce lui seroit le congié de Nostre-Seigneur. Et croit fermement, si elle véoit l'huis ouvert, et ses gardes et les autres Anglois n'y sceussent résister, elle entendroit que ce seroit le congié dict, que Nostre-Seigneur lui envoieroit secours; mais sans congié ne s'en iroit pas; se ce n'estoit si elle faisoit une entreprinse pour s'en aller, pour scavoir se Nostre-Seigneur en seroit content. Et allègue : Aide-toi, Dieu te aidera; et le dit pour ce que si elle s'en allast, que on ne dist pas qu'elle s'en fust allée sans congié.

Interroguée, puisque elle demande à oyr messe, que il semble que ce seroit le plus honneste qu'elle fust en habit de femme.

Interroguée lequel elle aimeroit, prendre habit de femme et oyr messe, que demourer en habit d'homme et non oyr messe. Respond : « Certiffiez-moi de oyr messe, se je suis en habit de femme, et sur ce je vous respondrai. » A quoi lui fust dict par l'interrogant : « Et je vous certiffie que vous oyrez messe, mais que soyez en habit de femme. » Respond : « Et que dictes-vous, se j'ai juré et promis à nostre roy, non mectre jà cest habit. Toutesfois, je vous responds, faites-moi faire une robbe longue, jusques à terre, sans queue, et me baillez à aller à la messe ; et puis au retour, je prendrai l'habit que j'ai. »

Interroguée de prendre du tout habit de femme pour aller oyr messe : « Je me conseillerai sur ce, et puis vous respondrai. » et outre requist en l'honneur de Dieu et de Nostre-Dame, qu'elle puisse oyr messe en ceste bonne ville ; et à ce lui fust dict qu'elle prengne habit de femme simplement et absolutement. Et elle respond : « Baillez-moi habit comme une fille de bourgeois, c'est assavoir houppelande longue, et je le prendrai, et mesme le chapperon de femme pour aller ouyr messe. »

Et aussi, le plus instamment qu'elle peust, requiert que on lui laisse cest habit qu'elle porte, et que on lui laisse ouyr messe sans le changer.

Interroguée se de ce qu'elle a dict et faict, elle veut submectre et rapporter en la détermination de l'Église. Respond : « Toutes mes œuvres et » mes faicts sont touts en la main de Dieu, et m'en » actends à lui ; et vous certiffie que je ne vouldrois » riens faire ou dire contre la foy chrestienne ; et se » j'avois riens faict ou dict qui fust sur le corps de » moi, que les clercs sceussent dire que ce fust contre » la foy chrestienne que Nostre-Seigneur ait esta- » blie, je ne vouldrois soustenir, mais le mectrois » hors. »

Et interroguée se elle s'en vouldroit poinct submectre en l'ordonnance de l'Église. Respond : « Je » ne vous en respondrai maintenant autre chose ; » mais sabmedi envoyez-moi le clerc, se n'y voulez » venir, et je lui respondrai de ce, à l'aide de Dieu, » et sera mis en escript. »

Interroguée se quand ses voix viennent se elle leur faict révérence absolutement, comme ung sainct et saincte. Respond : que ouy ; et se elle ne la faict aucunes fois, leur en a crié merci et pardon depuis ; et ne leur sçait faire si grande révérence comme à elles appartient ; car elle croit fermement que ce soient sainctes Caterine et Margueritte, et semblablement dict de sainct Michel.

Interroguée pour ce que ès sainctes de paradis olt faict voluntiers oblacion de chandelles, et se ès saincts et ès sainctes qui viennent à elle, elle a poinct faict oblacion de chandelles ardants ou d'autres choses, à l'église ou ailleurs, ou faict dire des messes. Respond : que non, se ce n'est en offrant à la messe, en la main du prestre, et en l'honneur de saincte Caterine ; et croit que cest l'une de celles qui se apparust à elle ; et n'en a poinct tant allumé, tant comme elle feroit voluntiers à sainctes Caterine et Marguerite qui sont en paradis, qu'elle croit fermement que ce sont celles qui viennent à elles.

Interroguée se quand elle meit ses chandelles devant l'ymaige saincte Catherine, elle le meit en l'honneur de celle qui se apparut à elle. Respond : « Je le fais en l'honneur de Dieu, de Nostre-
» Dame, et de saincte Catherine, qui est en ciel et ne
» fais point de différence de saincte Catherine qui
» est en ciel, et de celle qui se appert à moi. »

Interroguée se elle le meit en l'honneur de celle qui se apparut à elle. Respond : « Je le fais en
» l'honneur de Dieu, de Nostre-Dame et de saincte
» Catherine, qui est au ciel, et de celle qui se ap-
» pert à moi. »

Interroguée se elle le met en l'honneur de celle qui se apparut à elle. Respond : ouy ; car elle ne mect point de différence entre celle qui se apparut à elle, et celle qui est au ciel.

Interroguée se elle faict et accomplit toujours ce que ses voix lui commandent. Respond : que de tout son povoir elle accomplit le commandement de Nostre-Seigneur à elle faict par ses voix, de ce que elle en sçait entendre ; et ne lui commandent rien sans le bon plaisir de Nostre-Seigneur.

Interroguée si en faict de la guerre, elle a riens faict sans le congié de ses voix. Respond : « Vous en estes tous respondus. Lysés bien vostre » livre, et vous le trouverez. » Et toutes voyes dit que à la requeste des gens d'armes fut fait une vaillance d'armes devant Paris ; et aussi alla devant la Charité, à la requeste de son cappitaine; et ne fut contre, ne par le commandement de ses voix.

Interroguée se elle feit oncques aucunes choses contre leur commandement et voluntés. Respond : que ce qu'elle a peu et sceu faire, elle l'a faict et accomply à son povoir ; et quant est du sault du dongeon de Beaurevoir, qu'elle feist contre leur commandement, elle ne s'en peult tenir; et quand elles veirent sa nécessité, et qu'elle ne s'en savoit et povoit tenir, elles lui secoururent sa vie, et la gardèrent de tuer. Et dit outre que, quelque chose qu'elle feist oncques en ses grans affaires, elles l'ont toujours secourue ; et ce est signe que ce soyent bons esprits.

Interroguée si elle a point de autre signe que ce soyent bons esprits. Respond : « Sainct Michel le me » certifia avant que mes voix me veinssent. »

Interroguée comme elle congnut que c'estoit sainct Michel. Respond : « Par le parler et le lan- » gaige des angels. » Et croit fermement que c'estoyent angels.

Interroguée comme elle congnut que c'estoit langaige d'angels. Respond : qu'elle le creust assez tost, et eust volunté de le croire. Et dit outre que sainct Michel, quand il vint à elle, lui dit que sainctes Catherine et Margueritte viendront à elle, et qu'elle feist par leur conseil; et estoient ordonnées pour la conduire et conseiller en ce qu'elle auroit à faire, et qu'elle les creust de ce qu'elles lui diroient, et que c'estoit par le commandement de Nostre-Seigneur.

Interroguée, se l'ennemi se mettoit en signe ou forme d'ange, comme elle congnoistroit que ce fust bon ange ou maulvais ange. Respond, que elle congnoistroit bien se ce seroit sainct Michel ou une chose contrefaicte comme lui.

Item, respond : que à la première fois elle feist grand doubte se c'estoit sainct Michel; et à la première fois eust grand paour; et se le vist mainctes fois avant qu'elle sceut que ce fust sainct Michel.

Interroguée pourquoi elle congnust plustost que c'est sainct Michel et que à la fois première elle creut que c'estoit il. Respond : que à la première fois elle estoit jeune enfant, et eust paour de ce; depuis lui enseigna et monstra tant qu'elle creut fermement que c'estoit il.

Interroguée quelle doctrine il lui enseigna. Respond : sur toutes choses il lui disoit qu'elle fust bonne enfant, et que Dieu lui aideroit; et entre les autres choses, qu'elle vinst au secours du roy de France; et une plus grande partie de ce que l'ange lui enseigna est en ce livre; et lui racomptoit l'ange la pitié qui estoit en royaume de France.

Interroguée de la grandeur et stature d'icellui angel. Dit que sabmedi elle en respondra avec l'autre chose dont elle doibt respondre, c'est assavoir ce que il en plaira à Dieu.

Interroguée se elle croit point que ce fust grand péché de courroucer saincte Catherine et saincte Margueritte, qui se apparut à elle, et de faire contre leur mandement. Dist que ouy; que le sçait amender, et que le plus qu'elle les courroussa oncques à son advis, ce fut du sault de Beaurevoir; ce dont elle leur a crié merci, et des autres offences qu'elle peult avoir faictes envers elle.

Interroguée se saincte Catherine et saincte Margueritte prendroyent vengeance corporelle pour l'offense. Respond : qu'elle ne sçait et qu'elle ne leur a point demandé.

Interroguée, pour ce qu'elle a dit, que pour dire vérité aucune fois on est pendu, et pour ce elle sçait en elle quelque crime ou faulte pourquoi elle peust ou deust mourir, se elle le confessoit. » respond : que non. »

LE SAMEDI DIX-SEPTIÈME JOUR DE MARS.

Ladicte Jehanne fut faicte jurer de dire vérité.

Interroguée de donner response en quelle forme et espèce, grandeur et habit, vient sainct Michel : « Il estoit en la forme de très vrai preudhomme et » de l'habit et de autres choses; » et ne en dira autre chose; quant aux angels, elle les a veus à ses yeux et n'en aura l'en plus autre chose d'elle.

Item, dit qu'elle croit aussi fermement les dicts et les faicts de sainct Michel, qui s'est apparu à elle, comme elle croit que Nostre-Seigneur Jésus-Christ souffrit mort et passion pour nous; et ce qui la meut à le croire, c'est le bon conseil, confort et bonne doctrine que il lui a faits et donnés.

Interroguée se elle veult se mettre de tous ses dicts et faicts, soit en bien ou mal, à la détermination de nostre mère saincte église, respond : que quant à l'église elle l'ayme et la voudroit soustenir de tout son povoir pour nostre foi chrestienne; et n'est pas elle qu'on doibve destourber ou empescher d'aller à l'église ne de ouyr messe. Quant aux bonnes œuvres qu'elle a faictes et de son advènement, il faut qu'elle s'en actende au roy du ciel, qui l'a envoyée à Charles, fils de Charles roy de France, qui sera roy de France. « Et » verrez que les François gaigneront bientost une » grande besoigne que Dieu envoiroit aux François,

»et tant que il prendront presque tout le royaume de France.» Et dit qu'elle le dit affin que, quand ce sera advenu, que on ait mémoire qu'elle l'a dict. Et requise de dire le terme. Dit : « Je m'en actends à » Nostre-Seigneur. »

Interroguée de dire se elle se rapporte à la détermination de l'église. Respond : « Je m'en rap- » porte à Nostre-Seigneur, qui m'a envoyée, à Nos- » tre-Dame, et à tous les benoists saincts et sainctes » de paradis. » Et lui est advis que c'est tout ung de Nostre-Seigneur et de l'église, et que on doibt point faire de difficulté que ce ne soit tout ung.

Adonc lui fust dit qu'il y a l'église triomphante où est Dieu, les saincts et les ames saulvées, et l'église militante, c'est nostre Sainct-Père le pape, vicaire de Dieu, en terre, les cardinaux, les prélats de l'église et le clergé, et tous bons chrestiens et catholiques, laquelle église bien assemblée ne peut errer et est gouvernée du Sainct-Esprit.

Et pour ce, interroguée, si elle se veult rapporter à l'église militante, c'est assavoir celle qui est ainsi déclarée. Respond : qu'elle est venue au roy de France, de par Dieu, de par la vierge Marie et tous les benoists saincts et sainctes de paradis et l'église victorieuse de là haut et de leur commandement, et à celle église là, elle se soumet et tous ses bons faits et tout ce qu'elle a faict ou à faire. « Et sommié de respondre se elle se submettra à » l'église militante. » Dit qu'elle ne respondra maintenant autre chose.

Interroguée qu'elle dist à cet habit de femme que on lui offre affin qu'elle puisse aller oyr messe. Respond : quant à l'habit de femme, elle ne le prendra pas encoire, tant qu'il plaira à Nostre-Seigneur ; et se ainsi est que il la faille mener jusques en jugement, qu'il la faille desvestir en jugement, elle requiert aux seigneurs de l'église qu'ils lui donnent la grace d'avoir une chemise de femme et chaperon en sa teste, qu'elle aime mieux mourir que de révocquer ce que Nostre-Seigneur lui a faict faire ; ce qu'elle croit fermement que Nostre-Seigneur ne laissera jà advenir, de la mectre si bas par chose qu'elle n'ait secours bientost de Dieu et par miracle.

Interroguée, pour ce qu'elle dit qu'elle porte l'habit d'homme par le commandement de Dieu, pour quoi elle demande chemise de femme en article de mort. Respond : il lui suffit qu'elle soit longue.

Interroguée se sa marraine qui a veue les fées est reputée saige femme. Respond : qu'elle est repputée bonne prude femme, non pas divine ou sorcière.

Interroguée, pour ce qu'elle a dit qu'elle prendroit habit de femme, mais que on la laissast aller, se ce plairoit à Dieu. Respond : se on lui donnoit congié en habist de femme, elle se mectroit tantost en habist d'homme, et feroit ce qui lui est commandé par Nostre-Seigneur, et elle a autrefois ainsi respondu ; et ne feroit pour rien le serment qu'elle ne se armast et mist en habit d'homme, pour faire le plaisir de Nostre-Seigneur.

Interroguée de l'aage et des vestements de saincte Catherine et Marguerite, respond : « Vous » estes respondus de ce que vous en aurez de moi, » et n'en aurez autre chose; et vous en ai respondu » tout au plus certain que je sçais. »

Interroguée se elle ceroit point au devant d'aujourd'hui que les fées feussent mauvais esprits. Respond : qu'elle n'en sçavoit rien.

Interroguée se elle sçait point que saincte Catherine et Marguerite hayent les Anglois. Respond : « Elles aiment ce que Nostre-Seigneur aime, » et hayent ce que Dieu hait. »

Interroguée se Dieu hait les Anglois. Respond : Que de l'amour ou haine que Dieu a aux Anglois, ou que Dieu leur faict à leurs âmes ne sçait rien, mais sçait bien que ils seront mis hors de France, excepté ceux qui y mourront, et que Dieu envoira victoire aux François et contre les Anglois.

Interroguée se Dieu estoit pour les Anglois quand ils estoient en prospérité en France. Respond : qu'elle ne sçait se Dieu hayoit les François, mais croit qu'il vouloit permettre de les laisser bastre pour leurs péchés, se ils y estoient.

Interroguée quel garant et quel secours elle se actend avoir de Nostre-Seigneur, de ce qu'elle porte habit d'homme. Respond : que tant de l'habit que d'autres choses qu'elle a fait, elle n'en a voulu autre loyer, sinon la salvacion de son âme.

Interroguée quelles armes elle offrit à sainct Denis, respond : que ung blanc harnois entier, à ung homme d'armes, avecque une espée ; et la gaigna devant Paris.

Interroguée à quelle fin elle les offrit, respond : que ce fut par dévotion, ainsi qu'il est accoustumé par les gens d'armes, quand ils sont blécés ; et, pour ce que elle avoit esté blécée devant Paris, les offre à saint Denis, pour ce que c'est le cri de France.

Interroguée se c'estoit pour ce que on les armast. Respond : que non.

Interroguée de quoi servoient ces cinq croix qui estoient en l'espée qu'elle trouva à saincte Catherine de Fierbois. Respond : qu'elle n'en sçait rien.

Interroguée qui la meut de faire paindre angelz avecque bras, pieds, vestements. Respond : « Vous » en estes respondus. »

Interroguée se elle les a faict paindre tels que ils vindrent à elle. Respond : qu'elle les a faict paindre tels, en la manière comme ils sont painets ès églises.

Interroguée se oncques elle les vist en la manière que ils furent painets. Respond : « Je ne vous » en dirai autre chose. »

Interroguée pourquoi elle n'y feist peindre la clarté qui venoit à elle avecque les angelz ou les voix. Respond : que il ne lui fut commandé.

Du samedi dix-septième jour de mars mil quatre cent trente, apprès disner.

Interroguée se les deux angelz qui estoient poincts en son estendart, respresentoient sainct Michel et sainct Gabriel. Respond : qu'ils n'y estoient fors seullement pour l'honneur de Nostre-Seigneur qui y estoit figuré tenant le monde.

Interroguée se ces deux angelz qui estoient figurés en l'estendart estoient les deux angelz qui gardent le monde, et pourquoi il n'y en avoit plus. Dit : que il lui estoit commandé par Nostre-Seigneur, par les voix de sainctes Catherine et Margueritte, qui lui dirent : « Prends l'estendard de par le roy du » ciel; » qu'elle y feist faire celle figure de Nostre-Seigneur, et de deux anges, et de couleur; et tout le feist par leur commandement.

Interroguée se alors elle leur demanda; se, en vertu d'icelui estendart, elle gaigneroit toutes les batailles où elle se boutteroit, et qu'elle auroit victoire. Respond : que ils lui dirent qu'elle prinst hardiment, et que Dieu lui aideroit.

Interroguée qui aidoit plus, elle à l'estendart, ou l'estendart à elle. Respond : que de la victoire de l'estendart ou d'elle, c'estoit à Nostre-Seigneur tout.

Interroguée se l'espérance d'avoir victoire estoit fondée en son estendard ou en elle. Respond : « Il estoit fondé en Nostre-Seigneur et non ailleurs. »

Interroguée, se ung autre l'eust porté que elle,

se il eust eu aussi bonne fortune comme d'elle de le porter. Respond : « Je n'en sçais rien, je m'en » actends à Nostre-Seigneur. »

Interroguée se ung des gens de son parti lui eust baillé son estendart à porter se elle l'eust porté, et si elle y eust eu aussi bonne espérance, comme en celui d'elle qui lui estoit disposé de par Dieu, et mesme celui de son roy. Respond : « Je portoys plus » voluntiers cellui qui estoit ordonné de par N.-S. »

Interroguée de quoi servoit le signe qu'elle metoit à ses lectres *Jhésus, Maria.* Respond : que les clers escrivants ses lectres, lui mettoient et disoient les aucuns, qu'il lui appartenoit mettre ces deux mots *Jhésus, Maria.*

Interroguée se il lui a point esté révélé, se elle perdoit sa virginité qu'elle perdoit son estendard et que ses voix ne lui viendroient plus. Respond : « Cela ne m'a point esté révélé. »

Interroguée se elle estoit mariée, se elle croit poinct que ses voix lui vinsissent. Respond : « Je » ne sçais, et m'en actends à Nostre-Seigneur. »

Interroguée se elle pense et croit hardiment que son roy feist bien de tuer ou faire tuer monseigneur de Bourgongne. Respond : que ce fut grand dommaige pour le royaume de France; et quelque chose qu'il y eust entre eux, Dieu l'a envoyée au secours du roy de France.

Interroguée pour ce qu'elle a dict à monseigneur de Beauvais, qu'elle respondroit autant à monseigneur de Beauvais et à ses commis comme elle feroit à Nostre Sainct-Père le pape, et toutesfois il y a plusieurs interrogatoires à quoi elle ne veult respondre, se elle respondroit poinct. Respond : qu'elle a respondu tout le plus vrai qu'elle a sçu ; et se elle sçavoit aucune chose qui lui en vensist à mémoire, qu'elle n'ait dit, elle le diroit voluntiers.

Interroguée se il lui semble qu'elle soit tenue respondre plainement vérité au pape, vicaire de Dieu, de tout ce que on lui demanderoit touchant la foy et le faict de sa conscience. Respond : qu'elle requiert qu'elle soit menée à l'église devant lui, et puis elle respondra tout ce qu'elle debvra respondre.

Interroguée de l'ung de ses anneaux, où il estoit escript *Jhésus, Maria*, de quelle matière il estoit. Respond : elle ne sçait proprement ; et s'il est d'or, il n'est pas de fin or. Et ce ne sçait se c'estoit or ou laton ; et pense qu'il y avoit trois croix et non autre signe qu'elle saiche et *Jhésus, Maria*.

Interroguée pourquoi c'estoit qu'elle regardoit voluntiers cest annel quand elle alloit en faict de guerre. Respond : que par plaisance et pour l'honneur de son père et de sa mère, elle ayant son annel en sa main et en son doy a touché à saincte Catherine, qui lui apparoist.

Interroguée en quelle partie de ladicte saincte Catherine. Respond : « Vous n'en aurez autre chose. »

Interroguée se elle baisa ou accola oncques saincte Catherine ou Marguerite. Respond : elle les a acollées toutes deux.

Interroguée se ils fleuroient bon. Respond : « Il est bon à sçavoir que ils sentoient bon. »

Interroguée se en accolant elle y sentoit poinct de chaleur ou autre chose. Respond : qu'elle ne les povoit accoler sans les sentir et toucher.

Interroguée par quelle partie elle les accoloit, ou par haut ou par bas. Respond : « Je y affiers » mieux à les accoller par le haut que par le bas. »

Interroguée se elle leur a poinct donné de chappeaux. Respond : que en l'honneur d'elles, en leurs imaiges ès églises, en a plusieurs fois donné ; et quant à celles qui s'appèrent (apparaissent) à elle, n'en a point baillé dont elle ait mémoire.

Interroguée quand elle mectoit chappeaux en l'arbre, se elle les mectoit en l'honneur de celles qui lui apparoient. Respond : que non.

Interroguée se quand ces sainctes venoient à elle, se elle leur faisoit point révérence, comme de se agenouiller ou incliner. Respond : que oui ; et le plus qu'elle povoit leur faire de révérence, elle leur faisoit ; car elle sçait que ce sont celles qui sont en royaume de paradis.

Interroguée si elle sçait rien de ceux qui vont avecques les fées. Respond : qu'elle n'en feist oncq ou sceut quelque chose, mais en a ouy parler, et qu'on y alloit au jeudy ; mais n'y croit poinct ; et croit que ce ne soit que sorcerie.

Interroguée se on feist point flotter ou tourner son estendart autour de la coste de son roy. Respond : que non qu'elle saiche.

Interroguée pourquoi il fut plus porté en l'église de Raims, au sacre, que ceux des autres cap-

pitaines. Respond : « Il avoit esté à la peine, c'estoit
» bien raison qu'il fust à l'honneur. »

Ce mesme jour, ladicte Jehanne fut ramenée
devant les juges du procès. Ledict évesque, en leur
présence, la admonesta qu'elle voulsist faire et ac-
quiescer au conseil et monicions qui lui seroient
faictes par maistre Jehan de Chastillon, docteur en
théologie, qui lui diroit bien pour le salut de son
ame et de son corps; et si elle ne le vouloit faire, elle
tomberoit en grand inconvénient net du corps et
de l'ame. Et alors lesdits juges prièrent ledit de
Chastillon qu'il procédast auxdites monicions ca-
rétativement. Lequel de Chastillon respondit : que
voluntiers il le feroit. Et premièrement lui dist que
tous loyaux chrestiens estoient obligés croire et
tenir les articles contenus en la foy, et lui exposa
la forme et manière comme par-devant elle avoit
esté admonestée; et lui demanda se elle se voulloit
corriger et amender d'après la délibéracion des saiges. A quoi elle respondit : «Lisez votre livre,» c'est
à sçavoir la cédule que tenoit ledict évesque, « et
» puis je vous répondrai. Je me actends à Dieu mon
» créateur de tout : je l'aime de tout mon cœur.»

Et interroguée se elle veut plus respondre à celle
monicion générale. Respond : « Je m'en actends
» à mon juge, c'est le roy du ciel et de la terre. »

Item, lui fut dist : Autrefois vous avez dit que
vos faits feussent veus comment il est contenu en
la cédule précédente. Respond : que autant en res-
pond-elle maintenant.

Item, lui fut desclaré que c'est que l'église militante, et admonestée de croire et tenir l'article *unam sanctam ecclesiam*, et à l'église militante se submettre. Respond : « Je croi bien l'église de cy-
» bas, mais de mes faicts et dicts, ainsi que autres
» foys j'ai dicts, je m'en actends et rapporte à
» Dieu. »

Item, dit : « Je crois bien que l'église militante
» ne peut errer ou faillir, mais quant à mes dicts
» et mes faicts, je les mets et rapporte du tout à
» Dieu qui m'a faict faire ». Et s'en rapporte à sa personne propre.

Item, Interroguée se elle veult dire qu'elle n'ait point de juge en terre, et se nostre Saint-Père le pape n'est point son juge. Respond : « je ne vous
» en dirai autre chose. J'ai bon maistre ; c'est Nos-
» tre Seigneur à qui je me actends de tout, et non à
» autre ».

Item, lui fut dict que se elle ne vouloit croire l'église et l'article *Ecclesiam sanctam catholicam*, que elle seroit hérétique de le soutenir, et seroit pugnie d'estre arse par la sentence d'autres juges. Respond : « Je ne vous en diray autre chose,
» et se je véoys le feu, se dirois-je tout ce que
» je vous dy, et n'en feroys autre chose. »

Interroguée si le conseil général, comme nostre Saint-Père et les cardinaux, estoient cy se elle se voudroit rapporter et submettre. Respond : « Vous
» n'en tirerez autre chose. »

Interroguée si elle se veut submettre à nostre Sainct-Père le pape. Respond : « Menez-m'y, et je

» lui répondrai ». Et autrement n'en a voulu respondre.

Item, de l'habit d'homme, respond de icellui habit : qu'elle voulloit bien prendre longue robbe et chapperon de femme pour aller à l'église et recepvoir son Sauveur, ainsi que autrefois elle a respondu, pourveu que, tantost après ce, elle le mist jus et reprint cestui qu'elle porte.

Item, du surplus qui lui fust exposé de avoir prins habit d'homme et sans, nécessité, et en espécial qu'elle est en prison. Respond : « Quand » je aurai faict ce pourquoy je suis envoyée de » par Dieu, je prendrai habit de femme. »

Interroguée se elle croit qu'elle face bien de prendre habit d'homme. Respond : « Je m'en ac-» tends à Nostre-Seigneur. »

Interroguée à l'exhortation que on lui faisoit ; c'est à sçavoir que en ce qu'elle disoit qu'elle faisoit bien, et qu'elle ne peschoit point en portant ledict habit, avecques les circonstances touchant le faict de prendre et porter ledict habit, en ce qu'elle disoit que Dieu et les saincts lui faisoient faire, elle les blasmoit, comme plus à plain est contenu en ladicte cédule, elle erroit et faisoit mal. Respond : que elle ne blasma poinct Dieu ne ses saincts.

Item, admonestée de soy désister de porter l'habit d'homme, et de croire qu'elle face bien de le porter, et de prendre habit de femme. Respond : qu'elle n'en fera autre chose.

Interroguée se toutesfois sainctes Catherine et Marguerite viennent se elle se signe. Respond : que aucunes foys elle faict le signe de la croix et autres foys non.

Item, des révélations. Respond : que de ce elle se rapporte à son juge, c'est assavoir Dieu ; et dit que ses révélations sont de Dieu sans autre moyen.

Interroguée se du signe baillé à son roy se elle se veult rapporter à l'archevesque de Reims, Aimé de Boursart, et aux chevaliers de Bourbon, la Trimouille et La Hire, auxquels ou à chascun d'eux elle a autrefois dit avoir monstré ceste couronne, et qu'ils estoient présents quand l'ange apporta ladicte couronne et la bailla audit archevesque, ou se elle se veult rapporter aux autres de son parti, lesquels escrivent sous leurs seaulx, ce qu'il en est : Respond : « Baillez ung messaiger, et je leur escrirai » de tout ce procez. » Et aultrement ne se y est voullu croire ne rapporter à eux.

Item, de sa téméraire crédence. Respond : « Je » m'en rapporte à mon juge, c'est assavoir Dieu, et à » ce que autrefois j'ai respondu qui est en livre. »

Interroguée se on lui donnoit deux, trois ou quatre des chevalliers de son parti, qui viennent par sauf-conduict, si elle se veult rapporter à eux de ses apparitions et choses contenues dans ce procès. Respond : que on les face venir, et puis elle respondra ; et aultrement ne se est voulu rapporter ne submectre de ses procès.

Interroguée se à l'église de Poitiers où elle a esté examinée elle se veult rapporter et submettre. Respond : « Me cuidez point prendre par ceste ma- » nière et par cela attirer à vous. »

Item, en conclusion, de rabondant et de nouveau fut admonestée genéralement de se submectre à l'église, et sur peine de estre laissée par l'église, et se l'église la laissoit, elle seroit en grand péril du corps et de l'âme, et se pourroit bien mectre en péril de encourir peines du feu éternel quant à l'âme, et du feu temporel quant au corps, et par la sentence des autres juges. Respond : « Vous » ne ferez jà ce que dictes contre moi, qu'il vous » en prenne mal et au corps et à l'âme. »

Interroguée qu'elle dye une cause pourquoi elle ne se rapporte à l'église. A quoi elle ne veut faire autre response.

Et apprès, plusieurs docteurs de diverses sciences et facultés, l'admonestèrent et exortèrent caritativement de soy submettre à l'universelle église militante et au consille général, en lui exposant le péril et danger auquel elle se exposoit, quant au corps et à l'âme, si elle ne se submetoit à l'église militante. A quoy elle respondit comme devant.

Et finablement, ledit évesque lui dist qu'elle pensast bien et advisast sur les monicions dessusdites, et qu'elle pensast à faire autrement. A quoi ladite Jehanne respondit dedans quelque temps : « Voulez-vous que je me advise. » A quoi ledit évesque lui dist qu'elle se advisast tout présentement, et qu'elle respondit ce qu'elle vouldroit. Et à cette heure ne fut fait autre chose.

(*Lacune du* 17 *au* 27.)

LE MARDI D'APRÈS PASQUES FLEURIES,

QUI FUST LE VINGT-SEPTIÈME JOUR DE MARS MIL QUATRE CENT TRENTE.

Le jour dessusdit, le promoteur en ceste cause feist une requeste contenue en une feuille de papier, laquelle il tenoit en ses mains, contenant qu'elle feust reçue à bailler libelle contre ladite Jehanne, qui estoit présente, par manière de articles contre icelle, afin qu'elle peut conclure en ladite cause.

Apprez laquelle requeste fut demandé aux assistants qu'il estoit à faire, et se on devoit procéder outre en ce négoce. A quoi ils respondirent; et premièrement maistre Nicole des Venderez, dist au premier article, que on la doit excommunier, et se elle veut soustenir les censures, on doit procéder contre elle selon la disposition des droits.

Maistre Jehan Pinchon, Jehan Basset, Jehan Guérin, furent d'oppinion qu'il falloit lire les articles; maistre Jehan de la Fontaine fut d'oppinion dudit de Venderez.

Maistre Gieffroy du Crottoy fut d'oppinion que on lui debvoit donner dilation de trois jours devant que la excommunier, pour ce que en matière de droit on donne trois dilations pour jurer de calomnie.

Maistre Jehan le Doulx fut de son oppinion.

Maistre Gille Deschamps fut d'oppinion que on lui debvoit lire les articles, et que on lui debvoit assigner jour à y venir respondre,

Maistre Robert Barbery fut de son oppinion.

L'abbé de Fescamp dist que il lui sembloit qu'elle estoit tenue de dire vérité des choses qui touchent son procès; et se elle n'est point advisée, que on lui donne dilacion compétente à venir bien advisée.

Maistre Jehan de Chastillon dist qu'elle estoit tenue de respondre de dire vérité, actendu qu'il estoit question de son faict.

Maistres Euvrard, Emengard et Guillaume le Boucher, comme ledit Chastillon.

Le prieur de Longueville dit que des choses de quoi elle ne sauroit respondre, elle n'est à contraindre d'en parler par croire et non croire.

Maistre Jehan Beau-Père dist qu'elle est tenue de respondre et dire vérité des choses desquelles elle est certaine, et qui sont de son faict; des autres choses, on lui doibt donner dilacion si elle la demande.

Maistre Jacques de Tourraine est de ceste oppinion; maistre Nicole de Midi pareillement; et au regard de la contraindre précisément, ils s'en rapportent aux juristes.

Maistre Maurice du Quesnay est de l'oppinion de l'abbé de Fescamp, dessusdit.

Maistre Jehan de Nerbat dit que, quant aux articles, il s'en rapporte aux juristes, mais dist que elle doibt dire vérité, quant aux choses qui touchent son procez; et se il y a aucuns interrogatoires sur lesquels elle face difficulté de y respondre, on lui doibt donner dilacion se elle la demande.

Maistre Jehan Fabry se rapporte aux juristes.

Maistre Pierre Maurice dist qu'elle est tenue de respondre des choses notoires.

Maistre Girard dist qu'elle est tenue de respondre et de jurer.

Maistre Jehan Guedon est de son opinion.

Maistre Thomas de Courcelles dist qu'elle est tenue de respondre à chacun des articles; et se elle demande dilacion, on la lui doibt donner.

Maistre André Marguery est d'oppinion qu'elle doibt jurer de ce qui touche son procès; et des choses dont elle feroit doubte, que on lui doibt donner dilacion.

Maistre Denys Gastines dit qu'elle doibt jurer, et que le promoteur a bien demandé quant au jurement, et quant à procéder en outre, se elle refuse jurer, il vouldroit voir les livres pour en dire son oppinion.

Maistre Ausbert Morel et Jehan du Chesnier, furent d'oppinion qu'elle doibt jurer.

Après les oppinions retirées, le promoteur en ceste cause s'offrit à jurer de la calomnie, c'est que par faveur, ne par honte, ne par crainte, mais meu du zèle de la foi, il faisoit la poursuite contre ladite Jehanne.

Après les choses dessusdites, fut dit à ladite Jehanne qu'elle respondist et dist vérité des choses qui touchoient son procès, et que il estoit force qu'elle le feist, puisque les docteurs avoient esté de ceste oppinion, et que ledit promoteur avoit juré de calomnie; et lui remonstra ledit évesque de Beauvoys, que les dessusdits docteurs estoient tous gens d'église, clercs et lectrés en droit divin et humain, et tous, begnins et piteux, voulloient et entendoient procéder en ceste matière doulcement et gracieusement, sans demander vengeance ne pugnition corporelle, mais seulement tendoient à fin de l'instruire et réduire en la voie de vérité et de salut, se il avoit quelque faute en sa foy; et pour ce qu'elle n'estoit pas assez instruicte en lettres et telles hautes matières pour se adviser de ce qu'elle voudroit faire, pour ce, ledit évesque de Beauvoys, et vicaire de l'inquisiteur, offrirent à ladite Jehanne que elle esleust ung ou plusieurs desdits assistants pour la conseiller, ou si elle n'en vouloit ou savoit eslire, on lui en bailleroit tel nombre qu'elle voudroit pour la conseiller de ce qu'elle debvoit respondre. A quoi icelle Jehanne respondit: « Premièrement de ce que me admonestez de mon
» bien et de nostre foi, je vous en remercie, et la
» compaignie aussi, et en tant que me offrez du
» conseil, je n'ai point intention de me départir du
» conseil de Nostre-Seigneur; et quant au serment

» que vous voulez que je fasse, je suis preste de jurer
» de dire vérité de ce qui touche vostre procès. »
Et ainsi jura sur les sainctes Évangiles.

Après les choses dessusdites, du commandement dudit évesque et autres juges, maistre Thommas de Courcelles commença à exposer les articles contenus au libelle. Au premier article duquel respondit : qu'elle croit bien que nostre Sainct-Père le pape de Rome, et les évesques et autres gens d'église, sont pour garder la foi chrestienne et pugnir ceux qui y défaillent ; mais quant à elle, de ses faicts, elle ne se submectra fors à l'église du ciel, c'est à Dieu et à la vierge Marie, et saincts et sainctes du paradis ; et croit fermement qu'elle n'ait point failli en la foi chrestienne ; et qu'elle ne voudroit point faillir.

Au second article, des sorceries et superstitions et divinations dont est accusée, elle le nie formellement ; et au regard des adorations que on dit lui avoir esté faictes, dit que si aucuns ont baisé ses mains ou vestements, ce n'a point esté par elle ou de sa volonté, et s'en est gardée autant qu'elle a peu.

Au tiers article, elle le nie, et affirme que à son povoir elle a soustenu l'Église.

Quant au quatriesme article, elle confesse, c'est assavoir de son père et de sa mère, et du lieu de sa nativité.

Quant à la seconde partie d'icellui article, elle le nie ; et quant aux fées dont est faicte mencion ou dit article, elle dit qu'elle ne sçait que c'est ; et quant à son instruction, dit qu'elle a apprins sa créance, et qu'elle est bien instruite et enseignée comme ung bon enfant doibt estre; et en ce qui touche sa marraine, elle s'en rapporte à ce que elle en a autresfois dit.

Requise de dire son *Credo*, respond : « Demandez » au confesseur à qui je l'ai dit. »

Au cinquiesme article, de l'arbre et de la fontaine, s'en rapporte à ce qu'elle en a dit, et le surplus elle le nie.

Au sixiesme, pareillement se rapporte à ce qu'elle en a dit, et le surplus elle le nie.

Au septiesme, faisant mencion de la mandagloire (mandragore), elle le nie entièrement.

Au huitiesme, elle s'en rapporte à ce qu'elle en a autresfois respondu et nie les autres choses.

Quant au neuviesme, faisant mencion de mariage, elle en a autrefois respondu, et elle s'en rapporte à ce qu'elle en a dit; et le surplus elle le nie.

Au dixiesme, faisant mencion des apparicions et du département de son pays, elle en respond comme dessus, c'est qu'elle s'en rapporte à ce qu'elle en a autrefois dit.

Quand à l'onziesme, respond comme en l'article précédent.

Et au douziesme, s'en rapporte comme dessus à ce qu'elle en a autresfois dit.

Interroguée s'elle a prins habit d'homme et habillements de guerre par le commandement de Dieu. Se rapporte à ce que autrefois en a respondu.

Quant au treiziesme, faisant mencion de blasphesme. Respond : « Je n'ai blasphesmé Dieu ne
» ses saincts. »

Et quant il lui fust remonstré que les saincts canons et les sainctes escriptures mectent que les femmes qui prennent habit d'homme, et les hommes qui prennent habit de femmes, c'est chose abbominable à Dieu, on lui demanda si elle avoit prins ledit habit du commandement de Dieu, dist:
« Vous en estes assez respondus, et se vous voulez
» que je vous en responde plus avant, donnez-moi
» dilacion et je vous respondrai. »

Item, lui fut demandé si elle voudroit prendre habit de femme afin qu'elle peust recepvoir son sauveur à cestes Pasques. Respond : qu'elle ne laissera point encoires son habit, soit pour recepvoir ou autre chose ; et dit que elle faict point de différence d'habit d'homme ou de femme pour recepvoir son Sauveur ; et pour cest habit, que on ne lui doibt point refuser

Interroguée se elle avoit point par révélation ou du commandement de Dieu, de porter c'est habit, dist : qu'elle en a respondu, et que elle s'en rapporte à ce qui en est escript; et apprès, dist que dedens demain, elle en fera response.

Item, dit qu'elle sçait bien qui lui a faict prendre ledit habit, mais ne sçait point comme elle le doibt révéler.

Quand au quatorziesme, dit : «Je ne faits point mal
» de Dieu servir, et demain je vous en respondrai. »

Au quinziesme article, respond : qu'elle aime plus cher mourir que révocquer ce qu'elle a faict par le commandement de Nostre-Seigneur.

Interroguée se elle veust laisser l'habit d'homme. Respond : que quant à l'habit qu'elle porte, ne le laissera point encoires, et qu'il n'est point en elle de dire le terme dedens lequel elle le laissera.

Item, dit, se les juges la refusent de lui faire ouïr messe, il est bon à Nostre-Seigneur de la lui faire ouïr sans eux.

Item, dit au résidu de l'article de la séquelle, qu'elle confesse bien d'avoir esté admonestée de laisser l'habit d'homme, mais quant à l'irrévérence et autres choses, elle les nie.

Au seiziesme, dit que : à Arras et Beaurevoir a bien esté admonestée de prendre habit de femme, ce qu'elle a refusé et refuse encoires. Et quant aux œuvres de femme, dit qu'il y a assez d'autres femmes pour ce faire.

Au dix-septiesme article, respond : qu'elle confesse qu'elle porta les nouvelles de par Dieu à son roy, que Nostre-Seigneur lui rendroit son royaume, et le feroit couronner à Rheims, et le mestroit hors de ses adversaires ; et de ce, fut messagère de par Dieu, en lui disant que il la mist hardiment en œuvre, et qu'elle lèveroit le siége d'Orléans.

Item, dit qu'elle disoit tout le royaume, et que si monseigneur de Bourgongne et les autres subjets du royaume ne venoient en obéissance, que le roy les y feroit venir par force. Et à la fin dudit article

se congnust Robert et son roy. Respond : « Je me
» tiens à ce que une autre fois j'en ai dit. »

Au dix-huitiesme article, faisant mention de la paix, dit qu'elle a requis le duc de Bourgongne par lectres, et mesme à ses ambassadeurs, qu'il mist la paix; quant aux Anglois, c'est qu'il faut qu'ils s'en voysent en leur pays en Angleterre; et du résidu dudit article, dit qu'elle en a respondu, à quoi elle s'en rapporte.

Au dix-neuviesme, se rapporte à ce qu'elle en a dit, et au regard du surplus de l'article, elle le nie.

Au vingtiesme, se rapporte à ce qu'elle en a dit devant; et dit outre, que de choses qu'elle ait faict, n'y avoit sorcerie ou mauvaise art; et du bonheur de son estendart, dit qu'elle s'en rapporte à l'heur que Nostre-Seigneur y a envoyé.

Au vingt-uniesme, dit que quant aux lectres, elle ne les a point faictes par orgueil ne par présomption, mais par le commandement de Nostre-Seigneur; et confesse bien le contenu èsdictes lectres, excepté trois mots.

Item, dit que si les Anglois eussent creu ses lectres, ils eussent faict que saiges; et que avant qu'il soit sept ans, ils s'en appercevront bien; et de ce que elle leur escripvoit, se rapporte à ce que autresfois elle en a respondu.

Et quant à l'article faisant mention que ce qu'elle a faict, ce a esté par le conseil des mauvais esprits, elle le nie; et aux autres articles, se rapporte à ce qu'elle en a respondu.

Aux vingt-deuxiesme, vingt-troisiesme, vingt-quatriesme articles, se rapporte à ce que elle en a autresfois dit.

Au vingt-cinquiesme, dit que, premièrement, elle requéroit que on feist paix, et que en cas que on ne voudroit faire paix, qu'elle estoit preste de combastre.

Au vingt-siziesme, vingt-septiesme, vingt-huitiesme, vingt-neuviesme, elle se rapporte à ce qu'elle en a dit devant.

DU MARDI DIX-HUITIÈME JOUR DE MARS
MIL QUATRE CENT TRENTE.

Fut requise de faire serment. A quoi elle respondit que volontiers, de ce que touchoit son procès, elle diroit vérité; et ainsi le jura.

Et premièrement, quant à l'article de l'habit et des armes, respond : que l'habit et les armes qu'elle a portées, a esté par le congé de Dieu. Et, sur ce que elle fut interroguée de laisser son habit, respond : qu'elle ne le laisseroit point sans le congé de Nostre-Seigneur, et lui deust-on trancher la teste; mais se il lui plaist, elle le mestra tantost jus.

Et interroguée se elle avoit congié de Nostre-Seigneur, si elle prendroit l'habit de femme, respond : que à révéler le signe contenu en l'article, elle pourroit bien avoir dit qu'elle ne le révéleroit point; et dit que, en sa confession autrefois faicte, dit que sans congié de Nostre-Seigneur, elle ne le révéleroit point; et ce qu'elle avoit faict, ce avoit esté par révélation de saincte Catherine et saincte Marguerite; et le soustiendra jusques à la mort.

Item, dit qu'elle fut conseillée par aucun. A respondu : « Et m'en actends à ladicte response; » et de la conclusion de l'article, elle s'en actend à Nostre-Seigneur. Et sur plusieurs interrogatoires qu'on lui faisoit, a respondu : qu'elle s'en rapporte à ce qu'elle en a autresfois respondu, et de la conclusion, à Nostre-Seigneur.

Interroguée quant aux signes. Respond : « J'en ai » respondu, et m'en actends à ce qui est escript; » et quant aux signes, se ceux qui le demandent n'en sont dignes, elle n'en peut mais ; et plusieurs fois en a esté en prière, afin qu'il pleust à Dieu qu'il le révélast à aucuns de ce parti.

Et dit outre que de croire en ses révélations, elle ne demande point de conseil à évesque, curé ou autres.

Item, dit qu'elle croit que c'estoit sainct Michel, pour la bonne doctrine qu'il lui monstroit.

Interroguée se sainct Michel lui dist : Je suis sainct Michel. Respond : « J'en ai autrefois respondu. » Et quant à la conclusion de l'article, respond : « J'en » ai autrefois respondu, et m'en actends à Nostre- » Seigneur. »

Item, dit qu'elle croit, aussi fermement qu'elle croit que Nostre-Seigneur a souffert mort et passion pour nous rachapter des peines d'enfer, que ce soient saincts Michel et Gabriel, sainctes Katherine et Margueritte, que Nostre-Seigneur lui envoye pour la conforter et conseiller.

Et sur deux autres interrogacions : sur le premier, respond : « Du commencement j'en ai res- » pondu; » et de la conclusion s'en actend à Nostre-Seigneur. Et du second aussi, respond : qu'elle a respondu, et les appellera à son aide tant qu'elle vivra.

Interroguée par quelle manière elle les requiert. Respond : « Je réclame Nostre-Seigneur et Nostre-Dame qu'elle me envoye conseil et confort, et puis le m'envoye. »

Interroguée par quelles paroles elle requiert. Respond : « Je requiers par ceste manière : Très doux Dieu, en l'honneur de vostre saincte passion, je vous requiers, si vous m'aimez, que vous me révélez que je doibve respondre à ces gens d'église; je sçais bien, quant à la vie, le commandement comme je l'ai prins, mais je ne sçais poinct par quelle manière je le doibs laisser; pour ce plaise vous à moi l'enseigner. Et tantost ils viennent. »

Item, dit : qu'elle a souvent nouvelles par ses voix de monseigneur de Beauvois.

Interroguée s'ils estoient en sa chambre. Respond : « Je vous en ai respondu bien; toutesfois je les oys. »

Item, dit que saincte Katherine et saincte Margueritte lui ont dit la manière qu'elle doibt respondre de icel habit.

Respond : qu'elle a respondu de l'ange qui apporta le signe; et quant à ce que le promoteur propose, de mille millions d'angels, respond : qu'elle n'est point recollente de l'avoir dict; c'est à sçavoir du nombre, mais dit qu'elle ne fust oncques blécée qu'elle ne eust grand confort et grand ayde de par Nostre-Seigneur et de saincte Katherine et Marguerite.

Item, de la couronne, dit qu'elle a respondu ; et de la conclusion de l'article que le promoteur mect contre ses faicts, s'en actend à Dieu Nostre-Seigneur; et où la couronne fut faite, s'en rapporte à Nostre-Seigneur.

Respond aussi, quant au commencement de l'article : « J'en ai autrefois respondu. » Et quant à la conclusion de l'article, s'en rapporte à Nostre-Seigneur.

Interroguée de ce qu'elle avoit esté chef de guerre. Respond : qu'elle en a autrefois respondu ; et se elle estoit chef de guerre, c'estoit pour battre les Anglois ; et quant à la conclusion de l'article, s'en rapporte à Nostre-Dame.

Interroguée qui la gouvernoit. Respond : que son gouvernement estoit d'homme ; mais quant au logis, avoit le plus souvent une femme avecques elle ; et quand elle estoit en guerre, elle gissoit vestue et armée là où elle ne povoit trouver des femmes. Quant à la conclusion de l'article, respond : « J'en ai respondu. »

Et des dons faits à ses frères, respond : Ce que le roy leur a donné, c'est de sa grace, sans la requeste d'elle; quant à la charge que lui donne le promoteur, s'en rapporte à Nostre-Seigneur; et dit qu'elle se tient à ce qu'elle en a respondu.

Quant aux conseillers de la fontaine, ne sçait que c'est; mais bien sçait et croit que une fois y oyt saincte Katherine et saincte Marguerite; et quant à la conclusion de l'article, elle nye, et si afferme par son serment, qu'elle ne voudroit point qu'elle l'eust tirée hors de la prison; et quant est du commencement de l'article, elle en a autresfois respondu; et si elle en est advisée plus avant, voluntiers en respondra; et en la fin de ladite article qui est dit que Dieu lui ait failli, elle le nye, et que sur ce elle a respondu; et du contredit mis par le promoteur, elle s'en rapporte à Nostre-Seigneur; et en tant que sont les armures, elle en a respondu; et au regard des chandelles alumées, elle nye.

Interroguée pourquoi elle a prins délai. Respond : que elle ne l'a seulement prins pour respondre à ce que on lui demanderoit plus seurement; et aussi a prins délai pour sçavoir si elle debvoit dire ce que on lui demanderoit; et quant au conseil du roy, pour ce qu'il ne touche point le procès, elle ne l'a voulu révéler; et du signe baillé au roy, elle a dit pour ce que les gens d'église l'ont condamnée à le dire.

Interroguée se elle se vouldroit submectre à l'église militante. Respond : qu'elle lui vouldroit porter révérence de son pouvoir, mais que de ses faicts elle se rapporte à Dieu qui lui a faict faire.

Interroguée se elle se rapportera à l'église militante quant à ce qu'elle a faict. Respond : « En-
»voyez-moi le clerc samedi prochain, et je vous ré-
»pondrai. » Et quant est de la conclusion de cest article, s'en rapporte à Nostre-Seigneur.

Interroguée de la foi, dit qu'elle est bonne chrétienne; et de toutes les charges en cest article, dit que elle n'a point faict les délitz proposés par le promoteur.

Interroguée, se elle avoit fait aucune chose contre la foi chrétienne, se elle s'en voudroit rapporter à l'église et aux ceux auxquels en appartient la correction. Respond : que sabmedi après disner elle en respondra.

LE SAMEDI DERNIER JOUR DE MARS
AUDIT AN.

Interroguée se elle se veut rapporter au jugement de l'église qui est en terre, soit bien ou mal, espécialement des crimes et délitz que on lui impose et de tout son procès. Respond : que de tout ce que on lui demande, s'en rapportera à l'église militante. Quant à ce qu'elle a fait, respond : « Envoyez-moi le clerc sabmedi prochain, et je vous en respondrai. » Et quand est de la conclusion de cest article, s'en rapporte à Nostre-Seigneur.

Interroguée de la foi, dit qu'elle est bonne chrestienne ; et de toutes les charges mises en cest article, dit que elle n'a point faict les délitz proposés par le promoteur.

Interroguée se elle avoit faict aucune chose contre la foi chrétiesne, se elle s'en voudroit rapporter à l'église et aux ceux auxquels en appartient la correction. Respond : que sabmedi après disner elle en respondra.

Le samedi dernier jour de mars audit an mil quatre cent trente.

Interroguée se elle se veut rapporter au jugement de l'église qui est en terre, de tout ce qu'elle a fait soit bien ou mal, espécialement des crimes et délitz que on lui impose et de tout son procèz.

Respond : que de tout ce que on lui demande s'en rapportera à l'église militante, pourvu qu'elle ne lui commande chose impossible.

Interroguée que elle appelle chose impossible. Respond : que ce que les faitz et dicts déclarés en son procès des visions et révélations qu'elle a dictes, ne les révocquera point pour quelque chose ; et de tout ce que Nostre-Seigneur lui a faict faire, et commande et commandera, ne laissera à les faire pour homme qui vive; et lui seroit chose impossible de les révocquer.

Interroguée se l'église militante lui dit que ses révélacions sont illusions, choses diaboliques, supesticieuses révélacions, et maulvaises choses, se elle s'en rapportera à elle. Respond : qu'elle s'en rapportera à Nostre-Seigneur, duquel elle fera tousjours le commandement ; et qu'elle sçait bien que tout ce qui est contenu en son procès est venu par le commandement de Dieu, duquel elle ne sçauroit faire le contraire ; et en cas que l'église militante lui commanderoit faire le contre, elle ne s'en raporteroit à homme du monde, fors à Nostre-Seigneur, qu'elle ne feist toujours son bon commandement.

Interroguée se elle croit point qu'elle fust subjecte à l'église, qui est en terre, c'est assavoir nostre Saint-Père le pape, cardinaux, archevesques, évesques, et austres prélats d'église. Respond que oui, nostre sire servi.

Interroguée se elle a commandement de ses

voix, que elle ne se submecte point à l'église militante qui est en terre ne au jugement d'icelle. Respond : qu'elle ne respond chose qu'elle pringne en sa teste ; mais ce qu'elle respond, c'est du commandement d'icelles ; et ne commandent point qu'elle ne obéisse à l'église, nostre syre premier servi.

Interroguée se à Beaurevoir et à Arras ou ailleurs, elle a point eu de livres. Respond : « Se on a » trouvé sur moi, je ne vous en ai autre chose à » respondre. »

MERCREDI DIX-HUITIÈME JOUR D'AVRIL
MIL QUATRE CENT TRENTE-UN.

Maistre Guillaume le Boucher, avecques les juges dessus nommés, maistre Jacques de Thouraine, Maurice du Chesne, Nicolas Mydy, Guillaume Adelys, Guérard Feuillet, tous maistres en théologie, et maistre Guillaume Hector, comparurent en la chambre en laquelle estoit destenue ladicte Jehannne, prisonnière ; auxquels l'évesque de Beauvoys exposa aux dessusdicts, comme ladicte Jehanne, par plusieurs journées, avoit esté interroguée en la grande et haute matière de la foi, en la présence de plusieurs et notables clercs, en laquelle lesdits clercs avoient veu plusieurs faustes commises par ladicte Jehanne; et pour ce que icelle Jehanne ne sauroit congnoistre ne discerner aucunes choses contenues en son procès, scavoir se elle estoit contre nostre foi et contre la doctrine de docteurs approuvées en l'église, lui offroient bailler bon conseil et salutaire pour l'adviser, et qu'elle regardast se elle en vouloit prendre aucuns des présents, ung ou plusieurs, pour se conseiller de ce que elle avoit à faire, et la réduire à la voye de vérité; et lui offrirent les docteurs en théologie et les juristes qui présents estoient, en lui remonstrant que si elle ne voulloit prendre du

conseil, et faire du conseil de l'Église, qu'elle estoit en grand danger de sa personne, respond ce : « Il me semble, veu la maladie que j'ai, que je
» suis en grand péril de mort; et se ainsi est que
» Dieu veuille faire son plaisir de moi, je voudrois
» estre avoir confession et mon Sauveur aussi, et
» en la terre saincte. » A ce lui fust dit : « Se voullyez
» avoir les droictures et sacrements de l'église,
» il fauldroit que feissiez comme les bons catholi-
» ques doibvent faire, et vous submissez à saincte
» église. » Respond : « Je ne vous en sçauroye autre
» chose dire maintenant. »

Item, lui fut dit que tnat plus se craint de sa vie pour la maladie, tant plus se debveroit admender sa vie ; et ne auroit pas les droys de l'église comme catholique se elle ne se submettoit à l'église.»

Respond : « Si le corps meurt en prison, je me
» actends que faciez mectre en terre saincte ; se ne
» lui faites mectre, je m'en actends à Nostre-Sei-
» gneur. »

Item, lui fust dict que autrefois elle avoit dict en son procès, que si elle avoit faict ou dit quelque chose qui fust contre nostre foi chrétienne ordonnée de Nostre-Seigneur, qu'elle ne vouldroit point soustenir. Respond : « Je me actends, à la
» responce que j'en ai faict à Notre-Seigneur. »

Interroguée pour ce qu'elle dit avoir eu plusieurs révélations de par Dieu, saint Michel, sainte Catherine et Marguerite, se il venoit aucune bonne créature qui affirmast avoir en révélacion de par Dieu, touchant le fait d'elle, se elle le croiroit. Respond : qu'il n'y a chreptien en monde qui vinst devers elle, qui se dist avoir eu révélacion, qu'elle ne sçait se il disoit vrai ou non; elle le sauroit par saintes Catherine et Marguerite.

Interroguée se elle imagine poinct que Dieu puisse révéler chose à une bonne créature qui lui soit incongnue : — « Il est bon à sçavoir que ouy.
» mais je n'en croirois homme ni femme, se je
» n'avois veu aucun signe. »

Interroguée se elle croit que la saincte Escripture soit révélée de Dieu, respond : « Vous le savez
» bien; et est bon à sçavoir que ouy. »

Item, fust sommée et exhortée et requise de prendre le bon conseil de clercs et notables docteurs, et les croire pour le salut de son ame; et à la dernière respond : qu'elle le feist. A ce qui lui fust demandé se elle se voulloit submectre de ses faicts à nostre mère saincte église. Respondit : « Quel-
» que chose qu'il me doibve advenir, je n'en dirai
» autre chose que ce que j'en ai dict. »

Lesquelles choses ouyes, et qu'il lui fust remonstré par maistres Guillaume le Boucher, Maurice Du Chesne, Jacques de Thourraine, Guillaume Adelys et Guérard Feuillet, qu'elle se debvoit submectre à nostre mère saincte église; et lui remonstrèrent, par plusieurs autorités et exemples de la saincte Escripture, qu'elle debvoit y obéyr. Et entre autres exhortations, maistre Nicolle Midy, en faisant son exhortation, lui allégua ce qui est escript en dix-huictiesme chappistre de sainct Matthieu, où il est escript : « Si aucun chrestien pèche, » que on le doibt exhorter en secret; et se il ne le » veut entendre aux monicions de l'église, qu'il » soit réputé comme publicain et excommunié à » l'église. » Et à la fin, lui dist que se elle ne voulloit obéyr à l'église, qu'elle fust habandonnée comme une Sarrasine. A quoi ladite Jehanne respondit : qu'elle estoit bonne chrestienne, et qu'elle estoit bien baptisée, et qu'elle mourroit comme bonne chrestienne.

Interroguée, puisqu'elle requiert que l'Église lui baille son créateur, se elle se vouldroit submectre à l'église, et on lui promectroit bailler. Respond : de ceste submission, elle n'en respondra autre chose qu'elle a fait et qu'elle a mis ; confiance en Dieu qu'elle vouldroit aider et soustenir l'église, et de tout son povoir.

Interroguée se elle vouldroit poinct qu'on ordonnast une belle et notable procession pour la réduire à bon estat, se elle n'y est. Respond : qu'elle voudroit bien que les bons catholiques prient Dieu pour elle.

LE MERCREDI ONZIEME DE MAI,
EN LA GROSSE TOUR DU CHASTEAU DE ROUEN.

Ladite Jehanne fust admenée en la présence de ses juges, et avecques eux maistres Jehan de Chastillon, Guillaume Eston, André Marguerie, Nicolas de Vendères, Aubert Morel, Nicolas Loyseleur, et messire Jehan Massieu, doyen de la chrestienté de Rouen. Apprès les monicions et exhortations faites à icelle Jehanne, par les juges et assesseurs, respondit : « Vraiment, si vous me debvez » distraire les membres, et faire partir l'ame du » corps, si ne vous en dirai-je autre chose ; et ap- » près vous dirois-je, que le me auriez faict dire par » force. » Dist outre que : à la Saincte-Croix, elle eust confort de sainct Gabriel, et que ses voix lui avoient dict que c'estoit sainct Gabriel. Et dict outre se elle debvoit submectre à l'église, pour ce que les gens de l'église la pressoient fort de ce faire, et lui ont dict que se elle veut que Nostre-Seigneur lui aide : qu'elle se actend à Nostre-Seigneur de touts ses faicts.

Item, dict qu'elle sçait bien que Nostre-Seigneur a esté toujours maistre de ses faicts, et que l'ennemi ne avoit oncques eu puissance sur ses faicts.

Item, dict qu'elle a demandé à sainct Michel et ses autres voix, se elle sera arse, et que lesdictes voix lui ont respondu qu'elle se actende à Nostre-Seigneur, et il lui aidera.

Item, du signe de la couronne qu'elle dict avoir esté baillée à l'archevesque de Reims, interroguée se elle s'en veut rapporter à lui. Respond : « Faites-le
» cy venir, et le lui parler, et depuis je vous res-
» pondrai. Il ne me oseroit dire le contraire de
» ce que je vous en ay dict. »

LE DOUZIÈME JOUR DE MAI,

EN LA MAISON DE MONDIT SEIGNEUR L'ÉVESQUE DE BEAUVAIS, HEURE DE VESPRES.

Les juges assemblés en la présence du vicaire de l'inquisiteur de la foy, et maistre Raoul Roussel, trésorier de l'église de Rouen; Nicolas de Vendères, archidiacre; André Marguerie, Guillesme Erard, docteurs en théologie; Robert, Barby, Denys, Gastinel, Ausbert, Morel, Thomas de Courselles, Nicolas Couppe-Guème, Jehan Ledoux, Isabel de la Pierre, et Nicolas Loyseleur, juristes. Apprès que on leur eust exposé ce qui avoit esté faict le mercredy de devant, leur fust demandé ce qui estoit à faire en demeurant, et se il estoit expédient mectre ladite Jehanne à la torture. Respondirent ce qui s'ensuit :

Premièrement, maistre Raoul Roussel, dict que non, affin que le procès qui avoit esté faict, ne peut estre calumnié.

Maistre Nicolle de Vendères, dict qu'il n'estoit poinct expédient la mectre en la torture pour l'heure.

Maistre André Marguerie, dict qu'il n'estoit expédient pour l'heure.

Maistre Guillelme Hérard, dict que pour néant elle seroit mise en la torture, et que la matière estoit assez clère sans torture.

Maistre Robert Barbery dist comme les dessus dist, mais que on la doibt admonester de rechef une fois pour toutes, et que se elle ne se veult submettre à l'église, que on procède outre.

Maistre Denys Gastinel dist qu'il n'est point expédient de la mettre ès tortures, affin de sçavoir la vérité de ses menteries.

Maistre Thomas de Courselle, dist qu'il lui semble que on la doibt mettre ès tortures et qu'on la doibt interroguer, sçavoir si elle se voudra mettre au jugement de l'église.

Maistre Nicolle Couppe-Guème dit qu'il n'est point expédient qu'on la mette ès tortures, que de rechef on la doibt admonester de se submettre à la déterminacion de l'église.

Maistre Jehan Ledoulx dit comme le dit Couppe-Guème. Frère Isambart de la Pierre, comme dessus, mais que on la doibt encoires admonester de soi submettre à l'église militante.

Maistre Nicolle Loyseleur dit qu'il lui semble, pour la médecine de soi, la mettre ès torments; toutesfois s'en rapporte aux oppinions des précédents.

Maistre Guillelme Hector, lequel survint là, fut d'oppinion qu'on ne la debvoit point mettre ès tortures.

Maistre Jehan Magistri, vicaire de l'inquisiteur, fut d'advis que on la debvoit de rechef interroguer, sçavoir : si elle se voudroit submettre à l'église militante.

L'AN MIL QUATRE CENT TRENTE-UN,

LE SAMEDI DIX-NEUVIÈME JOUR DE MAI.

Les juges assemblés en la chappelle du manoir archiépiscopal de Rouen, devant l'évesque de Beauvoys et le vicaire de l'inquisiteur de la foi, et maistres Raoul Roussel, Nicolle des Vendères, l'abbé de Fescamp, André Marguerie, Jehan Pinchon, Jehan de Chastillon, Evrard Esmengar, Guillelme le Boucher, le prieur de Longueville, Jehan Beau-Père, Nicolle Midy, Maurice du Chesne, Pierre de Soudan, Jehan Lefebvre, l'abbé de Mortemer, le prieur de Sainct-Lo, Pierre Maurice, Jacques Guesdon, Jehan Foucher, l'abbé de Cormeilles, Thomas de Courselles, Nicollas Couppe-Guême, Raoul Silvestre, Jehan Pugyce, Richard Gruchet, Nicollas Loyselleur, Pasquier de Vaulx, Denys, Gastenel, Jehan Manger, Jehan Secard, Jehan Adentin, Gieffroy Crottoy, Guillemme de la Chambre, Jehan du Quenin, Martin Ladvenu, Isambart de la Pierre, Guillelme Delyvet, Jehan Ledoulx, Jehan Coulombel, Richard Dessaulx, Laurens du Base, Pierre le Mynier, Pierre Carré et Raoul Anguy. En la présence de tous lesquels ledit évesque de Beauvoys recita au long la déduction dudit procès, de ladite Jehanne. Et ce faict, de l'advis de tous les juges, fut ordonné que les articles envoyés à l'Université de Paris seroient leus en leur présence, desquelles la teneur s'ensuit, leus et prononcés par la bouche de maistre Pierre Maurice, docteur en théologie avec la délibération de chascune desdites articles de ladite Université.

Premièrement se adressa à ladite Jehanne, en lui disant : «Tu as dit que dès l'aage de treize ans, tu as eu des révélations et apparicions d'angels, de saincte Katherine et saincte Marguerite, et que les as veues des yeux corporels bien souvent, et que ils ont parlé à toi : quant à ce premier point; les clercs de l'Université de Paris ont considéré la manière desdites révélations et apparicions, et la fin des choses revélées et la qualité de la personne ; toutes choses considérées, qui sont à considérer, et ont dit et déclaré que toutes telles revélacions sont superstitieuses, procédantes de mauvais esprits et diaboliques.

» *Item*, tu as dit que ton roy a eu signe par lequel il congnut que tu estois envoyée de Dieu par sainct Michel, accompagné de plusieurs angels, desquels les aucuns avoient des aesles, les autres des couronnes ; avecques les dicts angels, estoient saincte Catherine et saincte Margueritte ; toute laquelle accompaignée vint à toi au chasteau de Chinon ; et montèrent les degrés du chasteau, jusques en la chambre de ton roy, devant lequel l'ange se inclina, qui portoit une couronne ; et une fois, tu as dit que quand ton roy eut ce signe, il estoit tout seul ; d'autrefois, tu as dit que celle couronne, que tu appelles signe, fut baillée à l'archevesque de Rains, qui la bailla à ton roy, en la présence de plusieurs princes et seigneurs, lesquels tu as nommés. Quant à cet article, les clercs disent que cela n'est point vraisemblable, mais est menterie, et présumptueuse, séductoire et pernicieuse chose, contraire et desrogative à la dignité de l'église angelicque.

» *Item*, tu as dit que tu cognois les anges et les sainctes par le bon conseil, confortacion et doctrine que ils t'ont donné, de croyre aussi que c'est sainct Michel qui s'est apparu à toi; et dis que leurs faicts et dits sont bons, et que tu les crois aussi fermement que tu croys la foi de Jésus-Christ.

»Quant à cest article, les clercs dient que telles choses ne sont suffisantes à cognoistre lesdits angels et sainctes, et que tu as creu trop légèrement et affermé trop témérairement ; et en tant que est la comparacion que tu fais de croire les choses aussi fermement que tu croys en la foi de Jésus-Christ, tu erres en la foi.

» *Item*, tu as dit que tu es certaine d'aucunes choses advenir, et que tu as sceu les choses cachées, et que tu as congneu les hommes que tu n'avois jamais veu, et ce par les voix de Saincte-Katherine et Marguerite.

» Quant à cest article disent que en ce y a supersticion et divinacion, présumptueuse acertion et vaine jactance.

» *Item*, tu as dict que du commandement de Dieu, tu as porté continuellement habit d'homme, et que tu avois prins robbe courte, pourpoint, chausses attachées avec esguillettes, que tu portois aussi cheveux courts couppés en rond au-dessus des oreilles, sans laisser sur toi aucune chose qui demonstrast que tu estoys femme, et que plusieurs fois tu as receu le corps de Nostre-Seigneur en c'est habit, combien que plusieurs fois tu as esté admonestée de le laisser; de quoi tu n'as riens voulu faire, en disant que tu aimerois mieux mourir que de laisser ledit habit, se ce n'estoit par le commandement de Dieu; et que se tu estois encoires en cest habit avec le roy et ceux de ta partie, ce seroit ung des plus grands biens du royaume de France; et si as dit que pour nulles choses tu ne ferois serment de ne porter point ledit habit et les armes, et en toutes lesdites choses tu dis avoir bien faict et au commandement de Dieu.

» Quant à ces poincts, les clercs disent que tu blasmes Dieu, et le comtempnes en ses sacrements; tu transgresses la loi divine, la saincte Escripture et les ordonnances canoniques; tu odores et sens mal en la foi, et te vantes vainement et es suspecte de ydolâtrie, et te condamnes toi-mesme de ne voulloir porter l'habit selon ton sexe, et en suivant la coustume des gentils et Sarrasins.

» *Item*, tu as dit que souvent en tes lectres tu as mis ces deux noms, *Jhésus, Maria*, et le signe de la croix en cuidant démonstrer à ceux à qui tu escripvois, que tu feroys le contenu en tes lectres ; et en aultres tes lectres te es vantée que tu férirois tous ceux qui ne te obéiroient ; et que on verroit aux coups qui auroit le meilleur droit ; et souvent tu as dit que tu ne as riens faict que par révélacion et par le commandement de Dieu. Quant à cest article, les clercs disent que tu es murdrière et cruelle, désirant effusion de sang humain, sédicieuse, provocatrice à tyrannie, blasphémante Dieu et ses commandements et révélacions.

» *Item*, tu as dit que par les révélacions que tu as eues en l'aage de dix-sept ans, tu as laissé tes père et mère contre leur volonté, dont ils en ont esté si déplaisants, qu'ils en sont tombés presque en démence ; et t'en es allée à Robert de Baudricourt, qui, à ta requeste, t'a baillé habit d'homme et une épée, et des gens pour te conduire à ton roy ; auquel tu as dit que tu venois pour expeller ses adversaires, et lui as promis que tu mettrois en sa seigneurie, et que il auroit victoire contre tous ses ennemis, et que Dieu te avoit envoyée pour ce faire ; et dis que toutes les choses dessusdites, tu les as faictes en obéissant à Dieu par révélation. Quant à ces articles, les clercs disent que tu as esté mauvaise et impétueuse envers tes père et mère, en transgressant les commandements de Dieu, de honnorer père et mère ; tu as esté scandaleuse, blasphémante Dieu, errante en la foy, et as faict promesse à ton roy présumptueuse et téméraire.

» *Item*, tu as dit que de ta bonne vollunté tu as

sailli de la tour de Beaurevoir aux fossés, en aimant mieux mourir que d'estre mise en la main des Anglois, et vivre après la destruction de Compieine; et combien que sainctes Catherine et Margueritte te deffendissent que tu ne saillisses, toutesfois tu ne t'en peus contenir ne garder, combien que tu faisois grand péché de saillir contre leurs deffenses; mais que depuis tu avois sceu par tes voix que Dieu te avoit pardonné ce péché, après que tu t'en estois confessée.

» Quant à cest article, les clercs disent que en ce fut pusillanimité, tendante à despéracion à te tuer toi-mesme; et en ce que tu as dit, une téméraire et présumptueuse accersion de ce que tu dis que Dieu te avoit pardonné ce péché, en quoi tu sens mal de la liberté de l'arbitre humain.

» *Item*, tu as dit que saincte Catherine et saincte Margueritte, te ont promis de te conduire en paradis, pourveu que tu gardes virginité, laquelle tu leur as vouée et promise, et de ce es certaine comme se tu estois jà en la gloire de paradis; et que tu ne croys point avoir fait œuvre de péché mortel; et si tu estois en péché mortel, lesdictes sainctes Catherine et Margueritte ne te visiteroient pas comme ils font. Quant à cest article, les clercs disent que en ce que tu as dit devant, et en ce, tu sens mal de la foi chreptienne.

» *Item*, tu as dit que tu sçais bien que Dieu aime aucunes personne vivantes plus que toi, et que tu le sçais par les révélations desdictes sainctes; que

esdictes sainctes parlent langaige françois, et
non anglois, parce que ils ne sont point de leur
parti; et que depuis tu as sceu que lesdites voix
estoient pour ton roy, tu n'as point aimé les Bourguignons. Quant à cest article, les clercs disent que
c'est une téméraire présumption, et une téméraire
acertion et blasme contre lesdictes sainctes, et
transgression contre le commandement de Dieu,
qui est d'aimer son prochain.

» *Item*, tu as dit que à ceux que tu appelles sainct
Michel, saincte Catherine et saincte Margueritte,
tu as faict plusieurs révérences en te agenouillant
et baisant la terre sur laquelle ils marchoient en
leur virginité, et mesme que tu les as baisées et accol-
lées; et crus dès le commencement que ils vindrent
de Dieu, sans demander conseil à ton curé, ne autre homme d'église; et que néanmoins tu croys
ceste voix estre venue de Dieu aussi fermement que
la foi chrétienne, et que Jhésus-Christ a souffert
mort et passion; et que se aucun mauvais esprit
apparaissoit à la forme et figure de sainct Michel,
tu le congnoistrois bien. Tu as aussi dit que pour
requeste du monde tu ne dirois le signe venu à ton
roy, se ce n'est par le commandement de Dieu. A
quoi les clercs disent que, supposé que tu le dis, tu
es idolastre, invocatrice des diables, errante en la
foi, et as faict témérairement serment illicite.

» *Item*, tu as dit que si l'église voulloit que tu
feisses le contraire du commandement que tu dis
avoir de Dieu, tu ne le ferois pour quelque chose du

monde; et tu scais bien que ce qui est contenu en long procès, est venu du commandement de Dieu, et qu'il te seroit impossible de faire le contraire; et que de toutes les choses dessusdites, tu ne te veux point rapporter au jugement de l'église qui est en la terre, ne d'homme vivant, mais seulement à Dieu seul; et dis outre, que tu ne faits point ces responses de ta teste, mais du commandement de Dieu, combien que l'article de la foi, qui est que chacun doibt croire l'église catholique, te ait esté par plusieurs fois desclaré, et que tout bon chrestien catholique doibt submectre tous ses faits à l'église, et principalement en faict de révélation et de telles choses. Quant à cest article, les clercs disent que tu es scismatique, mal sentante la vérité et auctorité de l'église, et que jusques à mainctenant, tu as erré pernicieusement en la foi de Dieu. »

Apprès que lesdits articles furent desclarés à ladicte Jehanne, avec l'oppinion de ladite Université de Paris, elle fut admonestée par ledit docteur qu'elle regardast bien à ses dicts et faits, espécialement sur ledit dernier article, et lui dist ce qui ensuit :

« Jehanne, ma très chère amie, il est maintenant temps que pensez bien à la fin de vostre procès, et à ce que vous avez dist et faict; car, combien que par ledit évesque de Beauvais, et le vicaire de l'inquisiteur, et autres docteurs, à vous envoyés pour vous admonester publiquement et en secret, pour l'honneur de la foi et loi de Jésus-Christ, la sérénité des consciences des chrestiens, et le scandale qui est engendré à cause de ce, au salut de vostre ame et de vostre corps, d'estre diligentement admonesteé; et avecques ce, vous ont esté desclarés les dommaiges en quoi vous povez encourir, tant en vostre ame que en vostre corps, se vous ne corrigez et amendez vos dicts et vos faits, en vous submectant au jugement de l'église, auxquelles monicions ne avez voulu entendre jusques à présent. Et combien que par vos faicts et dicts, il y avoit assez de matière de faire et asseoir vostre jugement; toutesfois, lesdicts juges, désirants le salut, tant de vostre ame que de vostre corps, avoient envoyé à l'Université de Paris, qui est la lumière de toutes sciences et extirpacion de toutes erreurs, afin que par icelle vostre procès de vos dits et de vos faicts feust bien examiné. Après la délibération de laquelle Université, iceux juges ont ordonné que vous serez admonestée de rechef et caritativement, en vous advertissant des erreurs, scandales et autres erreurs par vous commises, et vous priant, exhortant et admonestant pour l'amour de Nostre-Seigneur Jhésus-Christ, qui a voulu souffrir si cruellement pour rachapter l'humain lignaige, vous corrigez vous dicts et faits, et submectez au jugement de l'église, ainsi que chascun loyal chrestien est tenu et obligé faire, et ne permettez vous séparer de Nostre-Seigneur Jhésus-Christ, afin que vous soyez participante de sa gloire, et ne veuillez eslyre la voie de esternelle dampnacion avecques les ennemis de Dieu, qui tous les jours cherchent molester et inquiéter les hommes, aucunes fois en eux transférant en espèces d'angels ou de saincts ou saintes, et disant et affermant estre tels, ainsi qu'il appert en la vie des Pères; et avecques ce et en outre se il vous advient telles apparicions, n'y croyez point, mais rejectez et débouttez telles incrédulités et imaginations, en acquiesçant aux dicts et opinions de l'Université de Paris, et autres docteurs qui sçayvent et entendent la loi de Dieu et la saincte Escripture ou autre signe suffisant ou miracle; ce que vous avez faict et cru très légèrement, sans avoir recours à Dieu par oraison dévotte, afin qu'il eust faict certain de telles choses; et ne avez eu recours à aucun prélat ou aucune personne ecclésiastique saige et instruite, qui vous eust peu informer de la vérité, ce que debviez faire, actendu votre estat et simplicité de vostre science. Et prenez exemple : si vostre roy, de son auctorité, vous avoit baillé la garde de quelque place, en vous deffendant que ne laissez entrer personne ; et encoires quand il vous diroit qu'il viendroit par auctorité du roy, vous ne le debvriez recepvoir se il ne vous apportoit lectres ou autres signes certains qu'il viendroit de par le roy. Et en signe de ce, Nostre-Seigneur Jhésus-Christ, quand il monta au ciel, en baillant le régime de l'église à sainct Pierre et à ses successeurs, deffendit que d'ici en avant il ne receust aucune personne en son nom, se il ne lui apparoissoit suffisant qu'il viendroit de par Dieu autrement que par leurs dits ; et ainsi nous ne debvons poinct adjouster foy à vos dicts, puisque Dieu l'a deffendu. Et pour ce, Jehanne, vous debvez entendre que si en la seigneurie de vostre roy, quand vous y estiez, il fust venu ung chevalier ou autre, quelque seigneur que ce fust, disant : « Je ne » obéyray poinct au roy, ne aucuns de ses officiers, » ne me submectrai à iceux; » ne diriez-vous poinct qu'il fust à condampner ? Que diriez-vous donc de vous-mesme, qui estes engendrée en la foy de Jésus-Christ, et par le sacrement de baptesme faicte épouse de Jhésus-Christ, se vous ne obéyssez aux officiers d'iceux, c'est à sçavoir aux prélats de l'église. Quel jugement ferez-vous de vous-même? Je vous prie, ostez ceste opinion, se vous aimez Dieu vostre espoux et vostre salut, et obéyssez à l'église en vous submectant à son jugement. Et sachiez certainement que se vous ne le faictes, et persévérez en vostre erreur, vostre ame sera dampnée pour estre perpétuellement tourmentée en enfer; et du corps, je fais grand doubte qu'il vienne à perdicion. Je vous prie que honte humaine et crainte inutile, desquelles par adventure vous estes détenue, pour ce que par ci-devant vous avez esté en grand honneur, que vous avez paour de perdre ne vous empesche. Si préposez pour l'honneur de Dieu, le salut de vostre corps et de vostre ame, en vous advisant que si vous ne faictes ce que je vous dis, mais que demeurez en vostre erreur et que délaissez l'église et la foy que vous avez promise au sainct sacrement de baptesme, et que desprisez l'autorité de Dieu et de l'église, qui est conduite et gouvernée par Nostre-Seigneur, où il dit auxdits prélats : « Qui vous oyt me oyt, et qui vous desprise me desprise. » Et par ce, si vous ne voulez point estre submise à Dieu, et errez en cest article de la foy : « Nous debvons croire l'église catholique » ; le sens duquel vous a esté assez déclaré aux articles et admonicions précédentes; par quoi, les choses considérées de la part de monseigneur l'évesque ci présent, et de monseigneur l'inquisiteur de la foy, vos juges vous admonestent, prient et enhortent que vous pensiez à la passion de Nostre Sauveur vostre créateur, et l'amour que debvez avoir au salut de vostre ame et de vostre corps, que vous corrigez et amendez vos erreurs, et vous réduisez à la voye de vérité, en obéyssant et vous submectant au jugement et déterminacion d'icelle église ; et en ce faisant, vous saulverez vostre ame, et rachapterez vostre corps, ainsi comme je espère, de la mort. Mais se vous faictes le contraire, et persévérez, sachiez que vostre ame sera damnée ; et de la destruction de vostre corps, j'en doute ; dont Dieu vous veuille préserver ! *Amen.* »

Après que ladicte Jehanne olt esté admonestée, et qu'elle eust oy toutes les exhortations, elle respondit en la manière qui en suit : « En tant qu'est
» de mes dicts et de mes faits, je m'en rapporte
» à ce que j'en ai dict en mon procès, et les veux
» soustenir. »

Item, interroguée par ledict maistre Pierre, se

elle croit qu'elle ne soit tenue se submectre à l'église militante, de ses faicts et de ses dicts, à autre que Dieu. Respond : « Je veux maintenir le mesme
» que j'ai toujours tenu en mon procès; et si je es-
» toys en jugement, et véoys le feu allumé et le bois
» préparé, et le bourreau ou celui qui me debvroit
» mettre en feu, prest de me jecter dedens, et en-
» coires quand seroys au feu, n'en diroys autre chose
» que ce que j'en ai dit; mais veux soustenir ce que
» j'en ai dit jusques à la mort. »

Après lesquelles choses lesdits juges demandèrent au promoteur en ceste cause, et mesme à ladite Jehanne, se ils vouloient plus dire aucunes choses, qui respondirent que non. Et adoncq ledict évesque procéda à conclure en la cause, selon la forme d'une cédule qu'il tenoit en ses mains, de laquelle la teneur s'en suit : Nous, comme juges compétents en ceste partie, en tant que de besoing, nous avons desclaré et desclarons estre juges compétents, et concludons en cause, et vous assignons jour à demain à oyr droict en ceste cause, et faire et procéder en outre comme il sera trouvé de droict et de raison à ce. Présents frère Ysambert de la Pierre et messire Mathieu et Loys Coursel, clerc des diocèses de Rouen, de Londres et de Noyon, tesmoings à ce appelés.

Devant que procéder plus outre, j'ai bien voulu mectre l'oppinion de maistre Jehan Gerson, docteur en théologie, pénitencier de Paris, contraire à toutes les oppinions des autres théologiens de

Paris, laquelle oppinion est fondée en plusieurs raisons, lesquelles sont difficilles à translater en francois; par lesquelles il appert clèrement que son opinion est mieux fondée pour absouldre ladite Jehanne que pour la condempner, en soustenant par très bonnes raisons que ce que ladite Jehanne a faict, n'est procédé de mauvais esprits; mais y a très grande apparence que ce qu'elle a faict est œuvre de Dieu ; lequel Gerson a prouvé par bonnes raisons qui seroient longues à escrire ; et pour ce je me passerai pour ceste heure, et retournerai à mon propos, et procèderai à la sentence deffinitive dudit procès.

ENSUIT L'ADJURATION DE JEHANNE LA PUCELLE,

FAITE LE VINGT-TROISIÈME DE MAI L'AN MIL QUATRE CENT TRENTE-UN.

Toute personne qui a erré et mespris en la foi chrestienne, et depuis, par la grace de Dieu, est retournée en la lumière de vérité à l'union de nostre mère saincte église, doibt moult garder que l'ennemi d'enfer ne le face recheoir en erreur et dampnacion.

Ensuit la teneur de la cédulle que ledit évesque de Beauvoys et autres juges disent avoir esté oye par ladite Jehanne, et signée de sa main; ce que je ne crois pas, et n'est à croire, actendu ce qui sera ici après.

«Jehanne, appelée la Pucelle, misérable pécheresse, après ce que j'ai congneu le cas d'erreur auquel je estois tenue, et que par la grace de Dieu suis retournée à nostre mère saincte église, affin que on veoie que, non pas fainctement, mais de bon cœur et de bonne volunté, suis retournée à icelle, je confesse que j'ai grefvement péché en faignant mensongneusement avoir eu révélacions de par Dieu et ses anges et sainctes Catherine et Marguerite; et de tous mes dicts et faicts, qui sont contre l'église, je me revocque et veuil demourer en l'union de l'église, sans jamais en départir, tesmoing mon seing manuel ; signé Jehanne, une croix. »

Ensuit la sentence deffinitive après ladite adjuracion et cédulle desdites choses, prononcée par ledit évesque de Beauvoys, commençant.

« *In nomine Domini, Amen.*

« Tous les pasteurs de l'église, qui désirent et ont cure de loyaulment conduire le peuple de Dieu, doibvent soyeusement et diligentement prendre garde que le Diable par ses arts subtils ne séduise et decepve par ses frauldes les brebis de Jésus-Christ, à quoi il labeure sans cesser ; par quoi est besoing par grande diligence résister à ses faulses et desloyales entreprinses. Comme toi, Jehanne, dicte vulgairement la Pucelle, aye esté circonvenue de plusieurs erreurs en la foy de Jésus-Christ, sur quoi tu as été appellée en jugement, et que tu as esté bien simplement oye, veus par nous diligentement tous les points et articles de ton procès, les confessions, responces et acersions par toi faictes et dictes, et tous le procès veu et deliberé par les maistres et docteurs de la faculté de théologie à Paris, et de plusieurs prélats et docteurs ès droits, tant en droit canon que en droit civil estans en cette ville de Rouen, par lesquels tu as esté caritativement admonestée, et longuement actendu ta conversion; nonobstant lesquelles monicions et remonstrances, et après l'adjuracion à toi faicte, tu as témérairement, à bouche ouverte, delinqué (péché); pour quoi, affin que tu faces pénitence salutaire, te avons condampnée et condampnons par sentence définitive, à chartre perpétuelle, avecq pain de douleur et autre tristesse, afin que là tu pleures tes péchés, et que désormais tu n'en commettes plus, sauf toutefois nostre grace et modéracion, si tu dessers ci-après à l'avoir. »

Et faut ici entendre que après ladite sentence donnée, ladite Jehanne fut menée au cymetière Sainct-Ouen, où il y avoit trois eschaffaux, à l'ung desquels estoit le cardinal d'Angleterre, en l'autre estoyent les prélats, c'est assavoir : l'évesque de Therouenne, l'évesque de Noyon, et aucuns des abbés qui avoyent esté appelés au procès, et en l'autre l'évesque de Beauvoys, l'inquisiteur de la foy, et maistre Guillaume Herard, qui fist le sermon, et ladite Jehanne; lequel Herard crya par trois fois : « Ah! France! France! Tu as esté jusques à présent demonstrée, c'est-à-dire herecticque, et maintenant tu as esté séduicte par ceste femme, qui t'a faict hérétique. » A quoi ladite Jehanne respondit qu'il n'estoit pas vrai, ainsi qu'il est escript ailleurs.

Après laquelle sentence donnée, comme dit est, le vicaire de l'inquisiteur et plusieurs autres qui avoient esté au jugement du procès, après disner allèrent visiter ladite Jehanne en la prinson où elle estoit détenue, et lui remonstrèrent comme l'église lui avoit esté gracieuse, et qu'elle debvoit prendre la sentence agréablement, qu'elle obéysse à l'èglise, et qu'elle laisse les révélations et les folyes; et en cas qu'elle renchiesse (retombe) désormais en ses folyes, l'église ne la recepvra jamais, en lui remonstrant qu'elle prensist l'habit de femme, et qu'elle laissast l'habit d'homme. Laquelle Jehanne respondit que vollontiers elle prendroit l'habit de femme, et qu'elle obéyroit à l'église; et présentement fust vestue d'habit de femme: et ses cheveux, qui estoient ronds, tondus tout bas.

Le lundi ensuivant, le vingt-deuxiesme de mai, lesdits juges allèrent en la prison, et trouvèrent vestue de habit d'homme, c'est assavoir de robbe, de chapperon et autres habillements convenables à usaige d'homme, lequel habit elle avoit laissé par ordonnance de l'église.

Interroguée pour quelle cause elle avoit de rechef prins ledit habit d'homme. Respondit, que elle l'avoit reprins.

Interroguée pourquoi, et qui l'avoit induicte à ce faire. A quoi elle respondit, de sa propre volunté et que personne ne l'avoit compellée à ce; et qu'elle aymoit trop mieux l'habit d'homme que de femme; à quoi lui fut dit qu'elle avoit juré et promis ne prendre jamais l'habit d'homme. A quoi elle respondit, que jamais ne entendit faire ledit serment de non resprendre l'habit d'homme.

Interroguée de rechef pour quelle cause elle l'avoit reprins. Respondit : qu'elle l'avoit reprins pour ce que il lui semble plus licite, et convenant d'avoir habit d'homme autant qu'elle seroit avec les hommes, que de porter habit de femme. Et dit outre, qu'elle avoit reprins pour ce que on ne lui avoit pas tenu promesse; c'est assavoir que elle iroit à la messe, qu'elle recepveroit le *corpus Domini*, qu'elle seroit mise hors de fers, et qu'elle aimeroit mieux mourir que estre èsdits fers; mais si on lui permet aller à la messe, et qu'elle soit mise hors des fers, elle fera tout ce que l'église ordonnera et voudra.

Interroguée se depuis jeudi dernier elle avoit ouy les voix de saintes Catherine et Marguerite. Respond que oui, et que ilz lui avoient dist que Dieu lui mandoit par elles qu'elle se estoit mise en grand danger de perdicion, pour ce qu'elle avoit consenti à faire ladicte adjuration et renonciation pour sauver sa vie, et qu'elle se estoit dampnée pour ce faire; et se dit que devant le jour dudit jeudi, ses voix lui avoient dit ce qu'elle debvoit faire et ce qu'elle avoit fait. Dit outre, que ses voix lui avoient dit que quand elle estoit en eschaffault, qu'elle respondist hardyement au prescheur, qui la preschoit; et si disoit que le dessusdit prescheur estoit faux prescheur, et qu'il disoit qu'elle avoit fait plusieurs choses qu'elle n'avoit faites.

Item, dit que si elle disoit que Dieu ne l'eust point envoyée, elle se dampneroit, et que véritablement Dieu l'avoit envoyée; et que depuis jeudi les voix lui avoient dit qu'elle faisoit et avoit fait grande injure à Dieu, en confessant que elle ne avoit pas bien fait ce qu'elle en avoit fait. Dit outre, que tout ce qu'elle avoit dit et revocqué, qu'elle l'avoit fait seulement pour la crainte du feu.

Interroguée se elle croit que ce soient les voix de sainte Catherine et de sainte Margueritte. Respond que oui, et qu'ilz viennent de Dieu.

Interroguée qu'elle dye vérité de la couronne, dont il est faict mencion devant. Respond : qu'elle avoit dit vérité en toutes choses, au mieux qu'elle avoit pu. Adonc lui fust dist que elle estant en eschaffault devant les juges et le peuple, quand elle feist l'adjuration, c'est-à-dire qu'elle fut adjurée de dire vérité, ainsi : « Tu dys que contre vérité tu te estoyes vantée que les voix que tu dis avoir ouyes estoient les voix de sainte Catherine et sainte Marguerite ». A quoi respondit qu'elle ne entendit jamais avoir révoqué les apparutions de ses voix, c'est assavoir que ce fut saintes Catherine et Marguerite ; et ce qu'elle en a dit ce a esté pour la crainte du feu ; et se elle en a révoqué, ce a esté contre vérité.

Item, dit qu'elle aime trop mieux faire pénitence, c'est assavoir en mourant, que plus longuement soustenir la peine de la prison. Et se dist que jamais elle ne feist aucune chose contre Dieu ou contre la foi, quelque chose que on lui ait commandé révoquer ; et ce qui estoit contenu en la cédule de l'adjuracion elle ne l'entendit jamais, et qu'elle ne entendit jamais révoquer aucune, se se n'estoit qu'il pleust à Dieu qu'elle révoquast.

Item, dit, se les juges veulent, elle reprendra l'habit de femme, et que du surplus, elle ne sçait autre chose.

DU MARDI VINGT-NEUVIÈME JOUR DE MAI.

« Nous, évesque de Beauvois, feismes assembler les docteurs et autres clercs en grand nombre, en la chappelle au manoir archiépiscopal, et leur exposasmes comme ladicte Jehanne avait esté de rechef admonestée de retourner en la voye de vérité, et comment, après l'admonestement faict devant le peuple, et avoir adjuré de jamais y recheoir, et signé une cédule de sa propre main mesme, comme le jeudi apprez disner, jour de sa sentence par le vicaire et autres, elle avoit esté caritativement admonestée qu'elle se gardast bien de récheoir; toutesfois, par la suggestion du Diable, de rechef, en présence de plusieurs, elle avoit récité que ses voix qui avoient accoustumé lui apparoir, estoient venues à elle; et laissant l'habit de femme, avoyt prins l'habit d'homme. Et apprez ce, devant tous lesdits clercs estant présents en ladite chappelle furent lues ses confessions et acersions, que elle avoit faites les jours de devant; sur lesquelles choses, lui demandant conseil aux assistants qu'il estoit de faire, furent tous d'oppinion et délibérèrent qu'elle devoit estre réputée hérétique, et qu'elle devoit estre laissée à la justice séculière, en prenant icelle justice, et qu'elle la traitast plus doucement qu'elle ne avoit d'esservy. »

LE MERCREDI PÉNULTIEME JOUR DE MAI,

DERNIER JOUR DU PROCÈS.

« Fut de nostre part cytée ladite Jehanne à oyr droit et à comparoir personnellement devant nous, au Vieil Marché de la ville de Rouen, à huit heures du matin, pour se veoir déclarer estre rencheue en ses erreurs, hérétique et excommuniée, avec les indications accoutumées à faire en tel cas.

« Après, ce mesme jour, environ neuf heures du matin, nous, évesque dessusdit et juges devantdits, estant au Vieil Marché de Rouen, près l'église Saint-Sauveur, et présents et assistants à ce les évesques de Thérouenne et de Noyon, et plusieurs autres docteurs, clercs et maistres, la prédication faicte, nous admonestâmes icelle Jehanne, pour le salut de son ame, qu'elle entendist à se repentir de ses malfaicts, et qu'elle eust vraie contriction, par le conseil de deux frères prescheurs, qui restoient lors auprès d'elle, afin que ils la instruisissent continuellement; lesquels administrants toutes lesquelles choses pour celui faictes, comme dit est; nous évesques et vicaires, dessusdit, ayant regard aux choses dessusdites, par lesquelles appert ladite Jehanne estre obstinée en ses erreurs, et par malices et diabolique obstinacion, avoir faussement monstré signe de contrition et pénitence, et qu'elle avoit abusé le saint et divin nom de Dieu, et blasphesmé damnablement, et en se monstrant incorrigible, hérétique et réchue en hérésie et erreur indigne, et du tout incapable de toute miséricorde, nous procédasmes à la sentence diffinitive, en la manière qui ensuit. »

ENSUIT LA SENTENCE DÉFINITIVE.

« *In nomine Domini, Amen.* Nous, Pierre, par la misération divine, évesque de Beauvois, et nous, frère Jehan Magistri, vicaire de l'inquisiteur de la foi, juges compétants en ceste partie. Comme toi, Jehanne, dicte la Pucelle, ayes esté par nous, esté trouvée estre rencheue en diverses erreurs et crimes de scisme, de ydolâtrie, de invocations de diables et plusieurs autres mesfaits, et pour ces causes, par juste jugement, nous te eussions desclarée telle; toutesfois, pour ce que l'église ne cloist jamais les bras à ceux qui veullent retourner à elle, nous estimasmes que de pleine pensée, et de foi non faincte, tu te feusses retirée de toutes telles erreurs auxquelles tu avois renoncé, voué, juré et promis publiquement de jamais ne rencheoir en telles erreurs, ne en quelsconcques autres hérésies, mais demourer à l'union catholique et communion de nostre église, et de nostre Sainct Père le Pape, ainsi qu'il est contenu en une cédule signée de ta propre main. Toutesfois, de rechef, tu es rencheue, comme le chien qui a coustume de retourner à son vomir ; ce que nous récitons à grande doulleur. Pour laquelle cause, nous te déclarons avoir encouru les sentences d'excommunication, èsquelles tu estois premièrement encheue, et estre rencheue en tes erreurs précédentes ; pourquoi te desclarons hérétique. Et par ceste sentence, séants en siége et tribunal de justice, en cest escript proférons que comme membre pourri, te avons déboutée et rejettée de l'unité de l'église, et te avons délivrée à la justice séculière, à laquelle nous prions te traicter doucement et humainement, soit en perdition de vie ou de aucuns membres. »

Après laquelle sentence, lesdits évesques, inquisiteurs et aucun nombre desdits juges, se absentèrent de là, et laissèrent ladite Jehanne sur l'eschaffaud. Et alors le baillif de Rouen, Anglois, qui là estoit, sans autre procès ne sans donner aucune sentence contre elle, commanda qu'elle fust menée au lieu où elle devoit estre bruslée. Lequel commandement ouï par icelle Jehanne, commença à crier et se plaindre si merveilleusement, qu'elle esmeut le peuple et tous ceux qui estoient présents à pitié jusques aux larmes. Et incontinent ledit baillif commanda que on mist le feu, ce qui fust faict, et là fut bruslée piteusement et à grand martyre, qui fut une merveilleuse cruauté, et dont plusieurs, tant des gens de bien que du peuple, murmurèrent fort contre les Anglois. Et le lendemain, ledit évesque, inquisiteur et juges, congnoissants la rumeur et murmure qui en estoit en la ville, et mesme saichants que par le rapport d'aucuns, estoient advenus des signes en la nuit d'icelle Jehanne, cuidants couvrir leur malice et faux jugement, feirent comme les Juifs, lesquels, non contents d'avoir faict mourir Nostre-Seigueur, s'en allèrent à Pylatte, demandèrent qu'il leur baillast des gens pour garder le sépulchre, affin que ses disciples ne robassent le corps, et qu'ils signassent qu'il estoit réssussité. Ledit évesque et juges firent faire une information par tous tesmoings, qui avoient esté au jugement de son procès.

DISSERTATION

DANS LAQUELLE ON PROUVE

QUE LE MANUSCRIT

DE LA BIBLIOTHÈQUE PUBLIQUE D'ORLÉANS,

INSCRIT SOUS LE N° 411,

Contient la minute française du procès de la Pucelle;

PAR L'ABBÉ DUBOIS.

IL est certain que Jeanne d'Arc n'ayant aucune connaissance de la langue latine, on l'interrogeait en français, et qu'elle répondait dans la même langue. Les actes latins de son procès ne sont donc qu'une traduction des questions qui lui ont été proposées et de ses réponses, traduction qui n'a pu être faite que sur la minute française du procès; cette minute a donc dû exister.

Elle a effectivement existé, car M. de l'Averdy nous apprend que le quinze décembre mil quatre cent cinquante-cinq, Manchou, un des notaires au procès de condamnation de Jeanne d'Arc, remit la minute latine et la minute française de ce procès aux commissaires nommés par le pape pour réhabiliter la mémoire de cette pieuse héroïne; que ces deux minutes furent examinées avec soin, ainsi que les sceaux et les signatures, et qu'ayant été trouvées en bonne forme, il fut ordonné qu'elles seraient déposées au greffe, afin que le promoteur et ses parties pussent en prendre communication.

L'auteur du manuscrit d'Orléans dit positivement qu'il a eu entre les mains deux copies du procès de la Pucelle, qui différaient en plusieurs points. « J'ai trouvé, dit-il, plusieurs mensonges » en deux livres, ès quels est contenu le procès de » la condampnation de Jeanne, où il y a plusieurs » diversités, spécialement ès interrogations et en ses » réponses. » Or tous les exemplaires de la minute latine que nous avons, sont parfaitement conformes; au contraire, je prouverai plus bas que la minute latine ne rend pas toujours fidèlement les questions proposées à la Pucelle et ses réponses[1]. L'au-

---

[1]. En quatorze cent cinquante-deux, Philippe de la Rose, fut nommé par le cardinal d'Estouteville pour continuer les informations qu'il avoit commencées, non à la requête de Charles VII, comme le soupçonnèrent M. de l'Averdy et M. Lebrun des Charmettes, mais à celle de la mère et des frères de Jehanne d'Arc, pour réhabiliter sa mémoire. Le procurateur, Jehan Prévosteau, proposa alors vingt-sept nouveaux articles, sur lesquels les témoins furent interrogés et dont la vérité fut constatée.

teur du manuscrit s'était donc procuré la minute latine et la minute française du procès de condampnation. Il lui était d'autant plus facile de le faire, qu'écrivant par ordre de Louis XII et de l'amiral de Graville, tous les dépôts publics devaient lui être ouverts.

Pour donner un nouveau poids à cette preuve générale, je vais en ajouter plusieurs autres qui me paraissent tout à fait décisives.

1° M. de l'Averdy (p. 234), nous apprend qu'il a trouvé une partie de la minute française du procès de la Pucelle, dans un manuscrit qui a appartenu autrefois à M. d'Urfé, et qui est maintenant déposé à la bibliothèque du roi. Or, ce que renferme ce manuscrit précieux, est parfaitement conforme à ce qu'on lit dans le manuscrit d'Orléans, si on en excepte quelques fautes de copiste. Ils sont donc

---

Le premier porte : « que le procès d'icelle Jehanne, fut premièrement fait en français et depuis translaté en latin, en laquelle translation furent obmises plusieurs de ses excusations, et changées plusieurs de ses responses, aultrement qu'elle ne les avoit faites, comme on peut veoir à l'original de son procès, qui est en plusieurs lieux différent de ladicte translation. »

Il est dit aussi à l'article 5 : « que les notaires, escrivains en la cause, pour la crainte de menaces que leur faisoient les Anglois, ne osoient escrire véritablement ce que ladicte Jehanne disoit en ses responces, ne faire les actes du procès, selon la vérité. »

l'un et l'autre, la copie des mêmes actes. Pour faire connaître à mes lecteurs cette parfaite conformité, je vais mettre sous leurs yeux une question avec la réponse telle qu'elle est consignée dans le manuscrit de M. d'Urfé, et dans celui d'Orléans.

« Interrogée s'elle sait point que ceux de son parti l'avoient faicte saincte [1], ou une oraison pour elle. Répond : qu'elle n'en sait rien, et s'ils le font, ne l'ont point fait par son commandement; et s'ils ont prié pour elle, lui est advis qu'ils ne font point de mal. » (*Manuscrit de M. de d'Urfé*).

« Interrogée se elle sçait point se ceux de son parti ayent fait service, messe ou oraison pour elle. Respond : qu'elle n'en sçait rien, et se ils ont faict service, ne l'ont point faict par son commandement; et se ils ont prié pour elle, il lui est advis qu'ils n'ont point faict de mal. » (*Manuscrit d'Orléans.*) Les mots, *se ils l'ont faicte saincte, ou une oraison pour elle*, qui se trouvent dans le manuscrit de M. d'Urfé, ne sont pas liés ensemble; d'ailleurs la question a pour objet le temps passé, et dans la réponse, la Pucelle parle au présent. Ces deux inexactitudes n'ont pas lieu dans le manuscrit d'Orléans : tout y est lié, et la réponse est parfaite-

---

[1]. Il y avait le mot *service* dans le manuscrit, et le copiste a cru qu'il y avait le mot *saincte*, qui renferme le même nombre de lettres, et qui commence par une *s* et finit par un *e*, comme le mot service. D.

ment analogue à la question; il est donc plus exact que celui de M. d'Urfé.

2° Lorsqu'on fait une traduction, on peut omettre de traduire quelques endroits, mais on ne peut pas ajouter dans le français des phrases entières qui n'existent pas dans le latin; or, la question et la réponse que je viens de copier ne se trouvent pas dans les actes latins du procès de la Pucelle. Les auteurs des manuscrits de M. d'Urfé et d'Orléans, n'ont donc pas traduit les actes latins du procès de la Pucelle; et puisqu'ils rapportent la même chose, ils ont donc puisé à une source commune, qui ne peut être autre que la minute française.

3° Cette minute ne devait contenir que les questions proposées à Jeanne d'Arc, avec ses réponses; on ne devait donc pas y insérer les préambules et les conclusions des séances qui n'avaient aucun rapport à ces questions et à ces réponses: or, on ne trouve ces préambules et les conclusions des séances qui n'avaient aucun rapport à ces questions et à ces réponses, ni dans le manuscrit de M. d'Urfé, ni dans celui d'Orléans; cette omission est donc un nouveau trait de conformité avec la minute française.

4° Après le dix-sept mars mil quatre cent trente-un, le promoteur réduisit à un grand nombre d'articles les principaux aveux de la Pucelle, et il fut ordonné qu'on les lui lirait, et qu'en les lisant, on les traduirait, afin qu'elle déclarât si elle les regardait comme vrais. Ces articles ne devaient donc pas faire partie de la minute française. Or ces articles ne se lisent ni dans le manuscrit de M. d'Urfé ni dans le manuscrit d'Orléans : cette omission est donc une preuve des plus fortes qu'ils renferment une copie de la minute française.

5°. Il a été prouvé au procès de la réhabilitation de Jeanne d'Arc, que la formule d'abjuration qu'on lit dans les actes latins de son procès n'est pas celle qu'on lui a fait faire.[1] Jean Massieu, curé de Saint-Candide de Rouen, qui avait assisté au premier procès en qualité d'appariteur, a attesté juridiquement que la formule d'abjuration signée par Jeanne d'Arc, ne contenait qu'environ huit lignes; et que c'est lui-même qui l'a lue à cette infortunée, avant qu'elle la signât; *et legit ipse, et signavit ipsa Johanna*. Nicolas Taquet, un des notaires qui avaient rédigé les actes du premier procès, a déclaré avec serment [2], que Massieu a lu à Jeanne d'Arc la formule d'abjuration qu'on exigeait d'elle, qu'elle la répétait après lui, qu'elle ne contenait que six grosses lignes, et qu'elle commençait par ces mots : Jehanne, etc. Or cette formule, qui n'a point été insérée dans la minute latine, et qui ne pouvait se trouver que dans la minute française, se lit dans le manuscrit d'Orléans, comme on le verra

---

[1]. M. de l'Averdy, page 484.
[2]. *Idem.*

plus bas. Ce manuscrit contient donc une copie de cette minute.

6° Quand on traduit, on se sert des mots usités dans le temps où on écrit. Or le texte français des deux manuscrits de M. d'Urfé et d'Orléans, est parfaitement semblable au langage qui avait cours du temps de Jeanne d'Arc. On y trouve même les expressions qui lui étaient familières; ils ont donc été copiés sur un ouvrage qui remonte jusqu'à cette héroïne, et qui a été composé par une personne qui l'avait entendue.

7° Il a été prouvé au procès de révision [1], que

---

1. *Ipse loquens* (Manchou) *erat in pedibus judicum cum Guillelmo Coles et clerico magistri Guillelmi* Beaupère, *qui scribebant, sed in eorum scripturá erat magna differentia, adeoque inter eos erat magna contentio........ quanto dicebatur ipsi loquenti quod per alios fuerat aliter scriptum inducendo eum quod scriberet ad modum aliorum quibus respondebat, quod nihil mutaret prout nec mutavit.* Enquêtes qui ont précédé le procès de révision (*voy.* M. de l'Averdy, pag. 476.) Il suit de cette déposition que si la minute latine, rédigée par Manchou, était exacte, celle qui était rédigée par Coles, dit Boisguillaume, était extrêmement infidèle; aussi était elle la seule que les Anglois laissassent circuler dans le public. C'est pour cette raison que les deux manuscrits de la Bibliothèque du roi, n° 5965 et 5966, qui sont expédiés en forme authentique, sont signés au bas de chaque folio *Coles*, dit Boisguillaume. Il est vrai qu'on trouve à une page de chacun de ces manuscrits la signature des deux autres notaires, Manchou et

dans la première procédure, les réponses de Jeanne d'Arc ont souvent été traduites d'une manière fausse et inexacte, au lieu que Manchou, un des notaires qui ont rédigé les actes du procès, atteste avec serment [1], qu'il a consigné dans la minute française les questions telles qu'elles ont été faites à Jeanne d'Arc, et ses vraies réponses. La minute française doit donc différer en bien des points de la minute latine : or c'est ce qu'on observe dans le manuscrit d'Urfé et dans celui d'Orléans. Loin donc qu'on puisse leur reprocher ces différences comme autant d'inexactitudes, on doit au contraire les regarder comme une preuve de l'authenticité de la minute sur laquelle ils ont été copiés.

Pour donner quelque idée de l'infidélité avec laquelle la minute latine a été rédigée, je vais mettre sous les yeux du lecteur la manière dont, dans trois ou quatre circonstances, les deux minutes

---

Taquet, qui avaient été nommés, comme Boisguillaume, pour rédiger les actes du procès de la Pucelle; mais cette signature prouve seulement que l'expédition qu'on leur avait montrée était conforme à l'original sur lequel elle avait été livrée, et non pas qu'elle renfermât les questions telles qu'elles avaient été proposées à la Pucelle, et ses vraies réponses. D.

1. *Dicit quod in processu principali facto in gallico inseruit veritatem interrogationum et articulorum traditorum per promotorem et judices, et responsiones dictæ Johannæ.* (*Voy.* M. de l'Averdy, pag. 478.)

rendent compte de questions et de réponses qui devaient être les mêmes. Je citerai la minute latine, d'après la traduction que M. Lebrun des Charmettes a insérée dans son *Histoire de Jeanne d'Arc*, tome 3.

(Interrogatoire du 20 février 1431.) « A genoux, les mains sur un missel, Jehanne jura de dire la vérité sur les choses touchant la foi qui lui seroient demandées et qu'elle sauroit, sans parler davantage (disent les actes latins), de la condition dessusdite, savoir : qu'elle ne dirait rien des révélations à elles faites. » (Tome 3, page 267.)

Voici ce qu'on lit dans la minute française :
« L'évesque de Beauvais l'admonesta, et pria que
» en ce qui toucheroit la foi, elle feist serment de dire
» la vérité : laquelle Jehanne se mit à genoux, et les
» deux mains sur le livre, c'est assavoir un missel,
» jura qu'elle diroit vérité de toutes les choses
» qui lui seroient demandées, qui concernent la
» matière de la foi ; mais que des révélations des-
» susdites, ne les diroit à personne. »

En comparant ces deux textes, on voit dans la minute latine une omission qui tendait à faire condamner la Pucelle comme coupable d'un parjure. (Interrogatoire du 21 février, minute latine.) La Pucelle dit que, pour crainte des Bourguignons, elle partit de la maison de son père, et alla à Neufchâteau en Lorraine, chez certaine femme nommée la Rousse, où elle demeura environ quinze jours. Elle ajouta ensuite : « Quand j'étois

» dans la maison de mon père, je vacquois au soin
» du ménage, et ne conduisois point les brebis et les
» autres bestiaux aux champs. » (Tome 3, pages 285
et 260.) Cette addition n'a aucun rapport avec le
commencement de la réponse; d'ailleurs, on y fait
dire à Jeanne d'Arc qu'elle n'a jamais mené paître
les troupeaux de son père; or, elle déclare le contraire dans une autre séance. On voulait donc la
faire tomber en contradiction avec elle-même. La
minute française rétablit la réponse de la Pucelle
telle qu'elle doit être.

« Dit outre qu'elle avoit laissé la maison de son
» père en partie pour doubte des Bourguignons, et
» qu'elle se estoit allée à Neufchatel, avecques une
» femme nommée la Rousse, où elle demeura par
» quinze jours; en laquelle maison elle faisoit les
» négoces de ladite maison, et ne alloit point aux
» champs garder les brebis ne autres bêtes. » Après
une telle déclaration, comment Pasquier, qui avoit
eu pendant quatre ans le procès de la Pucelle en
sa possession, a-t-il pu avancer[1] : « Qu'aux vingt ans
de son âge, elle alla à Neufchâtel en Lorraine, où
elle demoura chez une hôtesse, nommée la Rousse;
et là menait les bêtes aux champs, même les chevaux paître et abbreuver : et ainsi apprit de se
tenir à cheval; qu'après y avoir servi cinq ans,

---

1. Dans ses *Recherches*, tom. 6, chap. 5

elle retourna chez son père. » Si Pasquier eût consulté les actes du procès de la Pucelle, aurait-il avancé comme un fait constaté au procès, qu'elle a servi pendant cinq ans à Neufchâtel, où elle n'a demeuré que quinze jours; il n'aurait pas ajouté qu'elle avait vingt ans quand elle sortit de la maison de son père; il aurait lu dans l'interrogatoire du vingt février mil quatre cent trente-un, qu'elle déclare avoir environ dix-neuf ans; d'où il suit qu'elle est morte avant qu'elle ait eu vingt ans révolus. Comment donc aurait-elle pu sortir de la maison paternelle à vingt ans, servir cinq ans à Neufchâtel, retourner chez ses parents et se rendre ensuite à Orléans, en mil quatre cent vingt-neuf, et mourir à Rouen, deux ans après, n'ayant encore que dix-neuf ans? A combien d'erreurs est-on exposé, lorsqu'on s'en rapporte à sa mémoire, sans remonter jusqu'aux sources [1]. Après la réponse

---

[1]. Rapin-Thoyras a inséré dans son *Histoire d'Angleterre* une dissertation sur la Pucelle; il appuie ce qu'il dit, 1° sur le passage de Pasquier que je viens de citer, et qu'il suppose entièrement conforme aux actes du procès de Jehanne d'Arc, quoiqu'il les contredise formellement; 2° sur le témoignage de Monstrelet, qui vivait dans un pays ennemi des Français, etc.; 3° sur la lettre écrite par le roi d'Angleterre au duc de Bourgogne, et à tous les évêques et seigneurs de France, pour justifier la condamnation de cette infortunée guerrière, que toutes les personnes impartiales lui reprochaient comme une injustice

dont je viens de parler, on demande à Jeanne d'Arc, à qui, quand, et combien de fois par an elle confessait ses péchés. Elle répondit : « A mon
» curé, et quand il étoit empêché, à quelqu'autre
» prêtre, avec la permission de mon curé ; quel-
» ques fois aussi (deux ou trois fois je pense), je
» me suis confessée à des religieux mendiants : ce
» fut à Neufchâtel. Je recevois le sacrement de
» l'eucharistie, à Pâques. » (Minute latine, Lebrun, tome 3, page 286.)

La réponse de la Pucelle suppose qu'on ne lui avait parlé que de la confession paschale, car elle est la seule qui exige qu'on demande une permission à son curé : la question qu'on lit dans la minute latine, n'est donc pas celle qui lui a été proposée. Il y a également une faute dans la réponse. En effet, il est difficile de croire que la Pucelle, qui n'a demeuré que quinze jours à Neufchâtel, s'y soit confessée trois fois : la minute française nous apprend ce qu'on a demandé à Jeanne d'Arc, et ce qu'elle a répondu.

« Interroguée se elle se confessoit touts les ans, dit que oui, à son propre curé ; et se il estoit em-
» pesché, elle se confessoit à ung autre prestre,

---

criante et comme un acte de vengeance indigne d'un souverain : qu'on juge maintenant du mérite d'une dissertation qui repose tout entière sur des fondements aussi ruineux ! D.

» par le congé dudit curé ; et se dist qu'elle s'est
» confessée deux ou trois fois à des religieux men-
» diants, et qu'elle recepvoit le corps de Nostre-
» Seigneur, touts les ans à Pasques. »

On lit dans le manuscrit d'Orléans, que la Pucelle fut interroguée qui lui conseilla de prendre habit d'homme. L'auteur de ce manuscrit dit qu'il a trouvé en ung livre que ses voix lui avoient commandé qu'elle prinst un habit d'homme ; et en l'autre, que combien qu'elle en fust plusieurs fois interroguée, toutesfois elle n'en fit point de réponse, fors : « Je ne charge personne. » J'ai trouvé audit livre, ajoute-t-il, que plusieurs fois elle varia à cette interrogation.

Il est certain que le premier livre n'était pas une copie du second, puisqu'il met dans la bouche de la Pucelle une réponse toute différente de celle qu'on lit dans le second. Or, celui-ci était la minute latine, dans laquelle il est dit que Jeanne d'Arc refusa long-temps de répondre : qu'elle dit ensuite : « Je ne charge personne », et que plusieurs fois elle varia. Le premier contenait donc la minute française et la vraie réponse de la Pucelle. Je dis la vraie réponse, parce qu'elle est conforme à ce que plusieurs fois elle a déclaré hardiment dans le cours du procès, et que la réponse que lui prête la minute latine ne présente aucun sens. Les juges voulaient lui faire un crime d'avoir porté un habit d'homme ; ils ont rédigé la réponse de manière à faire croire qu'elle avait été fort embarrassée, lorsqu'on lui avait demandé qui lui avait conseillé de le prendre. Ils ont supposé que long-temps elle avait refusé de répondre; qu'ensuite elle avait varié dans ses réponses, et qu'enfin elle en avait fait une tout-à-fait insignifiante; tandis qu'elle avait déclaré franchement que c'étaient ses voix qui le lui avaient conseillé : pouvait-on pousser plus loin la mauvaise foi ! On verra dans le cours de cet ouvrage, que cent fois on a changé les questions proposées à la Pucelle, ainsi que ses réponses, afin de pouvoir la trouver coupable.

Les passages que je viens de citer suffisent pour prouver combien la minute française du procès de la Pucelle est nécessaire pour connaître, et la perfidie de ses juges, et l'histoire de sa vie, qu'elle nous a tracée elle-même, dans les réponses qu'elle a faites aux juges qui l'ont interrogée sur le détail de toutes ses actions. Aussi M. de l'Averdy avait-il fait les plus grandes recherches pour se la procurer : mais il n'a pu en découvrir qu'un fragment. Ayant été plus heureux que lui, j'ose espérer que le public me saura gré de lui avoir offert cette minute, mais je dois le prévenir que, dans le manuscrit d'Orléans, il y a une lacune assez considérable. On a omis les trente-deux derniers interrogatoires de la séance du vingt-sept février, et les trente-trois premiers de la séance du premier mars; et malheureusement ces interrogatoires ne se trouvent pas dans le fragment de la minute française, que contient le manuscrit de M. d'Urfé. Il faut espérer qu'on découvrira quelqu'autre manuscrit qui permettra de compléter cette minute précieuse : je vais expliquer ce qui a donné lieu à cette lacune.

Le caractère du manuscrit d'Orléans nous apprend qu'il n'a été copié qu'à la fin du seizième siècle, sur l'ouvrage composé par ordre de Louis XII; et la signature de M. Thiballier me porte à croire que cette copie a été faite par ordre de M. Thiballier, qui est mort en seize cent treize, lieutenant-criminel au bailliage d'Orléans [1].

---

[1]. Un autre Thiballier est mort en quinze cent quatre-vingt-trois, avocat du roi au bailliage d'Orléans. Si le manuscrit de notre bibliothèque lui a appartenu, il est certain qu'il l'a fait copier dans les dernières années de sa vie; car le caractère dont il est écrit, quoique très lisible, ne peut remonter au-delà de quinze cent quatre-vingt.

Il est vrai qu'on n'y voit aucune ponctuation, mais plusieurs *i* sont marqués d'un point, les *u* sont très distingués des *n;* les *l* qui sont au milieu des mots s'élèvent à peine au-dessus du corps de l'écriture; elles ressemblent à nos *e;* les *n* et les *m* majuscules sont tellement penchées vers la gauche, qu'elles sont presque horizontales. Plusieurs *a* et plusieurs *e* sont semblables aux nôtres, etc. Voici la notice de ce manuscrit. Il est écrit sur papier et couvert en veau fauve avec filet; la tranche est dorée et dentelée. Il renferme :

1° Une histoire abrégée de la Pucelle, jusqu'au sacre de Charles VII;

2° Les préliminaires de son procès ;

Je ne doute pas que la minute française ne fût complète dans le manuscrit qu'on avait remis à M. Thiballier ; il y manquait seulement le com-

---

3° La minute française de ce procès jusqu'à la deuxième sentence de condamnation inclusivement;

4° L'information qui a été faite après la mort de la Pucelle, pour justifier sa condamnation ;

5° La lettre du roi d'Angleterre écrite à tous les évêques, ducs, comtes, etc., et pour le même objet; elle est datée de Rouen, le 28 juin 1431 ;

6° Un abrégé du procès de révision, dans lequel il est dit que c'est à la requête de la mère et des frères de Jeanne d'Arc, que le cardinal d'Estouteville a fait une information pour réhabiliter sa mémoire ; qu'il nomma M. Prévosteau pour son promoteur, et pour notaire Denis le Comte et François Tobonne, notaires apostoliques. On trouve dans le manuscrit les douze articles sur lesquels les témoins furent interrogés. Le cardinal d'Estouteville ayant été obligé de se rendre à Rome, nomma Philippe de la Rose pour le remplacer, et lui donna plusieurs assesseurs. On dressa vingt-sept nouveaux articles, sur lesquels plusieurs témoins furent assignés; ces vingt-sept articles se trouvent dans le manuscrit, avec un extrait des principales dépositions. Ils sont suivis de la traduction française, de la sentence de réhabilitation de la Pucelle, de la liste des témoins qui ont été interrogés par ordre des commissaires nommés par le pape, et d'un extrait des dépositions les plus remarquables. Le manuscrit est terminé par un ouvrage tout-à-fait étranger à la Pucelle : c'est une pièce de vers français en forme de dialogue, composée par ordre de madame la duchesse de Nevers, sur la mort de mademoiselle Hélène d'Albert, sa sœur; les interlocuteurs sont la défunte, sa sœur et la Fortune. D.

mencement de la préface de l'auteur qui, pour cette raison, n'a pu se trouver dans le manuscrit d'Orléans, quoiqu'il soit très bien conservé. Mais dans l'interrogatoire du vingt-sept février, on avoit demandé à la Pucelle si elle avait vu saint Michel et ses anges corporellement; quelle figure il avait; ce qu'il lui avait dit la première fois qu'elle le vit. Après avoir écrit une partie de la réponse à cette question, le copiste a probablement interrompu son travail. Lorsqu'il a voulu le reprendre, au lieu d'examiner à quel interrogatoire il en était resté, il a cherché dans le manuscrit un endroit où il était parlé de saint Michel, il en a trouvé un dans l'interrogatoire du premier mars, il s'est mis à copier. « Saint-Michel était-il nu? avait-il une balance ?» croyant que ces questions faisaient suite avec ce qui précédait. M. Thiballier, en lisant son manuscrit, a pensé la même chose; il a cru que la fin de la séance du premier mars faisait partie de celle du vingt-sept février, et que depuis ce jour, jusqu'au trois mars, il n'y avait point eu d'interrogatoire; il a donc regardé sa copie comme exacte, et n'a pas cherché à la compléter.

Le manuscrit qui est maintenant déposé à la bibliothèque publique d'Orléans, appartenait avant la révolution, à celle du chapitre de la cathédrale. M. Deloynes d'Auteroche de Talsy, qui en étoit doyen, avait envoyé à M. de Breteuil une notice de ce manuscrit, composée par M. Moutié, grand-chantre; elle a été communiquée à

M. de l'Averdy, qui l'a insérée dans son ouvrage, page 223.

A cette époque, M. Laurent, directeur des vingtièmes à Orléans, possédait une copie authentique des actes latins du procès de la Pucelle [1].

M. Moutié et M. Laurent comparèrent ensemble les deux manuscrits; après cette comparaison, M. Moutié soupçonna que le manuscrit du chapitre contenait la minute française de ce fameux procès [2], et je suis convaincu que ses doutes se seraient convertis en une certitude absolue s'il avait lu ce que M. de l'Averdy a écrit quelque temps après sur le manuscrit de M. d'Urfé. M. Laurent s'efforça de le dissuader; il prétendit que le manuscrit du chapitre ne contenait pas, à proprement parler, les actes du procès de la Pucelle, mais seulement une histoire abrégée de ses faits et de ses gestes; que son procès y était plutôt rapporté en forme historique qu'en forme judiciaire, et que c'était l'écrivain qui racontait à sa manière ce qui avait été dit et fait dans chaque session. Il est

---

1. M. Laurent est mort au commencement de la révolution, laissant une fille unique, mariée à Gien, à M. de Hancourt. Sa bibliothèque, qui était bien choisie, a été vendue; mais avant cette vente, le volume qui contenait le procès de la Pucelle avait disparu. Quelques recherches que j'aie faites, je n'ai pas encore pu découvrir dans quelles mains il a passé. D.

2. *Voy.* M. de l'Averdy, page 226 et 227.

vrai qu'au commencement du manuscrit, on trouve une histoire abrégée des actions de la Pucelle, laquelle a été imprimée à la tête du Journal du siége d'Orléans, dans l'édition de seize cent vingt et un ; on y lit : « Cy commence la déduc-
» tion du procès fait par M. Pierre Cauchon,
» évesque et comte de Beauvoys, en matière de
» foi, contre une femme nommée Jehanne, vul-
» gairement appelée *la Pucelle*, translaté de latin
» en françois, par le commandement du roi
» Louis XII du nom, à la prière de M. l'amiral de
» Graville ». Ce texte, et les observations que j'ai faites ci-dessus, suffisent pour prouver que les réflexions de M. Laurent n'étaient pas exactes, et ne devraient pas faire changer de sentiment à M. l'abbé Moutié.

On pourrait m'objecter que l'auteur ayant déclaré qu'il a traduit la minute latine du procès de la Pucelle, par ordre de Louis XII, j'ai tort d'offrir son ouvrage comme contenant la minute française de ce procès. J'avoue qu'au premier coup d'œil, cette conséquence paraît juste ; mais les raisons que j'ai exposées au commencement de cette dissertation étant décisives, il faut se borner à dire, 1º que l'auteur du manuscrit a effectivement traduit plusieurs pièces qu'il a insérées dans son ouvrage ; 2° qu'il est très probable qu'il a regardé la minute française, qu'il avait entre les mains, comme une traduction de la minute latine ; 3° qu'ayant été chargé de présenter en français à Louis XII, les actes du procès de la Pucelle, et ayant trouvé la minute française, il s'en est servi pour s'épargner la peine de faire une traduction; et 4° qu'il a cependant voulu faire croire qu'il avait fait effectivement cette traduction pour se donner plus de mérite auprès de Louis XII et de l'amiral de Graville; au reste, l'auteur du manuscrit copiait si servilement tout ce qui lui tombait sous la main, qu'il nous a donné deux copies très différentes de la sommation que la Pucelle a faite au roi d'Angleterre de sortir du royaume, et deux copies tout-à-fait semblables de la sommation que l'évêque de Beauvais a faite aux ducs de Bourgogne et de Luxembourg, de remettre la Pucelle au roi d'Angleterre; et deux de la lettre écrite par le roi d'Angleterre aux prélats, gens d'église, ducs, comtes, nobles et citoyens du royaume, pour faire connaître les motifs de la condamnation de Jeanne d'Arc. M. Langlet du Fresnoy a donné une Notice du manuscrit d'Orléans dans le deuxième tome de son *Histoire de la Pucelle*, page 137; il l'annonça comme étant in-folio. M. Moutié soutient qu'il est in-4°. Je crois qu'on peut concilier ces deux sentiments, en disant qu'il forme un très petit in-folio ou un très-grand in-4°; aussi ce n'est point pour un objet de si peu d'importance, que je ferai le moindre reproche à M. Langlet du Fresnoy, ce sera pour avoir omis de parler dans sa notice, des actes mêmes du procès de la Pucelle qui contiennent les questions qui lui ont été faites, et ses réponses, actes qui occupent la moitié du volume. Le manuscrit imprimeé ici nous apprend que la Pucelle ayant été prise le vingt-huit mai quatorze cent quarante, les Anglois firent pendant six semaines les plus vives instances auprès du duc de Bourgogne et du duc de Luxembourg, pour les déterminer à leur remettre une guerrière que ses exploits leur avaient rendue si redoutable. Il est vrai que les lois de la guerre permettaient au roi d'Angleterre de réclamer certains prisonniers en payant à celui auquel ils s'étaient rendus, une rançon qui n'excédait jamais 10,000 francs, mais il fallait que ce prisonnier fût un prince du sang royal, ou un connétable, ou un maréchal de France, ou au moins un lieutenant-général. Le roi d'Angleterre [1] n'aurait donc pu réclamer la Pucelle, qu'en la regardant comme un des prin-

---

1. *Voy.* les Actes Publics de Rymer tom. 4, page 235, année quatorze cent vingt-huit. Dans le traité fait avec le comte de Salisbury, pour l'autoriser à lever un corps de troupes, le roi déclare expressément que ledit comte aura tous les prisonniers qui seront pris par lui ou aucuns de ses gens : « exceptez rois et grands capitaines du sang royal et tous les lieutenants, connestables et mareschaux, ayant pouvoir de Charles, qui se dit roi de France, et pour lesquelz le roi nostre seigneur fera raisonnable agrément à celui ou à ceux qui les auront pris. »

En conséquence de l'usage constamment reçu, le maréchal de Rieux ayant été pris par Jehan Cornwal, le roi

cipaux généraux de l'armée française : on conçoit facilement que les Anglais ont dû essayer toutes sortes de moyens, avant de se déterminer à rendre un témoignage si honorable aux talents de Jeanne d'Arc. Pendant ces six semaines, Charles VII aurait donc pu faire des démarches auprès du duc de Bourgogne, pour obtenir l'élargissement de la Pucelle, et offrir une rançon qui eût flatté le duc de Luxembourg. Il est probable que le duc de Bourgogne, qui était mécontent de la hauteur des Anglais, et qui voyait leur puissance diminuer tous les jours, aurait consenti volontiers à prier le duc de Luxembourg de traiter de la rançon de Jeanne d'Arc, avec le roi de France. Ce seigneur savait combien son épouse était attendrie sur le sort qui menaçait cette jeune guerrière; lui-même partageait ces sentiments, puisqu'il avait témoigné tant de répugnance à la livrer aux Anglais. Tout porte

---

avait le droit de le réclamer, mais il permit à ce seigneur de le regarder comme prisonnier. Voici le texte des lettres-patentes du roi d'Angleterre : *Cum Petrus de Reus, Armiger, marescallum Franciæ se dicens, nuper tanquam unus principalis capitaneus et ductor partis adversæ, in campo captus fuerit, idemque Petrus nobis et non ad alium, tanquam prisonnierus noster pertineat et pertinere debeat, nos de gratiâ speciali dedimus ei Johanie Cornewali, qui præfatum Petrum cepit, quidquid nobis pertinet in prisionnario prædicto, ita quod idem Johannes præfatum Petrum habeat et teneat ipsum tanquam prisonnierum secum tractet et gubernet. 13 aprilis 1420.* Dubois.

à croire que cette négociation aurait réussi : aussi le manuscrit dit positivement « que le conseil du roi d'Angleterre craignoit que la Pucelle n'eschappast en payant rançon ou autrement ; et que voyant que le duc de Luxembourg la vouloit bailler à nulle fin, il en estoit bien mal content. » Il est difficile ou même impossible de disculper Charles VII de n'avoir fait aucune démarche pour obtenir la liberté de Jeanne d'Arc, et d'avoir témoigné si peu de reconnaissance envers une héroïne, sans laquelle il aurait infailliblement perdu sa couronne. Le continuateur de l'histoire de France de Velly, tome 14, page 42, prétend que « dès que Jeanne d'Arc fut arrêtée, Pierre Cauchon réclama, comme son pasteur métropolitain, le droit de la condamner ; qu'il s'adressa pour cet effet à l'inquisiteur, au duc de Bourgogne, au roi d'Angleterre, et qu'il ne discontinua ses poursuites qu'on ne lui eût livré sa proie. » Ce qu'a dit Villaret a été répété par une infinité d'auteurs, qui se plaisent à nous représenter l'évêque de Beauvais comme un tigre altéré du sang de la Pucelle, et qui attendait avec impatience le moment où il pourrait se jeter sur elle, et la dévorer. Je suis bien éloigné de vouloir justifier ce prélat : dans l'instruction du procès de Jeanne d'Arc, il a donné plusieurs preuves de mauvaise foi qui suffisent pour ternir sa mémoire ; cependant il est certain qu'il ne s'est chargé qu'avec la plus grande répugnance, d'un procès dont il redoutait les suites : c'est ce que nous apprend le manuscrit publié ici. Ce fait m'a paru assez intéressant pour que j'en fisse connaître toutes les circonstances.

Trois jours après la prise de la Pucelle, le vicaire-général du grand inquisiteur avait sommé le duc de Bourgogne de la remettre entre ses mains, afin qu'il lui fît son procès comme étant véhémentement soupçonnée d'hérésie ; on n'avait fait aucun cas de cette sommation. L'Université de Paris avoit écrit à ce duc pour appuyer la demande du vicaire-général de l'inquisiteur ; cette lettre était demeurée sans réponse. Les Anglais voyant que ces moyens n'avaient pas réussi, envoyèrent à différentes fois des députés aux ducs de Bourgogne et de Luxembourg, pour les déterminer à leur remettre Jeanne d'Arc ; mais ces nouvelles démarches avaient encore été infructueuses. Dans cette perplexité, on assembla plusieurs fois le conseil pour aviser aux moyens qu'on devait employer afin d'obtenir qu'on livrât la Pucelle au roi d'Angleterre. Un des conseillers proposa de mander l'évêque de Beauvais, et de lui représenter que cette fille dangereuse avait été prise dans son diocèse, qu'elle y était détenue prisonnière, et par conséquent que c'était à lui d'instruire son procès. On l'engagea à la réclamer, tant en son nom qu'en celui du roi d'Angleterre, qui consentait à payer 10,000 fr. pour sa rançon, c'est-à-dire autant qu'il aurait payé pour un roi de France. Pierre Cauchon résista quelque temps. Il prévoyait qu'en déclarant Jeanne d'Arc innocente, il s'attirait la haine des Anglais, et s'exposerait à leur vengeance; et qu'en la condamnant il trahirait sa conscience. Les Anglais redoublèrent leurs instances, il fut ébranlé ; il promit de consulter l'Université de Paris, et de suivre sa décision. Ce qu'on appelait alors l'Université de Paris n'était composée que des docteurs vendus aux ennemis de la France ; la partie saine de ce corps respectable avait abandonné Paris avec Charles, encore dauphin, et s'était retiré à Poitiers. L'Université répondit au prélat qu'il pouvait et qu'il devait réclamer la Pucelle et instruire son procès. Elle lui offrit d'écrire une seconde lettre aux ducs de Bourgogne et de Luxembourg, pour lui représenter que, comme bons chrétiens, ils devaient s'empresser de livrer leur prisonnière au roi d'Angleterre et à l'évêque qui la réclamait, afin qu'on procédât contre elle, comme étant fortement soupçonnée d'être hérétique et magicienne. Le prélat crut que la décision de l'Université mettait son honneur à couvert ; il étouffa le cri de sa conscience, et consentit enfin à devenir le vil instrument de la vengeance des Anglais. On ne voulut donner lieu à la réflexion ni au repentir. La lettre de l'Université fut aussitôt écrite ; elle est datée du quatorze juillet mil quatre cent trente. On rédigea en même temps la sommation qui devait être faite aux ducs de Bourgogne et de Luxembourg. Le quinze, Pierre Cauchon partit de Paris, accompagné d'un notaire apostolique et d'un envoyé de l'Université. Le seize, cette sommation fut signifiée aux deux ducs; on leur remit en même temps la lettre de l'Université. On offrait, dans cette sommation, 10,000 fr. au duc de Luxembourg, pour la rançon de la Pucelle [1], et 300 liv. de rente viagère au bâtard de Vendôme, qui l'avait arrêtée. Le duc de Luxembourg délibéra quelques jours sur le parti qu'il devait prendre. Le roy d'Angleterre réclamant la Pucelle, comme étant un des principaux généraux du roy de France, et offrant la plus forte rançon qu'on pût exiger de lui, le duc de Luxembourg se vit obligé d'accepter les offres des Anglais; toutefois il ne leur livra qu'au mois d'octobre son intéressante prisonnière. Cependant l'évêque de Beauvais ne pouvait se déterminer à procéder contre Jeanne d'Arc; l'Université lui en fit des reproches dans une lettre qu'elle lui écrivit le vingt-un novembre. Malgré ses sollicitations, il ne se rendit à Rouen qu'à la fin du mois de décembre; ce ne fut que le vingt-sept de ce mois qu'il convoqua les personnages les plus grands, les plus éclairés et les plus lettrés, pour les prier d'assister à un procès que le roi de France et d'Angleterre, leur souverain seigneur, voulait qu'on fît à une

---

1. Ces 10,000 liv. valaient environ 60,000 de notre monnoie; car dans les comptes de la ville d'Orléans, pour l'année quatorze cent trente, on lit que le marc d'argent était estimé 7 liv. 15 sols parisis ou 8 liv. tournois; c'est-à-dire à peu près six fois moins qu'il ne vaut actuellement.

DUBOIS.

femme vulgairement nommée *la Pucelle*, auquel il voulait procéder par leur conseil; ils lui réponpondirent qu'ils y assisteraient volontiers. Le roi d'Angleterre ordonna, le trois janvier, à ceux qui gardaient la Pucelle, de la conduire devant l'évêque de Beauvais, toutes les fois qu'il la requerrait ; ce ne fut cependant que le premier février qu'elle parut devant lui pour la première fois, parce qu'ils ne purent payer sa rançon qu'à cette époque [1]. Dans le cours de la procédure, il a constamment

---

[1]. Lorsque le duc de Luxembourg eut promis de rendre la Pucelle à condition qu'on lui paierait une rançon de 10,000 liv., le duc de Bedfort n'ayant point de fonds, se trouva fort embarrassé; pour s'en procurer, il convoqua à Rouen, pour le quatre août quatorze cent trente, les états de la province de Normandie et de celles qui avaient été conquises depuis dix à douze ans. 10,000 livres devaient être employées à payer la rançon de Jeanne d'Arc, 10,000 à faire le siége de Louviers ou de Bon Moulins; et on exigea que sur cette somme, on payât 80,000 liv. avant la fin du mois de septembre. On possède, à la bibliothèque d'Orléans, plusieurs pièces curieuses qui ont été copiées en 1775, par M. Mercier, abbé de Saint-Léger de Soissons, sur les actes originaux qui se trouvaient alors dans les archives de Saint-Martin-des-Champs. Parmi ces pièces, il se trouve une répartition faite sur les paroisses de la vicomté d'Argenteau et d'Exmes, de la somme de 6,430 liv. pour leur quote-part de la somme de 80,000 liv., et dont 10,000 liv. devoient servir à payer la rançon de la Pucelle. Elle était payée le vingt octobre; car une des pièces dont je viens de parler est une quittance de Jehan Bruyse, escuyer, garde des coffres du roi, de 5,249 liv. 19 sols 10 den., et reçue de Pierre Sureau, receveur général de Normandie, en

cherché à détourner de dessus lui la honte d'avoir condamné la Pucelle; il s'est associé comme juge le vice-inquisiteur; dans toutes les circonstances importantes il a consulté ses nombreux assesseurs et a toujours suivi leurs avis. Quoiqu'on ne puisse prononcer le nom de Pierre Cauchon sans éprouver un sentiment d'horreur, cependant ce n'est point lui, mais ce sont les Anglais[1] qu'on doit accuser d'avoir témoigné un acharnement inconcevable contre Jeanne d'Arc, puisqu'ils ont sacrifié une somme considérable pour obtenir qu'on la remît entre leurs mains, qu'ils ont payé une partie des assesseurs qui ont assisté à son procès[2], qu'ils

---

vertu de lettres du roi, données à Rouen le vingt octobre quatorze cent trente, pour remplacer pareille somme qui était sortie de ses coffres, « pour l'employer en certaines ses affaires touchant les 10,000 l. payés par ledit seigneur, pour avoir Jehanne, qui se dit Pucelle, personne de guerre. D. »

1. Il faut se rappeler que l'abbé Dubois était prêtre. Mais rien ne peut laver la honte dont s'est couvert l'infâme évêque de Beauvais, en condamnant une innocente jeune fille à un horrible supplice, pour satisfaire la vengeance d'un ennemi irrité.   J.-A. Buchon.

2. Dans les pièces copiées par M. Mercier dans les archives de Saint-Martin-des-Champs, se trouvent des ordonnances de Thomas Blunt, chevalier, et général gouverneur des finances du roi d'Angleterre, adressé à Pierre Sureau, receveur général de Normandie, pour lui enjoindre, par ordre du roi, de payer, 1º vingt sols par jour à six membres de l'Université de Paris, qui avaient été envoyés à Rouen pour assister au procès de la Pucelle, à compter du dix-huit février quatorze cent trente-un jus-

ont protesté qu'ils ne la relâcheraient pas quand même elle serait déclarée innocente [1], qu'ils n'ont été satifaits que lors qu'ils l'ont vue expirer dans les

---

qu'à leur retour à Paris. Ces docteurs sont : Jehan Beau-Père, Jacques de Thouraine, frère mineur, Nicole Midy, Pierre Morice, Gérard Feuillet, et Thomas de Courcelles; 2° 20 sols d'or à Pierre le Maître, vicaire de l'inquisiteur et prieur du couvent des frères prescheurs de Rouen, pour ses peines, jusqu'au quatorze avril; 3° 100 liv. à quatre des docteurs ci-dessus nommés, savoir : Jehan Beau-Père, Nicole Midy, Jacques de Thouraine et Gérard Feuillet, pour les indemniser des frais, qu'ils ont faits en portant à Paris les douze articles auxquels on avait réduit les aveux de la Pucelle, et afin de les communiquer au duc de Bedfort et aux gens de son conseil, et à l'Université de Paris; 4° 20 sols par jour à Guillaume Erard, pendant tout le temps qu'il aura vaqué à l'instruction dudit procès : il s'est fait payer 31 francs, pour y avoir vaqué depuis le six mai jusqu'au cinq juin. M. Mercier a aussi copié plusieurs quittances des personnes ci-dessus dénommées. Il en résulte que les docteurs de Paris ont demeuré à Rouen jusqu'au dix juin, c'est-à-dire jusqu'à ce que l'information qui suivit la mort de la Pucelle fût terminée. Il est vrai que les Anglais ne payaient pas les docteurs qui avaient leur résidence à Rouen, mais on les menaçait de les condamner à une amende, s'ils négligeaient d'assister à tous les interrogatoires. A la fin de celui du 1er mars, on lit dans la minute française : « Fut faite assignation à tous » les assistants, au samedi ensuivant, heure de huit heures » du matin, et fut requis de eux s'y trouver aux jour et heure » dessusdits, qu'ils ne fussent intéressés, » c'est-à-dire, ajoute la minute, « sur certaines peines. »

1. Dans ses lettres, du 3 janvier 1431, le roi d'Angle-

tourments les plus inouis, et qu'ils ont eu l'impudence d'envoyer partout le royaume des lettres scellées du sceau du roi d'Angleterre, afin de justifier la condamnation de cette jeune héroïne, dont ils connaissaient l'innocence, et qui n'était coupable à leurs yeux que parce que son nom seul répandait la terreur et l'épouvante au milieu de leurs phalanges [1].

---

terre déclare formellement que son intention est de « ravoir et de reprendre par-devers lui icelle Jehanne si ainsi » il estoit qu'elle ne fût convaincue ou acteinte des cas » dessusdits, ou d'aucuns d'iceux, ou d'autres regardant » la foi. »

1. Au commencement de mai 1430, les Anglais redoutaient tellement la Pucelle, que ceux qui étaient enrôlés pour passer en France, se trouvaient à la vérité aux revues, mais quand le moment de l'embarquement approchait, ils se retiraient dans leurs foyers et refusaient de partir. Le roi fut obligé de faire publier, à Londres et ailleurs, qu'on emprisonnerait tous ces lâches, et qu'on saisirait leurs équipages jusqu'à nouvel ordre. Rymer, qui rapporte cette ordonnance, datée du 3 mai 1430, lui donne pour titre De *Proclamationibus contra capitaneos et soldarios tergiversantes, incantationibus Puellæ terrificatos*; ce qui signifie : « Des proclamations qui doivent » être faites contre les capitaines et les soldats qui refu» sent de partir, parce que les sortilèges de la Pucelle les » ont épouvantés. » (*Actes de Rymer*, tom. IV, partie 4, page 160.)

CHRONIQUE
DE LA PUCELLE.

PRÉFACE.

Denys Godefroy a publié pour la première fois la chronique suivante, sans indiquer le manuscrit d'après lequel il l'avait retrouvé. Il lui a été impossible de retrouver aucun manuscrit de cette chronique, qui donne un si grand nombre de détails intéressants sur l'arrivée de Jeanne d'Arc à la cour, et sur la levée du siége d'Orléans par les Anglais; mais qui s'arrête avant la prise de Jeanne d'Arc à Compiègne, époque à laquelle commence le manuscrit d'Orléans, publié en tête de ce volume. En réunissant les deux ouvrages, on a une histoire contemporaine qui met en état de suivre cette héroïne dans toutes les circonstances de sa vie. J'ai ajouté à cet Appendice, quelques documents qui compléteront cet intéressant épisode.

J.-A. BUCHON.

CHRONIQUE
DE
LA PUCELLE.

S'ENSUIVENT les gestes, et aucunes choses advenues du temps du très chrestien et très noble roy Charles VII de ce nom, qui eut le royaume après le trespas de feu son père, Charles VI, lequel trespassa l'an mil quatre cent vingt-deux, le vingt-uniesme jour d'octobre : auquel temps les choses estoient dans le royaume de France en petit estat; et y eut divers exploits de guerre, et grandes divisions presque partout. Or, il y avoit en Auvergne un grand seigneur terrien, nommé le seigneur de Rochebaron, qui possédoit plusieurs belles terres et seigneuries, et tenoit le parti du duc de Bourgongne, et par conséquent du roy d'Angleterre; lequel eut en sa compaignie un Savoisien, nommé le seigneur de Salenove, et se mirent sus, accompagnés de bien huict cents hommes d'armes et les archers; et tenoient les champs, et faisoient beaucoup de maux, et endommageoient le pays en diverses manières. La chose vint à la congnoissance du comte de Perdriac, fils du feu comte d'Armagnac, du mareschal de France, nommé La Fayette, et du seigneur de Groslée, séneschal de Lyon, et bailly de Mascon, lesquels assemblèrent gens, le plus diligemment qu'ils peurent, et se mirent sur les champs, en intention de rencontrer lesdits de Rochebaron et Salenove. Et de faict, ils les trouvèrent, et pensèrent frapper sur eux; mais ils n'attendirent pas, et s'enfuirent très laschement et déshonnestement, et se retirèrent en une place, nommée Bousos. Tout au plus près d'icelle place il y avoit un moulin, auquel un arbalestrier mit le feu; et fut si fort et véhément qu'il entra en la ville, dont on ne se donnoit de garde; tellement que les Bourguignons et Savoisiens en furent surpris, et les capitaines trouvèrent moyen de se sauver, et s'en allèrent; aucuns de leurs gens se vinrent rendre prisonniers et les autres furent tués. Après cela, lesdits seigneurs de Perdriac, le mareschal, et Groslée, allèrent devant la place de Rochebaron, qui fut prise, avec toutes les autres places de ce seigneur; et ceux de leurs gens qui s'en peurent fuir, furent tués dans les montagnes en divers lieux, par les gens du plat pays, que on nommoit brigands; et tout ce pays fut lors réduit en l'obéissance du roy. Cependant, le vicomte de Narbonne et le seigneur de Torsay mirent le siége à Cosne; mais les ducs de Betfort et de Bourgogne assemblèrent gens pour venir en faire lever le siége; et les François voyants qu'ils estoient trop foibles, levèrent d'eux-mêmes leur siége, et s'en allèrent en Guyenne, à une cité vers Bordeaux, nommée Basas, devant laquelle les Anglois mirent le siége. Et finalement lesdits seigneurs françois prirent composition de se rendre, au cas que dedans certain temps, les François ne se trouveroient plus forts que les Anglois. Si estoient lors en Languedoc les comtes de Foix, d'Armagnac, et autres; et pour le gouvernement des finances, y estoit maistre Guillaume de Champeaux, évesque de Laon, qui fit toute la diligence d'assembler gens, pour aller devant la place; et fit tant, qu'il y eut assez belle compaignie. Or estoit un des principaux chefs de guerre des Anglois, un nommé Beauchamp. Ledit évesque de Laon avoit mandé ou prié au seigneur de Laigle, vicomte de Limoges, qu'il lui voulust envoyer des gens; lequel avoit en sa compaignie, un chevalier nommé messire Louis Juvénal des Ursins, fils du seigneur de Traisnel, lequel faisoit souvent des courses sur les Anglois, dans le pays de Guyenne; et ledit Beauchamp, Anglois, le connoissoit bien. Doncques ledit seigneur de Laigle envoya icelui Juvénal des Ursins, atout vingt lances et des arbalestriers, devers ledit évesque de Laon. Il arriva environ minuit en l'ost des François; dont plusieurs firent grand bruit, croyant qu'il eust amené bien plus grande compaignie; sur quoi les François se disposèrent le matin de combattre, si mestier estoit. Et Beauchamp sceut la venue dudit Juvénal des Ursins, et lui envoya requérir, que s'il y avoit besongne, qu'il advisast comment ils se pourroient rencontrer (car autresfois ils avoient rompu lances ensemble), et que s'il le prenoit, il lui feroit bonne compaignie. Ledit

Juvénal des Ursins, et aucuns seigneurs du pays, furent ordonnés le matin, pour aller voir le maintien des Anglois; et veirent que les Anglois estoient quatre fois plus que les François, et estoient campés en place advantageuse, ayant mis pals devant eux, et qu'il n'y avoit aucune apparence qu'on les deust combattre; et qu'il valoit mieux laisser perdre la place, que de mettre la compaignie en adventure; et ainsi fut faict et exécuté.

Environ ce temps, messire Jean du Bellay et messire Ambroise de Loré, firent une assemblée, pour cuider aller recouvrer Fresnay, et vinrent courir devant; mais les Anglois ne saillirent aucunement, et ils s'en retournèrent repaistre à Sillé-le-Guillaume; et partit de là ledit de Loré, pour s'en retourner à Saincte-Susanne, et ledit du Bellay au Mans; qui avoit environ deux cents chevaux. Guillaume Kyriel, Anglois, estoit lors sur les champs, accompaigné de quatre-vingts Anglois, lesquels se mirent à pied à l'encontre d'une haye; et les François vinrent tous à cheval frapper vaillamment sur lesdits Anglois, qui avoient quantité de traict : finalement, les François furent deffaits, dont il y eut plusieurs de tués et pris.

En ce temps, le duc de Bourgongne estoit sur les champs, et aussi y estoient les François; ils se rencontrèrent, et il y eut bien dure et aspre besongne, et plusieurs rués par terre, et des blessés d'un costé et d'autre. Le duc de Bourgongne s'y comporta vaillamment; et à la fin les François furent deffaits, dont il y eut de tués et de pris, nonobstant que les Bourguignons y eussent receu grand dommage. Le seigneur de Gamache et messire Amaury de Sainct-Léger, tenants le parti du roy, trouvèrent vers la Blanque-Taque, en Picardie, plusieurs Bourguignons. Si frappèrent sus, et les ennemis se mirent fort en deffense; mais finalement iceux Bourguignons furent deffaits, dont il y eut plusieurs de tués et de pris. Au pays du Maine, environ Neufville La Hais, le sieur de Fontaines et aucuns Anglois se rencontrèrent; et après qu'il se furent bien entre-battus, les Anglois furent deffaits, dont il y eut environ huict vingts de tués et de pris. Pour ledit temps, le comte de Boucan (Buchan), Escossois, estoit connestable de France.

L'an mille quatre cent et vingt-trois, la ville de Cravent tenoit pour le roy de France, et y avoit dedans des compagnons de guerre, vaillantes gens, qui couroient tout le pays tenant le parti du roy d'Angleterre et de Bourgongne. Et pour ce, les comtes de Salisberi et de Sufolc vinrent mettre le siège devant ladite place, et avec eux le mareschal de Bourgongne; et estoient quantité de gens de guerre, garnis de tous habillements, qui faisoient toute diligence d'avoir la ville, et ceux de dedans se défendoient fort. Et pour lever le siège, furent assemblés gens de guerre, du parti du roy, pour essayer si on pourroit faire lever ce siège; et en furent chefs, le seigneur de Severac, mareschal de France, et le connestable d'Escosse, bien vaillant chevalier; et estoient grande quantité de bonnes gens; y estoient aussi le comte de Ventadour, les seigneurs du Bellay, de Fontaines, de Gamaches, et autres, lesquels vinrent jusques au siège. La venue desquels fut sceue des Anglois et Bourguignons, qui en estoient advertis. Si se mirent-ils en ordonnance, et le connestable d'Escosse descendit à pied, et avec lui plusieurs vaillants François et Escossois, croyant que Severac et les autres deussent ainsi faire, ou au moins frapper à cheval sur les ennemis. Il y fut fort combattu; et finalement les François et Escossois furent défaits, et y en eut plusieurs de tués et pris, jusques au nombre de deux à trois mille; qui fut un grand dommage pour le roy de France. Il y eut aussi des Anglois et Bourguignons de tués, mais non en si grande quantité. Des François y fut pris le connestable d'Escosse, Ventadour, Bellay, et Gamaches; de tués, le seigneur de Fontaines, messire Thomas Stonhameton, le mareschal de Severac. Messire Robert de Lore, et autres s'enfuirent très déshonnestement; qui fut un grand dommage pour le roy de France; car s'ils eussent arresté et fait leur devoir, la chose, comme il est vraisemblable, eust esté autrement. Le roy avoit envoyé au pays de Champagne, au pays de Retel, et ès marches voisines, pour y faire guerre; et faisoient ce que gens de guerre ont accoustumé de faire; et au contraire, s'assemblèrent le comte de Salisbery, messire Jean de Luxembourg, et nombre de gens de guerre avec eux. Et quand les François apperceurent qu'ils n'estoient pas gens pour résister à si grande puissance, ils passèrent la rivière de Meuse, et se retirèrent à Mouson, qui est une ville hors du royaume, appartenant au roy.

En icelui temps, ung chevalier d'Angleterre, nommé la Poule, de grand sens et lignage, et vaillant chevalier, partit du pays de Normandie avec bien deux mille et cinq cent combattants anglois, et s'en vint courre au pays d'Anjou; et se logea audit pays, devant un chasteau nommé Segré. Laquelle chose vint à la cognoissance de messire Ambroise de Lore, lequel très diligemment envoya, et fist hastivement sçavoir au comte d'Aumale, qui estoit à Tours, où il assembloit des gens pour l'exécution d'une entreprise qu'il avoit faite sur le pays de Normandie, laquelle ledit seigneur de Lore savoit bien, comme ledit de la Poule estoit entré en icelui pays d'Anjou. Ledit comte d'Aumale estoit lieutenant du roy ; et aussitost qu'il eut receu les lettres d'icelui de Lore, il s'en vint très hastivement en la ville de Laval, et manda gens de toutes parts, à ce qu'ils se rendissent vers lui; lesquels le firent très volontiers, et ledit seigneur de Fontaines y alla. Et là vint un chevalier nommé messire Jean de la Haye, baron de Coulonces, qui y amena une belle et gente compagnée de gens de guerre. Lequel baron estoit pour lors dans l'indignation d'icelui comte d'Aumale, pour plusieurs désobéissances qu'il lui avoit faites dans ledit pays, et ne vouloit point qu'il fust en sa compagnée. Toutesfois ledit de Lore fist tant, que pour cette fois, il estoit content qu'il y fust, pourveu qu'il ne le veist point, et qu'il ne se montrast devant lui; si estoit-il très vaillant chevalier. Or, le lendemain bien matin, partit ce comte d'Aumale, et sa compagnée (c'estoit un jour de samedi), pour s'aller mettre entre le pays de Normandie et lesdits Anglois, en ung lieu qu'on disoit qu'ils devoient passer, pour s'en retourner et entrer audit pays de Normandie. Et furent choisis plusieurs gens de guerre, des plus suffisants et cognoissants à ce, pour les poursuivre; et furent chargés de par ledit comte, de lui faire savoir toutes nouvelles d'iceux Anglois. Ils trouvèrent qu'ils estoient partis dudit chasteau de Segré, et s'en venoient pardevant ung autre chasteau, nommé la Gravelle, et amenoient avec eux les hostages d'icelui chasteau de Segré, et plusieurs prisonniers de leur rançon, et plus de mille à douze cents bœufs et vaches. Et s'en vint ledit comte d'Aumale, loger en ung village, nommé le Bourgneuf de la forest, là où il eut certaines nouvelles que les Anglois estoient partis à trois lieues dudit lieu, ou environ, et qu'ils tiroient tout droit, pour aller passer en ung lieu nommé la Brossinière, à une lieue dudit lieu de Bourgneuf. Alors ledit comte d'Aumale, qui estoit sage et vaillant, envoya querir le bastard d'Alençon, et envoya aussi à madame de Laval lui prier qu'elle lui voulust envoyer l'aisné de ses fils,

nommé André de Laval, lors estant jeune d'âge
de douze ans. Laquelle le fist très volontiers; et lui
bailla pour l'accompagner messire Guy de Laval,
seigneur de Montjean, et tous les gens de la seigneurie de Laval, avec plusieurs autres, ses vas-
saux et hommes qu'elle peut recouvrer et avoir
promptement d'autre part. Le mesme comte
d'Aumale ordonna pareillement d'aller quérir
Louis de Tromargon et le seigneur de Lore, auxquels il dit les nouvelles qui lui estoient venues
d'iceux Anglois, et leur requit conseil, pource
qu'il vouloit là conclure ce qu'il avoit à faire.
Sur quoi il y eut diverses opinions et imaginations,
après quoi, finalement il fut conclu de combattre
lesdits Anglois, s'ils vouloient attendre, et que
ledit comte, avec tous ses gens, seroient audit lieu
de la Brossinière le dimanche matin, à soleil levant, et que ledit comte d'Aumale se mettroit audit lieu à pied, avec les seigneurs dessusdits,
pour attendre les susdits Anglois, et que ledit de
Lore, et Louis de Tromargon seroient à cheval,
atout sept ou huict vingts lances, pour besongner
sur iceux Anglois, ainsi qu'ils verroient à faire,
sans nulle charge, et que s'ils avoient affaire d'un
autre capitaine, ils le pourroient prendre : et on
disoit cela, à cause d'icelui capitaine, baron de
Coulonces, qui estoit en l'indignation dudit comte
d'Aumale. Si se trouvèrent, ainsi qu'il avoit esté
ordonné et à l'heure prescrite, audit lieu de la
Brossinière; et fut la bataille ordonnée à pied; et

lesdits de Lore, Tromargon, et Coulonces à cheval. Laquelle ordonnance estant ainsi faite, on veit dedans deux heures après les coureurs des Anglois, qui chassoient aucuns coureurs des François; et lors lesdits capitaines à cheval chargèrent sur lesdits coureurs Anglois, et leur tinrent tellement l'escarmouche, qu'ils les contraignirent de descendre à pied, près de leur bataille. Cependant les susdits Anglois venoient en belle ordonnance, marchants contre la bataille du comte d'Aumale, laquelle ils ne pouvoient bonnement voir, pource que ceux de cheval estoient toujours entre deux, et se tenoient tous ensemble, se retirants tout bellement, vers ledit comte d'Aumale. Et quand les batailles dudit comte d'Aumale et du susdit la Poulle, Anglois, furent près l'une de l'autre, comme d'un traict d'arc, les Anglois marchoient fort; et en marchant, ils piquoient devant eux de gros pals qu'ils avoient, en grand nombre, et portoient avec eux. Et lors lesdits trois capitaines, et les gens de cheval passèrent par entre les deux batailles, croyants frapper d'ung costé sur lesdits Anglois, ce qu'ils ne peurent bonnement faire, par l'occasion des susdits pals; et pour ce, tout à coup ils tournèrent sur ung costé de la bataille, où il n'y avoit aucuns pals, et frappèrent vaillamment sur eux. Ceux de pied marchoient toujours les uns contre les autres; et au frapper que firent ceux de cheval, les Anglois se rompirent, et serrèrent ensemble, contre ung grand fossé; et estoient comme sans aucune ordonnance. Et lors la bataille à pied joignit aux Anglois, et combattirent main à main. Il y eut de grandes vaillances d'armes faites; mais lesdits Anglois ne peurent soustenir le faix que leur bailloient les François, et furent deffaits au champ; et y en eut de quatorze à quinze cents de tués, qui furent mis en terre, de l'ordre d'icelle dame de Laval, obstant ce que la bataille avoit esté faite sur sa terre; et y estoit présent Alençon le héraut, qui rapporta le nombre des morts. Il y en eut de tués à la chasse environ deux à trois cents; et si il y eut plusieurs prisonniers, et entre les autres le susdit seigneur de la Poule, Thomas Aussebourg, et messire Thomas Clifeon; et n'en eschappa pas six vingts, que tous ne fussent tués ou pris. Il y eut là des chevaliers faits, et, entre les autres, messire André de Laval, lequel fust depuis seigneur de Lohéac et mareschal de France, et plusieurs autres. Il y eut un chevalier françois tué, nommé messire Jean le Roux, et peu d'autres. De là ledit comte d'Aumale et sa compagnée s'en allèrent loger à la Gravelle. Dudit lieu de la Gravelle, ce comte d'Aumale prit son chemin droit au pays de Normandie, et s'en alla devant Avranches, et y laissa le seigneur d'Aussebourg, avec certaine quantité de gens d'armes, pour voir s'ils pourroient remettre ladite ville d'Avranches en l'obéissance du roy; et ledit comte passa outre, et s'en vint loger ès fauxbourgs de Sainct-Lo en Normandie, où il fut trois ou quatre jours; et après avoir pris plusieurs prisonniers et biens, il revint par-devant ladite ville d'Avranches, laquelle pour lors n'estoit pas bien aisée d'avoir; et pour ce, il s'en retourna, lui et toute sa compagnée, au pays du Maine, sans faire autre chose.

En ce temps, les Anglois mirent le siége par mer et par terre devant le Mont-Sainct-Michel. Sur la mer il y avoit grande quantité de navires, et nombre de gens de guerre bien armés, habillés et garnis de toutes choses nécessaires. Or ils environnèrent tellement ladite place, qu'il n'étoit pas possible qu'on la peust ravitailler en aucune manière. Et pour secourir icelle ville, fut faict une armée à Sainct-Malo-de-l'Isle, de laquelle estoit capitaine un vaillant chevalier, nommé le seigneur de Beaufort, de Bretagne, qui fut admiral de ladite armée; et fit tant qu'il eut des navires compétemment. Et y eut des vaillantes gens, tant d'hommes d'armes que de traict, lesquels très volontiers et libéralement se mirent èsdits navires, tellement qu'ils furent bien équippés et garnis de tout ce qui leur falloit. Et singlèrent par mer tellement, qu'ils vinrent à arriver sur les Anglois, lesquels se deffendirent vaillamment; et y eut bien dure et aspre besongne; mais enfin il y fut tellement combattu par les François, que les Anglois furent deffaits, et le siége fut levé. Et y estoit en la compagnie, avec le susdit admiral, le seigneur d'Aussebourg. Quand les Anglois, qui estoient à terre, sçurent que leurs vaisseaux estoient partis, ils s'en allèrent.

En ce mesme temps, les Anglois dressèrent et construisirent une bastille à une lieue près dudit mont Sainct-Michel, en un lieu nommé Ardevon; et ceux de la garnison dudit Mont sailloient souvent, et presque tous les jours, pour escarmoucher avec les Anglois, et y faisoit-on de belles armes. Messire Jean de la Haye, baron de Coulonces, estoit alors en un chasteau du Bas-Maine, nommé Mayenne-la-Juhais; et alloient souvent de ses gens audit Mont-Sainct-Michel, et pareillement de ceux du Mont à Mayenne. Ledit baron sceut la manière et l'estat des Anglois, et fit sçavoir à ceux du Mont, qu'ils saillissent un certain jour, et livrassent grosse escarmouche un jour de vendredy, et qu'il y seroit sans faute; et ainsi fut fait; car ledit de Coulonces partit de sa place avant jour, accompagné de ceux de sa garnison, qui chevauchèrent neuf à dix lieues; puis eux et leurs chevaux repeurent assez légèrement; et après ils remontèrent à cheval, en venant tout droit vers la place des Anglois. Et cependant ceux du Mont, qui avoient bien espérance que ledit baron de Coulonces viendroit, saillirent pour escarmoucher, et aussi firent les Anglois. Et toujours François sailloient de leur place; et aussi faisoient Anglois de leur part, tellement que de deux à trois cents repoussèrent les François jusques près du Mont. Et lors, environ deux heures après midi, arrivèrent ledit baron de Coulonces et sa compagnée ; et se mit entre Ardevon et les Anglois, tellement qu'ils n'eussent peu entrer en leur place, sans passer parmi les François, que avoit ledit de Coulonces. Finalement, ceux du Mont et les autres François chargèrent à coup sur lesdits Anglois, lesquels se deffendirent vaillamment; mais ils ne purent résister, et furent deffaits; et y en eut de deux cents à douze vingts de morts et de pris. Et entre les autres y fut pris messire Nicolas Bordet, Anglois; puis ledit baron de Coulonces et sa compagnée s'en retournèrent joyeux en sa place de Mayenne-la-Juhais.

Le quatriesme jour de juillet, audit an, nasquit Louis, aisné fils du roy de France, et de madame Marie, fille du roy de Sicile. Le duc d'Alençon le tint sur les fonts, et maistre Guillaume de Champeaux, évêque et duc de Laon, le baptisa. Les François faisoient forte guerre en Masconnois, et tenoient une place nommée la Bussière; et y eut aucuns qui se firent forts de mettre le mareschal de Bourgongne, nommé Toulonjon, vaillant, sage et discret homme d'armes, dedans la place. Lequel se douta fort qu'il n'y eut quelque mauvaistié et tromperie; et pour ce s'advisa qu'il y viendroit bien accompagné. Laquelle chose ceux de la place sceurent, et mandèrent le sénéchal de Lion, de Groslée, le borgne Caqueran, et le seigneur de Valpargue, qui avoient plusieurs Lombards en leur compagnie, et firent tant qu'ils trou-

vèrent ledit mareschal de Bourgongne et ses gens.
Si frappèrent sur eux, qui firent petite résistance,
car les François estoient plus; et si estoient les
Lombards bien montés et armés. Il y en eut
plusieurs de tués et de pris, et entre les autres
y fut pris ledit mareschal de Bourgogne; et pour
lui fut délivré le connestable d'Escosse.

L'an mil quatre cent vingt-quatre, l'archevesque de Rheims, lequel estoit allé en Escosse, pour
avoir secours et aide à l'encontre des Anglois, retourna et amena en sa compagnée le comte du Glas
(Douglas), avec cinq à six mille Escossois. Il descendit
à La Rochelle, et vint devers le roy, lequel le receut grandement et honorablement, et lui fist
grande chère; et lui donna le duché de Touraine
avec les appartenances et appendances, pour en
jouir sa vie durant, exceptés les chasteaux et places de Loches et de Chinon, qui sont places fortes,
que le roy se réserva. Or est vrai que le duc de Betfort, qui se nommoit régent au royaume de
France, mit le siége devant une place, vers le pays
de Normandie, nommée Yvry, dedans laquelle il
y avoit de vaillantes gens, qui se deffendoient vertueusement; et y fut deux à trois mois devant;
mais finalement il y eut appointement ou composition entre ledit duc de Betfort et le capitaine dudit lieu d'Yvry, qui estoit Gascon, et se nommoit
Girault de la Pallière; c'est à sçavoir, qu'il rendroit la place, la ville et le chasteau d'Yvry à ce
duc de Betfort, au cas que, dedans certain temps,

il n'auroit secours du roy de France, son souverain seigneur. Durant ces choses, le seigneur de Valpargue, le borgne Caqueran, Lombard, le mareschal de la Fayette, et le vicomte de Narbonne, s'en allèrent vers les marches de Nivernois, où ils firent forte guerre, et prirent deux places, c'est à sçavoir Tuisy et la Guerche. Il se faisoit plusieurs rencontres de François, de Bourguignons et d'Anglois, et y en avoit souvent de tués et de pris. Or, quand la susdite composition fust faite des ville et chasteau d'Yvry, Girault de la Pallière le fist sçavoir au roy, en lui requérant qu'il lui baillast et envoyast aide et secours, ou il seroit contraint de rendre la place aux ennemis. Le roy délibéra d'y pourvoir, et manda le duc d'Alençon, les comtes du Glas, de Boucan (Buchan), connestable de France, le comte d'Aumale, le vicomte de Narbonne, le mareschal de la Fayette, et plusieurs autres, et leur ordonna qu'ils advisassent comment ils pourroient faire, et donner le secours que ledit de la Pallière requéroit. Ils délibérèrent de se mettre sur les champs, et de tirer vers les Anglois audit lieu d'Yvry. Si vinrent loger auprès Chartres, dans laquelle ville estoient des gens de guerre tenants le parti des Anglois et Bourguignons. Et après s'en vinrent loger en un village près de Dreux, nommé Nonancourt; et là ils eurent nouvelles certaines que les ville et chasteau dudit Yvry estoient rendues et livrées audit duc de Betfort. Et pour ce, lesdits duc d'Alençon, comtes du Glas et de Boucan, furent conseillés de tirer vers la ville de Verneuil, qui compétoit et appartenoit audit duc d'Alençon, de son propre héritage; et y vinrent. Et quand ceux de la ville veirent leur droit seigneur, ils se mirent en son obéissance, et se rendirent à lui, excepté la tour, dans laquelle plusieurs Anglois s'estoient retirés; laquelle tour fust assez tost après rendue par composition, par les Anglois qui estoient dedans; lesquels s'en allèrent leurs corps et biens saufs. Et ainsi la ville et la tour furent nuement en l'obéissance du roy et de monseigneur d'Alençon. Puis s'assemblèrent les seigneurs et cappitaines, pour scavoir ce qu'on avoit à faire. Plusieurs furent d'opinion qu'on mist une bonne grosse garnison dedans Verneuil contre les Anglois, et que lesdits seigneurs, et le demeurant de la compagnée, s'en allassent diligemment devant plusieurs places que tenoient les Anglois, lesquelles estoient despourveues de gens, et n'y avoit point de garnison; et que veu que lesdits chateau et ville d'Yvry estoient rendus, il n'estoit pas de nécessité ou expédient de combattre, pour ledit temps, et à cette heure. De cette opinion estoient les comtes d'Aumale, vicomte de Narbonne, et autres anciens capitaines et gens de guerre, qui sçavoient parler de telles matières, renommés d'estre vaillants, et se cognoissant en faict de guerre; car oncques on ne conseilla dans le royaume de France, de combattre les Anglois en batailles rangées; et quand on l'avoit fait, il en estoit mal advenu. Au contraire, les comtes du Glas et de Boucan, les Escossois, et aucuns François jeunes, de grand courage, et de leur volonté, qui n'avoient pas si bien cognoissance des faicts de guerre, et venoient droict de leurs maisons, estoient d'autre opinion ; et y eut aucuns qui disoient qu'il sembloit que ceux qui estoient d'opinion qu'on ne combattist point, avoient peur ; et toutefois c'estoit des plus vaillants, et mieux cognoissants en faict de guerre. Or, en parlant et débattant de la matière, pour scavoir ce qu'on avoit à faire, il vint nouvelles que le duc de Betfort et sa compagnée, qui estoit grande et puissante, estoient logés à trois ou quatre lieues dudit lieu de Verneuil, et qu'il venoit pour combattre. Alors il ne fust plus mis en question si on combattroit ; car les Escossois et aucuns François conclurent que on combattroit, et que bataille se feroit. Et un jeudi matin, après la Nostre-Dame de la mi-aoust, les ducs d'Alençon, comtes du Glas, de Boucan, d'Aumale, et les autres François se mirent sur les champs, et s'ordonnèrent en bataille, assez près de ladite ville de Verneuil ; et furent commis gens à cheval aux deux aisles, pour frapper sur les archers ; et spécialement, les Lombards sur l'une des ailes, qu'on estimoit à environ cinq cents hommes, lances au poing ; et de l'autre estoient des François, de deux à trois cents lances. Les princes et seigneurs dessusdits estoient à pied. Les choses estant ainsi ordonnées, le duc de Betfort, les comtes de Suffolc et de Salisbéry parurent assez tost après, à fort grande compagnée; lesquels aussitost qu'ils virent les François, se mirent à pied en fort belle ordonnance, et leurs archers estoient aux ailes, d'un costé et d'autre; si firent reculer leurs chevaux et bagages. Alors commencèrent à marcher les uns contre les autres; mais les Anglois marchoient lentement et sagement, sans se guères eschauffer. Et au contraire les Escossois marchoient légèrement et trop hastivement, du désir qu'ils avoient de parvenir à leurs ennemis. Et de pareille alleure s'avançoient les François, tellement qu'on disoit, que la pluspart d'eux estoient hors d'haleine, avant que de se joindre aux ennemis. Le vicomte de Narbonne s'avança devant les autres, et s'adressa au comte de Salisbéry, contre lequel il se porta vaillamment. Les Lombards, qui estoient à cheval, frappèrent aucunement à l'assembler, sur un coing des archers Anglois; si passèrent outre, puis allèrent au bagage, et le gagnèrent; puis ils en partirent, et passèrent outre, sans plus rien faire. Les François à cheval, qui estoient de deux à trois cents lances, frappèrent vaillamment sur l'autre costé, où il y avoit bien de deux à trois mille archers, et deux cents lances d'Anglois; et s'y comportèrent si bien et honorablement, qu'ils rompirent et deffirent lesdits Anglois, dont il y eut quantité de tués et de prins. Cela fait, ils ne s'attendoient qu'à eux, et

16.

croyoient certainement que touts les Anglois fussent deffaits; mais la chose estoit autrement; car la deffaite fut bien grande pour les François, et y eut une bien aspre et dure besongne. Et y furent tués le comte du Glas, Jamet son fils, et Boucan. Escossois, et de leurs gens plus que d'autres; et aussi le comte d'Aumale, le comte de Ventadour, le vicomte de Narbonne, le comte de Tonnerre, les seigneurs de Graville, de Beausault, messire Charles le Brun, messire Antoine de Caourse, seigneur de Malicorne, messire Guillaume de la Palu, et plusieurs autres, jusques au nombre de six à sept mille hommes. Et y furent prins le duc d'Alençon, le bastard d'Alençon, le seigneur de la Fayette, mareschal de France, le seigneur de Mortemer, et plusieurs autres. Et quand ils trouvèrent le vicomte de Narbonne mort, ils firent pendre le corps en un arbre, pource qu'il avoit esté à la mort du duc de Bourgongne. Et le lendemain leur fust rendue la ville de Verneuil, et la tour, où s'estoient retirés plusieurs François, lesquels, par l'ordonnance du duc de Betfort, s'en allèrent, sauves leurs vies et biens. En cette bataille mourut grande quantité d'Anglois et autres tenants leur parti, tellement que ledit duc envoyant par les cités et villes de leur parti dire les nouvelles de la victoire, manda expressément qu'on n'en fist aucune solemnité; car combien qu'ils eussent eu l'honneur, toutesfois ils y avoient receu beaucoup de dommage. Les Anglois souffrirent prendre et emporter les corps des seigneurs morts, et le roy les fist enterrer, et faire leurs services bien honorablement.

Deux mois ou environ après, messire Jean Fastolf, chevalier anglois, lequel estoit capitaine d'Alencon, et gouverneur desdites marches, de par le duc de Betfort, dressa une armée, et s'en vint mettre le siége devant une place du pays du Mayne, nommée Tannie; et n'y fust guères; car ledit chasteau lui fust rendu par composition.

En ce mesme temps aussi, le comte de Salisbéry deslibéra d'aller mettre le siége devant la cité du Mans, et se mit en chemin pour y aller. Il y avoit à Mayenne-la-Juhais, un chevalier, capitaine de la place, nommé Pierre-le-Porc, qui estoit un vaillant chevalier, et accompagné de vaillantes gens, auquel l'entreprinse dudit comte vint à cognoissance. Si partit de sadite place de Mayenne, ayant en sa compagnée de huit vingt à deux cents combattants, et alla mettre une embuscade près de Sées en Normandie, sur le chemin dudit comte de Salisbéry et de son ost. qui, assez loin au-devant de lui, avoit de ses gens, qui chevauchoient et ne se doutoient de rien ; sur lesquels iceluy Pierre-le-Porc et ses gens frappèrent, et en tuèrent et prirent grand nombre ; puis après, ce nonobstant, ils s'en retournèrent arrière en leur place avec toute leur prinse. Or, combien que le susdit comte en eust esté bien desplaisant, il ne laissa pas de poser son siége, et fit mander et assembler gens de toutes parts; et mit et forma son siége devant ladite ville, et y fit assortir grosses bombardes, et autres engins, pour abbattre les murs d'icelle cité; et de faict, il y en eust une grande partie d'abbattue, du costé de la maison de l'évesque. Ce nonobstant, ceux de dedans se deffendoient vaillamment; et firent plusieurs et diverses saillies, en grevant leurs ennemis. Toutesfois, ils considéroient bien qu'ils n'auroient aucun secours, et qu'ils n'eussent peu tenir longuement; et pour ce, délibérèrent-ils de trouver expédient le meilleur qu'ils peurent, tant que finalement la ville fust rendue audit comte de Salisbéry, par composition telle, que les gens de guerre et autres, qui s'en voudroient aller et partir de la ville, s'en iroient, et ceux qui voudroient demeurer, demeureroient en l'obéissance des Anglois. Et les François estants en icelle ville, payèrent mille et cinq cents escus, pour les frais et mises que ce comte avoit faits à mettre le siége devant ladite cité. Cette prise ainsi faite, le mesme comte de Salisbéry, voyant et considérant la puissance des François estre ainsi diminuée, et qu'il seroit difficile au roy de trouver où assembler gens pour le gréver, poursuivit sa conqueste, et vint mettre le siége devant les chastel et ville de Saincte-Suzanne, au mesme pays du Maine, où estoit capitaine messire Ambroise de Lore; et iceluy comte y fist assortir et asseoir plusieurs grosses bombardes. A la venue duquel, ledit messire Ambroise fist plusieurs belles escarmouches et saillies, lesquelles portèrent grand dommage aux Anglois; et après, le siége fust clos de toutes parts. Et quand il y eust esté quelques dix jours devant, il commença à faire tirer lesdits canons et bombardes incessamment jour et nuit, tellement qu'ils abbattirent grande quantité des murs de ladite ville, et y fist-on plusieurs escarmouches et saillies d'un costé et d'autre, et essais pour assaillir; et finalement, ledit de Lore et ses compagnons furent contraints de rendre iceux chastel et ville audit comte de Salisbéry; et lui et ses compagnons perdirent touts leurs biens et leurs prisonniers, et s'en allèrent, après que ladite place eust ainsi esté rendue, touts à pied, un baston en leur poing. Et pour les frais faits par ledit comte à mettre iceluy siége, ledit Ambroise de Lore lui bailla deux mille escus d'or comptant. Ladite ville de Saincte-Suzanne estant ainsi eue par iceluy comte de Salisbéry, il alla mettre le siége devant le chasteau de Mayenne-la-Juhais, et y fit mener plusieurs grosses bombardes, comme devant les autres places. Un vaillant chevalier, nommé Pierre-le-Porc, estoit capitaine d'iceluy chasteau, lequel y fust fortement battu de grosses bombardes; et si il y eut plusieurs et diverses mines faites; et les Anglois y donnèrent plusieurs et divers assauts; et mesmement un bien merveilleux, tant par les murailles que par les mines, auxquels il fust vaillamment et vigoureusement résisté par ceux de dedans. Et y eust plusieurs Anglois de tués et blessés. Or, il n'estoit doute qu'ils n'eussent peu avoir aucun secours; et pour ce la place fust rendue par composition audit comte de Salisbéry; suivant laquelle composition, ceux qui s'en voulurent aller s'en allèrent, et ceux qui voulurent demeurer, demeurèrent. Mais il fust payé deux mille escus par ledit capitaine, et autres François, pour les frais et mises que ledit comte de Salisbéry avoit faites à mettre ce siége.

L'an mil quatre cent vingt-cinq, le roy envoya vers le duc de Bretagne messire Tanneguy du Chastel, qui estoit natif du pays de Bretagne, et lequel on disoit estre, lui et ses parents, bien aimé du duc; et lui fit prier et requérir qu'il le voulust aider et secourir, en lui remonstrant qu'il y estoit tenu en plusieurs et diverses manières. Ledit duc respondit pleinement qu'il n'y entendroit en rien, sinon que préalablement, et avant toute œuvre, le roy mist hors de sa compagnée et de son hostel tous ceux qui estoient consentants de sa prise, et les nomma. Le roy envoya pareillement vers le duc de Savoye, pour sçavoir si le duc de Bourgongne ne voudroit point entendre à quelque traité, et aussi si ledit duc ne voudroit point aider au roy. Lequel respondit qu'il sçavoit bien que le duc de Bourgongne n'entendroit à aucun traité, sinon que préalablement le roy mist hors d'avec lui ceux qui avoient esté consentants de la mort du feu duc de Bourgongne son père; et ce fait ainsi, que le duc de Savoye aideroit volontiers au roy de ce qu'il pourroit. Et estoit aucune renommée que le duc de Bourgongne se lassoit fort d'estre allié avec les Anglois; et aucuns estants près de lui, l'induisoient fort de s'en démettre; car ce qu'il avoit fait fut bien soudainement, et par une chaleur causée du desplaisir de la mort de son père ainsi tué. Ceux qui furent envoyés devers lesdits seigneurs retournèrent devers le roy, et lui exposèrent les responses qui leur avoient esté faites par lesdits seigneurs. Mesme ledit Tanneguy, qui estoit présent, et lequel rapporta ce que le duc de Bretagne lui avoit respondu, dit : que combien qu'il ne fust consentant ni de la mort du duc de Bourgongne, ni de la prise du duc de Bretagne, toutefois, pource qu'au temps des choses advenues il estoit près du roy, il estoit content de s'en partir. Et de faict s'en alla en Languedoc, en une place nommée Beaucaire. Et au regard du président de Provence, il lui faisoit mal d'en partir, et dit qu'il ne s'en iroit point; toutesfois il s'en partit et alla à la fin. Et aussi fit le physicien, nommé maistre Jean Cadart, lequel on tenoit le plus sage et mieux advisé; car il s'en alla riche de vingt-cinq à trente mille escus. Et ledit président mit en son lieu le seigneur de Giac, lequel estoit des plus prochains du roy.

Le comte de Salisbery, en continuant ses conquestes, assembla une grande armée, et vint mettre le siége devant la Ferté-Bernard, au pays du Maine, de laquelle place estoit capitaine un escuyer nommé Louis d'Avaugour; il estoit garni et fourni de tous les habillements de guerre dessus déclarés, et si fut-il devant trois à quatre mois, sans ce qu'il la peust avoir. Ladite place fut bien battue, et ceux de dedans se défendirent le mieux qu'ils peurent; mais finalement ils furent contraints de se rendre à ce comte de Salisbéry, comme à sa volonté, et la place lui fut baillée. Il retint prisonnier par aucun temps ledit messire Louis d'Avaugour; mais combien qu'il fust bien gardé, il trouva moyen de soi eschapper.

Environ ce temps, il vint à la cognoissance du roy, que Artus, fils et frère des ducs de Bretagne, comte de Richemont, avoit grand désir de venir vers lui, dont il estoit bien joyeux; ledit seigneur comte de Richemont avoit esté pris à la bataille d'Azincourt, mil quatre cent quinze, et estoit dès son jeune âge de grand, noble et vaillant courage; mais il n'avoit pas grande portion de terre pour soutenir son estat. Le duc de Bretagne, son frère, et aussi le duc de Bourgongne, voulurent bien trouver moyen de le mettre à délivrance, et fut comme contraint (ou jamais n'eust esté délivré), de faire ce que lesdits deux ducs ordonneroient; c'est à scavoir, qu'il feroit serment au roy d'Angleterre, Henry V. de le servir, ce qu'il fit; mais ses volonté et courage estoient tousjours portés envers la couronne de France. Or, quand ce roy d'Angleterre, à qui il avoit fait ce serment, fut mort, en mil quatre cent vingt-deux, il lui sembla, et aussi estoit-il vrai, qu'il estoit quitte de toutes les promesses qu'il avoit faites au roy d'Angleterre ; car elles n'estoient que personnelles ; sçavoir, à la personne du roy d'Angleterre, et non d'autre ; toutesfois il doutoit fort de venir devers le roy, s'il n'avoit aucunes seuretés ; ny son frère le duc de Bretagne ne le vouloit souffrir, veu que ledit duc avoit autrefois (comme il estoit renommée) fait serment au roy d'Angleterre, et ledit de Richemont servy ledit roy. Et pource que le roy sçavoit assez la bonne volonté qu'il avoit, il fut content, pour la seureté qu'il désiroit, de lui bailler et mettre pour lors en ses mains Lusignan, Chinon et Loches, qui estoient les plus belles places qu'il eust, afin d'y mettre telles gens que bon lui sembleroit ; et ainsi fut fait ; et il promit aussi de les rendre et remettre ès mains du roy, la chose estant accomplie et parfaite. Après quoi il fut ordonné que le roy viendroit à Angers, et que là ledit comte de Richemont viendroit vers lui. Il estoit lors bien accompagné, car les barons d'Auvergne et de Bourbonnois, et cinq à six cents chevaliers et escuyers se vindrent, après ladite besongne de Verneuil, offrir à son service. Ainsi firent ceux de Guyenne et du Languedoc. Et y eut un seigneur d'Arpajon qui vint vers le roy, en lui disant qu'il estoit encores assez puissant pour résister à ses ennemis ; et que le roy fineroit ès pays dont il venoit, de dix à douze mille (arbalestriers) d'arbalestes d'acier. Le roy s'en alla donc à Angers, bien accompagné, comme dit est; et le comte de Richemont vint devers lui en ladite cité, habillé et monté

bien gentement; et s'offroit à son service, comme
celui auquel le courage et la volonté n'avoit oncques changé ou mué, depuis le jour qu'il avoit
été pris à la susdite bataille d'Azincourt, quelque
feintes que sagement il eust faites pour procurer sa
délivrance; et y estant comme contraint. Or, le roy
voyant la loyale volonté d'icelui comte de Richemont, le receut à grande joie et grand honneur, et
se monstra fort joyeux de sa venue; et pource que
la connestablie de France estoit lors vacante, par
la mort du comte de Boucan, lequel naguères
avoit esté tué à la bataille de Verneuil, dont dessus
est fait mention, le roy le fit et ordonna en sa place
connestable de France; mais ledit comte de Richemont s'en excusa aucunement, bien et grandement,
en remonstrant la charge que c'estoit; et après
plusieurs paroles et difficultés, il prit et accepta
cette charge et cet office de connestable, et receut
l'espée, et fit les serments au roy et au royaume,
en la forme et manière accoustumée; de quoi on
fit dans Angers de très grandes joies et chères;
puis il remit en la main du roy les places sus men-
tionnées, qu'il avoit eues pour seureté, en intention
de se mettre sus en armes, afin de résister et faire
guerre aux Anglois.

En ce temps, messire Olivier de Mauny et le
sire de Coëquen firent une grande assemblée de
gens d'armes en Bretagne, et vinrent courre devant le Parc-l'Evesque, qui estoit une place appartenant à l'évesque d'Avranches; auquel lieu il

y avoit quantité d'Anglois, et plus largement que les Bretons ne croyoient; et pour ce lesdits Anglois saillirent bien et vaillamment, et combattirent fort; et finalement les Anglois deffirent les Bretons, dont il y eut plusieurs de tués et pris; entre les autres y fut pris le susdit messire Olivier de Mauny, lequel s'estoit vaillamment deffendu; et si chacun eust fait comme luy, la chose eust autrement esté.

En ce temps, il advint un grand brouillis en Rouergue, et en la comté d'Armagnac, dont fussent advenus plusieurs inconvénients, s'il n'y eust esté mis remède; car la mère du comte d'Armagnac et du seigneur de Perdriac son frère, avoit plus grand amour pour ledit Perdriac son puisné, que pour l'aisné; et eust bien voulu pouvoit tant faire, que l'aisné eust laissé la comté à Perdriac, ou qu'il eust eu bien largement de la succession du père. Le mareschal de Severac, qui estoit lors puissant de gens, estoit de cette volonté, et tendoit à cela. Ledit de Perdriac l'appelloit son père, et Severac l'appeloit son fils, et disoit qu'il seroit son héritier; et est vray que ledit Severac estoit subjet et vassal du comte d'Armignac. Finalement, ils firent tant, que ledit comte d'Armagnac avec sa mère et Severac vinrent aux Cordeliers de Rhodez hors la ville, et tinrent là ledit comte comme prisonnier, par aucun temps; et le vouloient induire à consentir à aucunes choses à lui bien préjudiciables; et cependant on gardoit les entrées des maisons desdits Cordeliers, tellement que personne n'y entroit sans le congé d'icelui Severac. Or le comte d'Arminac fit tant, qu'il trouva un compagnon, qui alla vers le seigneur d'Arpajon, lui requérir qu'il vinst parler à lui; et y alla le message, et lui dit les manieres qu'on tenoit envers ledit comte. Alors ledit d'Arpajon, comme bon et loyal serviteur et vassal, en eut grand desplaisir, et vint auxdits Cordeliers; et fit tant qu'il y entra, et parla au comte; lequel lui dit des choses qu'on lui faisoit, et vouloit faire, et spécialement ledit de Severac. Alors il y eut de hautes paroles entre ledit d'Arpajon et Severac; et ledit d'Arpajon en s'en allant dehors, dit que Severac, en faisant ce qu'il faisoit, estoit faux, et mauvais traistre, et desloyal; puis il monta à cheval, et s'en alla. Ledit seigneur de Severac se sentit fort injurié, et s'en alla aussi; et par ce moyen tout fut rompu. Et assez tost après il envoya un poursuivant vers ledit d'Arpajon, avec lettres de deffiances parties par a, b, c, c'est à sçavoir, qu'elles estoient escrites dessus et dessous d'une feuille de papier, et au milieu estoient lesdites trois lettres parmi coupées, contenants deffiances. Ledit d'Arpajon ne faillit pas à faire response, et tellement que guerre mortelle estoit ouverte : et tous les deux disoient et maintenoient, qu'ils pouvoient en Guyenne faire guerre l'un à l'autre, de leur propre auctorité, et qu'ils en avoient ainsi usé au temps passé. Or la chose vint à la cognoissance du roy, lequel leur envoya diligemment deffendre la voye de faict, et ordonna qu'on les adjournast tous deux en parlement, pour comparoir en personne, afin de faire telles demandes qu'ils vouloient l'un contre l'autre, fust en gage de bataille, ou autrement ; car on craignoit fort la division au pays de pardelà, veue la guerre qui y estoit. Les parties comparurent au jour assigné, ou autres dépendans d'eux, par plusieurs et diverses fois; et y eut sur ces matières de grands plaidoyers et escritures longues et prolixes : et le roy, et autres, leur parloient souvent d'accorder, leur remonstrant que les paroles avoient esté chaudement dites ; mais remède ne s'y pouvoit trouver, combien qu'ils s'entre-aimassent auparavant comme frères. Or advint une fois que tous deux estoient à Meun-sur-Yèvre, et Severac estoit dans la chambre du roy, dont il vouloit sortir, et le seigneur d'Arpajon ignorant qu'il y fust, pensoit y entrer ; et se rencontrèrent l'un l'autre, et se heurtèrent des poitrines, et s'accollèrent et baisèrent soudainement, pleurants à chaudes larmes ; et pardonnèrent l'un à l'autre tous mal talents, et furent bons amis ensemble ; qui fut un grand bien ; car ils pouvoient fort aider au roy, et résister aux ennemis, ce qu'ils firent ; et laissèrent la division, qui sembloit bien périlleuse à ceux qui cognoissoient l'estat du royaume.

L'an mil quatre cent vingt-six, le roy envoya une notable ambassade devers le duc de Bretagne, en lui faisant sçavoir qu'il avoit mis hors ceux dont on avoit fait mention, et qu'ils s'en estoient partis et allés, en le requérant qu'il lui voulust aider. Le duc assembla sur ce un grand conseil, afin d'avoir advis sur ce qu'il auroit à faire; et il y eut sur cette matière diverses opinions; et n'est doute qu'en ce temps là il y avoit des différens et imaginations bien merveilleuses. Toutesfois, le duc délibéra et conclud de servir le roy. En après, le roy vint à Saumur, et le duc s'en vint là vers lui bien habillé et ordonné, et ses gens aussi ; et fut receu à bien grande joye, et lui fit-on très bonne chère : et il y fit l'hommage de la duché, et le serment au roy, comme à son souverain seigneur; et se disposa et ordonna, lui et ses gens, de faire guerre aux Anglois.

En ce temps, il y avoit une place tenue par les Anglois, nommée Pontorson, qui portoit grand dommage à plusieurs pays; le comte de Richemont, connestable de France y mit le siége, et la prit: il y eut plusieurs Anglois de tués et pris, puis il la fit raser et abbatre.

Le roy s'en vint après à Yssoudun ; et estoit avec lui le seigneur de Giac, qui estoit bien hautain; et disoit-on que le roy l'aimoit fort, et qu'en effect il faisoit ce qu'il vouloit, dont les choses alloient très mal.

Le roy fit une fois assembler ses trois estats à Meun-sur-Yèvre; ce n'estoit que pour avoir argent, sous ombre de faire cesser les pilleries et roberies, qui estoient bien grandes, et trop destructives du peuple et du royaume ; et y eut des gens des bonnes villes qui furent contents d'aider au roy, mais que premièrement on veit les choses disposées à oster les pilleries, et non autrement. Et entre les autres il y avoit un évesque, nommé maistre Hugues Comberel, qui soustint fort cette opinion. Et pour abréger, fut conclue une taille : et quand le roy fut entré en sa chambre, ledit Giac vint à dire que qui l'en croiroit, on jetteroit ledit Comberel en la rivière, avec les autres qui avoient esté de son opinion. Et dès lors plusieurs seigneurs et autres, furent très mal contents de lui. Les seigneurs de Lignières et de Culant, qui avoient noise et débats ensemble, estoient adjournés audit lieu de Mehun, où le roy leur avoit donné jour. Et estoient pour lors à la cour les comtes de Foix et de Comminges, ayant quantité de capitaines et gens d'armes de leurs pays ; et si y estoit le seigneur de la Trimouille, lequel soutenoit Culant, et Giac soustenoit Lignières. Or, advint un jour qu'on parloit en la présence du roy du débat entre lesdites parties : Giac parla bien hautainement, en chargeant en aucune manière le seigneur de la Trimouille ; et en multipliant les paroles de part et d'autre, il advint que la Trimouille démentit Giac ; dont le roy, à sa suggestion, fut très mal content. Puis ledit de la Trimouille partit du chasteau ; car le comte de Foix, qui avoit espousé sa sœur de mère, lui manda qu'il en partist bientost, ou qu'il auroit desplaisir ; et il s'en vint hastivement à Yssoudun, et le lendemain à Sully, là où il se tint par aucun temps, se doutant toujours qu'il ne lui survinst quelque grand empeschement ; car Giac excitoit fort le roy à faire quelque desplaisir au seigneur de la Trimouille. Et aussi d'autre part, ledit de la Trimouille et le connestable considérants que ledit de Giac avoit fait de l'argent de la taille dessusdite ce que bon lui avoit semblé, et l'avoit dissipé, sans en employer comme rien à résister aux ennemis, pensoient toujours aux moyens comme ils le pourroient oster d'auprès le roy. Enfin, au mois de janvier audit an, le roy estant à Yssoudun, et ledit de Giac ne se doutant de rien, lesdits connestable et de la Trimouille entrèrent à un poinct du jour dedans le chasteau, et vinrent jusques à la chambre dudit Giac, dont ils rompirent l'huis, le prirent en son lict, et le menèrent à Bourges, et depuis à Dun-le-Roy, où ils le firent examiner par un homme de justice qui estoit à la disposition du connestable, sur le faict des susdites finances prises; sur quoi il en confessa bien et largement. Et pource qu'il estoit aucune renommée qu'il avoit par poisons fait mourir sa femme, en intention d'avoir en sa place dame Catherine de Lisle-Bouchart, belle et bonne dame (laquelle avoit esté auparavant mariée à messire Hugues de Chalons, comte de Tonnerre), on l'interrogea sur ce cas, et il le confessa, avec autres choses,

ainsi qu'on disoit : parquoi il fut jetté et noyé
dans la rivière, puis son corps fut tiré de l'eaue,
et baillé à aucuns de ses gens pour enterrer. Et
assez tost après ledit de la Trimouille espousa icelle
dame Catherine, et en eut plusieurs beaux enfants.
Et lors un escuyer, nommé le Camus de Beaulieu,
se mit auprès du roy.

En ce temps, les Anglois avoient esté remparer
une place en Normandie, nommée Sainct-James-
de-Beuvron, vers les marches de Bretagne ; et estoient dedans, messires Thomas de Rameston,
Philippe Branche, et Nicolas Bourdet, Anglois,
accompaignés de six à sept cents Anglois, lesquels
couroient le pays, et faisoient plusieurs grands
dommaiges en Bretagne et au pays de Normandie :
Et pour cette cause, fut faite une grande armée par
le connestable au pays de Bretagne, en bien grand
nombre de gens, tant du pays de Normandie que
de Bretagne, et tant du commun du peuple que
d'hommes d'armes et de traict, qu'on estimoit
bien de quinze à seize mille combattants; et vint
mettre le siége devant ladite place de Sainct-James-
de-Beuvron ; durant lequel les Anglois firent plusieurs saillies sur le connestable, et y eut de dures
escarmouches, tant d'un costé que d'autre. Or, advint un jour que les gens du siége du connestable
délibérèrent d'assaillir cette place ; et de faict le
firent ; et y eut un très aspre assaut, qui dura de
trois à quatre heures ; et les gens du connestable
combattoient souvent main à main avec les Anglois.

Il y avoit une poterne en ladite ville de Sainct-James, près d'un estang, du costé de laquelle les François n'eussent pas peu s'aider l'un à l'autre. Les Anglois saillirent dehors par là, et vinrent frapper sur ceux qui assailloient, qui en furent bien esbahis, et non sans cause; et y en eut bien quatre cents de morts, tant de glaive, que de noyés audit estang; et rompirent l'assaut par le moyen de ladite saillie; et après, le connestable et ses gens se retirèrent en leurs logis, et les Anglois dedans ladite ville de Sainct-James-de-Beuvron. Environ deux heures après minuict, survint un grand bruit et désarroy en l'ost des François; et si ne sçavoit-on, ni ne sceut oncques depuis la cause pourquoi; et s'en alla tumultuairement chacun où il peut, et où il sçavoit le chemin. Ils laissèrent et abandonnèrent leur artillerie, sans sçavoir d'où venoit ce désarroy, ny qu'il en fust aucune nécessité. Ce qu'estant sceu dudit connestable, il en fut fort courroucé et dolent, non sans cause; mais il n'y peust mettre remède pour cette fois. Aucuns disoient qu'icelle compaignée estoit pour la pluspart de gens, qui oncques mais n'avoient esté en guerre, dont la plus grande partie estoient venus de Bretagne, à l'aide et au secours du connestable.

Audit temps, le seigneur de Filvastre (Fitzwalter), Anglois, descendit dans le pays de Hainaut avec bien trois à quatre mille combattants, croyant aisément conquester ladite comté de Hainaut : laquelle chose estant venue à la congnoissance de Philippe, duc de Bourgongne, il assembla diligemment et hastivement des gens d'armes de toutes parts, et vint trouver ledit seigneur de Filvastre et les Anglois à la descente de leurs vaisseaux, et les combattit audit lieu. Il y fut vailliamment fait, tant d'un parti que d'autre; mais finalement les Anglois furent deffaits, et y en eut de tués, comme on disoit, bien mille et cinq cents, et grand nombre de prisonniers; et ledit seigneur Filvastre fut contraint de se retirer et rentrer dans ses vaisseaux; et retourna, atout ce qu'il peut recouvrer de ses gens, en Angleterre.

En ce temps, le comte de Richemont, connestable de France, dressa une armée, et vint à la Flèche au pays d'Anjou; puis il envoya ses gens mettre le siége devant une place nommée Galerande, où il y avoit assez forte basse-cour avec un donjon; et assez tost après, ladite basse-cour fut assaillie, et prise d'assaut, et les Anglois se retirèrent audit donjon, puis ils se rendirent par composition.

En ce mesme temps, les Anglois prirent d'escalade une place nommée Reinefort, en Anjou; et assez tost après, le seigneur de Rays, et le seigneur de Beaumanoir, qui estoit capitaine de Sablé, firent une assemblée de gens de guerre, et s'en vinrent loger à Sainct-Laurent-des-Mortiers, environ deux lieues dudit Reinefort; et ce jour mesme, messire Ambroise, seigneur de Lore, s'alla loger devant ladite place, où il y eut dure et grande escarmouche, en laquelle plusieurs, d'un costé et d'autre, furent tués ou pris. Enfin le boulevard dudit chasteau fut pris d'assaut, et ledit seigneur de Lore demeura devant cette place toute la nuict, jusques au lendemain dix heures; à laquelle heure les Anglois se mirent à composition, et promirent, audit chevalier de rendre la place le lendemain; et de ce lui baillèrent ostages. Ce mesme jour vinrent lesdits seigneurs de Rays et de Beaumanoir, et fut rendue la place, et le chasteau livré et baillé par lesdits Anglois. On y trouva dedans plusieurs de la langue Françoise, lesquels furent pendus, car ils n'estoient en rien compris en icelle composition.

Environ ce temps, estoit un capitaine françois, nommé Guyot du Coing, lequel, pour trouver son adventure, partit de Sablé, ayant en sa compaignie de cent à six-vingt chevaux; et rencontra à une lieue près du Mans, un chevalier anglois, nommé messire Guillaume Hodehal, qui avoit en sa compaignée seulement de seize à vingt Anglois; lequel, quand il veit lesdits François venir devers lui, il descendit, et ses gens aussi, à pied en un grand chemin, près d'une haie, pour se deffendre et combattre contre iceux François; lesquels lui vinrent courir sus tout à cheval; mais il se gouverna et deffendit si vaillamment, qu'il demeura, lui et ses gens, toujours ferme en sa place, sans recevoir comme point de dommage; au contraire, il y eut des François de tués et de pris, et entre les autres un escuyer de Bretagne nommé Jean Soret; puis icelui Hodebale s'en alla, sans rien perdre, en la ville du Mans.

Assez tost apres, les seigneurs de Rays et de Beaumanoir levèrent une armée, et allèrent mettre le siége devant un chasteau nommé Malitorne, que les Anglois occupoient; et estoient une gaillarde compaignie dedans, tous bien vaillants. La place fut aucunement battue d'engins, puis on l'assaillit, et il y eut bien dur assaut; car il y en eut peu de ceux de dedans qui ne fussent blessés. Après quoi, quand le capitaine veit qu'il ne povoit plus bonnement guères tenir, il commença à parlementer avec messire Ambroise de Lore, qui naguères y estoit arrivé, et se rendirent tous prisonniers. Les Anglois furent tous mis à finance, mais ceux de la langue de France, qui s'estoient rendus à la volonté d'iceux seigneurs de Rays et de Beaumanoir, furent tous pendus.

L'an mil quatre cent vingt-sept, les comtes de Warwick et de Sufolc, Anglois, délibérèrent de mettre le siége à Montargis, et mandèrent à cet effet gens de toutes parts en grand nombre, tant Anglois que de leurs alliés; et si firent provision d'artillerie, puis vinrent mettre le siége, tant devant la ville, comme devant le chasteau. Il y avoit dedans un gentilhomme gascon, nommé Bouzon-de Failles, et de vaillantes gens en sa compaignée. A l'arrivée des Anglois, aucuns compagnons saillirent, et il y eut par diverses fois, de gaillardes escarmouches. Les Anglois fermèrent tellement leur siége, qu'on n'y eust pu, sinon à grande difficulté, entrer ni sortir ; et firent par dehors des fossés et haies, en réservant seulement aucunes entrées par lesquelles on pouvoit venir en leur ost. Avec icelui Bouzon et ses gens, estoient les habitants de cette ville là, qui avoient tous bonne volonté de se bien deffendre. Les Anglois faisoient grandement tirer leurs bombardes et canons, tellement que la ville fut fort battue en divers lieux ; et nonobstant, ceux de dedans se défendoient vaillamment, et grevoient beaucoup les Anglois, spécialement de coups de traict, tant de grosses arbalestes que de canons. Or, un certain jour, fut faite une sortie, en laquelle fut pris un de ceux de la garnison, lequel avoit autresfois esté du parti du duc de Bourgongne ; et pour se délivrer, il dit aux Anglois, que s'ils le voulloient laisser aller, qu'il lui sembloit bien qu'il trouveroit moyen de leur bailler le chasteau par un lieu dont il avoit la garde quand il y estoit ; et entre autres, il le dit à messire Simon Morier, un chevalier françois ; et leur monstra par dehors la manière et le lieu ; et les Anglois advisèrent sur cela, que la chose estoit bien faisable ; et fut pris à ce dessein le jour et l'heure, puis ils le laissèrent aller. Il entra donc dedans la place, et aussitost qu'il y fust, il dit audit Bouzon tout ce qu'il avoit dit et fait, lequel en fut bien joyeux ; car il lui sembloit bien que par ce moyen il en pourroit bien prendre et accabler. Or, les Anglois et Bourguignons vinrent précisément au jour assigné, et à l'heure entreprise, et furent diligents de dresser leurs eschelles, puis entrèrent dedans; mais aussitost qu'ils estoient entrés, on les prenoit et désarmoit-on; et entre les autres, le susdit messire Simon y entra lui-mesme, et fut pris. Il ne retournoit personne à la fenestre par où ils entroient; de sorte que les Anglois apperceurent bien qu'il y avoit de la tromperie; néanmoins il y en eut quinze ou seize de pris. Ceux de dedans tinrent longuement, et se défendoient fort; mais vivres leur failloient, et n'estoit pas possible qu'ils peussent plus guères longuement tenir. Laquelle chose estant venue à la connoissance du comte de Richemont, connestable de France, et du comte de Dunois, ils assemblèrent vivres le plus qu'ils peurent, et aussi des gens de guerre. Entre les autres estoient en leur compagnée, les seigneurs de Graville, de Gaucourt, Estienne de Vignoles, dit La Hire, et autres, pour adviser comment on pourroit mettre des vivres dedans la ville et chasteau; et fut advisé que si on livroit ou faisoit une forte escarmouche en un certain lieu, qu'on y pourroit jetter et mettre vivres par un autre costé. Le connestable se tint cependant à Jargeau avec ses gens, et le comte de Dunois alla vers Montargis, avec lequel estoit Estienne de Vignoles, dit La Hire, lequel, accompagné de soixante lances, fut chargé d'aller faire une course devant le siége, pour sçavoir leur maintien; auquel ledit comte de Dunois promit de le suivre, et aussi le fit-il. Les Anglois, comme dessus a esté touché, avoient fermé et clos leur logis de paulx et de fossés, au long desquels estoient les logettes de ceux qui tenoient le siége, couvertes de chaumes, de feure et d'herbes seiches. Or, avec La Hire estoit aussi un capitaine d'Escosse, nommé Quennède (Kennedy), et l'abbé de Serquenciaux, qui avoient bien de trois à quatre mille hommes de pied. Quand La Hire approcha du siége et eut apperceu que c'estoit chose très difficile d'y entrer, il advisa un passage par où il lui sembla qu'on passeroit bien. Alors lui et ses compagnons prirent leurs salades et leurs lances au poing; et y estoit le seigneur de Graville, Brangonnet d'Arpajon, Saulton de Mercadieu et autres. La Hire trouva un chapelain auquel il dit qu'il lui donnast hastivement absolution; et le chapelain lui dit qu'il confessast ses péchés. La Hire lui respondit qu'il n'auroit pas loisir, car il falloit promptement frapper sur l'ennemi, et qu'il avoit fait ce que gens de guerre ont accoutumé faire. Sur quoi le chapelain lui bailla absolution telle quelle, et lors La Hire fit sa prière à Dieu, en disant en son gascon, les mains jointes, « Dieu, je te prie que tu fasses aujourd'hui » pour La Hire autant que tu voudrois que La Hire « fist pour toi, si il estoit Dieu et tu fusses La Hire. » Et il cuidoit très bien prier et dire. Advisant donc une des entrées du siége, lui et ses compagnons y entrèrent comme environ l'heure de midy, les lances au poing, pendant que ceux du siége disnoient. On cria aussitost à l'arme, et les Anglois se mirent incontinent sus, armés et habillés, sur quoi les François et Escossois qui estoient avec les susdits abbé et Quennède, se rangèrent, et mirent le long des fossés que les Anglois avoient faits autour de leur siége, et entrèrent ès logis, mettant le feu dedans; et combattirent contre ceux qu'ils trouvoient et rencontroient, puis ils se joignirent aux gens de cheval. Là dessus les bannières et estendarts des Anglois furent levés, lesquels s'assemblèrent et ralièrent par diverses fois. Les seigneurs de leurs troupes estimoient au commencement que ce ne fussent que coureurs et compagnons qui vinssent escarmoucher; et il y eut de fort belles armes faites d'un costé et d'autre; et furent les bannières et estendards rués par terre et abattus. En suite de quoi les comtes de Warwic et de Suffolc commencèrent à se retirer avec une partie de leurs gens, en passant la rivière, et les François les suivirent; tellement que les Anglois furent défaits, dont il y eut plusieurs de tués et de pris. Ledit comte de Dunois arriva aussi de bonne heure avec belle compagnée, et les François ne trouvèrent depuis aucune résistance, sinon d'un chevalier anglois, nommé Henry Biset, qui estoit encores en son parc, et avoit environ deux cents Anglois: il se défendit vaillamment, mais à la fin il fut pris, et ses gens furent mis à mort. Aucuns saillirent de la ville, qui firent grande tuerie sur les Anglois. Ceux qui tenoient le siége de l'autre costé de la rivière se rangèrent comme en bataille, et les François aussi d'autre costé, lesquels n'entrèrent oncques ès ville et chasteau de Montargis, jusques à ce qu'il fust nuict close, et que les Anglois fussent entièrement partis et en allés. Et ainsi fut le siége levé, qui fut, comme on disoit, une bien vaillante entreprise mise à effet par ledit Estienne de Vignoles, dit la Hire; et y furent gagnées plusieurs bombardes et canons, biens, meubles et vivres, au sujet de quoi les pauvres gens firent la nuict grande joie et chère dans la ville. Le seigneur de Graville et ledit d'Arpajon s'y comportèrent vaillamment; et aussi fist Saulton de Mercadieu, lequel y receut un coup de lance par la bouche, qui passa outre plus de demi pied; il se déferra hardiment lui-mesme en la retirant, et ne cessa point pour cela de tousjours combattre.

Environ ce temps, le Camus de Beaulieu, lequel, comme il a esté dit ci-dessus, estoit auprès du roy en grand crédit, et auquel le roy faisoit du bien, commença à entrer en hautesse de courage en mesprisant aucuns. Or, une journée, le roy estant dans le chasteau de Poitiers, ledit de Beaulieu se voulut aller esbattre hors du chasteau, n'ayant avec lui qu'un gentilhomme, nommé Jean de la Granche; et, estant dans un pré sur une rivière, où le lieu estoit assez plaisant et agréable, survinrent là soudainement cinq ou six compagnons qui tirèrent tout à coup leurs espées, et frappèrent sur lui tellement, qu'ils le tuèrent tout roide : laquelle chose estant venue à la connoissance du roy, il en fut desplaisant, et ordonna qu'on suivist diligemment les meurtriers, pour les prendre et en faire justice. Plusieurs montèrent à cheval, mais on ne les peut trouver ni attrapper; aucuns furent soupçonnés de cette action, qui en estoient innocents; enfin il n'en fut autre chose. Et lors le seigneur de la Trimouille, qui estoit grand et puissant seigneur, tant de parents et amis que de terres et seigneuries, se mit et tint auprès du roy.

Le jour mesme que le siége de Montargis fut levé, messire Ambroise, seigneur de Lore, partit de Sablé avec sept ou huict vingt combattants, et prit son chemin vers la ville de Saincte-Suzanne; auquel lieu estoit logé un Anglois nommé Jean Fastolf, accompagné de deux à trois mille combattants; et un capitaine Anglois, nommé Henry Branche, se vint loger en un village à demi-lieue de Saincte-Suzanne, avec bien deux cent à douze vingts combattants; lequel village on nomme Ambrières. Laquelle chose estant venue à la connoistance dudit seigneur de Lore, il s'en vint, accompagné de ses gens, frapper sur les logis d'icelui Branche, où ils trouvèrent forte défense et grande résistance; mais finalement les Anglois furent défaits, dont il y eut sept à huict vingts de tués; et n'y eut prisonnier que ledit Branche, et un autre gentilhomme d'Angleterre, et les autres s'enfuirent. Cela estant fait, ledit chevalier s'en retourna audit lieu de Sablé, avec plusieurs chevaux et harnois gagnés sur iceux Anglois. Peu de temps après, le dessusdit Fastolf mit le siége devant un chasteau nommé Sainct-Ouan, qui appartenoit au seigneur de Laval, et le prit par compositions; et aussi n'estoit-il pas tenable. Tantost après, ledit Fastolf assiégea un chasteau nommé la Gravelle; et ceux de dedans le tinrent par aucun temps, puis se mirent à composition, au cas qu'ils n'auroient secours à certain jour, et en baillèrent ostaiges; et cependant, aucuns François, plus forts que ceux de la garnison y entrèrent. Le duc de Betfort vint au jour assigné, requérant qu'on lui rendist la place; mais il n'y eut aucuns de ceux qui avoient assisté à la susdite composition, qui dissent parole ou mot; et pour ce, fit-il couper la teste aux ostages, au grand desplaisir de ceux qui avoit fait cette composition; puis le siége fut levé, et les Anglois s'en allèrent.

En ce temps, le duc d'Alençon, qui avoit esté prisonnier à la bataille sus-mentionnée de Verneuil, fut délivré des Anglois, auxquels il paya bien deux cent mille escus, dont il donna partie comptant, et de l'autre bailla pour ostages le sire de Beaumesnil, messire Jean-le-Verrier, Ferblen de Villeprovins, Hardouin de Montlorées, Jean-le-Séneschal, Hue de Fontenay, et le seigneur de Boissenet; et puis fit telle diligence, qu'il mit ses ostages à pleine délivrance. Pour quoi faire, il vendit sa terre et seigneurie de Fougères, afin de leur tenir ce qu'il leur avoit promis; et lui cousta en outre tout ce qu'il avoit et peut finer de meubles.

Assez tôt après, les seigneurs de Rais et de Beaumanoir dressèrent une armée et assemblèrent des François ce qu'ils peurent, et mirent le siége devant une place nommée le Lude, sur la rivière du Loir, de laquelle estoit capitaine un Anglois, nommé Blanqueborne, qui avoit en sa compagnée de vaillants Anglois, bien munis de vivres et garnis d'habillements de guerre. Lesdits seigneurs y firent asseoir certains canons, tellement que cette place fut bien battue en aucuns lieux, puis assaillie et prise d'assaut par les François. Là furent tués ou pris plusieurs Anglois, et par espécial y fut tué ledit Blanqueborne, capitaine de la place.

Audit temps, il y avoit tousjours des débats et brouillis, touchant le faict du gouvernement du royaume; et le duc de Bourbon, le connestable, le comte de la Marche, et autres seigneurs, estoient mal contents de ce que le roy n'entendoit autrement au gouvernement de son royaume, et à la deffense d'icelui contre ses ennemis. Pourquoi ils s'en vinrent à Bourges, et entrèrent dedans, puis mirent le siége devant la tour, dedans laquelle estoit en deffense un vaillant chevalier, nommé le seigneur de Prye, lequel fut plusieurs fois sommé de bailler la place : mais il respondoit tousjours; que le roy la lui avoit baillée, et qu'il ne la rendroit à autre, sinon à lui. Il y eut diverses escarmouches ; et un jour que ledit de Prye entendoit et s'appliquoit à la deffense de la place, il fut frappé d'un vireton, dont il alla de vie à trespas. Ce nonobstant, le seigneur de la Borde tint ladite place contre lesdits seigneurs. Or, la chose estant venue à la cognoissanc du roy, il partit de Poictiers, et le seigneur de la Trimouille avec lui ; si vinrent devant Bourges. Et estoit le roy très-mal content desdits seigneurs, et de leur manière de faire. Enfin leur paix fut faite par le moyen d'icelui seigneur de la Trimouille, lequel y travailla de tout son pouvoir ; puis le roy entra à Bourges, et firent très bonne chère ensemble.

L'an mil quatre cent vingt-huit, aucuns seigneurs entreprirent d'entrer dedans la cité du Mans ; et y avoit aucuns des habitants de la ville qui se faisoient forts de mettre les François dedans ; et à ce faire, mirent-ils grande peine et diligence. Or, à exécuter cette entreprise estoient le seigneur d'Orval, frère du seigneur d'Albret, le sire de Bueil, le seigneur de Beaumanoir, Estienne de Vignolles, dit La Hire, Roberton des Croix et plusieurs autres capitaines et gens de guerre, lesquels vinrent devant la place au jour qui leur avoit esté dit et assigné, et entrèrent assez soudainement dedans la cité, par le moyen d'iceux habitants ; dont ceux de la ville furent bien esbahis, et mesmement les Anglois estants en icelle ; parquoy ils se retirèrent en une tour, appelée *la Tour-Ribendèle*, assise près d'une des portes de ladite ville appelée la porte Sainct-Vincent; laquelle les Anglois tinrent avec ladite tour, et se deffendirent fort, et résistèrent tout le jour très vaillamment contre les François. Or est vrai que le seigneur de Talbot, un vaillant chevallier Anglois estoit lors à Alençon, et avoit assemblé grande quantité d'Anglois, pour certaine entreprise qu'il avoit faite sur les François. Les Anglois, de ladite tour se voyant en tel parti, lui envoyèrent demander secours; et tantost qu'il en sceut les nouvelles, il vint hastivement audit lieu du Mans, avec environ trois à quatre cents combattants, et arriva entre le poinct du jour et le soleil levant ausdites tour et porte, où les François, maladvisés et mal conseillés, n'avoient mis aucune provision et fortification, mais estoient en leurs licts et logis, où le soir ils avoient fait bonne chère; puis il entra dedans la ville, en criant Sainct George! Les François furent bien esbahis, dont les uns montèrent hastivement à cheval, et partirent hors d'icelle ville; les autres résistèrent le mieux qu'ils peurent; mais la plus grande partie furent tués et pris. Assez tost après survint le seigneur de Beaumanoir, qui pensa repousser ledit Talbot; mais il ne trouva aucun ayde, et pour ce, il s'en retourna. Et ainsi cette cité fut recouvrée par ledit Talbot, lequel fit incontinent enquérir des consentants de l'entrée et entreprise susdite, faite par les François, et en trouva aucuns. Si les prit, et les fit piteusement mourir;

et si, en outre, fit-il punition de ceux qui avoient aucunement fait semblant d'estre joyeux de ladite entrée; et y moururent, à cette occasion, des François, plusieurs gens de bien.

Environ ce temps, le comte de Richemont, connestable de France, fit réparer la ville de Pontorson en Normandie, et y mit grosse garnison contre les Anglois, dont il fit et ordonna capitaine un vaillant chevalier, nommé le seigneur de Rotelan (Rutlans), lequel assez tost après fit une course en Normandie devant Avranches. Les François et Anglois se trouvèrent sur les champs, et se battirent très bien l'un et l'autre. Finalement les François furent deffaits, et ledit seigneur de Rotelan pris par les Anglois. Après la prise dudit Rotelan, fut mis et establi capitaine, en sa place, dans ladite ville de Pontorson, Bertrand de Dinan, frère du seigneur de Chasteaubriand, mareschal du duc de Bretagne, avec bien grosse compagnée de gens, pource qu'on se doutoit que les Anglois n'y vinssent mettre le siége. Et ne demeura point long-temps, que le comte de Warwick et le seigneur de Talbot, avec grande compagnée d'Anglois vinrent mettre et asseoir le siége devant icelle ville de Pontorson, où ils furent par long-temps. Durant lequel temps il y eut de fort grandes escarmouches, et divers assauts, où les Anglois perdirent de leurs gens; et durant icelui siége, le baron de Coulonces, le seigneur de la Hunaudaye, le seigneur de Chasteau-Giron, le vicomte de la Berlière et autres, saillirent de ladite ville, car elle n'estoit pas du tout assiégée ; et vinrent rencontrer ès grèves de la mer, entre Avranches et le Mont Sainct-Michel, le seigneur de Scales, avec grande compagnée d'Anglois, lesquels conduisoient vivres en l'ost devant icelle ville de Pontorson. Là se combattirent-ils très fort et très longuement ensemble ; et finalement les barons de Coulonces, Hunaudaye et Chasteau-Gircon furent deffaits, et y moururent tous trois; et y en eut plusieurs de pris prisonniers, entre lesquels fut le vicomte de la Berlière. Et ce fait, ledit seigneur de Scales mena et conduisit lesdits vivres jusques au siége, que tenoit icelui comte de Warwic devant Pontorson; et après aucun temps, ladite ville fut rendue par composition, et ceux de dedans s'en allèrent, saufs leurs corps et biens.

En ce temps, Talbot et ses gens prirent par escalade la ville de Laval, et y entrèrent : il y avoit beaucoup de richesses dedans, qu'ils pillèrent ; et firent tout ce qu'ennemis pouvoient faire. Messire André de Laval, seigneur de Loheac, estoit pour lors dedans icelle ville ; mais il se retira au chasteau, et paya après, par composition, vingt mille escus.

La ville et cité de Tournai, qui estoit comme entre les mains du duc de Bourgogne, obéit tout pleinement et se tint nuement au roy.

Messire Jacques de Harcourt tenoit le Crotoy, et avoit des gens de guerre avec lui ; les Anglois y mirent le siége, et la prirent par composition. Ledit de Harcourt, qui estoit neveu du seigneur de Partenay, s'en vint en Poictou, et se disoit avoir droict en ladite place de Partenay; nonobstant quoi, il alla voir son oncle, seigneur de ladite place, lequel lui fit grande chère et le receut honorablement. Ledit de Harcourt regarda fort icelle place, qui sembloit belle et forte, et convoita fort de l'avoir, s'imaginant et considérant que son oncle n'estoit pas bien sage, comme l'on disoit; puis s'en retourna, pensant qu'il retourneroit une autre fois et qu'il auroit la place, s'il pouvoit; car si lui et ses gens pouvoient entrer au chasteau, ils seroient les plus forts, ce qui lui sembloit bien facile à exécuter, veu qu'audit chasteau il y avoit une issue qui sailloit aux champs, laquelle il ouvriroit à force, et mettroit gens par là, puis feroit lever le pont-levis du costé de la ville, tellement qu'on ne pourroit secourir ceux de dedans. Or, pour mettre son imagination à exécution, il s'en vint à Partenay, et fit mettre une embuche assez près du pont-levis, ou de l'entrée qui sortoit du chasteau aux champs. Entré qu'il fut au chasteau, on lui fit bonne chère, et il y disna, et ne se donnoit-on de garde de ce qu'il vouloit faire. Après le disner, il vint au seigneur de Partenay son oncle, et lui dit pleinement qu'il avoit sa part audit chasteau, et qu'il falloit qu'il le gardast à son tour, et que s'il y avoit homme qui l'en voulust empêcher, qu'il le tueroit ou feroit mourir; et dit-on que lui et ses gens tirèrent leurs espées. Le seigneur et ses gens furent bien esbahis, desquels aucuns se retirèrent en la tour du pont-levis de devers la ville, lequel estoit levé; si tinrent ladite tour, et commencèrent d'en haut à crier l'alarme. Pourquoi le peuple de la ville s'esmeut tout à coup, et apportèrent eschelles. Si gagnèrent et abbatirent le pont-levis, et entrèrent dedans la place, à l'aide de ceux de dedans la tour, puis tuèrent tous les gens dudit Harcourt, lequel se retira en une tour en bas, où il y avoit de petites arbalestes et fenestres qui estoient bien estroites. Toutesfois on lui perça les deux cuisses d'une lance, par une des lucarnes; et, pour abréger, il fut tué, et ses gens furent jetés tous morts en la rivière, et il fut enterré en un cimetière.

En l'an mil quatre cent vingt-huict, Thomas de Montagu, chevalier, comte de Salisbery, fut ordonné, commis et député par les trois estats d'Angleterre, pour venir en France faire guerre: laquelle chose estant venue à la cognoissance du duc d'Orléans, encore prisonnier en Angleterre, il pria ce comte qu'il ne voulust faire aucune guerre en ses terres, ni à ses subjets, veu qu'il estoit prisonnier, et qu'il ne se pouvoit deffendre; et dit-on qu'il lui promit, et octroya sa requeste. Il passa la mer à grande puissance, et vint en France; si vint premier devant Nogent-le-Roy, dont l'obéissance lui fut baillée par ceux de la garnison, qui se rendirent à sa mercy, sans livrer aucun assaut.

Puis les François vuidèrent en peu de jours, par composition, les places de Chasteau-Neuf sur Loire, Rambouillet, de Berthencourt et Rochefort.

En juillet icelui an, le comte de Salisbery vint au Puiset, et prit la forteresse d'assaut, et fit par sa cruauté pendre tous ceux qui furent pris dedans.

Girault de la Pallière tenoit Thury en Beausse; mais il s'enfuit hastivement pour la venue du comte de Salisbery. Après le partement duquel, ses compagnons, qui estoient dedans, rendirent par composition la place au comte, qui fit mettre le feu dedans. Puis mit le siège de toutes-parts devant Yenville, laquelle place il fit fort battre de bombardes et canons, qui y firent peu d'effect. Et nonobstant que dedans ils fussent peu de gens pour la deffense, si est-ce qu'ils se deffendoient vaillamment. Le jour de la Décollation de sainct Jean, vingt-neuviesme jour d'aoust, en icelui an, le comte de Salisbery fit assaillir, vers le soir, la ville d'Yenville; et en icelui assaut, qui fut fier et merveilleux, il y en eut tant de ceux de la ville blessés, qu'ils furent conquis par force, dont aucuns se retirèrent en la tour; mais à la fin il leur convint de se rendre avec le chasteau. Là furent pris le Galois de Villiers, Prégent de Coitivy, qui fut depuis admiral de France, et autres nobles, avec les bourgeois de la ville.

Après la prise de Yenville, le comte de Salisbery y séjourna par aucuns jours, pendant lesquels ceux de Meun-sur-Loire envoyèrent par-devers lui ; et traita là avec leurs messages, qui mirent les Anglois dedans, un jour de samedi, au mois de septembre ; et firent tant qu'ils leur livrèrent en ce mesme jour le pont de Meun, lequel les Anglois fortifièrent. Après la réduction de la ville et du chasteau de Meun-sur-Loire, le comte fit mener à Paris tous ses prisonniers, pour plus entretenir son commun peuple, et leur donner plus d'espérance ; et ce faict, vint de Meun par devant Mont-Pipeau, qui lui fut rendu par composition. Lui venu à Meun, il envoya grand nombre de gens à Baugency, qui trouvèrent la ville ouverte et vuide. Les François s'estoient retirés au pont et au chasteau ; néanmoins les Anglois se logèrent dedans la ville, sans assaillir.

Au mois de septembre du mesme an mille quatre cent vingt-huict, le comte de Salisbery envoya des Anglois en très grand nombre, en l'église de Clery, qui la pillèrent, et les chanoines et autres là retirés ; et y firent des maux innombrables.

Le comte avoit laissé dans la ville de Yenville, à son départ, ses canons, munitions et habillements; et pour ce qu'il fut en doute de les faire amener devers lui, sans grande conduite, il vint à grande puissance en bataille ordonnée, faire visage devant Orléans, le huictiesme jour de septembre, environ midi, et là se tint jusques à la basse vespre, pour empescher que les François ne fussent au-devant ; pendant laquelle demeure, son charroi passa. Le bastard d'Orléans, La Hire, Poton de Sainte-Traille, et autres nobles, avec les bonnes gens d'Orléans, sortirent de la ville et à l'arrivée de ce comte, et se continrent honorablemeet et vaillamment. Il y eut de fort grandes escarmouches, là où les Anglois perdirent; et se retirèrent sur la nuitée à Meun.

Audit mois de septembre d'icelui an mil quatre cent vingt-huict, ce comte de Salisbery mit le siège devant Baugency, du costé de la Beausse et de la Solongne, et fit battre le chasteau et le pont de bombardes; lesquels lui furent rendus par composition, avec l'abbaye, le jour Sainct-Firmin, en icelui mois; puis l'abbé, avec autres, fit le serment aux Anglois.

Environ ce temps, le comte de Salisbery envoya grand nombre de gens, devant Marchenois, qui fut rendu en son obéissance. Il envoya aussi devant la Ferté-Hubert, dont le chasteau lui fut rendu par composition.

En ce temps, messire Jean de Lesgot avoit la garde de la ville et du chasteau de Sully, pour le sire de la Trimouille; auquel lieu vint messire Guillaume de Rochefort, qui en fit partir ledit de Lesgot et sa compagnée; puis y ordonna garnison de Bourguignons et Anglois. Et tost après y vint le seigneur de Jonvelle, frère du sire de la Trimouille, qui prit la garde de la ville et du chasteau.

Le second jour d'octobre du mesme an, mil quatre cent vingt-huict, le susdit comte de Salisbery, envoya devant Jargeau messire Jean de la

Poule, avec grand nombre de gens et appareil, qui aussitost conquit le pont, et fit fort battre la ville, qui estoit très foible; dedans laquelle s'estoient retirés les compagnons qui avoient esté en garnison en plusieurs forteresses de la Beausse et du Gastinois, lesquelles avoient esté rendues par composition aux Anglois. Si entrèrent ces gens en composition, dont partie prit le parti des Anglois, et rendirent cette ville de Jargeau auxdits Anglois, le cinquiesme jour du mois d'octobre. Icelui de la Poule mit grande garde en cette ville, et ensuite envoya grand nombre de gens devant Chasteau-neuf-sur-Loire, qui se mit en son obéissance.

Le septiesme jour d'octobre, mil quatre cent vingt-huict, la Poulle partit de Jargeau, et prit, à force de puissance, logement à Olivet, près Orléans; et les Anglois vinrent courir et donner jusques aux barrières de Sainct-Marcel. Là y eut grande escarmouche, en laquelle les Anglois furent repoussés, lesquels se retirèrent le lendemain à Meun et Baugency.

Le mardi douziesme jour d'octobre de l'an mil quatre cent vingt-huict, le comte de Salisbery, accompagné de la Poulle, Glacidas[1], du seigneur de Ros, Lancelot de Lisle, Gilbert de Halsale, Thomas Guérard, le sire de Scales, Guillaume de Rochefort, et autres chevaliers et escuyers, tant Anglois, comme faux et renégats François, avec ceux des villes de Paris et Chartres,

---

1 C'est probablement sir William Glandsdale.

et de la province de Normandie, vint à toute puissance mettre le siége devant Orléans. A la venue duquel saillirent contre les Anglois, le susdit bastard d'Orléans, les nobles et bourgeois, qui avoient auparavant abattu partie des fauxbourgs du Portereau, et avoient commencé, devant les Tournelles, un boulevart qui n'estoit pas encores parfait, mais ils y travailloient jour et nuict. Si mirent les François le feu au demeurant d'iceux fauxbourgs, et en l'église des Augustins. Et les Anglois tinrent loin de là leurs tentes, sans approcher le pont, jusques à ce que le feu desdits fauxbourgs fut cessé. Et cependant ceux d'Orléans abattirent la muraille des fauxbourgs, et remplirent le boulevart, à l'opposite duquel les Anglois formèrent une bastide dans l'église et en l'hostel des Augustins, qui n'estoient du tout abattus; laquelle bastide, les Anglois fortifièrent de profonds fossés, et de closture; et vinrent souvent faire des escarmouches devant le boulevart; de plus, ils assortirent de merveilleuses bombardes et canons, dont ils firent jeter jour et nuict contre la muraille de la cité, et des tournelles du pont. Le comte de Salisbery se vint loger en cette bastille, et fit commencer la mine, pour conquérir le boulevart. Ceux d'Orléans en eurent cognoissance, qui se prirent alors à contreminer; et furent tant menées les mines et contremines, qu'ils furent fort approchés. Là-dessus ledit comte fit appareil d'eschelles et autres habillements pour assaillir le boulevart; dont ceux d'Orléans s'apperceurent bien, et garnirent leur boulevart de gens de faict, et habillements de guerre, pour la défense. Entre lesquels furent le sire de Villars, le sire de Guitry, le sire de Coraze, messire Nicole de Giresme, chevalier de Rhodes, Poton de Saincte-Traille, Pierre de la Chapelle, et autres chevaliers et escuyers de nom et d'armes, et avec eux les bourgeois d'Orléans, en bien grand nombre.

Le jeudi vingt et uniesme jour d'octobre du susdit an mil quatre cent vingt-huict, les Anglois livrèrent à toute puissance, environ l'heure de midi, un fier et merveilleux assaut contre les François, qui tenoient le boulevart du bout du pont d'Orléans. L'assaut dura longuement ; auquel furent tués et blessés plusieurs Anglois ; car les François les abattoient des échelles dedans les fossés, dont ils ne se pouvoient relever, attendu qu'on jettoit sur eux cercles liés et croisés, cendres vives, chaux, graisses fondues, et eaux chaudes, que les femmes d'Orléans leur apportoient : et pour rafraischir les François du grand travail qu'ils souffroient, lesdites femmes leur bailloient vin, viandes, fruicts, vinaigre et touailles blanches ; et aussi leur portoient des pierres, et tout ce qui pouvoit servir à la défense ; dont aucunes furent veues durant l'assaut, qui repoussoient à coups de lances les Anglois, des entrées du boulevart, et les abattoient ès fossés. Les Anglois furent là grevés à merveilles, et tant qu'ils cessèrent l'assaut, où ils firent grande perte. Or en icelui assaut, fut blessé Pierre de la Chapelle, dont il mourut le second jour d'après, et fut fort plaint. Aussi y furent blessés les seigneurs de Guitry, de Coraze, de Villars, Nicole de Giresme, et Poton de Sainte-Traille, lesquels furent depuis guéris. Après lequel assaut, les Anglois, qui n'avoient parachevé la mine encommencée, y besongnèrent tant jour et nuict, que ledit boulevart fut presque tout miné, et n'estoit retenu que sur estayes, où il ne falloit sinon que mettre le feu, pour faire fondre icelui boulevart, et accabler ceux qui estoient dedans : mais le samedi ensuivant, vingt et troisiesme jour dudit mois d'octobre, ceux d'Orléans qui de ce eurent cognoissance, mirent le feu audit boulevart, à la veue des Anglois, et se retirèrent ès tournelles du pont, dont ils levèrent le pont. Et se doutant toujours qu'ils ne peussent longuement tenir les tournelles, dont partie estoit fort battue et empirée, ils rompirent aucunes arches du pont, outre et au delà desquelles ils levèrent un boulevart du costé par-devers la ville, et fortifièrent ledit pont. Or advint que le dimanche vingt et quatriesme jour d'octobre en icelui an, les Anglois vinrent à puissance assaillir les tournelles, qui estoient peu garnies de gens de faict ; car la pluspart avoients été blessés en l'assaut du jeudi, fait au boulevart. Si adressèrent les Anglois des eschelles tant par terre comme par le costé de la rivière de Loire, qui estoit lors fort basse, et firent tant qu'ils prirent et emportèrent, après un peu de résistance, lesdites tournelles, environ deux heures après midi, et rompirent une arche entre icelles et le boulevart du pont, puis fortifièrent jour et nuict icelles tournelles, en telle manière que ce lieu fut mis en défense, et rendu tenable contre toute puissance, dont le comte de Salisbery commit la garde et défense à Glacidas, qui estoit de haut courage, plein de toute tyrannie et orgueil. Cestui Glacidas fit réparer et renforcer le boulevart qui avoit esté abandonné, et assortit, tant là comme ès tournelles, des canons et merveilleuses bombardes, dont il fit jeter jour et nuit en la cité, et contre le boulevart du pont; duquel messire Nicole de Giresme eut la garde, avec grande compagnée de nobles et bourgeois d'Orléans, lesquels d'autre part firent grandement battre de canons et merveilleuses bombardes les tournelles, dont en peu de temps ils abattirent tout le comble, avec la pluspart de la muraille; mais les Anglois se fortifièrent tant par dedans, de bois, qu'on ne les pouvoit que peu grever. Les bourgeois d'Orléans furent en grande douleur pour cette prise des tournelles ; mais le bastard d'Orléans, La Hire, monseigneur de Bueil, monseigneur de Chaumont, et messire André d'Averton, messire Théaulde de Valepergue, le seigneur de Saincte-Sevère, et de Boussac, mareschal de France, messire Jacques de Chabannes, seneschal de Bourbonnois, le sire de Villars, le sire de Coraze, et autres nobles, vinrent le lundi après la susdite prise, en grande compagnée de bonnes gens d'armes, dont ceux d'Orléans furent fort réjouis; et fortifièrent et garnirent leur pont de plus en plus, faisants jetter jour et nuict canons et veuglaires. Au subjet de quoi, Glacidas usa souvent de grandes menaces, et s'alloit vantant par son orgueil, qu'il feroit tout tuer à son entrée dedans la ville, tant hommes comme femmes, sans en espargner aucuns. Après la venue du bastard d'Orléans et de la chevalerie, advint un jour que le comte de Salisbery vint aux susdités tournelles, par l'enhortement de Glacidas, pour voir plus à plain la fermeture et l'enceinte du siége de la cité d'Orléans : mais ce comte estant près d'une fenestre dedans lesdites tournelles, où il regardoit et visoit la cité, il fut (par juste jugement de Dieu, qui tout congnoit, et qui traite et récompense les hommes selon leurs mérites) frappé de l'esclat d'une pierre de canon, qui entra par ladite fenestre; et perdit soudain l'œil du coup, et cheut à terre près de Glacidas, avec un autre chevalier qui fut tué de ce mesme coup. Alors les Anglois, qui estoient bien dolents et courroucés de cette adventure, prirent ledit comte et l'envoyèrent à Meun, le plus clandestinement qu'ils peurent ; auquel lieu il trespassa au mois de novembre mil quatre cent vingt-huit. Au sujet de quoi, le courage des Anglois fut grandement affoibli, lesquels envoyèrent hastivement devers le duc de Betfort, qui se disoit régent de France, requérant un chef, au lieu d'icelui comte, avec secours de gens, argent et vivres. Lequel régent envoya grande chevalerie, argent et vivres, pour maintenir ce siége ; et pour gouverner la guerre, fit principaux chefs et capitaines, messire Guillaume la Poule, comte de Suffort, les seigneurs de Talbot, de Gray, de Scales, messire Robert Héron, Lancelot de Lisle, Gilbert de Halsates, Glacidas, et autres chevaliers et escuyers anglois, avec aucuns faux François, entre lesquels fut messire Guillaume de Rochefort, Hue des Prez, Eustache Gaudin, Geoffroy de Lamé, Jean de Chainviller, Jean-le-Baveux, Guillaume Languedoc, Jean de Mazis, Guillaume du Broillac; et fut bien la puissance du siége nombrée de dix mille hommes. Ces chefs de guerre tinrent plusieurs conseils à Baugency, à Meun et à Jargeau; et finalement délibérèrent que, aux tournelles, au boulevart de devant, ès bastides des Augustins, de Sainct-Privé et de Sainct-Jean-le-Blanc, qui furent bien grandement fortifiées, gens seroient establis pour garder les passages par eau et par terre, sous le gouvernement de Glacidas, capitaine des tournelles ; et ce faict, qu'ils mettroient siége de l'autre part de la cité d'Orléans.

L'an mil quatre cent vingt-huict, le vingt-neuviesme jour de décembre, le comte de Suffort, les seigneurs de Talbot, de Scales, et autres grands seigneurs anglois et bourguignons, chefs de guerre, partirent de Jargeau, et vinrent à puissance mettre le siége devant Orléans, du costé devers la Beausse; et, pour enclore la cité, fermèrent et fortifièrent plusieurs boulevarts et bastides encloses de fossés et de tranchées, sur tous les grands chemins passants, c'est à scavoir la bastide Sainct-Laurens, la bastide du Colombier, la bastide de la Croix-Boisée, la bastide qu'ils nommèrent Londres, au lieu des Douze Pairs, la bastide Aro, nommée Rouen, la bastide de Sainct-Povoir, nommée Paris, la bastide Sainct-Loup, et édifièrent dedans la Loire, au droict de Sainct-Laurens, en l'isle Charlemagne, une autre bastide; et là levèrent un port et passage par eaue, en telle manière qu'un des siéges pouvoit entre-secourir l'autre. Et ainsi appert que la ville fut enclose, tant du costé de Beausse que de Soulongne, de treize places fortifiées, tant boulevarts comme bastides : parquoi cette cité fut réduite en telle détresse, qu'ils ne peurent avoir secours de vivres par eaue ni par terre. Néantmoins les nobles et les bourgeois qui estoient dedans la cité, sortirent souvent, et firent de grandes et fréquentes saillies ; et si furent assaillis les Anglois jusques aux susdites bastides ; lesquels sortoient aucunes fois. Il y eut beaucoup de grandes escarmouches, où il y eut grand nombre des chevaux du mareschal de Saincte-Sevère de tués. Ce mareschal fut de grande entreprise et hardi, et gouverna tant honorablement les gens de guerre, qu'il tenoit à Orléans, qu'ils y séjournèrent depuis la Toussaint, jusques à l'Ascension, sans faire aucun excès entre eux et ceux d'Orléans.

Durant ce siége, Charles, comte de Clermont, fils aisné du duc de Bourbon, se mit sus, pour secourir la cité d'Orléans. Il vint avec puissance à Blois, où il sceut nouvelles que le duc de Betfort avoit mis sus des Anglois en grand nombre, qui estoient partits de Paris, avec grande quantité de vivres, pour avitailler l'ost des Anglois, et le secourir de gens. Si partist-il de Blois pour aller au-devant, et fist sçavoir son entreprinse au bastard d'Orléans, et aux chefs de guerre qui estoient avec lui dans Orléans; lesquels se tirèrent hastivement par-devers lui, et trouvèrent près d'Yenville iceluy comte et sa compagnée, qui furent joyeux de leur venue ; et eurent tantost nouvelles que les Anglois estoient près de Rouvray-Sainct-Denys, qui conduisoient au siége un grand charroy, chargé de vivres et d'artillerie. Les François furent très désireux de combattre les Anglois; et pour ce faire, ils mirent et joignirent ensemble leur puissance, qui estoit grande ; car là estoit le comte de Clermont, accompagné de touts les hauts barons d'Auvergne et de Bourbonnois, le bastard d'Orléans, les sires de La Fayette et de Saincte-Sevère, mareschaux; le sire de Culant, admiral de France ; le vicomte de Thouars, le sire de Belleville, les plus chevaliers et escuyers du Berry et de Poitou; messire Jean Estuart, ou Stuart, connestable des Escossois, comte d'Evreux, auquel le roy avoit donné cette comté, et son frère, avec grande compagnée d'Escossois; messire Guillaume d'Albret, sire d'Orval, messire Jean de Nilhac, seigneur de Chasteaubrun, vicomte de Bridiers, messire Jean de Lesgot, La Hire, et plusieurs chevaliers et escuyers, et chefs de guerre, qui ordonnèrent leurs batailles. Et fust conclu qu'ils ne descendroient point de cheval, fors seulement les gens de traict, qui, à la veue des Anglois et à leur venue, assortiroient leurs canons, coulevrines, et autres traicts. Or les François allèrent tant, qu'ils trouvèrent les Anglois près Rouvray, qui, dans le doute qu'ils en avoient, s'attendoient d'avoir bataille. Ils estoient enclos de leur charroy, pour lequel garder, ils ordonnèrent leurs gens de traict, avec les marchands qui estoient là venus de Paris et autres cités, et plantèrent tout autour le parc où ils estoient retirés grande quantité de paux aigus. Alors les batailles de pied françoises assortirent leurs canons, coulevrines et autres traicts, puis approchèrent le charroy et les archers anglois, contre lesquels ils commencèrent à tirer de telle sorte, que peu tinrent-ils leurs places ; car ceux d'Orléans, qui estoient là en grand nombre, les chargèrent à merveilles, de belles coulevrines, contre lesquelles rien ne résistoit, qu'il ne fust mis en pièces. Là fust fait à cette attaque grande tuerie d'Anglois et de marchands de Paris ; pour lesquels secourir les Anglois n'osèrent partir de leur parc, redoutants les batailles de cheval qui estoient en leur veue. Mais le connestable d'Escosse fust tant désireux d'assembler contre ses ennemis, que lui et touts ses gens descendirent à pied, pour aller chercher les Anglois jusques dans leur parc, outre et contre le premier ordre donné, et sans attendre les autres. Avec lequel descendit le bastard d'Orléans, les seigneurs d'Orval et de Chasteaubrun, messire Jean de Lesgot, et aucuns nobles, qui croyoient bien que les batailles de cheval deussent à l'assembler frapper sur les Anglois, mais ils n'en firent oncques rien. A cette heure, qui fust environ vespres, le samedi douziesme jour de février, veille des brandons, l'an mil quatre cent vingt-huict, les Anglois sortirent tout à coup de leur enclos, et s'assemblèrent et s'unirent contre les susdits Escossois, qui furent deffaits en peu d'heures. Ce que voyants les Auvergnacs et autres, ils se prirent à fuir, sans s'assembler contre les Anglois, et se retirèrent à Orléans, et avec eux le susdit bastard, qui fust grièvement blessé en cette bataille, où furent tués lesdits connétable d'Escosse, sires d'Orval, de Chasteaubrun, de Lesgot, et autres nobles de renom, jusques au nombre d'environ trois à quatre cents combattants, et la pluspart hommes d'armes. Il y eut aussi plusieurs Anglois de tués. Messire Jean Fastolf fust chef de la bataille des Anglois, lequel amena, à la veue des François, les vivres et le charroy, en l'ost devant Orléans, le mardi après icelle deffaite.

Or, après que ledit comte de Clermont se fust retiré à Orléans, il tint là aucuns conseils, et jura et promit à son départ de secourir la ville de gens et de vivres, dedans un certain jour, auquel il défaillit; et demeurèrent seulement pour conforter la ville, le maréchal de Saincte-Sevère, avec le bastard d'Orléans. Et d'autant que ceux d'Orléans n'espéroient plus avoir secours du roy, eux tendants à conserver la seigneurie du duc d'Orléans, leur naturel seigneur, qui estoit prisonnier en Angleterre; et sçachants de certain que tout le plus des nobles de France avoient compassion de sa personne, et que le conseil d'Angleterre lui avoit octroyé pour ses pays abstinence de guerre, à certain temps, sous la puissance du duc de Betfort, soy-disant régent de France; lequel, par la dureté du conseil de Paris, ne voulut passer l'abstinence, mais fist mettre le siége devant icelle ville. Pour venir à cette fin, aucuns nobles et bourgeois de la ville d'Orléans, se retirèrent par-devers le duc de Bourgongne, et messire Jean de Luxembourg, requérants que, pour pitié, il leur pleust tant faire, que par leur moyen ladite abstinence peust sortir à aucun effect; à quoi ils furent fort enclins. A cette fin, lesdits duc de Bourgongne et Luxembourg allèrent à Paris, en y menant avec eux les messagers d'Orléans; et requirent le duc de Betfort qu'il voulust faire lever le siége, et consentir icelle abstinence; de quoi il les refusa tout à plein. Pourquoy le duc de Bourgongne en prit grand desplaisir, et envoya avec les messagers d'Orléans, l'un de ses hérauts, lequel vint en l'ost par-devers touts ceux qui estoient du parti dudit duc, leur faire commandement qu'ils se départissent de ce siége; et ainsi le firent la pluspart des Picards, Champenois et Bourguignons; de quoy la puissance des Anglois s'affoiblit fort. Ladite cité d'Orléans ainsi assiégée, et d'autre costé garnie de vaillantes gens, et de plus, les habitants de la ville ayant bon et grand courage de tenir et se deffendre, comme ils avoient desjà bien monstré, faisants abbattre leurs beaux fauxbourgs, presque aussi grands, s'ils eussent esté ensemble, comme la ville, et vingt-six églises, dont celle de Sainct-Aignan d'Orléans, qui estoit collégiale, et un cloistre pour les chanoines, et où il y avoit de belles et grandes maisons canoniales, en estoit une, les habitants donc estants en grand doute et danger d'estre perdus et réduits à la fin en la subjection de leurs ennemis, ouyrent nouvelles qu'il venoit une Pucelle par-devers le roy; laquelle se faisoit fort de faire lever le siége de ladite ville d'Orléans.

L'an mil quatre cent vingt-neuf, il y avoit une jeune fille vers les marches de Vaucouleur, natifve d'un village nommé Domp-Remy, de l'élection de Langres, qui est tout un avec le village de Gras (Greux), fille de Jacques d'Arc et d'Ysabeau sa femme, simple villageoise, qui avoit accoustumé aucunes fois de garder les bestes; et quand elle ne les gardoit, elle apprenoit à coudre, ou bien filoit : elle estoit âgée de dix-sept à dix-huict ans, bien compassée de membres, et forte; laquelle

un jour, sans congé de père ou de mère (non mie qu'elle ne les eust en grand honneur et révérence, et qu'elle ne les craignoit et redoutoit, mais elle ne s'osoit descouvrir à eux, pour doute qu'ils ne lui empeschassent son entreprise), s'en vint à Vaucouleur devers messire Robert de Baudricourt, un vaillant chevalier tenant le parti du roy; et avoit dans sa place quantité de gens de guerre vaillants, faisants guerre tant aux Bourguignons qu'autres tenants le parti des ennemis du roy; et lui dit Jehanne tout simplement les paroles qni s'ensuivent: «Capitaine messire, sçachez que Dieu, depuis
» aucun temps en çà, m'a plusieurs fois fait à sça-
» voir, et commandé que j'allasse devers le gentil
» dauphin, qui doit estre et est vrai roy de France,
» et qu'il me baillast des gens d'armes, et que je
» lèverois le siége d'Orléans, et le mènerois sacrer
» à Rheims.» Lesquelles choses messire Robert reputa à une moquerie et dérision, s'imaginant que c'estoit un songe ou fantaisie; et lui sembla qu'elle seroit bonne pour ses gens, à se divertir et esbattre en péché; mesmes il y eut aucuns qui avoient volonté d'y essayer; mais aussitost qu'ils la voyoient ils estoient refroidis, et ne leur en prenoit volonté. Elle pressoit toujours instamment ledit capitaine à ce qu'il l'envoyast vers le roy, et lui fist avoir un habillement d'homme, avec un cheval et des compagnons pour la conduire; et entre autres choses lui dit: «En nom Dieu, vous mettez trop à
» m'envoyer; car aujourd'hui le gentil dauphin a

» eu assez près d'Orléans un bien grand dommage,
» et sera-t-il encores taillé de l'avoir plus grand, si
» ne m'envoyez bientost vers lui.» Lequel capitaine
mit lesdites paroles en sa mémoire et imagination,
et sceut depuis que ledit jour fut quand le connestable d'Ecosse et le seigneur d'Orval furent
deffaits par les Anglois; et estoit ledit capitaine
en grande pensée de ce qu'il en feroit. Si délibéra
et conclud qu'il l'envoyeroit; et lui fit faire robe
et chaperon à homme, gipon, chausses à attacher
housseaux et espérons, et lui bailla un cheval, puis
ordonna à deux gentilshommes du pays de Champagne, et un varlet, qu'ils la voulussent conduire,
l'un des gentilshommes, nommé Jean de Metz, et
l'autre Bertrand de Pelonge; lesquels en firent
grande difficulté, et non sans cause; car il falloit qu'ils passassent par les dangers et périls des
ennemis. Ladite Jehanne recognut bien la crainte
et le doute qu'ils faisoient, si leur dit: « En nom
» Dieu, menez-moi devers le gentil dauphin, et ne
» faites aucun doute que vous ni moi n'aurons aucun
» empeschement.» Et est à sçavoir qu'elle n'appella
le roy que dauphin jusques à ce qu'il fust sacré.
Et lors lesdits compagnons conclurent qu'ils la
mèneroient vers le roy, lequel estoit lors à Chinon.
Si partirent-ils, et passèrent par Auxerre, et plusieurs autres villes, villages et passages de pays
des ennemis, et aussi par les pays obéissants au
roy, où régnoient toutes pilleries et roberies,
sans ce qu'ils eussent ou trouvassent aucuns em-

peschements, et vinrent jusques en icelle ville de Chinon. Eux-mesmes disoient qu'ils avoient passé aucunes rivières à gué bien profondes, et des passages renommés pour leurs périls et dangers, sans quelconque inconvénient; dont ils estoient esmerveillés. Eux doncques estant arrivés en ladite ville de Chinon, le roy manda ces gentilshommes qui estoient venus en sa compagnée, et les fit interroger en sa présence; lesquels ne sceurent que dire, sinon ce qui est recité ci-dessus : si eut le roy, et ceux de son conseil, grand doute si ladite Jehanne parleroit au roy ou non, et s'il la feroit venir devers lui; sur quoi il y eut diverses opinions et imaginations, et fut conclu qu'elle verroit le roy. Ladite Jehanne fut donc amenée en sa présence, et dit qu'on ne la deceust point, et qu'on lui monstrast celui auquel elle devoit parler. Le roy estoit bien accompagné, et combien que plusieurs feignissent qu'ils fussent le roy, toutesfois elle s'adressa à lui assez pleinement, et lui dit que Dieu l'envoyoit là pour lui aider et le secourir, et qu'il lui baillast gens, et elle lèveroit le siége d'Orléans, et si le mèneroit sacrer à Reims; et que c'estoit le plaisir de Dieu que ses ennemis les Anglois s'en allassent en leurs pays; que le royaume lui devoit demeurer; et que s'ils ne s'en alloient, il leur mescherroit. Après ces choses ainsi faites et dites, on la fit remener en son logis, et le roy assembla son conseil pour sçavoir ce qu'il avoit à faire. Auquel conseil estoit l'archevesque de Reims, son chance-

lier, et plusieurs prélats, gens d'église, et laïcs.
Si fut advisé que certains docteurs en théologie parleroient à elle, et l'examineroient, et aussi avec eux des canonistes et légistes; et ainsi fut fait. Elle fut donc examinée et interrogée par diverses fois, et par diverses personnes; c'estoit chose merveilleuse comme elle se comportoit et conduisoit en son faict, avec ce qu'elle disoit et rapportoit lui estre encbargé de la part de Dieu, comme elle parloit grandement et notablement, veu que en autres choses elle estoit la plus simple bergère que on veit oncques. Entre autres choses, on s'esbahissoit comme elle dit à messire Robert de Baudricourt le jour de la bataille de Rouvray, autrement dite des Harencs (dont ci-dessus est fait mention), ce qui estoit advenu, et aussi de la manière de sa venue, et comme elle estoit arrivée sans empeschement jusques à Chinon. Un jour elle voulut parler au roy en particulier, et lui dit : « Gentil dauphin, pourquoi ne me croyez-vous ? » Je vous dis que Dieu a pitié de vous, de vostre » royaume, et de vostre peuple ; car sainct Louis » et Charlemagne sont à genoux devant luy, en » faisant prières pour vous; et je vous dirai, s'il » vous plaist, telle chose, qu'elle vous donnera à » cognoistre que me devez croire »: Toutesfois elle fut contente que quelque peu de ses gens y fussent, et en la présence du duc d'Alençon, du seigneur de Trèves, de Christofle de Harcourt, et de maistre Gérard Machet, son confesseur, lesquels il fit

jurer, à la requeste de ladite Jehanne, qu'ils n'en révèleroient ni diroient rien, elle dit au roy une chose de grand, qu'il avoit faite bien secrète; dont il fut fort esbahy : car il n'y avoit personne qui le peust sçavoir, que Dieu et lui. Et dès lors il fut comme conclu, que le roy essayeroit à exécuter ce qu'elle disoit. Toutesfois il advisa qu'il estoit expédient qu'on l'amenast à Poictiers, où estoit la cour de parlement, et plusieurs notables clercs de théologie, tant séculiers comme réguliers, et que lui-mesme iroit jusques en ladite ville. Et de faict le roy y alla; et faisoit amener et conduire ladite Jehanne, laquelle, quand elle fut comme au milieu du chemin, demanda où on la menoit; il lui fut respondu, que c'estoit à Poictiers. Alors elle dit : « En nom Dieu, je sçai que je aurai bien » affaire, mais messire m'aydera; or allons de » par Dieu. » Elle fut doncques amenée en la cité de Poictiers, et logée en l'hostel d'un nommé Maistre Jean Rabateau, lequel avoit espousé une bonne femme, à laquelle on la bailla en garde. Elle estoit toujours en habit d'homme, ni n'en vouloit autre vestir. Si fit-on assembler plusieurs notables docteurs en théologie, et des bacheliers, lesquels entrèrent en la salle où elle estoit; et quand elle les veit, elle s'alla seoir au bout du banc, et leur demanda ce qu'ils vouloient : lors il lui fut dit par la bouche de l'un deux, qu'ils venoient devers elle, pource qu'on disoit, qu'elle avoit dit au roy que Dieu l'envoyoit vers lui; et mons-

trèrent par belles et douces raisons, qu'on ne la devoit pas croire : ils y furent plus de deux heures, où chacun d'eux parla sa fois et elle leur fit des responses dont ils furent grandement esbahis; scavoir, comme une si simple bergère, jeune fille, pouvoit ainsi prudemment respondre. Entre les autres, il y eut un carme, docteur en théologie, bien aigre homme, qui lui dit que la Saincte Escriture défendoit d'adjouster foy à telles paroles, si on ne monstroit signe; et elle respondit pleinement : « Qu'elle ne vouloit pas ten-
» ter Dieu, et que le signe que Dieu lui avoit
» ordonné, c'estoit lever le siége de devant Or-
» léans, et de mener le roy sacrer à Reims; qu'ils
» y vinssent, et ils le verroient » ; qui sembloit lors chose fort difficile à croire, et comme impossible, veue la puissance des Anglois, et que d'Orléans ni de Blois jusques à Reims, il n'y avoit aucune place françoise. Il y eut un autre docteur en théologie, de l'ordre des frères prescheurs, qui lui va dire : « Jehanne, vous demandez des
» gens d'armes, et si vous dites, que c'est le
» plaisir de Dieu que les Anglois laissent le
» royaume de France, et s'en aillent en leur pays;
» si cela est, il ne faut point de gens d'armes : car
» le seul plaisir de Dieu les peut destruire, et
» faire aller en leur pays. » A quoi elle respondit qu'elle demandoit des gens, non mie en grand nombre, lesquels combattroient, et Dieu donneroit la victoire. Après laquelle response faite

par icelle Jeanne, les mesmes théologiens s'assemblèrent, pour voir ce qu'ils conseilleroient au roy; et conclurent sans aucune contradiction, combien que les choses dites par ladite Jeanne leur sembloient bien estranges, que le roy s'y devoit fier, et essayer à exécuter ce qu'elle disoit. Le lendemain y allèrent de nouveau plusieurs notables personnes, tant de présidents et conseillers de parlement, que autres de divers estats; et avant qu'ils y allassent, ce qu'elle disoit leur sembloit impossible à faire, disants que ce n'estoient que rêveries et fantaisies; mais il n'y eut celui, quand il en retournoit et l'avoit ouïe, qui ne dist après, que c'estoit une créature de Dieu; aucuns mesme, en retournants, pleuroient à chaudes larmes. Semblablement y furent dames, damoiselles et bourgeoises, qui lui parlèrent; et elle leur respondit si doucement et gracieusement, qu'elle les faisoit pleurer. Entre autres choses, ils lui demandèrent pourquoi elle ne prenoit pas un habit de femme? et elle leur respondit: « Je crois bien qu'il
» vous semble estrange, et non sans cause; mais
» il faut, pource que je me dois armer et servir le
» gentil dauphin en armes, que je prenne les habillements propices et nécessaires à cela; et
» aussi quand je serai entre les hommes, estant
» en habit d'homme, ils n'auront pas concupiscence
» de moi; et me semble qu'en cet estat, je conserverai mieux ma virginité de pensée et de faict. »
Pour le temps de lors, on faisoit grande diligence

d'assembler vivres, et spécialement bleds, chairs salées et non salées, pour essayer à les conduire et jeter dedans la ville d'Orléans. Si fut délibéré et conclu qu'on esprouveroit ladite Jeanne sur le faict desdits vivres; et lui furent ordonnés harnois, cheval, et gens; et lui fut spécialement baillé pour la conduire et estre avecques elle, un bien vaillant et notable escuyer, nommé Jean Dolon, prudent et sage, et pour page, un bien gentilhomme, nommé Louis de Comtes, dit Imerguet, avecques des autres valets et serviteurs. Durant ces choses, elle dit qu'elle vouloit avoir une espée qui estoit à Saincte-Catherine du Fierbois, où il y avoit en la lame, assez près du manche, cinq croix. On lui demanda si elle l'avoit oncques veue, et elle dit que non; mais qu'elle sçavoit bien qu'elle y estoit. Elle y envoya donc; et n'y avoit personne qui sceust où elle estoit, ni ce que c'estoit. Toutesfois, il y en avoit plusieurs qu'on avoit autrefois données à l'église, lesquelles on fit toutes regarder, et on en trouva une toute enrouillée, qui avoit lesdites cinq croix; on la lui porta, et elle dit que c'estoit celle qu'elle demandoit. Si fut-elle fourbie, et bien nettoyée, et lui fit-on faire un beau fourreau tout parsemé de fleurs de lys. Tant que ladite Jeanne fut à Poitiers, plusieurs gens de bien alloient tous les jours la visiter, et toujours disoit de bonnes parolles : entres les autres, il y eut un bien notable homme, maistre des requestes du roy, qui lui dit :
« Jeanne, on veut que vous essayez à mettre les

» vivres dedans Orléans ; mais il semble que ce sera
» forte chose, veue les bastilles qui sont devant,
» et que les Anglois sont forts et puissants. » — En
» nom Dieu, dit-elle, nous les mettrons dedans Or-
» léans à nostre aise ; et si il n'y aura Anglois qui
» saille, ne qui fasse semblant de l'empêcher. »
Elle fut donc armée et montée à Poitiers ; puis elle
en partit ; et en chevauchant, elle portoit aussi gentiment son harnois, que si elle n'eust fait autre chose tout le temps de sa vie ; dont plusieurs s'émerveilloient ; mais bien davantage les docteurs, capitaines de guerre et autres, des responses qu'elle faisoit, tant des choses divines que de la guerre. Le roy avoit mandé plusieurs capitaines pour conduire, et estre en la compaignie de ladite Jeanne, et entre autres, le mareschal de Rays, messire Ambroise de Lore, et plusieurs autres, lesquels conduisirent icelle Jeanne jusques en la ville de Blois. Les nouvelles de cette Pucelle vinrent à Orléans, scavoir, comme c'estoit une fille de saincte et religieuse vie, qui fut fille d'un pauvre laboureur de la contrée de l'élection de Langres près de Barrois, et d'une pauvre femme du mesme pays, qui vivoient de leur labeur ; qu'elle estoit aagée environ de dix-huict à dix-neuf ans, et avoit esté pastourelle au temps de son enfance ; qu'elle scavoit peu de choses mondaines, parloit peu, et le plus de son parler estoit seulement de Dieu, de sa benoiste mère, des anges, des saincts et sainctes de paradis ; disoit que par plusieurs fois lui avoient esté dites aucunes révé-

lations, touchant la salvation du roy, et préservation de toute sa seigneurie, laquelle Dieu ne vouloit lui estre tollue ni usurpée; mais que ses ennemis en seroient déboutés; et estoit chargée de dire et signifier ces choses au roy dedans le terme de la Sainct-Jean mil quatre cent vingt-neuf; que ladite Pucelle avoit esté ouïe par le roy et son conseil, où elle ouvrit les choses à elle chargées, et traita merveilleusement des manières de faire vuider les Anglois hors du royaume; et ne fut là chef de guerre qui sceut tant proprement qu'elle remonstrer les manières de guerroyer ses ennemis, dont le roi et tout son conseil fut esmerveillé; car elle fut autant simple en toutes autres manières, comme une pastourelle. Que pour cette merveille, le roy alla à Poitiers, et mena là la Pucelle qu'il fit interroger par notables clercs du parlement, et par docteurs bien renommés en théologie; et elle ouïe, affermèrent qu'ils la réputoient inspirée de Dieu, et approuvèrent tout son faict et ses paroles; pourquoi le roy la tint en plus grande révérence, et manda dès lors gens de toutes parts, et fit mener à Blois grande quantité de vivres et d'artillerie pour secourir la cité d'Orléans; que la Pucelle requit, pour conduire le secours, qu'il pleust au roy lui bailler telles gens et tel nombre qu'elle requerroit, qui ne seroit pas grand nombre, ni grande puissance, et pour son corps se fit administrer un harnois entier. Alors le roy ordonna que tout ce qu'elle requèreroit lui fust baillé; puis la Pucelle prit congé du roy pour aller en la cité d'Orléans : et elle venue à Blois à peu de gens, séjournoit illec par aucuns jours, attendant plus grande compaignie. Pendant son séjour, elle fit faire un estendart blanc, auquel elle fit portraire la présentation du Sainct Sauveur et de deux anges, et le fit bénistre en l'église Sainct-Sauveur de Blois; auquel lieu vinrent tantost après le mareschal de Saincte-Sévère, les sires de Rays et de Gaucourt, à grande compaignie de nobles et de commun, qui chargèrent une partie des vivres pour les mener à Orléans. Ladite Pucelle se mit en leur compaignie; et cuidoit bien qu'ils deussent passer par-devant les bastides du siége, devers la Beausse ; mais ils prirent leur chemin par la Solongne; et ainsi fut menée à Orléans le pénultiesme jour d'avril, au mesme an. Cette Pucelle séjournant à Blois, en attendant la compaignie qui la devoit mener à Orléans, escrivit et envoya par un héraut, au chef de guerre qui tenoit siége devant Orléans, une lettre dont la teneur s'ensuit, et est telle :

« JESUS, MARIA,

» Roy d'Angleterre, faites raison au roy du ciel de son sang royal, rendez les clefs à la Pucelle, de toutes les bonnes villes que vous avez enforcées. Elle est venue de par Dieu pour réclamer le sang royal, et est toute preste de faire paix, si vous voulez faire raison; par ainsi que vous mettrez jus, et payerez de ce que vous l'avez tenue. Roy d'Angleterre, si ainsi ne le faites, je suis chef de guerre; en quelque lieu que j'atteindrai vos gens en France, s'ils ne veulent obéir, je les ferai issir, veuillent ou non ; et s'ils veullent obéir, je les prendrai à merci. Croyez que s'ils ne veulent obéir, la Pucelle vient pour les occir. Elle vient de par le roy du ciel, corps pour corps, vous bouter hors de France; et vous promets et certifie qu'elle y fera si gros hahay, que depuis mille ans en France ne fut veu si grand, si vous ne lui faites raison. Et croyez fermement, que le Roy du ciel lui envoyera plus de forces à elle, et à ses bonnes gens d'armes, que ne scauriez avoir à cent assauts. Entre vous, archers, compaignons d'armes, gentils et vaillants, qui estes devant Orléans, allez-vous-en en vostre pays, de par Dieu ; et si ne le faites ainsi, donnez-vous garde de la Pucelle, et qu'il vous souvienne de vos dommages. Ne prenez mie vostre opinion, que vous tiendrez France du Roy du ciel le fils saincte Marie; mais la tiendra le roy Charles, vrai héritier, à qui Dieu l'a donnée, qui entrera à Paris en belle compaignie. Si vous ne croyez les nouvelles de Dieu et de la Pucelle, en quelque lieu que vous trouverons, nous férirons dedans à horions, et si verrez lesquels auront meilleur droict, de Dieu ou de vous. Guillaume de la Poule, comte de Suffort, Jean sire de Talbot, et Thomas sire de Scales, lieutenants du duc de Betfort, soi-disant régent du royaume de France pour le roy d'Angleterre, faites response si vous voulez faire paix à la cité d'Orléans ; si ainsi ne le faites, qu'il vous souvienne de vos dommaiges. Duc de Betfort, qui vous dites régent de France pour le roy d'Angleterre, la Pucelle vous requiert et prie, que vous ne vous faciez mie destruire : si vous ne lui faites raison, elle fera tant, que les François feront le plus beau faict qui oncques fust fait en la chrestienneté.

» Escrit le mardi, en la grande semaine. »

Et sur le dos estoit escrit : « Entendez les nouvelles de Dieu, et de la Pucelle. « Au duc de Betfort, qui se dit régent du royaume de France, pour le roy d'Angleterre. »

Après lesdites lettres ainsi envoyées par la Pucelle aux Anglois, il fut conclu qu'on iroit à Orléans mener des vivres. Et furent chargés en ladite ville de Blois plusieurs charriots, charettes et chevaux de grains; et y assembla-t-on quantité de bétail, comme bœufs, vaches, moutons, brebis et pourceaux ; et fut conclu par les capitaines, tant par ceux qui les devoient conduire comme par le bastard d'Orléans, qu'on iroit par la Solongne, pource que toute la plus grande puissance estoit du costé de la Beausse. Ladite Jeanne ordonna là-dessus que tous les gens de guerre se confessassent, et se missent en estat d'estre en la grace de Dieu; de plus, elle leur fit oster leurs fillettes, et laisser tout le bagage, puis ils se mirent tous en chemin pour tirer à Orléans. Ils couchèrent en chemin une nuict dehors, et quand les Anglois sceurent la venue de ladite Pucelle et des gens de guerre, ils désemparèrent une bastide qu'ils avoient faite en un lieu nommé Sainct-Jean-le-Blanc; et ceux qui estoient dedans s'en vinrent en une autre bastille, que les mesmes Anglois avoient faite aux Augustins, auprès le bout du pont; et ladite Pucelle et ses gens, avec les vivres, vinrent vers la ville d'Orléans, au-dessus d'icelle bastille, en l'endroit dudit lieu de Sainct-Jean-le-Blanc. Ceux de la ville, tantost et incontinent préparèrent et habillèrent vaisseaux pour venir quérir tous lesdits vivres; mais la chose estoit si mal à poinct, que le vent estoit contraire. Or, ne pouvoit-on monter contremont (car on n'y peut conduire les vaisseaux, sinon à force de voile), laquelle chose fut dite à la susdite Jeanne, qui dit : Attendez un petit, car, en nom Dieu, tout entrera en la ville. » Et soudainement le vent se changea, en sorte que les vaisseaux arrivèrent très aisément et légèrement où estoit icelle Jeanne. En iceux estoit le bastard d'Orléans et aucuns bourgeois de la ville, qui avoient grand désir de voir ladite Jeanne; lesquels lui prièrent et la requirent de la part de toute la ville et des gens de guerre estants en icelle, qu'elle voulust venir et entrer en la ville, et que ce leur feroit un grand reconfort, s'il lui plaisoit d'y venir. Alors elle demanda audit bastard : « Estes-vous le » bastard d'Orléans? » Et il respondit : « Oui, » Jeanne. » Après elle lui dit : « Qui vous a con- » seillé de nous faire venir par la Soulongne, et

» que n'avons-nous esté par la Beausse, tout em-
» près la grande puissance des Anglois; les vivres
» eussent entré sans les faire passer par la ri-
» vière? » Le bastard, en s'excusant, lui respondit que c'avoit esté par le conseil de tous les
capitaines, veue la puissance des Anglois dans la
Beausse; à quoi elle répliqua : « Le conseil de
» messire (c'est à sçavoir Dieu) est meilleur que
» le vostre et celui des hommes, et si est plus seur
» et plus sage. Vous m'avez cuidé décevoir, mais
» vous vous estes déceus vous-mesmes; car je vous
» amène le meilleur secours que eust oncques che-
» vallier, ville ou cité; et ce est le plaisir de Dieu
» et le secours du roy des cieux, non mie pour
» l'amour de moi; mais procède purement de
» Dieu; lequel, à la requeste de sainct Louis et de
» sainct Charles-le-Grand, a eu pitié de la ville
» d'Orléans, et n'a pas voulu souffrir que les en-
» nemis eussent le corps du duc d'Orléans et sa ville;
» quant est d'entrer dans la ville, il me feroit mal
» de laisser mes gens, et ne les dois pas faire; ils
» sont tous confessés, et en leur compagnée je ne
» craindrois pas toute la puissance des Anglois. »
Alors les capitaines lui dirent : « Jeanne, allez-y
» seurement, car nous vous promettons de retour-
» ner bien brief vers vous. » Sur ce, elle consentit
d'entrer en la ville, avec ceux qui lui estoient ordonnés, et y entra; et fut receue à grande joie, et
logée en l'hostel du trésorier du duc d'Orléans,
nommé Jacques Boucher, ou elle se fit désarmer.

Et est vrai que depuis le matin jusques au soir, elle avoit chevauché toute armée, sans descendre, boire ni manger; on lui avoit fait appareiller à souper bien et honorablement; mais elle fit seulement mettre du vin dans une tasse d'argent, où elle mit la moitié eau, et cinq ou six soupes dedans, qu'elle mangea, et ne prit autre chose tout le jour pour manger ni boire, puis s'alla coucher en la chambre qui lui avoit esté ordonnée; et avec elle estoient la femme et la fille dudit trésorier, laquelle fille coucha la nuict avec ladite Jeanne. Et ainsi vint ladite Pucelle en la ville d'Orléans, le pénultiesme jour d'avril, l'an mil quatre cent vingt-neuf. Or, aussitost elle sceut que les chefs du siége ne tinrent compte de ses lettres susmentionnées, ni de tout leur contenu, mais qu'ils réputèrent tous ceux qui croyoient et adjoustoient foy à ses paroles, pour hérétiques contre la saincte foy; et si avoient fait prendre les hérauts, et les vouloient faire ardoir; laquelle prise estant venue à la cognoissance du bastard d'Orléans, lequel estoit pour lors à Orléans, il manda aux Anglois, par son héraut, qu'ils lui renvoyassent lesdits hérauts, en leur faisant savoir, que s'ils les faisoient mourir, il feroit mourir de pareille mort leur hérauts qui estoient venus à Orléans pour le faict des prisonniers, lesquels il fit arrester, et feroit le mesme de tous les prisonniers Anglois, qui y estoient lors en bien grand nombre; et tantost après lesdits hérauts furent rendus. Toutesfois, aucuns disent que quand la Pucelle sceut

qu'on avoit retenu les hérauts, elle et le bastard d'Orléans envoyèrent dire aux Anglois qu'ils les renvoyassent; et ladite Jeanne disoit tousjours : « En nom Dieu, ils ne leur feront jà mal »; mais lesdits Anglois en renvoyèrent seulement un, auquel elle demanda : « Que dit Talbot ? » et le héraut respondit : que lui et tous les autres Anglois disoient d'elle tous les maux qu'ils pouvoient, en l'injuriant, et que s'ils la tenoient, ils la feroient ardoir. « Or, t'en retourne, lui dit-elle, et ne fais
» doute que tu amèneras ton compagnon, et dis à
» Talbot, que s'il s'arme, je m'armerai aussi, et
» qu'il se trouve en place devant la ville; et s'il
» me peut prendre, qu'il me fasse ardoir; et si je
» le desconfits, qu'il fasse lever les siéges, et s'en
» aillent en leur pays. » Le héraut y alla, et ramena son compagnon. Or, auparavant qu'elle arrivast, deux cents Anglois chassoient aux escarmouches cinq cents François; et depuis sa venue, deux cents François chassoient quatre cents Anglois; et en creut fort le courage et la bonne volonté des François.

Quand les vivres sus-mentionnés furent mis dans les vaisseaux ou bateaux, avec ladite Jeanne, le mareschal de Rays, le seigneur de Lore et autres, s'en retournèrent audit lieu de Blois, et là trouvèl'archevesque de Reims, chancelier de France, et tinrent conseil, pour sçavoir ce qu'on avoit à faire. Aucuns estoient d'opinion que chacun s'en retournast en sa garnison; mais ils furent après tous d'opinion qu'ils devoient retourner audit lieu d'Orléans, afin de les aider et conforter pour le bien du roy et de la ville. Et ainsi qu'ils parloient de la manière, il vint nouvelles du bastard d'Orléans, lequel leur faisoit sçavoir que s'ils désemparoient et s'en alloient, ladite cité estoit en voye de perdition ; et lors il fut conclu presque de tous, de retourner, et de mener de rechef des vivres à force de puissance, et qu'on iroit par la Beausse, où estoit la puissance des Anglois, en la grande bastille qu'on nommoit Londres, combien qu'à l'autre fois ils vinrent par la Soulongne ; et toutefois ils estoient trois fois plus de gens qu'on n'estoit à venir par la Beausse. Ils firent donc provision de quantité de vivres, tant de grains que de bestail, et partirent le troisiesme jour de mai, et couchèrent la nuict en un village, estant comme à my-chemin de Blois et d'Orléans, et prirent le lendemain leur chemin vers ladite ville. Le susdit troisiesme jour de mai, vinrent aussi à Orléans les garnisons de Montargis, Gien, Chasteau-Regnard, du pays de Gastinois et de Chasteaudun, avec grand nombre de gens de pied garnis de traict et de guisarmes ; et le mesme jour, au soir, vinrent nouvelles que le mareschal de Saincte-Sevère, le sire de Rays, monseigneur de Bueil et La Hire, qui amenoient et conduisoient les vivres et l'artillerie, venoient de Blois par la Beausse. Si se doutoit-on que les Anglois deussent aller au-devant d'eux ; pourquoi, le mercredi matin, veille de l'Ascension, quatriesme jour de mai, mil quatre cent vingt-neuf, partirent de très grand matin d'Orléans, le bastard et la Pucelle armée, avec grande compagnée de gens d'armes et de trait, et allèrent, à estendart desployé, au-devant des vivres, qu'ils rencontrèrent, et si passèrent par-devant les Anglois, qui n'osèrent sortir ni issir de leurs bastides, et puis entrèrent dedans la ville environ prime.

Ledit jour, environ midi, aucuns des nobles firent une sortie d'Orléans avec grand nombre de gens de traict et du commun, qui livrèrent un fier et merveilleux assaut contre les Anglois qui tenoient la bastide de Saint-Loup, laquelle estoit de grande défense et fortifiée; car elle avoit esté grandement bien garnie par le sire de Talbot, tant de gens, vivres, comme d'habillements. Les François furent fort grevés en icelui assaut, durant lequel y survint très hastivement la Pucelle armée, à estendart desployé, par quoi l'assaut renforça de plus en plus. Cette Pucelle ne savoit rien de la sortie d'iceux gens de guerre hors de la ville, ni n'en estoit nouvelles en son hostel ni en son quartier, et s'estoit mise à dormir; et n'y avoit audit hostel que son page et la dame de léans, qui s'esbattoient à l'huis. Et soudainement elle s'esveilla, puis se leva, et commença à appeler des gens : alors vint la dame et le page, auquel elle dit : « Va quérir mon cheval, en nom » Dieu, les gens de la ville ont affaire devant une » bastide, et y en a de blessés : » Si dit, qu'on l'armast hastivement, et qu'on lui aydast à s'armer. Et quand elle fut preste, elle monta à cheval, et courut sur le pavé, tellement que le feu en sailloit; et alla aussi droict, comme si elle eust bien sceu le chemin auparavant; et toutesfois oncques n'y avoit-elle entré. Ladite Jeanne dit depuis, « que sa voix l'avoit esveillée et lui avoit » enseigné le chemin, et que messire lui avoit » fait sçavoir. » Et depuis sa venue et arrivée audit lieu, il ne fut Anglois qui peust illec blesser aucun François; mais bien les François conquirent sus eux la bastide; puis les Anglois se retirèrent au clocher de l'église, et là les François commencèrent l'assaut, qui dura longuement, pendant lequel Talbot fit issir les Anglois à grande puissance des autres bastides, pour secourir ses gens ; mais à cette mesme heure estoient saillis d'Orléans tous les chefs de guerre, à toute leur puissance, qui se mirent aux champs, et se rangèrent en batailles ordonnées, entre la bastide assaillie et les autres bastides angloises, attendant illec les Anglois pour les combattre; mais le susdit de Talbot, en voyant cela, fit retirer les Anglois au-dedans de leurs bastilles, estant ainsi contraint de délaisser à l'abandon les Anglois de la bastide de Saint-Loup, qui furent conquis par puissance, environ l'heure de vespres. Il y eut là des Anglois audit clocher qui se desguisèrent, et qui prirent des habillements de prestres ou gens d'église, pour par ce moyen, se sauver; lesquels néanmoins ont voulut tuer; mais ladite Jeanne les garda et préserva, disant qu'on ne devoit rien demander aux gens d'église, et les fit amener à Orléans; dont y fut l'occision nombrée à huict vingts hommes, et la bastide fut arse et démolie; en laquelle les François conquirent très grande quantité de vivres et autres biens. Cela fait, la Pucelle, les grands seigneurs et leur puissance rentrèrent à Orléans. Duquel bon succès, furent à cette mesme heure rendues grâces et louanges à Dieu par toutes les églises, en hymne et dévotes oraisons, avec le son des cloches, que les Anglois pouvoient bien ouyr, lesquels furent fort abaissés de puissance, et aussi de courage, par le moyen de cette perte.

La Pucelle désiroit fort de faire partir et retirer entièrement les Anglois du siége; et pour ce, requit les chefs de guerre, qu'ils fissent une sortie à toute puissance, le jour de l'Ascension, pour assaillir la bastide de Sainct-Laurens, où estoient renfermés tous les plus grands chefs de guerre, et le plus de la puissance des Anglois; et néantmoins elle ne fist aucun doute, que tantost ne les deust conquérir; mais bien se tenoit seure de les avoir, et disoit ouvertement que l'heure estoit venue; mais les chefs de guerre ne furent point d'accord de sortir, ni de besongner cette journée, pour la révérence du jour. Et d'autre part furent-ils d'opinion, de premièrement tant faire, que les bastides et boulevarts du costé de la Soulongne pussent estre conquis avec le pont, afin que la ville peust recouvrer vivres du costé du Berri et autres pays. Ainsi la chose prit délai cette journée, au grand desplaisir de la Pucelle, qui s'en tint mal contente des chefs et capitaines de guerre. Ladite Pucelle avoit grand désir de sommer elle-mesme ceux qui estoient dans la bastille du bout du pont, et des Tournelles, où estoit Glacidas (Glandsdale), car on pouvoit parler à eux de dessus le pont; si y fut-elle menée. Et quand les Anglois sceurent qu'elle y estoit, ils vinrent en leur garde, puis elle leur dit : « Que le plai-» sir de Dieu estoit qu'ils s'en allassent, ou sinon » qu'ils s'en trouveroient courroucés. » Alors ils commencèrent à se mocquer et à injurier ladite Jeanne, ainsi que bon leur sembla; dont elle ne fut pas contente, et son courage lui en creut; si délibéra-t-elle le lendemain de les aller visiter.

La mesme année mil quatre cent vingt-neuf, le vendredi sixiesme jour de mai, les François passèrent outre la Loire avec grande puissance, à la veue de Glacidas, lequel aussitost fit désemparer et brusler la bastide de Saint-Jean-le-Blanc, et fit retirer ses Anglois, avec ses habillements, en la bastide des Augustins, aux boulevarts et aux Tournelles. Si marcha avant la Pucelle à tous ses gens de pied, tenant sa voye droite à Portereau. Et à cette heure, n'estoient encore tous ses gens de pied passés, ains y en avoit grande partie en une isle, qui pouvoient peu finer et avoir de vaisseaux pour leur passage. Néantmoins la Pucelle alla tant, qu'elle approcha du boulevart, et là planta son estendart avec peu de gens. Mais à cette heure, il survint un cri que les Anglois venoient à puissance du costé de Sainct-Privé; pour lequel cri, les gens qui estoient avec la Pucelle furent espouvantés et se prirent à retirer droit audit passage de Loire, de quoi la Pucelle fut en grande douleur, et fut contrainte de se retirer à peu de gens. Alors les Anglois levèrent grande huée sur les François, et issirent à puissance pour poursuivre la Pucelle, faisants de grands cris après elle, et lui disant des paroles diffamantes; et tout soudain elle tourna contre eux, et tant peu qu'elle eut de gens, elle leur fit visage, et marcha contre les Anglois à grands pas, et estendart desployé. Si en furent les Anglois, par la volonté de Dieu, tant espouvantés, qu'ils prirent la fuite laide et honteuse. Alors les François retournèrent, qui commencèrent sur eux la chasse, en continuant jusques à leurs bastides, où les Anglois se retirèrent à grande haste. Ce veu, la Pucelle assit son estendart devant la bastide des Augustins, sur les fossés du boulevart, où vint incontinent le sire de Rays. Et toujours les François allèrent croissant, en telle sorte, qu'ils prirent d'assaut la bastide desdits Augustins, où estoient les Anglois en très grand nombre, lesquels furent là tous tués. Il y avoit quantité de vivres et de richesses; mais d'autant que les François furent trop attentifs au pillage, la Pucelle fit mettre le feu en la bastide, où tout fut bruslé. En icelui assaut, la Pucelle fut blessée de chausse-trapes en l'un des pieds; et à cause qu'il ennuitoit, elle fut ramenée à Orléans, et laissa nombre de gens au siège devant le boulevart et les tournelles. Cette nuit les Anglois, qui estoient dedans le boulevart de Sainct-Privé, s'en départirent et y mirent le feu; puis passèrent la Loire en des vaisseaux, et se retirèrent en la bastide de Sainct-Laurens. La Pucelle fust cette nuict en grand doute que les Anglois ne frappassent sur ses gens devant les tournelles; et pour ce, le samedi septiesme jour de mai, environ le soleil levant, par l'accord et consentement des bourgeois d'Orléans, mais contre l'opinion et volonté de tous les chefs et capitaines qui estoient là de par le roy, la Pucelle partit à tout son effort, et passa la Loire. Et ainsi qu'elle délibéroit de passer, on présenta à Jacques Boucher, son hoste, une alose; et alors il lui dit : « Jeanne, » mangeons cette alose avant que partiez. »— « En » nom de Dieu, dit-elle, on n'en mangera jusques au » souper, que nous repasserons par-dessus le pont, » et ramènerons un godon, qui en mangera sa part. » Si lui baillèrent ceux d'Orléans des canons, coulevrines, et tout ce qui estoit nécessaire pour attaquer d'un costé le susdit boulevart et les tournelles, avec des vivres, et des bourgeois d'Orléans, afin de la seconder. Et pour assaillir icelles tournelles, et conquérir le pont, ils establirent de la partie de la ville sur ledit pont, de l'autre part, grand nombre de gens d'armes et de traict, avec grand appareil, que les bourgeois avoient fait pour passer les arches rompues et assaillir les tournelles. A icelui assaut, fut ladite Jeanne blessée, dès le matin d'un coup de traict de gros carriau, par l'espaule tout outre. En suite de cette blessure, elle-mesme se déferra, et y fit mettre du coton, et autres choses, pour estancher le sang : ce nonobstant, elle n'en laissa oncques à faire les diligences de faire assaillir. Or, quand ce vint sur le soir, il sembla au bastard d'Orléans et à d'autres capitaines, qu'en ce jour là on n'auroit point ce boulevart, veu qu'il estoit déjà tard. Si délibérèrent de se retirer de l'assaut, et faire reporter l'artillerie en la ville, jusques au lendemain ; et dirent cette conclusion à Jeanne, laquelle leur respondit, que : « En nom Dieu, ils y entreroient en brief, et qu'ils n'en fissent doute. » Néanmoins, on assailloit toujours ; et lors elle demanda son cheval, si monta dessus, et laissa son estendart; puis elle alla en un lieu destourné, où elle fit son oraison à Dieu, et ne demeura guères qu'elle ne retournast, et descendit ; puis elle prit son estendart, et dit à un gentilhomme qui estoit auprès d'elle : « donnez-vous garde, quand la queue de mon estendart touchera contre le boulevart. » Lequel lui dit un peu après : «Jeanne, la queue y touche.» Alors elle dit : « Tout est vostre, et y entrerez. » Si furent les Anglois assaillis des deux parties très asprement; car ceux d'Orléans jetèrent à merveilles contre les Anglois des coups de canons, de coulevrines, de grosses arbalestes, et d'autre traict. L'assaut fut fier et merveilleux, plus que nul qui eust esté veu de la mémoire des vivants; auquel vinrent les chefs qui estoient dedans Orléans, quand ils en aperceurent les manières. Les Anglois se deffendirent vaillamment, et tant jetèrent, que leurs poudres et autre traict s'en alloient saillant; et deffendoient de lances, guisarmes, et autres bastons et pierres, le boulevart, et les tournelles. Et est à sçavoir que du costé de la ville, on trouvoit très mal aisée la manière d'avoir une pièce de bois, pour traverser l'arche du pont, et de faire la chose si secrètement, que les Anglois ne s'en apperceussent. Or, par adventure, on trouva une vieille et large goutière; mais il s'en falloit bien trois pieds qu'elle ne fust assez longue; et aussi tost, un charpentier y mit et adjousta un advantage, attaché avec de fortes chevilles, et descendit en bas, pour y mettre une estaye, et fit ce qu'il peut pour sa seureté; puis y passèrent le commandeur de Giresme, et plusieurs hommes d'armes. Si réputoit-on, comme une chose impossible, ou au moins bien difficile, d'y estre passés; et toujours on asseuroit ledit passage. La Pucelle fit de son costé dresser des eschelles contremont par ses gens, dans le fossé du boulevart, et renforça de toutes parts l'assaut de plus en plus, qui dura depuis jusques à six heures après midi. Si furent tant les Anglois chargés de coulevrines, et autre traict, qu'ils ne s'osoient plus monstrer à leurs défenses; et furent aussi assaillis de l'autre part, du costé des tournelles, dedans lesquelles les François mirent le feu. Enfin, les Anglois furent tant oppressés de toutes parts, et il y en eut tant de blessés, qu'il n'y eut plus en eux de défense. A cette heure, Glacidas et autres seigneurs Anglois, se pensèrent retirer du boulevart ès tournelles, pour sauver leurs vies; mais le pont-levis rompit soubs eux, par juste jugement de Dieu, et par ainsi se noyèrent dans la rivière de Loire. Alors les François entrèrent de toutes parts dedans le boulevart et les tournelles, qui furent conquises, à la veue du comte de Suffort, de Talbot, et autres chefs de guerre Anglois, sans qu'ils monstrassent ou fissent semblant d'aucun secours. Là fut fait grand carnage d'Anglois; car du nombre de cinq cents chevaliers et escuyers, réputés les plus preux et hardis de tout le royaume d'Angleterre, qui estoient là soubs Glacidas, avec d'autres faux François, n'en furent retenus prisonniers et en vie, fors environ deux cents. En cette prise furent tués ledit Glacidas, les seigneurs de Pouvains, de Commus, et autres nobles d'Angleterre, et d'autres pays. Si nous dirent et affirmèrent des plus grands capitaines des François, que après que ladite Jeanne eut prononcé les paroles dessusdites, ils montèrent contremont le boulevart, aussi aisément comme par un degré; et ne sçavoient considérer comment il se pouvoit faire ainsi, sinon par ouvrage comme divin, et tout extraordinaire. Après laquelle glorieuse victoire, les cloches furent sonnées, par le mandement de la Pucelle, qui retourna cette nuictée par-dessus le pont, et rendirent graces et louanges à Dieu, en fort grande solemnité, par toutes les églises d'Orléans. La Pucelle fut blessée de traict, comme dit est. Avant lequel coup advenu, elle avoit bien dit qu'elle y devoit estre frappée jusques au sang ; mais aussitost elle revint à convalescence; aussi, après son arrivée, fut-elle diligemment appareillée, désarmée, et très bien pansée ; si voulut-elle seulement avoir du vin en une tasse, où elle mit la moitié d'eau, et s'en alla coucher et reposer. Or est à noter, que avant son partement elle ouyt la messe, se confessa, et receut en grande dévotion le précieux corps de Nostre-Seigneur Jésus-Christ; aussi se confessoit-elle, et le recevoit-elle, très souvent. Si se confessa à plusieurs gens de grande dévotion et austère vie, lesquels disoient pleinement que c'estoit une créature de Dieu.

Les Anglois furent réduits en grande détresse de cette défaite, et tinrent cette nuictée grand conseil ; si sortirent de leurs bastides le dimanche huictiesme jour de may mil quatre cent vingt-neuf, avec leurs prisonniers, et tout ce qu'ils pouvoient emporter, mettant à l'abandon tous leurs malades, tant prisonniers comme autres, avec leurs bombardes, canons, artilleries, poudres, pavois, habillemens de guerre, et tous leurs vivres et biens, et s'en allèrent en belle ordonnance, leurs estendarts desployés, tout le chemin d'Orléans, jusques à Meun-sur-Loire. Si firent les chefs de guerre estant dans Orléans, ouvrir les portes environ le soleil levant, dont ils sortirent partie à pied et à cheval, à grande puissance, et voulurent aller donner et frapper sur les Anglois ; mais là survint la Pucelle, qui desconseilla la poursuite, et voulut qu'on les laissast libres de pouvoir partir, sans les assaillir de celle journée, s'ils ne venoient contre les François pour les combattre; mais les Anglois tournèrent en crainte le dos, et se retirèrent tant à Meun comme à Jargeau. Or, par ce désemparement de siége, se départit le plus de la puissance des Anglois, qui se retirèrent tant en Normandie comme autre part. Et après ce désemparement, les Anglois estant encores postés à la veue de la Pucelle, elle fit venir au champ les gens d'église revestus, qui chantèrent en grande solennité des hymnes, respons et oraisons dévotes, rendant louanges et graces à Dieu. De plus, elle fit apporter une table et un marbre, et dire deux messes, lesquelles estant dites et achevées, elle demanda : « Or, regardez s'ils ont les visages tournés devers » vous, ou le dos? » Et on lui dit qu'ils s'en alloient, et avoient le dos tourné. A quoi elle répliqua : « Laissez-les aller; il ne plaist pas à messire qu'on » les combatte aujourd'hui ; vous les aurez une au- » tre fois. » Elle estoit lors seulement armée d'un jesseran (petite cuirasse), à cause de la blesseure qu'elle avoit receue la journée de devant. Ce fait, la commune d'Orléans sortit, qui entra ès bastides où ils trouvèrent largement des vivres et autres biens;

puis toutes les bastides furent jettées et renversées par terre, suivant la volonté des seigneurs et capitaines; mais leurs canons et bombardes furent retirés en la ville d'Orléans. Si se retirèrent les Anglois en plusieurs places par eux conquises ; c'est à sçavoir le comte de Suffort à Jargeau, et les seigneurs de Scales, de Talbot, et autres chefs de leur party, se retirèrent tant à Meun, à Baugency, comme en d'autres places par eux conquises. Lesquels mandèrent hastivement ces choses au duc Jean de Betfort, régent, qui de ce fut beaucoup dolent, craignant bien qu'aucuns de ceux de Paris se deussent pour ceste défaite réduire en l'obéissance du roy, et faire esmouvoir le commun peuple contre les Anglois. Sur quoi il partit à très grande haste de Paris, et se retira au bois de Vincennes, où il manda gens de toutes parts; mais peu y en vint, car les Picards et autres gens qui tenoient son parti se prirent à délaisser les Anglois et à les haïr et mépriser.

Or, ainsi que les susdits Anglois s'en alloient, Estienne de Vignolles, dit La Hire, et messire Ambroise de Loré, accompagnés de cent à six vingt lances, montèrent à cheval, et les chevauchèrent et poursuivirent, en les costoyant bien trois grosses lieues, pour voir et regarder leur maintien, puis ils s'en retournèrent en ladite ville. Les Anglois détenoient prisonnier en leur bastille un capitaine François nommé le Bourg-de Bar, lequel estoit enferré par les pieds d'un gros et pesant fer, tellement qu'il ne pouvoit aller; et estoit souvent visité par un augustin Anglois, confesseur de Talbot, maistre dudit prisonnier. Ledit augustin avoit accoustumé de lui donner à manger, et ledit de Talbot se fioit en lui de le bien garder comme son prisonnier, espérant d'en avoir une grosse finance, ou délivrance d'autres prisonniers. Donc, quand cet augustin vit les Anglois se retirer ainsi hastivement, il demeura avec ledit prisonnier en intention de le mener après ledit de Talbot son maistre; et le mena par-dessous le bras, bien demi traict d'arc de distance; mais ils n'eussent jamais peu atteindre les Anglois. Lors icelui Bourg voyant les Anglois s'en aller en grand désordre, reconnut bien qu'ils avoient du pire; si prit l'augustin à bons poings, et lui dit qu'il n'iroit plus avant, et que s'il ne le portoit jusques à Orléans, il lui feroit, ou feroit faire desplaisir. Et combien qu'il y eust toujours des Anglois et François qui escarmouchoient encore, toutesfois cet augustin, par force et contrainte, le porta sur ses espaules jusques à Orléans; et par icelui augustin on sceut et descouvrit plusieurs choses de la commune des Anglois.

La Pucelle ne pouvant à cette heure entretenir l'armée, par défaut de vivres et de payement, elle partist, le mardi treiziesme jour de mai, accompagnée de hauts seigneurs, et s'en alla pardevers le roy, qui la receut à grand honneur, et tinst à Tours aucuns conseils, lesquels finis, il manda de toutes parts ses nobles; et pour nettoyer la rivière de Loire, bailla la charge au duc d'Alençon, qui voulut avoir la Pucelle en sa compagnée. Si vinrent à grande puissance devant Jargeau, où estoit le comte de Suffort, avec grande compagnée d'Anglois, qui avoient fortifié la ville et le pont. Les François mirent là le siége de toutes parts, un samedi, jour de la Sainct-Barnabé, vingt et uniesme jour du mois de juin; et fust en peu d'heures cette ville fort battue et empirée des coups de bombardes et de canons. Enfin, le dimanche ensuivant, vingt-deuxiesme jour du mesme mois, la ville et le pont furent pris d'assaut, où fust tué Alexandre la Poulle, avec grand nombre d'Anglois. Si furent là pris prisonniers Guillaume de la Poulle, comte de Suffort, Jean la Poulle, son frère; et fust la défaite et perte des Anglois nombrée environ cinq cents combattants, dont la pluspart furent tués; car les gens du commun tuoient entre les mains des gentilshommes touts les prisonniers anglois qu'ils avoient pris à rançon. Parquoy il convint mener à Orléans de nuit, et par la rivière de Loire, le comte de Suffort, son frère, et autres grands seigneurs anglois, afin de sauver leurs vies. La ville et l'église fust du tout pillée; aussi estoit-elle pleine de biens; et cette nuict se retirèrent à Orléans le duc d'Alençon, la Pucelle, et les chefs de guerre, avec la chevalerie de l'ost, pour se raffraischir, là où ils furent receus à très grande joye.

Quand la Pucelle Jeanne fust devant le roy,

elle s'agenouilla, et l'embrassa par les jambes, en lui disant : « Gentil dauphin, venez prendre » vostre noble sacre à Rheims ; je suis fort aiguil- » lonnée que vous y alliez, et ne faites doute que » vous y recevrez vostre digne sacre. » Lors le roy, et aucuns qui estoient devers lui, qui sçavoient et avoient veu les merveilles qu'elle avoit faites par la conduite, sens, prudence et diligence qu'elle avoit en faits d'armes, autant que si elle eust suivi les armes toute sa vie, considérant aussi sa belle et honneste façon de vivre, combien que la plus grande partie fust d'opinion qu'on allast en Normandie, changèrent leur imagination. Or le roy en lui-mesme, et aussi trois ou quatre des principaux d'autour de lui, pensoient s'il ne desplairoit point à ladite Jeanne qu'on lui demandast ce que sa voix lui disoit. De quoy elle s'apperceut aucunement, et dit : « En nom Dieu, je sçais bien ce » que vous pensez ; et voulez dire de la voix que » j'ai ouye touchant vostre sacre ; et je le vous » dirai. Je me suis mise en oraison, en ma manière » accoustumée. Je me complaignois, pour ce qu'on » ne me vouloit pas croire de ce que je disois. Et » lors la voix me dit : Fille, va, va, je serai à » ton aide ; va. Et quand cette voix me vient, je » suis tant resjouie que merveilles. » Et en disant lesdites paroles, elle levoit les yeux au ciel, en monstrant signe d'une grande exultation. Et lors on la laissa avec le duc d'Alençon.

Or, pour plus à plain déclarer la forme de la prise

susmentionnée de Jargeau, et l'assaut qui y fust donné, il est vrai qu'après que le duc d'Alençon eust acquitté ses ostages, touchant la rançon accordée pour sa deslivrance, et qu'on vit et apperceut la conduite de la Pucelle, le roy, comme dit est, bailla la charge du tout au duc d'Alençon, avec la Pucelle, et manda des gens le plus diligemment qu'il peut, lesquels y venoient de toutes parts, croyants fermement que ladite Jeanne venoit de la part de Dieu; et plus pour cette cause qu'en intention d'avoir soldes ou profits du roy. Là vinrent aussi le bastard d'Orléans, le sire de Boussac, mareschal de France, le seigneur de Graville, maistre des arbalestriers, le sire de Culant, admiral de France, messire Ambroise, seigneur de Lore, Estienne de Vignoles, dit La Hire, Gautier de Brussac, et autres capitaines, qui allèrent touts avec lesdits duc et Pucelle devant la ville de Jargeau, où estoit, comme dict est, le comte de Suffort. Et à mettre et tenir le siége, il y eut par divers jours plusieurs grandes et aspres escarmouches : aussi estoient-ils puissants en gens, comme de six à sept cents Anglois touts vaillants. Cependant on tiroit fort de la ville, où il y avoit quantité de traicts, de canons, et vuglaires. Quoy voyant, la Pucelle vint au duc d'Alençon, et lui dit : « Beau duc, ostez-vous du logis où vous » estes, comment que ce soit, car vous y seriez en » danger des canons. » Le duc creut ce conseil ; et n'estoit pas reculé de deux toises, qu'un vu-

glaire de la ville fust laissé aller, qui emporta
tout net la teste à un gentilhomme d'Anjou, assez
près dudit seigneur, et au propre lieu où il estoit
quand la Pucelle parla à lui. Les François furent
environ huit jours devant la ville, laquelle fust
fort battue de canons estant devant. Si fust assaillie des François bien asprement; et ceux de dedans se défendoient aussi vaillamment; et entre les
autres, il y avoit un grand et fort Anglois, armé
de toutes pièces, ayant en sa teste un fort bassi-
net, lequel faisoit merveilles de jetter grosses
pierres, et d'abbattre gens et eschelles, et estoit
au lieu plus aisé à assaillir. Le duc d'Alençon ap-
percevant ceste chose, alla à un nommé maistre
Jean, le canonnier, et lui monstra cet Anglois.
Alors le canonnier assortit sa coulevrine au lieu
où estoit et se descouvroit fort l'Anglois; si fust
frappé par le moyen dudit canonnier, au travers
de la poitrine, et cheut dedans la ville, où il
mourut. La Pucelle descendit au fossé tenant son
estendart au poing, au lieu où les Anglois faisoient
plus grande et aspre défense. Si fust apperceue par
aucuns Anglois, dont un prist une grosse pierre
de faix, et lui jetta sur la teste, tellement que du
coup elle fust contrainte de s'asseoir. Bien que ladite pierre, qui estoit dure, se mist en menues
pièces, de quoy on eust grand estonnement, nonobstant elle se releva assez tost après, et dit tout
haut aux compagnons François : « Montez hardi-
» ment, et entrez dedans; car vous n'y trouverez

» plus aucune résistance. » Et ainsi fust la ville gangnée, comme dict est, et le comte de Suffort se retira sur le pont; si fust poursuivi par un gentilhomme, nommé Guillaume Renault, auquel ledit comte demanda : « Es-tu gentilhomme ? » et il lui respondit que ouy. Et es-tu chevalier? Et il respondit que non. Alors le comte de Suffort le fist chevalier, et se rendist à lui. Et semblablement y fust pris le seigneur de la Poulle, son frère; et, comme dit est, il y en eust plusieurs de tués, et quantité de prisonniers qu'on menoit à Orléans : mais le plus feurent aussi tués en chemin, sous ombre d'aucuns débats meus entre les François. Cette prise de Jargeau fust aussitost mandée au roy, lequel en fust très joyeux, et en remercia et regracia Dieu, et manda très diligemment des gens de guerre de toutes parts, pour venir se joindre avec lesdits duc d'Alençon et Jeanne la Pucelle, et autres seigneurs et capitaines.

Le duc d'Alençon et la Pucelle séjournèrent en la ville d'Orléans par aucuns jours, pendant lesquels vinrent là, à grande chevalerie, le seigneur de Rais, le seigneur de Chavigny, le seigneur de Laval, et le seigneur de Loheac son frère, et autres grands seigneurs, pour servir le roy Charles en son armée; lequel vint environ ce temps à Sully. Et d'autre part vint à Blois avec grande chevalerie, le comte Artus de Richemont, connestable de France, et frère du duc de Bretagne, contre lequel le roy, pour aucuns rapports, avoit conceu haine et malveillance. La Pucelle et les chefs de guerre firent faire grand appareil pour mettre le siége devant Meun et Baugency, où se tinrent en iceluy temps le sire de Scales et le sire de Talbot, à grande compagnée d'Anglois. Et pour réconforter les garnisons desdites places, ils mandèrent les Anglois qui tenoient la Ferté-Hubert, lesquels, après en avoir receu le mandement, bruslèrent la basse-cour, et abandonnèrent le chasteau, et s'en allèrent à Baugency, pour aller au-devant de messire Jean Fastolf, qui estoit parti de Paris, à grande compagnée d'Anglois, de vivres et de traict, afin de venir avitailler et réconforter la puissance des Anglois. Mais pour ce qu'il ouït nouvelles de la prise de Jargeau, il laissa les vivres dedans Estampes, et vint avec sa compagnée dedans Yenville, auquel lieu il trouva le sire de Talbot; et, eux estants là assemblés, ils y tinrent aucuns conseils.

Le mercredi quinziesme jour de juin mil quatre cent vingt-neuf, Jean, duc d'Alençon, lieutenant général de l'armée du roy, accompagné de la Pucelle, et de plusieurs hauts seigneurs, barons et nobles, entre lesquels estoient messire Louis de Bourbon, comte de Vendosme, le sire de Rais, le sire de Laval, le sire de Loheac, le vidasme de Chartres, le sire de la Tour, et autres seigneurs, avec grand nombre de gens de pied et grand charroy chargé de vivres et d'appareil de guerre, partirent d'Orléans, pour mettre le siége

devant quelques places angloises. Tenant leur voie
droit à Baugency, ils s'arrestèrent devant le pont
de Meun, que les Anglois avoient fortifié, et fort
garni, et tantost à leur venue il fut pris par assaut,
et garni de bonnes gens. Cela fait, les François n'y
restèrent point; mais, pensant que les sires de Talbot et de Scales se fussent retirés, ils allèrent devant Baugency. Pour la venue desquels les Anglois
abandonnèrent la ville, et se retirèrent sur le pont
et au chasteau. Alors les François entrèrent dedans ladite ville, et assiégèrent le pont et le chasteau par-devers le costé de la Beausse; si dressèrent et assortirent là canons et bombardes dont ils
battirent fort ledit chasteau. Or, le comte de Richemont, connestable de France, vint en cestui siége,
à grande chevalerie. Avec lui estoient le comte de
Perdriac, Jacques de Dinan, frère du seigneur de
Chasteaubriant, le seigneur de Beaumanoir, et
autres. Et d'autant que ledit connestable estoit en
l'indignation du roy, et à ceste cause tenu pour
suspect, il se mit en toute humilité devant ladite
Pucelle, lui suppliant que comme le roy lui eust
donné puissance de pardonner, et remettre toutes
offenses commises et perpétrées contre lui et son
autorité, et que pour aucuns sinistres rapports, le
roy eust conceu haine et mal talent contre lui, en
telle manière qu'il avoit fait faire défense par ses
lettres, que aucun recueil, faveur ou passage ne lui
fussent donnés pour venir en son armée, la Pucelle
le voulut, de sa grace, recevoir pour le roy au

service de sa couronne, afin d'y employer son corps, sa puissance et toute sa seigneurie, en lui pardonnant toute offense. Et à cette heure estoient là le duc d'Alençon et tous les hauts seigneurs de l'ost qui en requirent la Pucelle; laquelle le leur octroya, moyennant qu'elle receut en leur présence le serment d'icelui connestable, de loyaument servir le roy, sans jamais faire ni dire chose qui lui doive tourner à desplaisance. Et à cette promesse tenir ferme, sans l'enfraindre, et estre contraints par le roy si ledit connestable estoit trouvé défaillant, lesdits seigneurs s'obligèrent à la Pucelle, par lettres scellées de leurs seaux. Si fut alors ordonné que le connestable mettroit le siége du costé de la Soulongne, devant le pont de Baugency. Mais le vendredi dix-septiesme jour du mois de juin, le bailli d'Evreux, qui estoit dedans Baugency, fit requérir la Pucelle d'un traité, qui fut fait et accordé environ l'heure de nuict, en telle manière qu'ils rendroient au roy de France, entre les mains du duc d'Alençon et de la Pucelle, le pont et le chasteau, leurs vies sauves, le lendemain à l'heure de soleil levant, sans en emporter ny emmener fors leurs chevaux et harnois, avec aucuns de leurs meubles, montant pour chacun à un marc d'argent seulement, et qu'ils s'en pourroient franchement aller ès pays de leur party; mais ils ne devoient reprendre les armes contre les François, jusques après dix jours passés. Donc en cette manière en partirent les Anglois, qui estoient bien nombrés à cinq cents combattants, lesquels rendirent le pont et le chasteau, le samedi dix-huitiesme jour de juin mil quatre cent vingt-neuf.

En la ville de Meun, entrèrent une nuitée les sires de Talbot, de Scales et de Fastolf, qui ne peurent avoir entrée au chasteau de Baugency, par l'empeschement du siége. Or, eux croyant faire désemparer et quitter ce siége, ils assaillirent la nuict de la composition le pont de Meun ; mais le susdit dix-huitiesme jour de juin, aussitost que les Anglois furent partis de Baugency, vint l'avant-garde des François devant Meun, et incontinent toute leur puissance venant en batailles très bien ordonnées. Alors les Anglois cessèrent l'assaut du pont, et saillirent aux champs avec toute leur puissance, et se mirent en corps de batailles, tant à pied comme à cheval. Mais ils commencèrent à se retirer tout soudain, délaissant Meun avec leurs vivres et habillements, et prirent leur chemin par la Beausse, du costé par-devers Patay. Si partirent hastivement le duc d'Alençon, la Pucelle, le comte de Vendosme, le connestable de France, le sire de Saincte-Sévère, et de Boussac, mareschal, messire Louis de Culant, admiral de France, le sire d'Albret, le sire de Laval, le sire de Loheac, le sire de Chavigny, et autres grands seigneurs, qui s'avancèrent en batailles ordonnées, et poursuivirent si asprement les Anglois, qu'ils les attrapèrent près Patay, au lieu dit des Coynées. Alors le

duc d'Alençon dit à la Pucelle : « Jeanne, voilà
» les Anglois en bataille, combattrons-nous? » Et
elle demanda audit duc :« Avez-vous vos esperons?»
Lors le duc lui dit : « Comment dà, nous en fau-
» dra-t-il retirer, ou fuir ? » Et elle dit : « Nenny,
» en nom Dieu allez sur eux, car ils s'enfuiront,
» et n'arresteront point, et seront déconfits, sans
» guères de perte de vos gens; et pour ce faut-il
» vos esperons pour les suivre. » Si furent ordonnés
pour coureurs, par manière d'avant-garde, le seigneur de Beaumanoir, Poton, et La Hire, messire
Ambroise de Loré, Thiebaut de Termes, et plusieurs autres, lesquels embesongnèrent et embar-
rassèrent tant les Anglois, qu'ils ne peurent plus
entendre à eux bien ordonner, et à se mettre en
bataille. Si s'assemblèrent contre eux les François
en bataille, tant que les Anglois furent défaits en
peu d'heures, dont la tuerie fut nombrée sur le
champ par les hérauts d'Angleterre, à plus de deux
mille deux cents Anglois. En cette bataille, qui
arriva le dix-huitiesme jour de juin mil quatre cent
vingt-neuf, furent pris les seigneurs de Talbot et
de Scales, messire Thomas Rameston, et Hougue
Foie, avec plusieurs chefs de guerre, et autres nobles du pays d'Angleterre; et furent bien nombrés
en tout à cinq mille hommes. Si commença la
chasse des fuyants, et fut poursuivie jusques près
des portes d'Yenville; en laquelle chasse plusieurs
Anglois furent aussi tués. Les bonnes gens d'Yenville fermèrent leurs portes contre les Anglois qui

fuyoient, et montèrent sur la muraille à leurs défenses. Pour lors estoit au chasteau, avec peu de compagnée, un escuyer anglois, lieutenant du capitaine, qui avoit le chasteau en garde; lequel, cognoissant la défaite des Anglois, traita avec les bonnes gens de rendre ledit chasteau, sa vie sauve, et fit serment d'estre bon et loyal François; à quoi ils le receurent. Il demeura en icelle ville grande quantité de provisions, munitions et despouilles, qui y avoient esté laissées par les Anglois à leur départ, pour aller à la susdite bataille, avec grande quantité de traicts, de canons, et autres habillemens de guerre, de vivres et marchandises. Et aussitost ceux de ladite ville d'Yenville se réduisirent en l'obéissance du roy. Or, après la fuite des Anglois, les François entrèrent dedans Meun, et pillèrent toute la ville, d'où s'enfuit messire Jean Fastolf et autres, jusques à Corbeil. Quand les Anglois qui estoient encore en plusieurs autres places dans le pays de Beausse, comme à Montpipeau, Sainct-Symon, et autres forteresses, ouyrent les nouvelles de cette défaite, ils prirent hastivement la fuite, et mirent le feu dedans. Après lesquelles glorieuses victoires, et le recouvrement des villes et chasteaux sus mentionnés, toute l'armée retourna dedans Orléans, ledit dix-huitiesme jour de juin, où ils furent receus à grande joye par les gens d'église, bourgeois, et commun peuple, qui en rendirent graces et louanges à Dieu. Or les susdits gens d'église et bourgeois d'Orléans croyoient bien que le roy deust là venir : car pour le recevoir, ils firent tendre les rues à ciel, et voulurent faire grand appareil, pour l'honorer à sa glorieuse venue. Mais il se tint dedans Sully, sans venir à Orléans ; de quoi aucuns qui estoient entour le roy, ne furent guère contents. Et à tant demeura la chose à cette fois. Parquoi la Pucelle alla devers le roy, et fit tant que le vingt-deuxiesme jour de juin en icelui an, il vint à Chasteau-Neuf-sur-Loire ; auquel lieu se tirèrent par-devers lui, les seigneurs et chefs de guerre. Là il tint aucuns conseils, après lesquels il retourna à Sully. La Pucelle vint ensuite à Orléans, et fit tirer par-devers le roy tous les gens d'armes avec habillemens et charroy. Après se partit la Pucelle d'Orléans, et alla à Gyen, où le roy vint à grande puissance, et manda par hérauts aux capitaines et autres qui tenoient les villes et forteresses de Bonny, Cosne et La Charité, qu'ils se rendissent en son obéissance ; de quoi ils furent refusants.

Le comte de Richemont, connestable de France, séjourna durant aucuns jours, après la bataille sus mentionnée, en la ville de Baugency, attendant responce du duc Jean d'Alençon, de la Pucelle et des hauts seigneurs qui s'estoient portés forts d'appaiser le roy et lui faire pardonner son maltalent ; à quoi ils ne peurent parvenir ; et le roy ne voulut souffrir qu'il allast par-devers lui, pour le servir ; de quoi il fut en grand desplaisir. Néanmoins ledit connestable, qui avoit grande compagnée de nobles, désirant nettoyer le pays du duc d'Orléans, voulut mettre le siége devant Marchenay, près Blois, qui fut garni de Bourguignons et d'Anglois; lesquels de ce ouyrent nouvelles, et redoutants le siége, tirèrent, sous sauf-conduit, à Orléans, par-devers le duc d'Alençon qui estoit là en ce temps. Si traitèrent tant lesdits Bourguignons, que moyennant qu'on leur feroit pardonner par le roy toutes offenses, et qu'on leur donnast dix jours de terme pour emporter leurs biens, ils seroient et demeureroient à toujours bons et loyaux François. Et ainsi le jurèrent; et donnèrent aucuns ostages ès mains du duc d'Alençon, qui fit scavoir cette chose au connestable, lequel s'en partit à tant; mais après son départ, les Bourguignons dudit Marchenay firent tant, qu'ils prirent et retinrent prisonniers aucuns des gens d'icelui duc d'Alençon, pour recouvrer leurs ostages; et ainsi faussèrent leurs serments.

Durant ces choses, le roy alla en la ville de Gyen, et il envoya messire Louys de Culant, son admiral, devant Bonny, avec grand nombre de gens; puis le dimanche après la Sainct-Jean mil quatre cent vingt-neuf, cette place lui fut rendue par composition; et pource que la Pucelle fut désireuse, avant que le roy employast sa puissance à recouvrer ses villes et chasteaux, de le mener tout droict à Rheims, pour là estre couronné et recevoir la saincte onction royale à quoi aucuns estoient de contraire opinion, tendante à ce que le roy assiégeast premièrement Cosne et la Charité, afin de nettoyer les pays de Berry, d'Orléans et du fleuve de Loire, il tint sur ces choses et affaires de grands conseils dans Gyen, pendant lesquels la royne fut là amenée, en espérance d'estre menée couronner à Rheims avec le roy. Or, eux séjournants là, les barons et hauts seigneurs de plusieurs contrées du royaume vinrent au service du roy, avec grande puissance. A la fin, le roy délibéra en son conseil de renvoyer la royne à Bourges, et qu'il prendroit son chemin droit à Rheims, pour recevoir son sacre, sans mettre aucuns siéges sur la rivière de Loire. Doncques la royne retourna à Bourges, et le roy partit de Gyen, le jour de Sainct-Pierre, au mois de juin mil quatre cent vingt-neuf, avec toute sa puissance, tenant sa voye droit à Rheims, et ce, par l'instigation et le pourchas de Jeanne la Pucelle, disant que c'estoit la volonté de Dieu qu'il allast à Rheims se faire couronner et sacrer; et que combien qu'il fust roy, toutesfois ledit couronnement lui estoit nécessaire. Or, combien que plusieurs, et le roy mesme, de ce fissent difficulté, veu que ladite cité de Rheims, et toutes les villes et forteresses de Picardie, Champagne, l'Isle-de-France, Brie, Gastinois, l'Auxerrois, Bourgongne, et tout le pays d'entre la rivière de Loire et la mer océanne, estoient occupées par les Anglois, toutesfois le roy s'arresta au conseil de ladite Pucelle, et délibéra de l'exécuter. Si fit son assemblée à Gien-sur-Loire; et vinrent en sa compagnée les ducs d'Alençon, de Bourbon, le comte de Vendosme, ladite Pucelle, le seigneur de Laval, les sires de Loheac, de la Trimouille, de Rais, d'Albret, outre que plusieurs autres seigneurs, capitaines, et gens d'armes venoient encore de toutes parts au service du roy; et plusieurs gentilshommes, qui n'avoient de quoi s'armer et se monter, y alloient comme archers et coustillers, montés sur petits chevaux; car chascun avoit grande attente que par le moyen d'icelle Jeanne il adviendroit tout à coup beaucoup de biens au royaume de France; de sorte qu'ils désiroient et convoitoient de la servir, et connoistre ses faits, comme estant une chose venue de la part de Dieu. Elle chevauchoit toujours armée de toutes pièces, revestue d'habillements de guerre autant ou plus que capitaine de guerre qui y fut; et quand on parloit de la guerre, ou qu'il falloit mettre des gens en ordonnance, il la faisoit bel ouyr et voir faire les diligences nécessaires; et si on crioit à l'arme, elle estoit la plus diligente et la première, fust à pied ou à cheval; de sorte que c'estoit une très grande admiration aux capitaines et gens de guerre, de l'entendement qu'elle avoit en ces choses, veu que en autres elle estoit la plus simple villageoise que on veit oncques. Elle estoit, au reste, très dévote, se confessoit souvent, et recevoit le précieux corps de Nostre-Seigneur Jésus-Christ, estoit de très belle et bonne vie, et d'honneste conversation.

En ce temps, le seigneur de la Trimouille estoit en grand crédit auprès du roy; mais il se doutoit toujours d'estre mis hors du gouvernement, et craignoit spécialement le connestable et autres ses alliés et serviteurs; parquoi, combien que le susdit connestable eust bien avec lui douze cents combattants et gens de fait, et que de plus il y avoit d'autres seigneurs, lesquels fussent volontiers venus au service du roy, ledit de la Trimouille ne le vouloit pas souffrir; et si il n'y avoit personne qui en eust osé parler contre icelui de la Trimouille. Or, audit lieu de Gien-sur-Loire, fut fait un paiement aux gens de guerre de trois francs pour homme d'armes, qui estoit peu de chose; puis s'en partit la Pucelle, ayant plusieurs capitaines de gens d'armes en sa compagnée, avec leurs gens; et s'en allèrent loger à environ quatre lieues de Gien, tirant le chemin vers Auxerre. Le roy partit le lendemain, en prenant la mesme route. Le jour d'icelui despart du roy se trouvèrent tous ses gens ensemble, qui estoit une belle compagnée; et vint loger avec son ost devant ladite cité d'Auxerre, laquelle ne fit pas pleine obéissance : car ils vinrent devers le roy lui prier et requérir qu'il voulust passer outre, en demandant et requérant abstinence de guerre; laquelle chose leur fut octroyée, par le moyen et la requeste du susdit de la Trimouille, qui en eut deux mille escus, ce qui fit que plusieurs seigneurs et capitaines furent très mal contents d'icelui de la Trimouille et du conseil du roy, et mesmement la Pucelle, à laquelle il sembloit qu'on l'eust eue bien aisément d'assaut ; toutesfois ceux de cette ville baillèrent et délivrèrent plusieurs vivres aux gens de l'ost du roy, lesquels en estoient en grande nécessité. Or ladite Pucelle avoit de coustume qu'aussitost qu'elle venoit en un village, elle s'en alloit à l'église faire ses oraisons, et faisoit chanter aux prestres une antienne de Nostre-Dame ; si faisoit ses prières et oraisons et puis s'en alloit en son logis, lequel estoit communément ordonné pour elle, en la plus honneste maison qu'on pouvoit trouver, où il y avoit quelque femme honneste. Oncques hommes ne la vit baigner ni se purger ; et le faisoit toujours secrètement ; et si le cas advenoit qu'elle logeast aux champs avec les gens de guerre, jamais elle ne se désarmoit. Il y en eut plusieurs, mesme de grands seigneurs, délibérés de sçavoir si ils pourroient avoir sa compagnée charnelle ; et pour ce venoient devant elle gentiment habillés ; mais aussitost qu'ils la voyoient, toute mauvaise volonté leur cessoit ; et quand on lui demandoit pourquoi elle estoit en habit d'homme, et qu'elle chevauchoit ainsi en armes, elle respondoit : qu'ainsi lui estoit-il ordonné ; et que principalement c'estoit pour garder sa chasteté plus aisément ; aussi, que c'eust esté trop estrange chose de la voir chevaucher en habit de femme, entre tant de gens d'armes. Mesme quand des gens lettrés parloient à elle sur ces matières, elle leur respondoit tellement, qu'ils estoient très contents, disants qu'ils ne faisoient doute qu'elle estoit venue de la part de Dieu.

Après que le roy eut esté logé devant ladite ville d'Auxerre trois jours, il en partist avec son ost, en tirant vers la ville de Saint-Florentin, où ceux de la ville lui firent plénière obéissance. Là il n'arresta guères, mais il s'en vinst avec son ost devant la cité de Troyes, qui estoit grande et grosse ville; et y avoit dedans cinq à six cents combattants anglois et bourguignons, lesquels saillirent vaillamment à l'arrivée des gens du roy; et y eut dure et aspre escarmouche, où il y en eut de rués par terre d'un costé et d'autre; car les gens du roy les receurent fort bien; et furent contraints iceux Anglois de se retirer en ladite cité. Les gens du roy se logèrent d'un costé et d'autre, au mieux qu'ils peurent, et le roy y fut cinq ou six jours, sans que ceux de dedans monstrassent oncques semblant d'avoir volonté de se mettre en son obéissance; car il ne s'y pouvoit trouver appointement, combien que souvent on parlementoit. Pour lors il y avoit en l'ost si grande cherté de pain et autres vivres, qu'il y avoit plus de cinq à six mille personnes qui avoient esté plus de huit jours sans manger de pain; et vivoient seulement d'espics de bled froissés et de fèves nouvelles, dont ils trouvèrent largement; et disoit-on qu'il y avoit un cordelier, nommé frère Richard, qui alloit preschant par le pays, et fut même en la ville de Troyes, où preschant durant l'Avent, il disoit tous les jours: « Semez des fèves largement, celui qui doit venir viendra bref. » Et fit tellement, qu'on sema fèves

tant largement que ce fut merveilles, dont l'ost
du roy se nourrit par aucun tems : et toutefois ledit
prescheur ne pensoit point à la venue du roy. Les
ducs d'Alençon et de Bourbon, le comte de Vendosme, et plusieurs autres seigneurs et gens de
conseil en grand nombre, furent mandés par le
roy, pour sçavoir ce qu'il avoit à faire. Et là fut
remontré par l'archevesque de Reims, chancelier
de France, comment le roy estoit là arrivé, et
que lui ni son ost n'y pouvoit plus longuement
demeurer, pour plusieurs causes, lesquelles il re-
montra grandement et notablement : c'est assavoir pour la grande famine qui estoit, et que vivres ne venoient en l'ost d'aucune part, et qu'il
n'y avoit homme qui eust plus d'argent. En outre,
que c'estoit merveilleuse chose de prendre la ville
et cité de Troyes, qui estoit forte de fossés et
bonnes murailles, bien garnie de vivres et de gens
de guerre et de peuple, ayant par apparence volonté de résister. et de non obéir au roy; joint
qu'il n'y avoit bombardes, canons, artillerie, ni
habillements nécessaires à battre ou rompre les
murs d'icelle ville, ni à la guerroyer. Et si n'y
avoit ville ni forteresse françoise, dont on peust
avoir ayde ou secours plus près que Gien-sur-
Loire : de laquelle ville jusques à Troyes, il y avoit
plus de trente lieues. Il allégua encore plusieurs
autres grandes et notables raisons et bien appa-
rentes, par lesquelles il montroit évidemment,
qu'il en pouvoit advenir grand inconvénient, si

on s'y tenoit longuement. Après cela, le roy ordonna à son chancelier, qu'il demandast les opinions à tous les présents, pour sçavoir ce qu'il estoit de faire pour le meilleur; et le chancelier commença à demander les opinions, en leur commandant que chacun s'en acquittast loyalement, et conseillast le roy, pour sçavoir ce qu'il avoit à faire sur ce que dit est. Or, tous les présents furent presque unanimement d'opinion que, veues et considérées les choses dessus déclarées, et que le roy avoit esté refusé d'entrer en la ville d'Auxerre, en laquelle il n'y avoit aucune garnison de gens d'armes, et qui n'estoit si forte que la ville de Troyes, avec plusieurs autres raisons, que chacun alléguoit selon son entendement et imagination, que le roy et son ost s'en retournassent, et que de demeurer plus devant ladite ville de Troyes, ni d'aller plus avant, n'y sçavoient voir ou cognoistre que toute perdition de son ost. Les autres furent d'opinion que le roy passast, en tirant vers Rheims, d'autant que tout le pays estoit plein de biens, et trouveroient assez de quoy vivre. Or, vint ledit chancelier à demander l'opinion à un ancien et notable conseiller du roy, nommé maistre Robert le Masson, qui avoit esté chancelier, et estoit seigneur de Trèves, lequel estoit sage et prudent; si dit qu'il falloit envoyer quérir Jeanne la Pucelle, dont dessus est fait mention (laquelle n'estoit pas pour lors présente à ce conseil, mais estoit en l'ost), et que bien pourroit estre qu'elle diroit telle chose qui seroit profitable pour le roy et sa compagnée. Et dit en outre, que quand le roy estoit parti et qu'il avoit entrepris ce voyage, il ne l'avoit pas fait pour la grande puissance de gens d'armes qu'il eust lors, ni pour le grand argent de quoy il fut garni pour payer son ost, ni parce que ledit voyage lui fut et semblast estre bien possible, mais seulement qu'il avoit entrepris ledit voyage par l'admonestement de ladite Jeanne, laquelle lui disoit toujours qu'il tirast avant pour aller à son couronnement à Reims, et qu'il trouveroit bien peu de résistance. car c'estoit le plaisir et la volonté de Dieu; et que si icelle Jeanne ne conseilloit aucune chose qui n'eust esté dite en icelui conseil, qu'il estoit alors de la grande et commune opinion; c'est à sçavoir, que le roi et son ost s'en retournassent d'où ils estoient venus. Or ainsi comme on débattoit la matière, ladite Jeanne heurta très fort à l'huis où estoit le conseil : si lui fut ouvert, et elle entra dedans; puis fit la révérence au roy, et icelle faite, ledit chancelier lui dit: « Jeanne, le roy en son conseil » a eu de grandes perplexités pour sçavoir ce qu'il » avoit à faire »; et en effet, lui récita les choses dessusdites, le plus amplement qu'il peut, en lui requérant qu'elle dist aussi son opinion au roy, et ce qu'il lui en sembloit. Alors elle adressa sa parole au roy, en demandant si elle seroit creue de ce qu'elle diroit. Le roy respondit qu'il ne sçavoit, et que si elle disoit chose qui fust raisonnable et profitable, qu'il la croiroit volontiers. Elle demanda encore derechef, si elle seroit creue, et le roy respondit oui, selon ce qu'elle diroit. Alors elle dit telles paroles : « Gentil roy de France, » cette cité est vostre : et si vous voulez demeu- » rer devant deux ou trois jours, elle sera en vos- » tre obéyssance, ou par amour, ou par force, et » n'en faites aucun doute. » Sur quoy il lui fut respondu par ledit chancelier : « Jeanne, qui seroit » certain de l'avoir dedans six jours, on attendroit » bien : mais je ne sçais s'il est vrai ce que vous » dites. » Et elle dit de rechef, qu'elle n'en faisoit aucun doute. A laquelle opinion de ladite Jeanne, le roy et son conseil s'arrestèrent, et fut conclud qu'on demeureroit là. Et à celle heure, ladite Jeanne monta sur un coursier, tenant un baston en son poing ; si mit en besongne chevaliers et escuyers, archers, manouvriers et autres gens de tous estats, à apporter fagots, huis, tables, fenestres et cheverons pour faire des taudis et approches contre la ville, afin d'asseoir une petite bombarde, et autres canons estans en l'ost. Elle faisoit de merveilleuses diligences, aussi-bien qu'eust sceu faire un capitaine, lequel eut esté en guerre tout le temps de sa vie, dont plusieurs s'esmerveilloient. Les gens de la ville sceurent et aperçurent les préparatifs qu'on faisoit, et sur ce considérèrent que c'estoit leur souverain seigneur : mesmes aucuns simples gens disoient qu'ils avoient aperceu et veu tous autour de l'estendart de ladite Pucelle, une infinité de papillons blancs. Et comme meus soudainement d'une bonne volonté inspirée de Dieu, cognoissans aussi les choses merveilleuses que cette Pucelle avoit faites, pour faire lever le siége d'Orléans, délibérèrent qu'on parlementeroit avec le roy, pour savoir quel traité ils pourroient avoir. Et les gens de guerre mesmes, ennemis du roy, estants dedans la ville, le conseillèrent. De fait, l'évesque et les bourgeois de la ville et des gens de guerre en bien grand nombre, vinrent devers le roy, et prirent finalement composition, et arrestèrent traitté, c'est à sçavoir : que les gens de guerre s'en iroient, eux et leurs biens, et ceux de la ville demeureroient en l'obéissance du roy, et lui rendroient ladite ville, parmi qu'ils eurent abolition générale : et au regard des gens d'église qui avoient régales et collations de bénéfices du roy son père, il approuva les collations ; et ceux qui les avoient du roy Henry d'Angleterre, prirent lettres du roy ; et voulut qu'ils eussent les bénéfices, quelques collations qu'il en eust fait à d'autres. Ceux de la ville firent grande feste et grande joye, et ceux de l'ost eurent vivres à leur plaisir ; et le matin en partit presque toute la garnison, tant Anglois que Bourguignons, tirants là où ils voulurent aller. Or, combien que par le traitté ils maintinssent, qu'ils pouvoient emmener leurs prisonniers, et de fait ils les emmenoient, icelle Jehanne se tint à la porte en disant que en nom Dieu ils ne les emmèneroient pas; et de fait les en garda. Et le roy contenta aucunement lesdits Anglois et Bourguignons des finances ausquelles lesdits prisonniers estoient mis; puis y entra le roy, environ sur les neuf heures du matin. Mais premièrement y estoit entrée ladite Jehanne, et avoit ordonné des gens de traict à pied le long des rues. Avec le roy entrèrent à cheval, les seigneurs et les capitaines, bien habillés et montés, et il les faisoit très beau voir. Si mit en ladite ville capitaine et officiers, et fut ordonné par le roy, que le seigneur de Lore demeureroit aux champs avec les gens de guerre de l'ost. Le lendemain tous passèrent par ladite cité en belle ordonnance, dont ceux de la ville estoient bien joyeux; et firent serment au roy d'estre bons et loyaux, et tels se sont-ils toujours monstrés depuis.

La Pucelle hastoit le roy, le plus diligemment qu'elle pouvoit, d'aller à Rheims, et ne faisoit aucun doute qu'il y seroit sacré. Pour ce le roy partit de la cité de Troyes, et prit son chemin à Châlons en Champagne, avec tout son ost, la Pucelle allant toujours devant, armée de toutes pièces; et chevaucha tant qu'il vint devant ladite ville de Châlons. Quand ceux de la ville sceurent sa venue, l'évesque, avec grand nombre de peuple de cette cité, vinrent au-devant du roy, et lui firent pleine obéissance. Il logea à la nuict avec son ost en ladite ville, en laquelle il establit capitaine et autres officiers de par lui, le tout ni plus ni moins comme il avoit fait à ceux de Troyes. De ladite cité de Châlons, le roy prit son chemin pour aller à Rheims, et vint en un chasteau qui appartient à l'archevesque de Rheims, nommé Septsaulx, qui est à quatre lieues de Rheims. En laquelle cité estoient les seigneurs de Chastillon-sur-Marne et de Saveuses, tenants le parti des Anglois et Bourguignons, devers lesquels ceux de la ville vinrent par leur ordonnance et commandement; et s'en disoit ledit de Chastillon capitaine. Ils demandèrent donc auxdits habitants, s'ils avoient bonne volonté de tenir et se défendre. Et les habitants leur demandèrent s'ils estoient assez forts pour les aider à se garder; et ils respondirent que non, mais que s'ils pouvoient tenir six semaines, ils leur amèneroient un grand secours, tant du duc de Betfort que de celui de Bourgongne; et sur ce ils en partirent par la volonté des habitants de la ville; dedans laquelle il y avoit alors aucuns de bonne volonté, lesquels commencèrent à dire qu'il falloit aller devers le roy; et le peuple respondit lors tout soudain, qu'on y envoyast; et y envoya-t-on des notables gens de la ville, tant d'église qu'autres. Enfin, après plusieurs requestes qu'ils faisoient, sur lesquelles on trouva des expédients, ils délibérèrent et conclurent de laisser entrer le roy, avec l'archevesque d'icelle ville, et leur compagnée dedans. L'archevesque n'avoit point encore fait son entrée, laquelle il fit le samedi matin. Et après le disner, sur le soir, le roy avec ses gens entra dedans la ville, où Jeanne la Pucelle estoit fort regardée. Là vinrent par-devers lui les ducs de Bar et de Lorraine, et le seigneur de Commercy, bien accompagnés de gens de guerre, s'offrants à son service. Le lendemain, qui fut le dimanche, on ordonna que le roy prendroit et recevroit son digne sacre ; et toute la nuict fit-on grande diligence, à ce que tout fut prest au matin ; et ce fut un cas bien merveilleux ; car on trouva en ladite cité toutes les choses nécessaires, qui sont grandes, et si ne pouvoit-on avoir celles qui sont gardées dans Sainct-Denis en France. Or, pource que l'abbé de Sainct-Remy n'a pas accoustumé de bailler la saincte ampoulle, sinon en certaine forme et manière, le roy y envoya le seigneur de Rais, mareschal de France, le seigneur de Boussac et de Saincte Sevère, aussi mareschal de France, le seigneur de Graville, maistre des arbalestriers, et le seigneur de Culant, admiral de France, lesquels firent les sermens accoustumés, c'est à sçavoir de la conduire seurement et aussi raconduire jusques en l'abbaye. Après quoi ledit abbé l'apporta, estant revêtu d'habillements ecclésiastiques, bien solemnellement et dévotement dessous un poille, jusques à la porte devant l'église Sainct-Denys, là où l'archevesque, revestu d'habits sacerdotaux, accompagné de chanoines, l'alla quérir, et l'apporta dedans la grande église, et la mit sur le grand autel. Lors vint le roy au lieu qui lui avoit esté ordonné, vestu et habillé de vestements à ce propices.

Puis l'archevesque lui fit faire les serments accoustumés, et ensuite il fut fait chevalier par le duc d'Alençon. Par après, l'archevesque procéda à la consécration, gardant tout au long les cérémonies et solemnités contenues dans le livre pontifical. Le roy y fit le seigneur de Laval, comte; et il y eut plusieurs chevaliers faits par les ducs d'Alençon et de Bourbon. Là estoit présente Jeanne la Pucelle, tenant son estendart en sa main, laquelle en effet estoit, après Dieu, cause dudit sacre et couronnement, et de toute cette assemblée. Si fut rapportée et conduite ladite saincte ampoulle, par les dessusdits, jusques en icelle abbaye Sainct-Remy. Et qui eust veu cette Pucelle accoller le roy à genoux par les jambes, et lui baiser le pied en pleurant à chaudes larmes, il en eust eu pitié. Mesme elle provoquoit plusieurs à pleurer, en disant : « Gentil » roy, or est exécuté le plaisir de Dieu, qui vou- » loit que vinssiez à Rheims recevoir vostre digne » sacre, en monstrant que vous estes vrai roy, et » celui auquel le royaume doit appartenir. » Le roy séjourna en ladite cité par trois jours. De tout temps les roys de France, après leur sacre, avoient accoustumé d'aller en un prieuré, qui est de l'église Saint-Remy, nommé Corbigny, assis et situé à environ six lieues de Rheims, où est le corps d'un glorieux sainct, qui fut du sang de France, nommé saint Marcoul; auquel lieu tous les ans il y a grande affluence de peuple, pour le sujet de la maladie des escrouelles, par les mérites duquel on dit que les roys en guarissent. Et pour ce il s'en alla audit lieu de Sainct-Marcoul; et y fit bien et dévotement ses oraisons et offrandes. De ladite église, il prit son chemin pour aller en une petite ville fermée, appartenant à l'archevesque de Rheims, nommée Vailly, qui est située à quatre lieues de Soissons, et aussi à quatre lieues de Laon. Les habitants de ladite ville de Vailly, lui firent pleine obéissance, et le receurent grandement bien selon leur pouvoir. Il se logea pour le jour, lui et son ost, audit pays; et delà envoya à Laon, qui est une notable et forte cité, pour en sommer les habitans, à celle fin qu'ils se missent en son obéissance; ce qu'ils firent très joyeusement et volontiers. Et pareillement en firent autant ceux de la cité de Soissons, en laquelle il alla droict d'icelui lieu de Vailly, et il y fut receu à grande joye. Il y séjourna trois jours, et son ost, tant dans la ville, comme ès environs. Or, pendant qu'il y estoit, il lui vint nouvelles que Chasteau-Thierry, Prouvins, Coulommiers, Crecy-en-Brie, et plusieurs autres, s'estoient rendues françoises, et en son obéissance. Il y mit ensuite des officiers, et les habitants y laissoient entrer sans aucune contradiction ses gens et serviteurs.

Quand le roy sceut que Chasteau-Thierry estoit venu en son obéissance, et qu'il eut séjourné par aucun temps en la ville et cité de Soissons, il se mit en chemin, et alla audit lieu de Chasteau-Thierry, d'où il s'en alla à Provins, et y séjourna deux ou trois jours. Lesquelles choses vinrent dans Paris à la connoissance du duc de Betfort, qui se disoit régent du royaume de France pour le roy d'Angleterre, et lequel dit qu'il viendroit combattre le roy. Si assembla gens de toute parts, à bien grande puissance; puis il vint à Corbeil et à Melun, et assembla bien dix mille combattants, qui estoit grande chose. Or, quand le roy sceut que le duc de Betfort le vouloit ainsi combattre, lui et les gens de son ost en furent bien joyeux. De sorte qu'il partit de ladite ville de Provins, et tint les champs; et rassembla son ost près d'un chasteau nommé la Motte-de-Nangis, qui est en Brye; et là les batailles furent ordonnées bien notablement et prudemment. Au reste, c'estoit agréable chose que de voir le maintien de Jeanne la Pucelle, et les diligences qu'elle faisoit. Et toujours venoient nouvelles que le duc de Betfort s'avançoit pour combattre. Pour ce le roy se tint tout le jour en son ost emmy les champs, croyant que ledit duc de Betfort deut venir; mais il changea de conseil, et s'en retourna à Paris, combien qu'il eust bien lors en sa compagnée dix ou douze mille combattants, comme dit est. Le roy de son costé en avoit bien autant, et la Pucelle, et les seigneurs et gens de guerre estants avec lui avoient grand désir et volonté de combattre. Or il y avoit aucuns en la compagnée du roy, qui avoient grand désir qu'il retournast vers la rivière de Loire, et le lui conseillèrent fort; auquel conseil il adhéra grandement; et estoit de leur opinion, et conclud qu'il s'en iroit; et lui fit-on sçavoir qu'il repasseroit la rivière de Seine par une ville nommé Bray, située dans le pays de Champagne, où il y avoit un bon pont; et lui fut promis obéissance et passage par les habitants d'icelle; mais la nuit dont il devoit passer le matin ensuivant, il y arriva certaine quantité d'Anglois, auxquels on ouvrit la porte, et ils entrèrent dedans; après quoi il y eut des gens du roy, lesquels s'avancèrent pour penser entrer des premiers, dont aucuns furent pris, et les autres destroussés; et par ce moyen ce passage fut rompu et empesché. De quoi les ducs d'Alençon, de Bourbon et de Bar, et les comte de Vendosme et de Laval, avec tous les capitaines, furent bien joyeux et contents, pource que ladite conclusion de passer fut faite contre leur gré et volonté; car ils estoient d'opinion contraire, sçavoir que le roy devoit passer outre pour toujours conquester, veue la puissance qu'il avoit, et que ses ennemis ne l'avoient osé combattre. Ensuite la vigile de Nostre-Dame de la mi-aoust, le roy, par le conseil desdits seigneurs et capitaines, s'en retourna à Chasteau-Thierry, et passa outre avec tout son ost vers Crespy en Valois, et se vint loger aux champs assez près de Dampmartin. Tout le pauvre peuple du pays crioit Noël! et pleuroit de joye et de liesse. Laquelle chose la Pucelle considérant, et qu'ils venoient au devant du roy, en chantant *Te Deum laudamus*, avec aucuns respons et antiennes, elle

dit au susdit chancelier de France et au comte de
Dunois. « En nom Dieu, voici un bon peuple et
» dévot; et quand je devrai mourir, je voudrois
» bien que ce fust en ce pays. » Et lors ledit comte
de Dunois lui demanda, « Jehanne, sçavez-vous
» quand vous mourrez, et en quel lieu? » Et elle
respondit : qu'elle ne sçavoit, et qu'elle en estoit
à la volonté de Dieu. Et si dit en outre auxdits
seigneurs : « J'ai acompli ce que messire m'a com-
» mandé, qui estoit de lever le siége d'Orléans,
» et de faire sacrer le gentil roy; je voudrois bien
» qu'il voulust me faire ramener auprès mes père
» et mère, et garder leurs brebis et bestail, et faire
» ce que je voulois faire. » Et quand lesdits seigneurs ouyrent ladite Jehanne ainsi parler, et que
les yeux tournés au ciel elle remercioit Dieu, ils
creurent mieux que jamais que c'estoit chose venue
de la part de Dieu plustost qu'autrement.

Le duc de Betfort estoit cependant à Paris avec
grande quantité d'Anglois, et autres gens ennemis
et adversaires du roy. Si vint à sa connoissance que
le roy estoit sur les champs, vers Dampmartin;
sur quoy il partist de Paris, avec bien grande et
grosse compagnée, et s'achemina vers Mittry en
France, soubs et proche ledit lieu de Dampmartin;
et prit une place bien advantageuse, où il ordonna
ses batailles. Le roy, d'autre costé, fist pareillement mettre ses gens en belle ordonnance, prest
d'attendre la bataille, si l'autre le venoit assaillir,
voire d'aller à lui, si ils se trouvoient en pareil

champ. Or, pour sçavoir de leur estat et commune, il fust conclu qu'on y envoyeroit des gens par manière de coureurs. Spécialement, y fust envoyé Estienne de Vignoles, dit La Hire, vaillant homme d'armes, entre les autres. Il y eust de grandes escarmouches qui durèrent presque tout le jour; et n'y eust comme point de perte ou dommage d'un costé et d'autre. Si fust rapporté au roy par gens se cognoissants bien en fait de guerre, comme ce duc de Betfort estoit campé en place trop advantageuse, et que les Anglois s'estoient fortifiés; pour ce ne fust-il pas conseillé d'aller plus avant assaillir ses ennemis. Le lendemain, ledit duc de Betfort avec tout son ost s'en retourna à Paris, et le roy tira vers Crespy en Valois, d'où il envoya certains hérauts à ceux de Compiégne, les sommer qu'ils se missent en son obéissance; lesquels respondirent qu'ils estoient prests et appareillés de le recevoir et de lui obéir comme à leur souverain seigneur. Pareillement aussi allèrent des hauts seigneurs en la ville et cité de Beauvais, dont estoit évesque et seigneur, un nommé maistre Pierre Cauchon, extresme et furieux pour le parti des Anglois, combien qu'il fust de la nation françoise, sçavoir d'auprès Rheims. Et aussitost qu'ils virent des hérauts qui portoient les armes de France, ils crièrent : *Vive Charles, roy de France!* et se mirent en son obéissance; et pour ceux qui ne voulurent demeurer en ladite obéissance, il les laissèrent sortir et en aller avec leurs biens.

Le roy délibéra ensuite de venir en la ville de Compiégne, laquelle lui avoit fait obéissance ; si tira vers Senlis, et se logea en un village à deux lieues près de Senlis, nommé Barron ; laquelle ville de Senlis estoit encore sous l'obéissance des Anglois et Bourguignons. Or, un matin, vinrent nouvelles au roy que le duc de Betfort partoit de Paris atout son ost, pour venir à Senlis, et que lui estoient venus de nouveau quatre mille Anglois, que le cardinal d'Angleterre, son oncle, avoit ammenés ; lequel cardinal les devoit mener contre les Bohesmes, hérétiques en la foy ; mais il les fist descendre pour guerroyer les vrais catholiques françois ; et estoient souldoyés, comme on disoit, de l'argent du pape, et en intention que ce cardinal allast contre les susdicts Bohesmes. Lesquelles choses vinrent à la connoissance du roy. Alors il fust ordonné que messire Ambroise de Lore, et le seigneur de Saincte-Treille, monteroient à cheval, et iroient vers Paris et ailleurs, où bon leur sembleroit, et ainsi qu'ils adviseroient, pour sçavoir véritablement le fait et descouvrir le dessein du duc de Betfort et de son ost. Lesquels montèrent diligemment à cheval, et prirent seulement vingt de leurs gens des mieux montés, puis ils partirent et chevauchèrent tant, qu'ils approchèrent l'ost des Anglois. Si virent et apperceurent-ils sur le grand chemin de Senlis, de grandes poudres qui s'élevoient en l'air, et qui procédoient de la compagnée du duc ; sur quoy diligemment ils envoyèrent un chevaucheur devers le roy, pour lui faire sçavoir. Si approchèrent encore de plus près, tant qu'ils virent ledit ost des Anglois qui tiroit vers Senlis; et, derechef, envoyèrent un autre chevaucheur, vers le roy, lui signifier ce que dit est. Alors le roy avec son ost tira très diligemment emmy les champs. Si furent ordonnées les batailles, et commencèrent à chevaucher entre la rivière qui passe à Barron et Mont-Espilouër, en tirant droict à Senlis. Et le duc de Betfort et son ost arriva environ l'heure de vespres, près de Senlis; et se mist à passer une petite rivière, qui vient d'icelle ville de Senlis, au susdict village, nommé Barron. Le passage en estoit si estroit qu'ils ne pouvoient passer que deux chevaux à la fois. Aussitost que lesdicts de Lore et Saincte-Treille virent que lesdicts Anglois commencèrent à passer, ils s'en retournèrent hastivement devers le roy, et lui acertenèrent que ledict de Betfort et son ost passoient au susdict passage. A cette heure, le roy fist avancer les batailles vers ledict lieu tout droict, croyant de les combattre à ce passage. Mais la pluspart, et comme touts, estoient desjà passés: et les deux osts s'entrevirent: aussi, n'estoient-ils esloignés qu'à une bien petite lieue l'un de l'autre. Il y eust de grandes escarmouches entre lesdites deux compagnées, et de belles armes faites. A cette heure il estoit comme le soleil couchant. Lesdicts Anglois se logèrent sur le bord et au bout d'icelle rivière, et les François se campè-

rent à Mont-Espilouër. Le lendemain au matin, le
roy et son ost se mirent sur les champs. Il fist ensuite ordonner ses batailles ; de la plus grande desquelles le duc d'Alençon et le comte de Vendosme
avoient le gouvernement. De la seconde, les ducs
de Bar et de Lorraine avoient la charge. De la
tierce, qui estoit en manière d'une aile, les seigneurs de Rais et de Boussac, mareschaux de
France, avoient la conduite. Et d'une autre corps
de bataille de réserve, qui souvent se séparoit
pour escarmouscher et guerroyer lesdits Anglois,
avoient le gouvernement, le seigneur d'Albret, le
bastard d'Orléans, Jeanne la Pucelle, La Hire,
et plusieurs autres capitaines. Et à la conduite et
gouvernement des archers, estoit le seigneur de
Graville, maistre des arbalestriers de France, et
un chevalier de Limosin, nommé Jean Foucault.
Le roy se tenoit toujours assez près de ses batailles,
lequel avoit autour de lui pour la garde de sa personne et en sa compagnée le duc de Bourbon, le
seigneur de La Trimouille, et grande quantité de chevaliers et escuyers. Plusieurs fois le roy chevaucha,
en présence de la bataille d'iceluy duc de Betfort,
en la compagnée duquel estoit le bastard de Sainct-
Pol, et plusieurs Bourguignons; et estoient en
bataille près d'un village; et avoient au dos un
grand estang et la susdite rivière ; et ne cessèrent
toute la nuict de se fortifier très diligemment de
pieux, de taudis et de fossés. Or le roy, et les seigneurs estants avec lui, avoient prins conclusion,

et estoient touts délibérés de combattre le duc de Betfort, et les Anglois et Bourguignons. Mais quand les capitaines estants avec le roy eurent veu et bien considéré la place et le lieu qu'occupoient les Anglois, et leur fortification et assiette avantageuse, ils apperceurent et congneurent évidemment qu'il n'y avoit aucune apparence de combattre le duc de Betfort en icelle place. Toutesfois, les batailles des François s'approchèrent à deux traicts d'arbaleste desdits Anglois ou environ ; et leur firent sçavoir que s'ils vouloient saillir hors de leur parc, qu'on les combattroit ; mais ils ne voulurent oncques sortir, ni déloger de leur parc. Il y eust néantmoins de grandes et merveilleuses escarmouches, tellement que les François alloient souvent à pied et à cheval, jusques aux fortifications des Anglois ; et aucunes fois les Anglois faisoient des sorties, à grande puissance, et repoussoient les François. Il y en eust d'un costé et d'autre de tués et de pris, et tout le jour se passa ainsi en faisant lesdites escarmouches, jusques à environ le soleil couchant. Le seigneur de La Trimouille, qui estoit bien joli et monté sur un grand coursier, voulust venir aux escarmouches ; et de faict, il prit sa lance, et vint jusques au frapper. Mais son cheval cheut ; et s'il n'eust eu bien tost secours, il eust esté pris ou tué ; mais il fust remonté, quoy qu'à grande peine. Il y eust à cette heure une grande escarmouche ; et environ ladite heure de soleil couchant, se joignirent ensemble grand nombre de François, qui vinrent vaillamment jusques près du parc des Anglois, combattre main à main et escarmoucher ; et à cette heure saillirent grande quantité d'Anglois à pied et à cheval, et aussi les François se renforcèrent. Et à cette fois il y eust une plus grande et rude escarmouche, qu'il n'y avoit eu tout le jour ; et y avoit tant de poudre sur la terre, et de poussière en l'air, qu'on n'entre-connoissoit ni François ni Anglois ; tellement que, combien que les batailles fussent bien près les unes des autres, toutesfois elles ne pouvoient s'entrevoir. Cette escarmouche dura tant qu'il fust nuict serrée et obscure ; et les Anglois se retirèrent touts ensemble, et se resserrèrent en leur fort parc. Les François aussi se retirèrent vers leurs batailles. Les Anglois se logèrent donc en leur parc, et les François se campèrent là où ils avoient logé la nuict de devant, environ à demi-lieue de distance d'iceux Anglois, auprès Mont-Espiloüer. Les Anglois délogèrent ensuite, et décampèrent le lendemain bien matin, et s'en retournèrent à Paris. Et le roy et ses gens s'en allèrent à Crespy en Valois.

Le lendemain, le roi partit de Crespy, et prit son chemin vers Compiégne, où il fut receu grandement et honorablement ; car ceux de dedans se remirent en son obéissance ; puis il y commit des officiers, et y ordonna pour capitaine et gouverderneur un gentilhomme du pays de Picardie, bien allié de parents et amis, nommé Guillaume de Flavy. Là les manants et habitants de la ville de Beauvais envoyèrent devers lui, et mirent eux et la ville en son obéissance. Semblablement ceux de Senlis se sousmirent à lui, et le roy y vint loger.

Sur la fin du mois d'aoust, le duc de Betfort, doutant que le roy ne tirast en Normandie, partit de Paris avec son ost, pour y aller; et départit son armée en plusieurs et divers lieux, et mit ses gens en garnison ès pays où il avoit encore obéissance, afin de garder les places, laissant à Paris messire Louys de Luxembourg, évesque de Therouenne, soi-disant chancelier de France pour les Anglois, et un chevalier anglois nommé messire Jean Rathclef, avec un chevalier François nommé messire Simon Morhier, qui se disoit lors estre prévost de Paris; lesquels avoient en leur compagnée environ deux mille Anglois, pour la garde et défense d'icelle ville, ainsi qu'on disoit. Environ la fin du mesme mois d'aoust, le roy délogea de Senlis, et s'en vint à Sainct-Denys, où ceux de la ville lui firent ouverture et pleine obéissance; et avec lui tout son ost se tint et logea en ladite ville. Alors commencèrent de grandes courses et escarmouches entre les gens du roy estants à Sainct-Denys, et les Anglois et autres estants lors dans Paris. Puis quand ils eurent esté par aucuns temps à Sainct-Denys, comme trois ou quatre jours durant, le duc d'Alençon, le duc de Bourbon, le comte de Vendosme, le comte de Laval, Jeanne la Pucelle, les seigneurs de Rais et de Boussac, et autres en leur compagnée, se vinrent loger en un village qui est comme à mi-chemin de Paris à Sainct-Denys, nommé la Chapelle. Après quoi, le lendemain, commencèrent de plus grandes escarmouches, et plus aspres qu'auparavant; aussi estoient-ils plus près les uns des autres. Et vinrent lesdits seigneurs aux champs vers la porte Sainct-Honoré, sur une manière de butte ou de montagne, qu'on nommoit le Marché-aux-Pourceaux; et firent assortir plusieurs canons et coulevrines, pour jeter dedans la ville de Paris, dont il y eut plusieurs coups de jettés. Les Anglois estoient cependant autour des murs, en tournoyant avec des estendarts, entre lesquels il y en avoit un qui paroissoit sur tous, lequel estoit blanc avec une croix vermeille, et alloient et venoient par ladite muraille. Or, aucuns seigneurs estants là devant, voulurent aller jusques à la porte Sainct-Honoré ; et entre les autres spécialement, un chevalier nommé le seigneur de Sainct-Vallier, et ses gens, allèrent jusques au boulevart, et mirent le feu aux barrières. Et combien qu'il y eust quantité d'Anglois et de ceux de Paris qui le défendoient, toutefois ledit boulevart fut pris par les François, d'assaut, et les ennemis se retirèrent par la porte, dedans la ville. Les François, sur ces entrefaites, eurent imagination et crainte que les Anglois ne vinssent par la porte Sainct-Denys, frapper sur eux ; parquoi les ducs d'Alençon et de Bourbon avoient assemblé leurs gens, et s'estoient mis, comme par manière d'embuscade, derrière ladite butte ou montagne, et ne pouvoient bonnement approcher de plus près, pour doubte des coups de canons, vuglaires et coulevrines, qui venoient de ladite ville, et qu'on tiroit sans cesse. La susdite Jeanne dit là-dessus qu'elle vouloit assaillir la ville; mais elle n'estoit pas bien informée de la grande eaue qui estoit ès fossés; et toutesfois il y en avoit aucuns audit lieu qui le sçavoient bien, et lesquels, selon ce qu'on pouvoit considérer et conjecturer, eussent bien voulu, par envie, qu'il fust mescheu à icelle Jeanne. Néanmoins elle vint à grande puissance de gens d'armes, entre lesquels estoit le seigneur de Rais, mareschal de France; et descendirent en l'arrière fossé avec grand nombre de gens de guerre; puis avec une lance, elle monta jusques sur le dos d'asne, d'où elle tenta et sonda l'eau, qui estoit bien profonde; quoi faisant, elle eut d'un coup de traict les deux cuisses percées, ou au moins l'une; mais ce nonobstant elle ne vouloit en partir, et faisoit toute diligence de faire apporter et jetter des fagots et du bois en l'autre fossé, dans l'espoir de pouvoir passer jusques au mur, laquelle chose n'estoit pas possible, veue la grande eaue qui y estoit. Enfin, depuis qu'il fut nuict, elle fut envoyée requérir par plusieurs fois; mais elle ne vouloit partir ni se retirer en aucune manière; et fallut que ledit duc d'Alencon l'allast quérir, et la ramenast lui-mesme. Puis toute la susdite compagnie se retira audit lieu de la Chappelle Sainct-Denys, où ils avoient logé la nuit de devant; et lesdits duc d'Alençon et de Bourbon, avec la susdite Jeanne, s'en retournèrent le lendemain en la ville de Sainct-Denys, où estoit le roy et son ost. Et disoit-on qu'il ne vint oncques de lasche courage de vouloir prendre la ville de Paris d'assaut, et que s'il y eussent esté jusques au matin, il y eust eu des habitants de cette ville qui se fussent advisés. Or il y eut en ces rencontres plusieurs de blessés, mais presque point de tués.

Au susdit mois d'aoust mil quatre cent vingt-neuf, un capitaine du pays de Bretagne, nommé Ferbourg, s'advisa comment il pourroit avoir la place de Bons-Molins, laquelle les Anglois tenoient. De fait il trouva moyen d'y entrer, et d'en mettre les Anglois dehors; le duc d'Alençon lui en donna la capitainerie. En ce mesme temps, il y avoit un gentilhomme au pays, nommé Jean Armange, de la compagnée de messire Ambroise de Lore, lequel se mit dedans la place de Sainct-Célerin, qui avoit esté abbattue; avec lui il y avoit un gentilhomme de Bretagne, nommé Henry de Ville-Blanche, et ils réparèrent icelle place. Or, le troisiesme jour après qu'ils furent entrés dedans, les Anglois de la garnison d'Alençon, avec d'autres dans leur compagnée, s'assemblèrent, et vinrent devant ladite place, garnis de canons, vuglaires, coulevrines et arbalestes. Ensuite qu'ils eurent esté aucun temps devant, ils la crurent prendre d'assaut; et de fait ils l'assaillirent grandement et merveilleusement;

mais lesdits capitaines et leurs gens se défendirent si vaillamment, et tellement, qu'ils demeurèrent les maistres en icelle place, et que lesdits Anglois s'en retournèrent à Alençon, sans y avoir pu rien gagner.

Le vingt-neufviesme jour du susdit mois, le prieur de l'abbaye de Laigny et un nommé Artus de Saint-Merry, avec plusieurs autres, vinrent vers le roy audict lieu de Sainct-Denys, pour remettre cette ville de Laigny en son obéissance; lequel les receut très bénignement et doucement, et ordonna au duc d'Alençon qu'il y pourveust. Lequel y envoya messire Ambroise de Lore, qui y fut receu par les habitants à grande joie. Puis quand il y eut eu plainière obéissance, il fit faire aux habitants le serment en tel cas accoustumé.

Le douziesme jour de septembre, le roy assembla son conseil, pour sçavoir ce qu'il avoit à faire, veu que ceux de Paris ne monstroient encor aucun semblant de se vouloir réduire. Et aussi n'eussent-ils osé parler ensemble, veue la puissance des Anglois et Bourguignons; et si n'y avoit denier de quoi il eust peu entretenir son ost. Si fut délibéré par le conseil, qu'il laissast de grosses garnisons par-deçà, avec aucuns chefs de son sang, et qu'il s'en allast vers et outre la rivière de Loire. Et en exécutant cette délibération du conseil, il laissa le duc de Bourbon, le comte de Vendosme, messire Louys de Culant, admiral de France, avec autres capitaines; et ordonna que ledit duc seroit son lieutenant. De plus, il laissa dans Sainct-Denys le comte de Vendosme et le seigneur de Culant, avec grande compagnée de gens d'armes; puis le roy s'en partit avec son ost, et alla au gîte à Lagny-sur-Marne; d'où le lendemain il partit, et ordonna à messire Ambroise de Lore, qu'il demeurast en icelui lieu de Lagny ; et lui fut baillé en sa compagnée un vaillant chevalier de Limosin, nommé messire Jean Foucault, avec plusieurs gens de guerre. Or, quand les Anglois et Bourguignons sceurent que le roy estoit ainsi parti, ils assemblèrent de toutes parts de leur gens en grand nombre. Sur quoi ceux qui estoient dans Sainct-Denys, considérants que la ville estoit foible, ils en partirent; c'est à sçavoir que le susdit comte de Vendosme et autres délaissèrent cette ville-là, et s'en vinrent à Senlis.

Environ le mesme mois de septembre, audit an, vindrent les Anglois, et aussi leurs alliés de la langue françoise, nommés Bourguignons, et se mirent à grande puissance sur les champs, en intention, comme on disoit, de venir mettre le siége devant Lagny; laquelle ville estoit mal fermée et mal munie, et pourveue des choses appartenants à la défense de la guerre. Ils vinrent donc devant cette ville, et faisoient comme mine d'y arrester; mais quant iceux messire Ambroise de Lore et Foucault, les virent, considérants que cette ville estoit foible, et qu'ils n'auroient aucun secours, ils saillirent aux champs eux et leurs gens en belle ordonnance contre les Anglois et Bourguignons, et leur tinrent si grandes et fortes escarmouches, par trois jours et trois nuicts, que lesdits Anglois et Bourguignons n'approchèrent oncques des barrières, plus près que du trait d'une arbaleste. Enfin, quand ils apperceurent si grande résistance, et qu'ils virent avec lesdits chevaliers tant de gens de guerre et si vaillants, ils se retirèrent et s'en retournèrent à Paris; sans faire autre chose. Auxdites escarmouches il y en eut plusieurs de tués, tant d'un costé que d'autre.

Le seigneur de Talbot, vaillant chevalier anglois, prit par escalade, à faute de guet et de bonne garde, la ville de Laval, et ce avant le siége mis à Orléans, comme ci-dessus il a esté touché; et y gagna de fort grandes richesses et chevances. Pour lors estoit dedans messire André de Laval, seigneur de Loheac, lequel estoit dans le chasteau dudit lieu de Laval, et fit composition pour lui et les autres d'icelui chasteau, à vingt mille escus d'or, comme dessus est dit; et demeura prisonnier jusques à ce qu'il eust payé ladite somme, ou baillé plége. Or, audit mois de septembre, fut faite une entreprise par les seigneurs du Hommet, messire Raoul du Bouchet et Bertrand de la Ferrière, scavoir comme ils pourroient recouvrer ladite ville de Laval. Et par le moyen d'un meunier, homme de bien, qui avoit desplaisir de ce que les Anglois estoient devenus seigneurs et maistres en icelle ville, ils firent bien secrètement une embuscade de gens d'armes à pied en un moulin, dont ledit meunier avoit le gouvernement, estant sur la rivière de Mayne qui passe au-dessous, et joignant ladite ville, et joignant aussi au bout du pont et du costé de ladite ville, dont les barrières sont par icelui pont. Et un matin, à l'ouverture d'icelle porte, saillirent lesdits gens de guerre à pied, ainsi que les portiers estoient allés ouvrir les barrières estant sur icelui pont, et entrèrent en ladite ville de Laval, criant : Nostre-Dame ! Sainct-Denys ! En laquelle place il y avoit deux à trois cents Anglois, et les François n'estoient pas plus de deux cents, combien qu'il y en avoit plus de six cents qui les suivirent. Il y eut plusieurs Anglois de tués et pris ; les autres saillirent par dessus la muraille de cette ville-là pour se sauver ; et par ce moyen, ladite ville fut remise en l'obéissance du roy.

Environ cette mesme saison, le duc de Bourbon, lequel estoit demeuré lieutenant du roy ès pays de nouveau réduits en son obéissance, dont dessus est faite mention, se tenoit à Senlis, Laon, Beauvais, et autres villes, pour toujours les garder, et y mettre provision, ordre et gouvernement ; car en plusieurs lieux il ne trouvoit pas bonne obéissance, combien qu'il prenoit grande peine à bien conduire le faict du roy, et d'entreprendre et exécuter quelque chose sur les Anglois, lesquels estoient bien diligents, et mettoient peine à grever les François. Or advint que lesdits messire Ambroise de Lore et messire Jean Foucault estant à Laigny, avoient en mesme temps fait certaine entreprise sur la ville de Rouen, par le moyen d'un nommé le Grand-Pierre; et pource qu'au temps que l'exécution se devoit faire, il n'estoit point de clair de lune, pour pouvoir chevaucher de nuit, ils prolongèrent, et remirent à un autre jour icelui Grand-Pierre; car il leur sembloit qu'il n'estoit pas possible de mener si grosse compagnée par le pays, où il falloit passer, sans s'entre-perdre, si c'estoit en nuit obscure. Et s'en alla ledit Grand-Pierre par Senlis, où il trouva le duc de Bourbon, le comte de Vendosme et l'archevesqne de Rheims, chancelier de France; mais pour conclusion, cette entreprise fut perdue et faillie pour l'heure.

APPENDICE.

I.

Lettre de Guy, quatorzième du nom, sire de Laval, à ses mère et aïeule, dames de Laval et de Vitré, dans laquelle il fait mention de ladite Pucelle d'Orléans [1].

« Mes très redoutées dames et mères, depuis que je vous escrivis de Saincte-Catherine de Fierbois, vendredi dernier, j'arrivai le samedi à Loches, et allai voir monsieur le dauphin au chastel, à l'issue de vespres, en l'église collégiale, qui est très bel et gracieux seigneur, et très bien formé et bien agile et habile, de l'aage d'environ sept ans qu'il doit avoir [2]; et illec vis ma cousine, la dame de la Tri-

---

1. Tirée des Mémoires qui sont au cabinet de F. Duchesne.
2. Il était né l'an 1422, ou, selon d'autres, 1423, et par conséquent cette lettre doit avoir été escrite environ l'an 1429.

mouille, qui me fit très bonne chère ; et, comme on dit, n'a plus que deux mois à porter son enfant. Le dimanche, j'arrivai à Sainct-Agnan, où estoit le roy, et envoyé quérir et venir de mon logis le sieur de Treves, et s'en alla au chastel avec lui, mon oncle, pour signifier au roy que j'estois venu, et pour sçavoir quand il lui plairoit que j'allasse devers lui : et j'eus response que j'y allasse sitost qu'il me plairoit ; et me fit très bonne chère, et me dit moult de bonnes paroles. Et quand il estoit allé par la chambre, ou parlé avec aucun autre, il se retournoit chacune fois devers moi, pour me mettre en paroles d'aucunes choses, et disoit que j'estois venu au besoin, sans mander, et qu'il m'en sçavoit meilleur gré. Et quand je lui disois que je n'avois pas amené telle compaignie que je désirois, il respondit, qu'il suffisoit bien de ce que j'avois amené, et que j'avois bien pouvoir d'en recevoir greigneur (plus grand) nombre. Et dit le sire de Treves à sa maison au sieur de la Chapelle, que le roy et tous ceux d'environ lui avoient esté bien contents des personnes de mon frère et de moi, et que nous leur revenions bien ; et jura bien fort qu'il n'estoit pas mention que à un de ses amis et parents qu'il eust, il eust fait si bon accueil, ni si bonne chère, dont il n'est pas méshistre (avare) de faire bonne chère, ne bon accueil, comme il disoit. Et le lundi, me partis d'avec le roy, pour venir à Selles en Berry, à quatre lieues de Sainct-Agnan ; et fit le roy venir au-devant de lui, la Pucelle, qui estoit de paravant à Selles. Disoient aucuns que ce avoit esté en ma faveur, parce que je la visse; et fit ladite Pucelle très bonne chère à mon frère et à moi, estant armée de toutes pièces, sauf la teste, et tenant la lance en main. Et après que fusmes descendus à Selles, j'allai à son logis la voir; et fit venir le vin, et me dit qu'elle m'en feroit bientost boire à Paris; et semble chose toute divine de son faict, et de la voir et de l'ouïr. Et s'est partie ce lundi aux vespres de Selles pour aller à Romorantin, à trois lieues en allant avant, et approchant des advenues, le mareschal de Boussac, et grand nombre de gens armés, et de la commune avec elle; et la veis monter à cheval, armée tout en blanc, sauf la teste, une petite hache en sa main, sur un grand coursier noir, qui à l'huis de son logis se démenoit très fort, et ne souffroit qu'elle montast; et lors elle dit: « Menez-le à la croix qui » est devant l'église auprès, au chemin ». Et lors elle monta, sans ce qu'il se meust, comme s'il fust lié. Et lors se tourna vers l'huis de l'église, qui estoit bien prochain, et dit en assez voix de femme: « Vous, les prestres et gens d'église, faites proces- » sion et prières à Dieu. » Et lors se retourna à son chemin, en disant : « Tirez avant ». Tire avant, son estendart ployé que portoit un gracieux page, et avoit sa hache petite en la main. Et un sien frère [1],

---

1. Il s'appela Pierre, la pension qu'il eut est mentionnée dans la chambre des comptes.

qui est venu depuis huict jours, partoit aussi avec elle, tout armé en blanc. Et arriva ce lundi à Selles, monsieur le duc d'Alençon, qui a très grosse compaignie ; et ai aujourd'hui gaigné de lui à la paume une convenance; et n'est point encore ici venu mon frère de Vendosme. J'ai ici trouvé l'un des gentilshommes de mon frère de Chauvigny, pource qu'il avoit desjà ouï que j'estois arrivé à Saincte-Catherine ; et m'a dit qu'il avoit escrit aux nobles de ses terres, et qu'il pense estre bientost par-deçà ; et dit que ma sœur est bien sa mie, et plus grasse qu'elle n'aaccoustumée. Et l'on dit ici que monsieur le connestable [1] vient avec six cents hommes d'armes, et quatre cents hommes de traict, et que Jean de la Roche vient aussi, et que le roy n'eut pièçà si grande compaignie que on espère estre ici ; ne oncques gens n'allèrent de meilleure volonté en besongne, que vont à cette-ci. Et doit ce jourd'hui arriver ici mon cousin de Rais, et croist ma compaignie; et quoi que ce soit, ce qu'il y a est bien honneste et d'appareil ; et y est le seigneur d'Argenton, l'un des principaux gouverneurs, qui me fait bien bon recueil et bonne chère ; mais de l'argent n'y en a-t-il point à la cour, que si estroitement, que pour le temps présent je n'y espère aucune rescousse ni sousteneue. Pour ce, vous, madame ma mère, qui avez mon sceau, n'espargnez point ma

---

1. Arthus, depuis duc de Bretagne.

terre par vente ni par engage, ou advisez plus convenable à faire, là où nos personnes sont à estre sauvées, ou aussi par défaut abaissées, et par aventure en voye de périr; car si nous ne fasismes ainsi, veu qu'il n'y a point de soulde, nous demeurerons tous seuls. Et jusques ici nostre faict a encore esté et est en bon honneur; et a esté nostre venue au roy et à ses gens tous, et aussi aux autres seigneurs qui viennent de toutes parts, bien agréable; et nous font tous meilleure chère que ne vous pourrions escrire. La Pucelle m'a dit en son logis, comme je la suis allé y voir, que trois jours avant mon arrivée, elle avoit envoyé à vous, mon ayeule, un bien petit anneau d'or, mais que c'estoit bien petite chose, et qu'elle vous eust volontiers envoyé mieux, considéré vostre recommandation. Ce jourd'hui, monsieur d'Alençon, le bastard d'Orléans et Gaucourt doivent partir de ce lieu de Selles, et aller après la Pucelle; et avez fait bailler je ne scais quelles lettres à mon cousin de la Trimouille, et sieur de Treves, par occasion desquelles le roy s'efforce de me vouloir retenir avec lui, jusques à ce que la Pucelle ait esté devant les places anglesches d'environ Orléans, où l'on va mettre le siège; et est desjà l'artillerie pourveue; et ne s'esmayt point la Pucelle, qu'elle ne soit tantost avec le roy, disant que lors qu'il prendra son chemin à tirer avant vers Rheims, que je irois avec lui; mais jà Dieu ne veuille que je ne le face et que je ne aille,

Et entretant en dit mon frère, comme monsieur d'Alençon, que abandonné seroit celui qui demeureroit. Et pense que le roy partira ce jeudi d'ici, pour s'y approcher plus près de l'ost; et viennent gens de toutes parts chacun jour. Après, vous ferai sçavoir, sitost qu'on aura aucune chose besongné, ce qui aura esté exécuté. Et espère l'on que, avant que il soit dix jours, la chose soit bien advencée de costé ou d'autre. Mais tous ont si bonne espérance en Dieu, que je crois qu'il nous aidera. Mes très redoutées dames et mères, nous nous recommandons, mon frère et moi, à vous, le plus humblement que pouvons; et vous envoye des blancs signés de ma main, afin, si bon vous semble, du datte de cette présente, escrire aucune chose du contenu ci-dedans, à monsieur le duc [1], que lui en escrivez; car je ne lui escris oncques puis; et vous plaise aussi sommairement nous escrire de vos nouvelles; et vous, madame ma mère, en quelle santé vous vous trouvez après les médecines qu'avez prises, car j'en suis à très grand malaise. Et vous envoie dessus ces présentes, minute de mon testament, afin que vous, mes mères, m'advertissez et escrivez par les prochainement venants, de ce que bon vous semblera que j'y adjouste; et y pense encore de moi y adjouster entre deux; mais je n'ai encore eu que peu de loisir. Mes très redou-

---

1. Le duc de Bretagne.

tées dames et mères, je prie le benoist fils de Dieu, qu'il vous doint bonne vie et longue, et nous recommandons aussi tous deux à nostre frère Louis. Et pour le liseur de ces présentes, que nous saluons, le seigneur du Boschet, et nostre cousine sa fille, ma cousine de la Chapelle, et toute vostre compaignie. Et pour l'accès et... solliciter de la chevance au mieux que faire se pourra; et n'avons plus en tout qu'environ trois cents escus du poids de France.

Escrit à Selles, ce mercredi huict de juin[1]. Et ce vespres sont arrivés ici monsieur de Vendosme, monsieur de Boussac, et autres; et La Hire s'est approché de l'ost, et aussi on besongnera bientost. Dieu veuille que ce soit à vostre désir! Vos humbles fils, Guy et André de Laval, et Guy de Laval. »

---

1. La date doit estre de l'année 1428 ou 1429.

II.

Lettres-patentes du roi Charles VII, contenant l'annoblissement de Jeanne d'Arc, dite la Pucelle d'Orléans, et de ses père, mère et postérité masculine et féminine, au mois de décembre, 1429.

Extrait du seizième livre des Chartes de la chambre des comptes, commençant en avril 1552, et finissant aussi en avril 1555, coté 1600, fol. 11.

Henry, par la grace de Dieu, roy de France, sçavoir faisons à tous présents et à venir : Nous avoir receu l'humble supplication de nos chers et bien amés Robert le Fournier, baron de Tournebu, et Lucas du Chemin, seigneur du Feron, son neveu, pour eux et leurs parents, issus et descendus de la lignée de la Pucelle Jeanne d'Arc, de Dompremy, près Vaucouleur, au bailliage de Chaumont, contenant que le feu roy Charles VII, que Dieu absolve! pour certaines, bonnes, justes et raisonnables grandes causes et considérations, auroit annobli ladite Pucelle Jeanne d'Arc, Jacques d'Arc, son père, Ysabeau, sa femme, mère de ladite Jeanne, Jacquemin, et Jean d'Arc, et Pierre Prerel, frères d'icelle Pucelle ; ensemble tout leur lignage et postérité en ligne masculine et féminine; et de ce, en auroit fait expédier ses lettres en forme de chartres, de cette teneur :

Karolus, Dei gratiâ, Francorum rex, ad perpetuam rei memoriam, magnificaturi divinæ celsitudinis, uberrimas, nitidasque gratias celebri ministerio Puellæ Joannæ d'Arc de Dompremeyo, claræ et dilectæ nostræ, de bailliviâ Calvimontis, seu ejus ressortis nobis elargitas, et ipsâ divinâ cooperante clementiâ, amplificari speratas, decens arbitramur et opportunum, ipsam puellam, et suam nedum ejus ob officii merita verum et divinæ laudis præconia, totam parentelam dignis honorum nostræ regiæ majestatis insigniis attolendam, ut divina claritudine sic illustrata, nostræ regiæ liberalitatis munus egregium generi suo relinquat, quo divina gloria, et tantarum gratiarum fama perpetuis temporibus accrescat et perseveret. Notum igitur facimus universis præsentibus et futuris, quod nos præmissis attentis considerantes insuper laudabilia, grataque et commodiosa servitia nobis, et regno nostro jam per dictam Joannam Puellam multimodè impensa, et quæ in futurum impendi speramus, certisque aliis causis ad hoc animum nostrum inducentibus, præfatam Puellam, Jacobum d'Arc, dicti loci de Dompremeyo patrem, Ysabellam ejus uxorem matrem, Jacqueminum et Joannem d'Arc, et Petrum Prerelo, fratres ipsius Puellæ, et totam suam parentelam et lignagium, et in favorem et pro contemplatione ejusdem, et eorum posteritatem masculinam et fœmininam in legitimo matrimonio natam, et nascituram nobilitavimus; et per præsentes, de gratiâ speciali, et ex nostrâ certâ scientiâ ac plenitudine postestatis nobilitamus, et nobiles facimus;

succedentes expressè ut dicta Puella, dicti Jacobus, Ysabella, Jacqueminus, Joannes et Petrus, et ipsius Puellæ tota posteritas et lignagium, ac ipsorum posteritas nata et nascitura in suis actibus, in indicio, et extra, ab omnibus pro nobilibus habeantur, reputentur, et ut privilegiis, libertatibus, prærogativis, aliisque juribus, quibus alii nobiles dicti nostri regni ex nobili genere procreati, uti consueverunt et utuntur, gaudeant pacificè, et fruantur. Eosdemque, et dictam eorum posteritatem aliorum nobilium dicti nostri regni ex nobili stirpe procreatorum consortio aggregamus; nonobstante quod ipsi, ut dictum est, ex nobili genere ortuum non sumpserint, et forsan alterius, quam liberæ conditionis existant : volentes etiam, ut iidem prænominati, dictaque parentela et lignagium sæpefatæ Puellæ, et eorum posteritas masculina et fæminina, dum, et quotiens eisdem placuerit, a quocumque militiæ cingulum valeant adipisci, seu decorari. Insuper concedentes eisdem, et eorum posteritati tam masculinæ, quam fæminæ in legitimo matrimonio procreatæ, ut ipsi feoda, et retrofeoda, et res nobiles à nobilibus, et aliis quibuscumque personis acquirent, et tam acquisitas quam acquirendas retinere et possidere perpetuo valeant, atque possint ; absque eo quod illas, vel illa nunc, vel futuro tempore extra manum suam in nobilitatis occasione ponere cogantur, nec aliquam financiam nobis, vel successoribus nostris, propter hanc nobilitationem solvere quovis modo teneantur, aut compellantur. Quamquidem financiam prædecessorum intuitu et consideratione eisdem supranominatis, et dictæ parentelæ et lignagio prædictæ Puellæ, ex nostrâ ampliori gratiâ donavimus, et quitavimus, donamusque et quitamus per præsentes, ordinationibus, statutis, edictis, usu, revocationibus, consuetudine, inhibitionibus, et mandatis factis, vel faciendis ad hoc contrariis, nonobstantibus quibuscumque. Quocirca dilectis et fidelibus nostris gentibus compotorum nostrorum, ac thesaurariis necnon generalibus et commissariis super facto financiarum nostrarum ordinatis, seu deputandis, et baillivio dictæ bailliviæ Calvimontis, cæterisque justiciariis nostris, vel eorum locatenentibus præsentibus et futuris, et cuilibet ipsorum prout ad eum pertinuerit, Damus harum serie in mandatis quatenus dictam Joannam Puellam, et dictos Jacobum, Ysabellam, Jacqueminum, Joannem, et Petrum, ipsiusque Puellæ totam parentelam et lignagium, eorumque posteritatem prædictam in legitimo matrimonio, ut dictum est, natam et nascituram, nostris præsentibus gratiâ, nobilitatione et concessione uti, et gaudere pacificè nunc et in posterum faciant et permittant, et contra tenorem præsentium eosdem nullatenus impediant, seu molestant, aut à quocumque molestari, seu impediri patiantur. Quod ut perpetuæ stabilitatis robur obtineat, nostrum præsentibus apponi fecimus sigillum, in absentiâ magni ordinatum nostrum in aliis, et alieno in omnibus jure semper salvo. Datum Magduni super Ebram, mense decembri, anno Domini decimo quarto centesimo vicesimo nono, regni vero nostri octavo.

Et sur le repli est escrit : Per regem, episcopo Sagiensi, dominis de Tremoille et de Termis [1], et aliis præsentibus, signées MALLIERE.

Et encores sur ledit repli est escrit : Expedita in camera compotorum regis, decimâ sextâ mensis januarii, anno Domini decimo quarto centesimo vicesimo nono, et ibidem registrata libro cartarum hujus temporis, fol. 121. Signé, AGRELLE, et scellé du grand scel de cire verte, sur double queue, en laz de soie rouge et verte.

Du contenu desquelles lettres, de ce faites, par nos prédécesseurs, etc. Donné à Rouen, au mois d'octobre mil cinq cent cinquante.

---

1. Évesque de Sais, nommé comme témoin avec d'autres nobles.

III.

Lettres-patentes du roi, vérifiées ès cours de parlement et des aides, par lesquelles est permis à M. Charles et Luc Dulis, frères, et leur postérité, de reprendre les armes de la Pucelle d'Orléans et de ses frères.

Louis, par la grace de Dieu, roy de France et de Navarre, à tous présents et à venir, salut.

Nos amés et féaux M. Charles Dulis, nostre conseiller et advocat-général en nostre cour des aides, à Paris, et Luc Dulis, escuyer, sieur de Reisnemoulin, aussi conseiller, notaire et secrétaire de nostre maison et couronne de France, et audiencier en nostre chancellerie de Paris, frères; nous ont fait humblement remonstrer que, comme durant les guerres et divisions qui furent en ce royaume, sous les roys Charles VI, et Charles VII d'heureuse mémoire, nos prédécesseurs, les Anglois ayant par un long espace de temps usurpé nostre ville de Paris, et une grande partie des autres meilleures villes et provinces de nostre royaume, il eust pleu à Dieu, vrai protecteur de nostredit royaume, de susciter des frontières d'iceluy cette magnanime et vertueuse fille, nommée Jeanne d'Arc, depuis vulgairement appelée la Pucelle d'Orléans; laquelle, contre l'opinion d'un chacun, et contre toute apparence humaine, fit miraculeusement en fort peu de temps, et comme par la main de Dieu, lever le siége que les Anglois tenoient devant nostre ville d'Orléans, et sacrer ledit seigneur roy Charles VII, en nostre ville de Rheims, avec tant de prospérité, que de là en avant les Anglois furent entièrement debellés et expulsés de nostre royaume : en recognoissance desquels grands et signalés services rendus à l'estat et couronne de France, elle fut non-seulement annoblie avec ses père, mère, frères, et toute leur postérité, tant en ligne masculine que féminine, mais par un privilége spécial dudit seigneur roy Charles VII, lui fut permis, ensemble à sesdits frères et à leur postérité, de porter le lys, tant en leurs noms qu'en leurs armoiries, qui leur dès lors furent octroyées et blasonnées d'un escu d'azur, à deux fleurs de lys d'or, et une espée d'argent à la garde dorée, la pointe en haut, férue en une couronne d'or ; desquels frères de ladite Pucelle, l'aisné, Jean d'Arc, dit Dulis, prévost de Vaucouleur, et les descendants d'icelui, auroient continué de porter lesdits noms et armes Dulis jusques à ce jourd'hui ; et le puisné Pierre d'Arc, aussi dès lors surnommé Dulis, suivant la profession des armes, après estre parvenu à l'ordre et degré de chevalerie, par lettres-patentes du duc d'Orléans, données à Orléans, le vingt-huict juillet mil quatre cent quarante-trois, auroit esté recognu et rescompensé (sous le nom Dulis, et en qualité de frère germain de ladite Pucelle) des signalés services par lui rendus, en faict d'armes, avec sadite sœur, et après le déceps d'icelle, tant audit seigneur roy

Charles VII, qu'audit duc d'Orléans, depuis l'heureuse deslivrance qu'il eut de sa longue prison, sous les auspices de ladite Pucelle, comme il en appert amplement par plusieurs extraits de nostre chambre des comptes, et autres titres attachés sous le contrescel des présentes : mesme que dudit Pierre Dulis, chevalier, frère puisné de ladite Pucelle, seroient issus et descendus en droite ligne lesdits exposants frères, enfants de Michel Dulis, leur père, fils de Jean Dulis, leur ayeul, qui fut fils d'autre Jean Dulis le jeune : lequel estoit aussi fils puisné dudit Pierre Dulis, chevalier, frère encore puisné de ladite Pucelle; lequel Jean Dulis le jeune, bisayeul desdits exposants, fut nommé et envoyé pour estre l'un des eschevins en la ville d'Arras, par le roy Louys XI, fils et successeur dudit seigneur roy Charles VII, lorsqu'il la voulut faire restablir et repeupler, par ses lettres-patentes données à Chartres, au mois de juillet mil quatre cent quatre-vingt-un, vérifiées en nostre cour des aides, le dixiesme septembre ensuivant; et y demeura jusques en l'année mil quatre cent quatre-vingt-onze, que s'estant ladite ville soustraite de l'obéissance de la couronne de France, par l'entremise de l'archiduc Maximilian, les bons et vrais François qui y avoient esté establis par ledit sieur roy Louys XI, furent tous pillés et chassés de ladite ville, notamment ledit Jean Dulis, lequel fut contraint de se retirer à Lihons en Santerre, sans néanmoins discontinuer la profession des armes;

et se voyant le puisné des puisnés des frères de ladite Pucelle d'Orléans, il se seroit contenté de porter le nom Dulis, retenant les armes du nom et de leur ancienne famille d'Arc, qui sont d'azur à l'arc d'or mis en face, chargé de trois flèches entrecroisées, les pointes en haut férues, deux d'or, ferrées et plumetées d'argent, et une d'argent, ferrée et plumetée d'or, et le chef d'argent au lion passant de gueule ; et d'autant que lesdits noms Dulis et armes d'Arc, se trouvent estre passés de père en fils jusques auxdits exposants, et qu'iceux sont recognus aujourd'hui seuls représentants ledit Pierre Dulis, leur trisayeul, frère germain de ladite Pucelle ; au moyen de ce que Jean Dulis le vieil, de son vivant tousjours surnommé la Pucelle, fils aisné dudit Pierre Dulis, chevalier, frère de ladite Pucelle, seroit décédé sans hoirs, désireroient reprendre les armes Dulis, octroyées à ladite Pucelle et ses frères, avec celles d'Arc, que ledit Jean Dulis le jeune, leur bisayeul et ses descendants se trouvent avoir retenues et gardées jusques à présent, et qu'il leur fust permis les porter toutes deux ensemble, escartelées en mesme escusson, et timbrées de telle façon qu'il nous plaira leur ordonner, pour marque des actes valeureux de ladite Pucelle et de leurs ancestres ; mesme y employer la bannière qu'elle portoit à la guerre, laquelle estoit de toile blanche semée de fleurs de lys d'or, avec la figure d'un ange qui présentoit un lys à Dieu, porté par la Vierge sa mère ; ce qu'ils doutent pouvoir faire, sans avoir sur ce nos lettres convenables et nécessaires, humblement requérant icelles : pour ce est-il que nous, reconnoissant les grands, mystérieux et signalés services faits à l'estat et couronne de France, par ladite Jeanne d'Arc, dite la Pucelle d'Orléans, et désirant continuer la reconnoissance et gratification qui en a esté faite à elle et à ses frères, et leur postérité, et d'ailleurs, bien et favorablement traiter lesdits exposants, tant en contemplation de leurdite extraction, dont il nous est suffisamment apparu par les titres et extraits attachés sous nostredit contrescel, que de plusieurs bons et agréables services qu'ils nous ont rendus, et au défunt roy Henry-le-Grand, nostre très honoré seigneur et père, d'heureuse mémoire, non-seulement en l'exercice de leurs offices, mais en plusieurs autres charges, commissions et négociations où ils ont esté employés, et s'en sont dignement acquittés. A ces causes et autres grandes considérations à ce nous mouvant, de l'avis de la reyne régente, nostre très honorée dame et mère, et de nostre conseil, avons, de nostre certaine science, pleine puissance et autorité royale, par ces présentes signées de nostre main, permis et permettons auxdits exposants, d'adjouster les armes Du Lys à celles d'Arc, dont ils avoient accoustumé d'user; et icelles porter à l'advenir eux et leur postérité, escartelées au quartier droict de celles Du Lys, qui furent accordées à ladite Pucelle d'Orléans et ses frères, ainsi que les ont retenues, et les portent à présent ceux qui sont reconnus issus et descendus du frère aisné de ladite Pucelle, Jean Dulis, qui fut prévost à Vaucouleur, et au second et troisiesme quartier de celles d'Arc, que lesdits exposants ont retenues, et gardées de père en fils, dudit Jean Dulis le jeune, leur bisayeul, qui fut nommé, comme dit est, pour eschevin en la ville d'Arras, par ledit sieur roy Louys XI, ainsi qu'elles sont ci-dessus blasonnées, et représentées sous le contrescel des présentes : comme aussi voulons et permettons que lesdits exposants puissent porter leur heaume comblé du bourrelet de chevalerie et noblesse des couleurs armoriales, et timbré, scavoir est ledit Charles et les siens, d'une figure de ladite Pucelle, vestue de blanc, portant en sa main droite une couronne d'or soustenue sur la pointe de son espée ; et à la gauche, sa bannière blanche, figurée et représentée comme de son vivant elle la portoit ; et ledit Luc Dulis puisné et les siens, d'une fleur de lys d'or naissante entre deux pennarts de mesme blazon que la bannière de ladite Pucelle ; et que le cri dudit Charles et des siens soit *la Pucelle* ! et celui dudit Luc, sieur de Reisnemoulin, soit *les Lys* ! sans qu'ils en puissent estre troublés, molestés ni inquiétés en façon quelconque, ni que ledit changement ou escartelure et addition leur puisse nuire, ni estre imputé au préjudice de nos ordonnances : si donnons en mandement à nos amés et féaux conseillers les gens tenant nos cours de parlement et des aides à Paris, et à tous autres justiciers et officiers qu'il appartiendra, que ces présentes ils fassent registrer, et du contenu en icelles jouyr et user lesdits exposants et leur postérité, sans leur estre sur ce fait aucun trouble ni empeschement; et si aucun leur estoit fait ou donné, ils le fassent lever et oster, nonobstant toutes ordonnances, défenses, et quelconques lettres à ce contraire : car tel est nostre plaisir. Et afin que ce soit chose ferme et stable à toujours, nous avons fait mettre nostre scel à cesdites présentes. Données à Paris, le vingt-cinquiesme jour d'octobre, l'an de grace mil six cent douze, et de nostre règne le troisiesme. *Signé,* Louis. Et sur le reply, par le roy, la reine régente sa mère présente, Brulard, et scellée de cire verte : et à costé est escrit : *visa.* Et sur ledit repli est encore escrit : Registrées, ouy le procureur-général du roy, pour jouyr par les impétrants du contenu en icelles, selon leur forme et teneur. Fait en parlement, le dix-huit décembre mil six cent douze. *Signé,* du Tillet. Et sur le mesme repli est escrit : Registrées en la cour des aides, ouy le procureur-général du roy, pour jouir par les impétrants du contenu en icelles, suivant l'arrest de ladite cour du jourd'hui. Fait à Paris, le trente-uniesme jour de décembre mil six cent douze.

Signé, Du Puy.

Extrait des registres du parlement.

Veu par la cour les lettres-patentes du vingt-cinq

octobre dernier, *signées* Louys, et sur le reply, par le roy, la reyne régente sa mère présente, Brulard. Par lesquelles inclinants à la supplication de MM. Charles Dulis, advocat du roy en la cour des aides, et Luc Dulis secrétaire et audiencier en la chancellerie, descendus de Jeanne d'Arc, dite la Pucelle d'Orléans, leur est permis aux armes d'Arc adjouster celles du Lis, octroyées à ladite Pucelle, et aux siens, ainsi qu'au long contiennent lesdites lettres. La requeste par eux présentée à la cour afin d'entérinement, conclusions du procureur-général du roy, tout considéré, ladite cour a ordonné et ordonne que lesdites lettres seront registrées en icelle, ouy le procureur-général du roy, pour jouyr par les impétrants du contenu en icelles. Fait en parlement, le dix-huitiesme jour de décembre, mil six cent douze. *Signé* Voisin.

Extrait des registres de la cour des aydes.

Veu par la cour les lettres-patentes du roy, données à Paris le vingt-cinquiesme jour d'octobre dernier, *signées* Louys, et sur le reply, par le roy, la reine régente sa mère présente, Brulard; à costé *visa*, et scellées de cire verte sur lacs de soye rouge et verte, portans permission à maistre Charles Dulis son conseiller et advocat général en ladite cour, et Luc Dulis, escuyer, sieur de Resnemoulin, aussi conseiller, notaire et secrétaire de Sa Majesté, maison et couronne de France, et audiencier en la chancellerie de Paris, d'adjouster

les armes Dulis à celles d'Arc ; et icelles porter à
l'advenir, et leur postérité, comme estants descendus d'un des frères de Jeanne d'Arc, dite la
Pucelle d'Orléans, ainsi que plus au long le contiennent lesdites lettres. Requeste des impétrants à
fin de vérification d'icelles, conclusions du procureur-général du roy, et tout considéré, la cour a
ordonné et ordonne que lesdites lettres seront registrées au greffe d'icelle, pour jouir par les impétrants du contenu en icelles. Prononcé le trente-
uniesme jour de décembre, mil six cent douze.

Signé, Du Puy.

Sentence de la révocation du procès de Jeanne la Pucelle, à Rouen,
le sept Juillet mil quatre cent cinquante-six.

I. In nomine sanctæ et individuæ Trinitatis, patris, et filii, et spiritûs sancti. Amen. Æternæ
majestatis providentiâ Salvator Christus Dominus
Deus et homo, beatum Petrum et apostolicos successores, ad suæ militantis ecclesiæ regimen instituit speculatores præcipuos, qui luce veritatis
apertâ, justitiæ semitas incedere docerent, universos bonos amplexantes, relevantes oppressos,
et declinantes ad deviam, per judicium rationis,
reducentes ad vias rectas. Hac autem auctoritate
apostolicâ fungentes in hac parte, nos Joannes Remensis, Guillelmus Parisiensis, Ricardus Constantiensis, Dei gratiâ archiepiscopus et episcopi, ac
Joannes Brehal, de ordine fratrum prædicatorum,

sacræ theologiæ professor, hæreticæ pravitatis in regno Franciæ alter inquisitor, judices à sanctissimo domino nostro papâ moderno specialiter delegati.

II. Viso processu coram nobis solemniter agitato in vim suscepti per nos reverenter mandati apostolici nobis directi, pro parte honestæ viduæ Ysabellis d'Arc olim matris, ac Petri et Joannis dictorum d'Arc fratrum germanorum naturalium et legitimorum bonæ memoriæ Joannæ d'Arc, vulgariterdictæ la Pucelle, defunctæ, suis, suorumque parentum nominibus actorum, contra et adversus sub-inquisitorem hæreticæ pravitatis in diocesi Belvacensi constitutum, contra promotorem negotiorum criminalium episcopalis curiæ Belvacensis, nec non contra reverendum in Christo patrem Guillelmum de Hellanda¹, episcopum Belvacensum, cæterosque universos et singulos suâ in hac parte interesse credentes respectivè, tam conjunctim quam divisim, reos.

III. Visâ in primis peremptoriâ evocatione et executione ejusdem, ad ipsorum actorum, simulque nostri promotoris ex officio nostro in hac causâ per nos instituti, jurati, et creati instantiam, per nos decreta adversus dictos reos visuros, rescriptum ipsum executioni mandari dicturos in adversum responsurosque et processuros, prout ratio suaderet; visâ petitione ipsorum actorum, factisque rationibus et conclusionibus eorum in scriptis redactis, per formam articulorum concludentium, tendentium ad nullitatis, falsitatis, iniquitatis et doli declarationem cujusdam prætensi processùs in fidei materiâ, olim contra dictam defunctam in hac civitate, per defunctos D. Petrum Cauchon tunc Belvacensem episcopum, Joannem Magistri sub-inquisitorem prætensum in eadem diœcesi, et Joannem de Estiveto, promotorem, aut pro promotore ibidem se gerentem facti, et executioni demandati saltem ad ejusdem cassationem et adnullationem, ad urationem ; sententiarumque, ac omnium inde secutorum, et ad ejusdem defunctæ expurgationem, et fines alios ibidem expressos ;

IV. Visisque sæpius, perlectis et examinatis litteris originalibus, instrumentis, munimentis, et actis, notulis et protocolis processus antedicti, nobis in vim nostrarum compulsoriarum litterarum à notariis et aliis traditis et ostensis, signisque et scripturis eorum in præsentiâ nostrâ recognitis, longaque super eis cum dictis notariis et officiariis in dicto processu constitutis, et consiliariis ad dictum processum evocatis, quorum præsentiam habere potuimus communicatione, ipsorumque librorum et notarum abbreviatarum collatione, et comparatione præhabitis ;

V. Visis etiam informationibus, præparatoriis, tam per reverendissimum in Christo patrem dominum Guillelmum, tituli S. Martini in montibus presbyterum cardinalem, sanctæ sedis apostolicæ in regno Franciæ tunc legatum, vocato secum nobis inquisitore; post visitationem eorumdem librorum et instrumentorum eidem præsentatorum, quam etiam per nos, et commissarios nostros in hujusmodi processûs exordio confectis; inspectis etiam et consideratis variis tractatibus prælatorum, doctorum, et practicorum solemnium et probatissimorum, qui libris et instrumentis antedicti processus ad longum visitatis, dubia elucidanda duxerunt, et ex ejusdem reverendissimi patris ordinatione, et nostra, editis et compositis;

VI. Visisque articulis, et interrogatoriis præfatis pro parte actorum et promotoris nobis præsentatis, et post plures evocationes ad probandum admissis, attentisque testium depositionibus et attestationibus, tam super conversatione et egressu ejusdem defunctæ à loco originis, quam super examinatione ipsius in præsentiâ plurimorum prælatorum, doctorum et peritorum; et præsertim reverendissimi patris Reginaldi, olim archiepiscopi Remensis, dicti tunc episcopi Belvacensis metropolitani, Pictavii et alibi facta diebus iteratis, quam super admirandâ liberatione civitatis Aurelianensis, progressusque ad civitatem Remensem, et coronationem regiam quam super circumstantias ipsius processûs qualitates judicum, et procedendi modum :

VII. Visisque etiam aliis litteris, instrumentis et munimentis, ultra dictas litteras, depositiones et attestationes in termino ad procedendum traditis et productis, præclusioneque dicendi contra hujusmodi productâ, nostroque deinde audito promotore, qui visis eisdem productis, dictisque auctoribus plenario se adjunxit, ac pro et nomine officii nostri præfata omnia jam producta, pro suâ parte reproduxit ad fines in scripturis dictorum actorum jam expressos, sub certis protestationibus, aliisque requestis, et reservationibus pro parte suâ, et dictorum actorum factis, et per nos admissis, unà cum quibusdam motivis juris sub brevibus scripturis valentibus animum nostrum advertere, per nos receptis.

VIII. Post quæ in Christi nomine, in causâ conclusâ et die hodierno ad audiendum nostram sententiam assignato, visis matureque revolutis et attentis omnibus, et singulis superius expressis, unà cum certis articulis incipientibus : Quædam fæmina, etc., quos post dictum primum processum indicantes prætenderunt extractos fore, ex confessionibus dictæ defunctæ, et ad quam plurimas et solemnes personas ad opinandum transmissos, per dictos tamen promotorem et actores impugnatos tanquam iniquos, falsos, et à dictis confessionibus alienos, ac mendosè confectos.

IX. Ut de Dei vultu nostrum præsens prodeat judicium, qui spirituum ponderator est, et solus revelationum suarum perfectus est cognitor et judicator verissimus, qui ubi vult spirat, et quandoque infirma eligit, ut fortia quæque confundat, non deserens sperantes in se, sed adjutor eorum in opportunitatibus et tribulatione : habitâ maturâ deliberatione, tam circa præparatoria quam circa decisionem causæ, cum peritis pariter et probatis, ac timoratis viris, visisque solemnibus eorum determinationibus tam in tractatibus, magnâ cum revolutione librorum editis et compositionibus multorum, visisque opinionibus verbo pariter atque scripto, tam super formâ quam super materiâ præfati processus, traditis atque dictis, quibus facta dictæ defunctæ, magis admiratione quam condemnatione digna existimant, reprobatorum et determinatum contra eam datum judicium, et formæ et materiæ ratione plurimum admirantes, et difficillimum dicentes de talibus determinatum præbere judicium, beato Paulo de suis revelationibus dicente? an eas in corpore vel spiritu habuerit se nescire, et Deo super hoc se referre;

X. Imprimis dicimus, atque justitiâ exigente decernimus articulos ipsos incipientes: Quædam fæmina, etc., in processu prætenso et instrumento prætensarum sententiarum contra dictam defunctam latarum descriptos fore fuisse, et esse corruptè, dolosè, calumniosè, fraudulenter, et malitiosè ex ipsis prætensis processu et confessione dictæ defunctæ extractos, tacitâ veritate, et expressâ falsitate in pluribus punctis substantialibus, et ex quibus deliberantium et judicantium animus poterat in aliam deliberationem pertrahi, plurimasque circumstantias aggravantes in processu et confessione præfatis non contentas tam indebitè adjicientes, et nonnullas circumstantias relevantes et justificantes, in pluribus subticentes, formamque verborum et substantiam immutando et alterando; quapropter ipsos articulos tanquam falsos, calumniosè, dolosè extractos, et à confessione eadem difformes cassamus, irritamus, et adnullamus, ipsosque quos à dicto processu extrahi fecimus, hic indicialiter decernimus lacerandos.

XI. Insuper aliis ejusdem processûs diligenter inspectis, et præsertim duabus prætensis in eodem processu contentis sententiis, quas lapsus et relapsus judicantes appellant, pensatâ etiam diutiûs qualitate judicantium prædictorum, et eorum sub quibus, et in quorum custodiâ dicta Johanna detinebatur, visisque recusationibus, submissionibus, appellationibus, ac requisitione multiplici, per quam dicta Johanna ad sanctam sedem apostolicam, et sanctissimum Dominum nostrum summum pontificem, se omniaque dicta pariter et facta ipsius ac processum transmitti sæpius, et instantissimè requisivit se et prædicta omnia eidem submittendo, attentisque circa dicti processus materiam quadam abjuratione prætensâ, falsâ, subdolâ, ac per vim et metum præsentiâ tortoris, et per comminatam ignis cremationem extortâ, atque per dictam defunctam minime prævisâ et intellectâ.

XII. Necnon præfatis tractatibus et opinionibus prælatorum ac solemnium doctorum in jure divino pariter et humano peritorum, crimina dictæ Johannæ imposita, in præfatis prætensis sententiis expressa, ex serie processus non dependere, aut colligi posse dicentium, et multa elegantissimè de nullitate et injustitiâ nihil et in aliis determinantium, cæterisque omnibus et singulis diligenter attentis, quæ in hac parte attendenda et videnda erant, pro tribunali sedentes, Deum solum præ oculis habentes; per hanc nostram diffinitivam sententiam, quam pro tribunali sedentes ferimus, in his scriptis dicimus, pronunciamus, decernimus et declaramus dictos processus et sententias dolum, calumniam, iniquitatem, repugnantiam, jurisque et facti errorem continentes manifestum, cum abjuratione præfatâ executionibus, et omnibus inde sequutis fuisse, fore et esse nullos et nullas, invalidos et invalidas, irritas et inanes; et nihilominus, quantum opus est, ratione jubente, ipsos et ipsas cassamus, irritamus, et adnullamus, ac viribus omnino vacuamus, dictamque Johannam, ac ipsos actores et parentes ejusdem nullam notam infamiæ, seu maculam occasione præmissorum contraxisse, seu incurrisse, immunemque à præmissis, et expurgatam fore, et esse declarantes, et in quantum opus est, penitus expurgatos.

XIII. Ordinantes nostræ hujusmodi sententiæ executionem, seu solemnem intimationem in hâc civitate protinus fieri in locis duobus, altero videlicet in promptu in plateâ sancti Andoni, generali processione præcedente, et in sermone generali, et alio die crastinâ in veteri foro, in loco scilicet in quo dicta Johanna crudeli et horrendâ crematione suffocata extitit, cum solemni ibidem prædicatione et affixione crucis honestæ ad memoriam perpetuam, ac ejusdem, et aliorum defunctorum exorandas salutes ulteriorem dictæ nostræ sententiæ executionem, intimationem, et pro futurâ memoriâ notabilem significationem in civitatibus, et hujus regni locis insignibus, prout viderimus expedire; et si quæ alia supersunt peragenda, nostræ dispositioni, et ex causâ reservantur.

XIV. Lata, lecta, et promulgata fuit hæc præsens sententia per dominos judices, præsentibus reverendo in Christo, Patre Domino episcopo Dumtriensi, Hectore de Coquerel, Nicolao du Bois, Alano Olivier, Joanne du Bec, Jo. de Gouys, Guillelmo Roussel, Laurentio Surreau, cancellario Nostræ-Dominæ Rothomagensis, Martino Ladvenu, Johanne Roussel, Thomas de Fanoulleres. De quibus omnibus, magister Simon Chapitault, promotor, Joannes d'Arc, et Prevosteau, procurans, procuraverunt instantiam.

Acta fuerunt hæc in palatio archiepiscopali Rothomagensi, anno Domini millesimo quadringentesimo quinquagesimo sexto, die septimâ mensis julii.

Cette déclaration d'innocence fut en outre confirmée par les signatures de cent douze tesmoins.

IV.

Lettre au duc de Bourgogne.

« Jésus, Maria.

» Hault et redoubté prince de Bourgongne, Jehanne la Pucelle vous requiert, de par le roy du ciel, mon droiturier et souverain seigneur, que le roy de France et vous faciez bonne paix ferme, qui dure longuement, pardonnez l'un à l'autre de bon cœur entièrement, ainsi que doivent faire loyaux Christians, et s'il vous plaist à guerroyer, si allez sur les Sarrazins. Prince de Bourgongne, je vous prie, supplie et requiers tant humblement que requérir vous puis, que ne guerroyez plus ou (au) saint royaume de France, et faites retraire incontinent et briefment vos gens qui sont en aucunes places et forteresses dudit sainct royaume; et de la part du gentil roy de France, il est prest de faire paix à vous, sauve son honneur, s'il ne tient en vous. Et vous fais à sçavoir de par le roy du ciel, mon droiturier et souverain seigneur, pour vostre bien et pour vostre honneur, et sur vos vies, que vous n'y gaignerez point bataille à l'encontre des loyaux François, et que tous ceux qui guerroient ou (au) sainct royaume de France, guerroient contre le roy Jhus (Jésus), roy du ciel et de tout le monde, mon droiturier et souverain seigneur. Et vous prie et requiers à jointes mains que ne faites nulle bataille, ne ne guerroyez contre nous, vous, vos gens ou subjets, et croyez seurement que quelque nombre de gens que amenez contre nous, qu'ils n'y gaigneront mie; et sera grant pitié de la grant bataille et du sang qui y sera respandu de ceux qui y vendront contre nous. Et a trois sepmaines que je vous avois escript et envoyé bonnes lettres par ung héraut, que feussiez au sacre du roy, qui, aujourd'hui dimanche dix-septiesme jour de ce présent mois de juillet, se faict en la cité de Reims, dont je n'ai eu point de response ne ouys oncques puis nouvelles dudit héraut. A Dieu vous commens, et soit garde de vous s'il lui plaist; et prie Dieu qu'il y mette bonne paix. Escript audit lieu de Reims, ledit dix-septiesme jour de juillet. »

Lettre aux Anglois.

« JÉSUS, MARIA.

» Roy d'Angleterre, et vous, duc de Betfort, qui vous dictes régent du royaume de France ; vous, Guillaume de la Poule, comte de Suffort, Jehan, sire de Tallebot, et vous Thomas, sire d'Escales, qui vous dictes lieutenants dudit duc de Betfort, faites raison au roy du ciel, rendez à la Pucelle, qui est ici envoyée par Dieu le roy du ciel, les choses de toutes les bonnes villes que vous avez prises et violées en France : elle est ici venue de par Dieu pour réclamer le sang royal ; elle est toute preste de faire paix si vous lui voulez faire raison, par ainsi que la France vous mettez sus et payerez ce que vous l'avez tenue. Et entre vous, archiers, compaignons de guerre, gentils et autres, qui estes devant la ville d'Orléans, allez-vous-en en vostre pays; de par Dieu, et si ainsi ne le faictes, attendez les nouvelles de la Pucelle, qui vous ira férir briefment à vos bien grands dommaiges. Roy d'Angleterre, si ainsi ne le faictes, je suis chief de guerre, et en quelque lieu que je atteindrai vos gens en France, je les ferai aller, veuillent ou non veuillent; et si ne veulent obéir, je les ferai tous occire. Je suis ici envoyée de par Dieu, le roy du ciel, corps pour corps, pour vous bouter hors de toute France. Et si veulent obéir, je les prendrai à merci, et n'ayez point en vostre opinion, car vous ne tindrez point le royaume de France, Dieu le roy du ciel, fils de saincte Marie! ains le tendra le roy Charles, vrai héritier; car Dieu le roy du ciel le veut; et lui est révélé par la Pucelle; lequel entrera à Paris en bonne compaignie. Si ne voulez croire de par Dieu les nouvelles de la Pucelle, en quelque lieu que vous trouverons, nous férirons dedans, et y ferons ung si grand habay, que encore a-t-il mil ans que en France ne fut si grant. Si vous ne faictes raison, croyez-en fermement que le roy du ciel envoyra plus de force à la Pucelle, que vous ne l'y sauriez mener de tous assauts, à elle et à ses bons gens d'armes; et aux horrions verra-t-on qui aura meilleur droit du roy du ciel. Vous, duc de Bethfort, la Pucelle vous prie et vous requiert que vous ne vous fassiez mie destruire. Si vous lui faictes raison, encore pourrez-vous venir en sa compaignie, où que les François feront le plus bel faict que oncques fust faict par la chrestienneté. Et faictes response si vous voulez faire paix en la cité d'Orléans, et si ains ne le faictes, de vos bien grands dommaiges vous soubvienne briefvment. Escrit ce samedi, Semaine Saincte. »

Lettre au comte d'Armagnac.

« JÉSUS, MARIA.

» Comte d'Armignac, mon très cher et bon ami, Jehanne la Pucelle vous fait sçavoir que vostre message est venu par-devers moi, lequel m'a dict que l'avez envoyé par-deçà pour sçavoir de moi auquel des trois papes que mandez par mémoire vous deviez croire, de laquelle chose ne vous puis bonnement faire sçavoir au vrai pour le présent, jusques à ce que je sois à Paris ou ailleurs à requoy; car je suis pour le présent trop empeschée aux faicts de la guerre; mais quand vous sçaurez que je serai à Paris, envoyez-moi ung message par-devers moi, et je vous ferai sçavoir tout au vrai auquel vous devez croire, et que en aurez sceu par le conseil de mon souverain seigneur, le roy de tout le monde, et que en aurez affaire à tout mon pouvoir. A Dieu vous commens; Dieu soit garde de vous. Escrit à Compiègne, le vingt-deuxiesme jour d'août 1429. »

V.

C'est l'opinion des docteurs que le roy a demandé touchant le fait de la Pucelle envoyée de par Dieu.

LE roy, attendue nécessité de luy et de son royaume, et considéré les continues prières de son povre peuple envers Dieu et touts autres aimants paix et justice, ne doit point débouter ne déjetter la Pucelle, qui se dist estre envoyée de par Dieu, pour lui donner secours, nonobstant que ces promesses soient seules œuvres humaines; ne aussi ne doit croire en lui tantost et légièrement. Mais en suivant la Saincte Escripture, la doit esprouvier par deux manières : c'est assavoir par prudence humaine, en enquérant de sa vie, de ses mœurs, et de son extencion, comme dist sainct Paul, l'Apostre, *Probate spiritus, si ex Deo sunt*; et par dévote oraison, requérir signe d'aucune œuvre ou espérance divine, par quoy on puisse juger que elle est venue de la volonté de Dieu. Ainsi commanda Dieu à Achaz, qu'il demandast signe, quand Dieu lui fesoit promesse de victoire, en lui disant : *Pete signum à Deo*; et semblablement

---

1. Extrait du manuscrit du roi 7301.

fist Gédéon, qui demanda signe, et plusieurs autres, etc.

Le roy, depuis la venue de ladicte Pucelle, a observées et tenues les œuvres et les deux manières dessusdites : c'est assavoir probacion, par prudence humaine et par oraison, en demandant signe de Dieu. Quant à la première, qui est par prudence humaine, il a faict esprouver ladicte Pucelle de sa vie, de sa naissance, de ses mœurs, de son extraction, et l'a faict garder avec lui, bien par l'espace de six sepmaines, atoutes (avec) gens là desmonstrés, soient clercs, gens d'église, gens de dévocion, gens d'armes, femmes, veufves et autres. Et publiquement et secrettement elle a conversé avec toutes gens : mais en elle on ne trouve point de mal, fors bien que humilité, virginité, dévocion, honnesteté, simplesse : et de sa naissance et de sa vie, plusieurs choses merveilleuses sont dictes comme vrayes.

Quant à la seconde manière de probacion, le roy lui demanda signe, auquel elle respond : « Que » devant la ville d'Orléans elle le monstrera, et » non par ne en autre lieu : car ainsi lui est or- » donné de par Dieu. »

Le roy, attendu la probacion faicte de ladicte Pucelle, en tant que lui est possible, et nul mal ne trouve en elle, et considérée sa response, qui est de démonstrer signe divin devant Orléans ; veue sa constance et sa persévérance en son propos, et ses requestes instantes d'aller à Orléans, pour y monstrer signe de divin secours, ne la doit point empescher d'aller à Orléans avec ses gens d'armes, mais la doit faire conduire honnestement, en spérant en Dieu. Car la doubter ou délaissier sans apparence de mal, seroit répugner au Sainct-Esprit, et se rendre indigne de l'aide de Dieu, comme dist Gamaliel en ung conseil des Juifs au regart des Apostres.

Virgo puellares artus induta virili
Veste, Dei monitu, properat relevare jacentem
Lilistrum regemque suos delere nephandos
Hostes, præcipuè qui nunc stant Aurelianis
Urbe sub, ac illam deterrent obsidione ;
Et si tanta viris mens est se jungere bello,
Arma sequique sua, quæ nunc parat alma puella,
Credit et fallaces Anglos succumbere morti,
Marte puellari Gallis sternentibus illos,
Et tunc finis erit pugnæ; tunc fœdera prisca,
Tunc amor et pietas, et cætera jura redibunt;
Certabunt de pace viri, cunctique favebunt,
Sponte sua regi, qui rex librabit et ipsis
Cunctis justitiam quos pulchra pace fovebit;
Et modo nullus erit Anglorum pardicus hostis
Qui se Francorum præsumat dicere regem

TRANSLATION.

Une vierge vestue de vestements d'homme, et qui a les membres appartenants à pucelle, par la monicion de Dieu, s'appareille de relever le roy portant les fleurs-de-lys, qui est couché, et de chasser ses ennemis maudits; et mesmement ceux qui maintenant sont devant la cité d'Orléans, laquelle ils espavantent par siége. Et se les hommes ont grand couraige d'eux joindre à la bataille, les faux Anglois estre succumbés par mort, par le Dieu de la bataille de la Pucelle, et les François les trébucheront, et adonc sera la fin de la guerre; et retourneront les anciennes alliances et amour, pitié et autres droits retourneront; et traicteront de la paix, et touts les hommes s'outroyeront au roy de leur bon gré, lequel roy leur paisera et leur administrera justice à tous, et les nourrira de belle paix. Et dorénavant nul Anglois ennemi portant le liépart ne sera, qui présumera soy dire roy de France, et d'ensuir les armes; lesquelles armes, la saincte Pucelle appareille.....

PROPHÉTIE.

Descendit virgo dorsum sagitari
Et flores virgineos obscultabit.

CERTAINE chose est la destrousse des Anglois, laquelle a esté faicte entre Meung et Orléans, en belle bataille, et là ont esté morts deux mil cinq cents Anglois, et le surplus de leur compaignie se sont fuicts. Leurs cappitaines estoient Tallebot, Fastol et Escalles, lesquelz l'on dist estre prins et morts. Les places de Boygency et dudit Meung sont rendues, et plusieurs autres, et sont les besongnes du roy en plus haut gré que ne feurent oncques, et seront encore au plaisir de Nostre-Seigneur.

Des nouvelles devers le roy notre seigneur, que les Anglois ont esté tués dedens Gergeau six cents hommes d'armes. Le comte de Suffort s'est rendu à la Pucelle agenouillys et La Poule, son frère ; morts tous deux, et l'autre frère prisonnier. Assez y a d'autres bonnes nouvelles, dont Dieu soit loué.

Hom veit avenir de par-deçà des plus merveilleuses choses que hom veit oncques, comme des hommes armés de toutes pièces chevauchier en l'air sur ung grant cheval blanc, et dessus les armures, une grant bande blanche, venant devers la mer d'Espagne, et passer par-dessus deux ou trois forteresses, près de Talamont, et tirer vers Bretaigne, dont tout le pays de Bretaigne est espavanté ; et maudi est le duc dont il a faict le serment aux Anglois ; et disent qu'ils cognoissent leur destruction par lui. Le roy a envoyé devers l'évesque de Luzon, pour sçavoir la vérité de ceste besoingne, lequel s'en est informé, et a trouvé, par informacion, que plusieurs gens l'ont veu en plusieurs lieux de son évesché, et que ainsi que il passoit par-dessus un chastel près dudit Talamont, nommé Bien, les gens dudit chastel quant ils le virent venir, cuidèrent estre touts perdus et foudroyés ; car il estoit au milieu d'un grand feu qui n'attouchoit à lui près de deux brasses, et tenoit en sa main une espée toute nue, et venoit chevauchant en l'air de si grant rendon (impétuosité), que il sembloit que le chastel fust tout embrasé. Et ceux du chastel commencèrent à crier à haute voix. Et lors ledit homme aussi armé leur dit trois fois : Ne vous esmayés. Et ces choses ont esté affirmées au roy, estre vrayes par ledict évesque de Luzon, et par deux gentilshommes envoyés devers le roy pour ceste cause, que ont affirmé l'avoir vu ; et plus de deux cents personnes, et tant d'autres merveilles, que c'est un grant faict.

Prièrte faite à l'occasion de la Pucelle.

Antiphona. Congregati sunt inimici nostri, et gloriantur in virtute suâ. Contere fortitudinem eorum, Domine, et disperge illos, ut cognoscant quia non est alius qui pugnet pro nobis, nisi tu, Deus noster.

℟ Da illis formidinem et tabefac audaciam illorum : commoveantur à contritione suâ.

Domine, exaudi orationem, etc.
Dominus vobiscum, etc. Oremus.

Oratio, etc.

Deus, auctor pacis, qui sine arcâ et sagittâ inimicos in te sperantes elidis, subveni, quæsumus, Domine, ut nostram propitius tuearis adversitatem, ut sicut populum tuum per manum fæminæ liberasti, sic Carolo, regi nostro brachium, victoriæ erige, ut hostes qui in suâ confidant multitudine, ac sagittis et suis lanceis gloriantur, queat in præsenti superare, et tandem ad te, qui via, veritas, et vita es, unâ cum sibi commissâ plebe, gloriosè valeat permanere. Per Dominum nostrum Jesum Christum.

Explicit oratio Puellæ, pro rege Franciæ, etc.

FIN DE LA CHRONIQUE ET DU PROCÈS DE LA PUCELLE D'ORLÉANS;
ET DU NEUVIÈME VOLUME DES CHRONIQUES DE MONSTRELET.

TABLE

DES MATIERES

CONTENUES DANS CE NEUVIÈME VOLUME.

	Pages
Préface...................................	j
Chronique et procès de la Pucelle d'Orléans.......	1
Double de la cédulle de la sommation faicte par l'évesque de Beauvais au duc de Bourgogne et monseigneur Jehan de Luxembourg, pour rendre la Pucelle......................................	30
Double des lettres de l'Université de Paris à messire Jehan de Luxembourg, pour la rendition de la Pucelle......................................	33
La teneur de l'instrument du notaire qui fust présent à la sommation faicte pour rendre la Pucelle......	37
Ensuit la teneur des lettres envoyées par le roy d'Angleterre pour ordonner à ceux qui gardoient Jehanne dicte la Pucelle, de la remettre à l'évesque de Beauvais, toutes les fois qu'il la requerroit..........	41

PROCÈS DE LA PUCELLE.

Cy commence la déduction du procès faict par monseigneur Pierre Cauchon, évesque et comte de Beauvais, en matière de la foy, contre une femme nommée Jehanne, vulgairement appelée la Pucelle, translaté de latin en françois par le commandement du roy Louys, douziesme de ce nom, et à la prière de monseigneur l'admiral de France, seigneur de Graville. 44

Le premier acte du procès..................... 46

Autre acte................................... 47

Autre acte................................... 48

Autre acte................................... 49

Interrogatoire............................... 51

Autre acte................................... 56

Interrogatoire du samedi vingt-quatre février et jours suivants.................................... 63

Ensuit la sentence définitive.................... 188

Dissertation dans laquelle on prouve que le manuscrit de la bibliothèque publique d'Orléans, inscrit sous le n° 411, contient la minute française du procès de la Pucelle; par l'abbé Dubois............... 191

Chronique de la Pucelle....................... 225

APPENDICE.

I. Lettre de Guy, quatorzième du nom, sire de Laval, à ses mère et aïeule, dames de Laval et de Vitré, dans laquelle il faict mention de ladite Pucelle d'Orléans.. 371

II. Lettres-patentes du roy Charles VII, contenants l'annoblissement de Jeanne d'Arc, dite la Pucelle d'Orléans, et de ses père, mère et postérité masculine et féminine, au mois de décembre 1429...... 378

	Pages
III. Lettres-patentes du roy, vérifiées ès cours de parlement et des aydes, par lesquelles est permis à M. Charles et Luc Dulis, frères, et leur postérité, de reprendre les armes de la Pucelle d'Orléans et de ses frères...............................	383
Extrait des registres du parlement...............	389
Extrait des registres de la cour des aydes..........	390
Sentence de la révocation du procès de Jeanne la Pucelle, à Rouen, le sept juillet mil quatre cent cinquante-six.................................	391
IV. Lettre au duc de Bourgogne..................	400
Lettre aux Anglais............................	410
Lettre au comte d'Armagnac....................	403
V. C'est l'opinion des docteurs que le roy a demandé touchant le fait de la Pucelle envoyée de par Dieu..	404
Vers latins et translation.......................	406
Prophétie....................................	407
Prière faite à l'occasion de la Pucelle..............	409

FIN DE LA TABLE DES MATIÈRES.

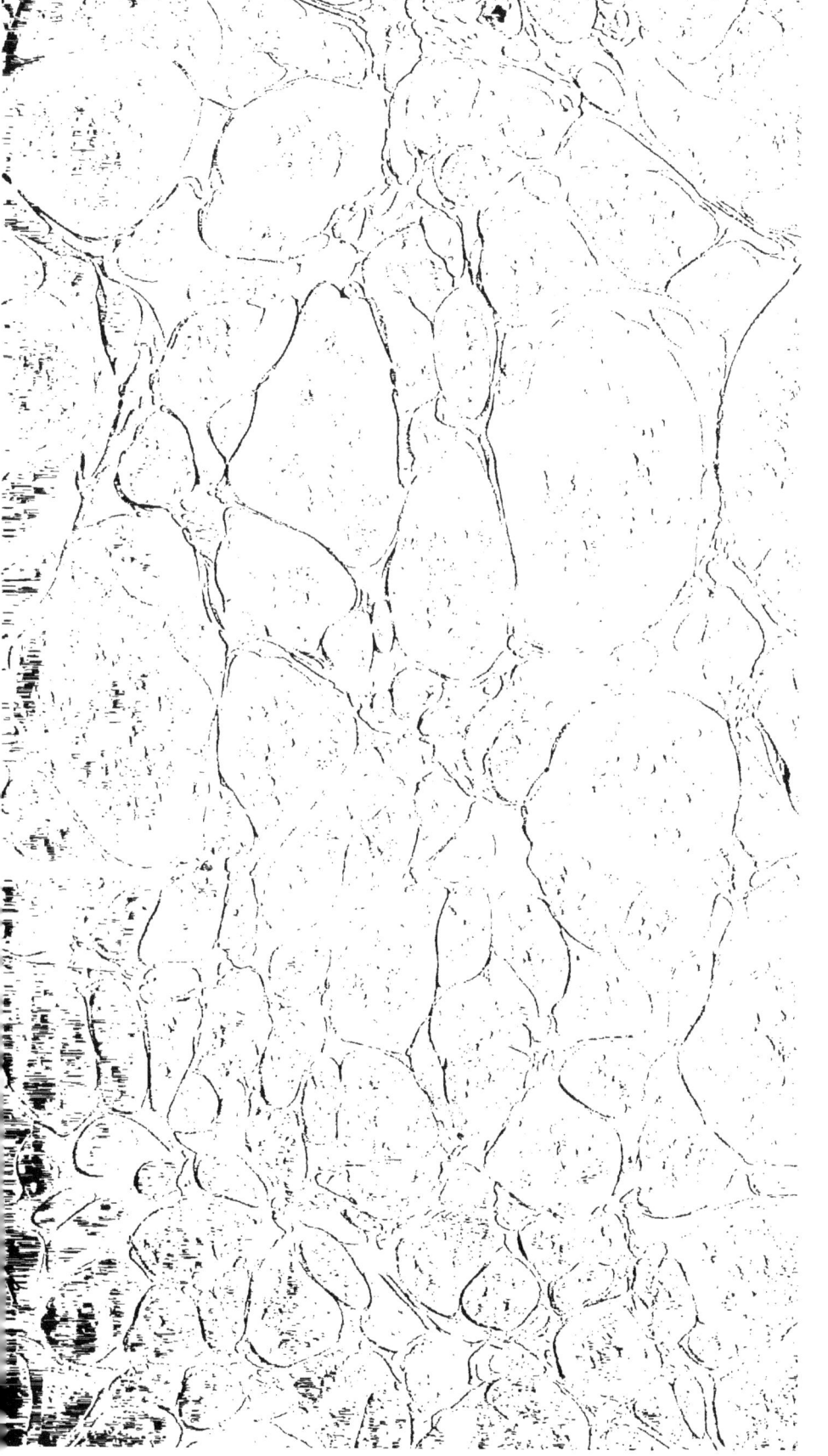

Printed in the USA
CPSIA information can be obtained
at www.ICGtesting.com
LVHW051638200324
775044LV00030B/281